RÉPERTOIRE

DE LA SCIENCE

DES JUSTICES DE PAIX

JURISPRUDENCE, PRATIQUE ET THÉORIE

PAR

MM. CH. MILLION ET ALEX. BEAUME

CONSEILS DE FAMILLE

PAR M. N. LE SENNE

DOCTEUR EN DROIT

ANCIEN AVOCAT, JUGE DE PAIX A VILLEJUIF (SEINE)

PARIS

BUREAU DES ANNALES DES JUSTICES DE PAIX

RUE GUÉNÉGAUD, 27

1880

RÉPERTOIRE

DES

CONSEILS DE FAMILLE

PARIS. — TYPOGRAPHIE A. HENNUYER, RUE D'ARCET, 7.

RÉPERTOIRE

DE LA SCIENCE

DES JUSTICES DE PAIX

JURISPRUDENCE, PRATIQUE ET THÉORIE

PAR

MM. CH. MILLION ET ALEX. BEAUME

CONSEILS DE FAMILLE

PAR M. N. LE SENNE

DOCTEUR EN DROIT

ANCIEN AVOCAT, JUGE DE PAIX A VILLEJUIF (SEINE)

PARIS

BUREAU DES ANNALES DES JUSTICES DE PAIX

RUE GUÉNÉGAUD, 27

1880

PRÉFACE

L'institution des conseils de famille a ses racines, sa source, sa raison d'être, dans le principe même de la famille, et relève d'une haute pensée morale. La famille est la base de l'édifice social; elle forme une chaîne, dont les anneaux brisés par la mort, l'indignité ou l'incapacité, doivent être remplacés ou renoués par la société elle-même. Ce devoir lui incombe, non pas seulement au point de vue de l'humanité, qui veut qu'on tende une main secourable à l'orphelin et au faible, mais encore et surtout dans l'intérêt plus général de la grande famille, c'est-à-dire de la nation.

A chacun de ses membres la société impose des devoirs; la logique veut que ces devoirs remontent à une dette contractée, autrement l'accomplissement du devoir ne serait plus que la corvée de la brute ou de l'esclave.

Nous sommes citoyens libres d'une nation libre; et c'est librement, par un accord raisonné, consenti, prévoyant, que les chefs ou délégués, investis de la confiance du peuple, proposent, établissent et règlent ce qu'on peut appeler le programme de la vie civile, l'œuvre de civilisation.

Ce programme, c'est la loi, c'est le devoir.

Mais, nous le répétons, le devoir se rattache à une dette: si nous devons à la patrie notre amour, notre intelligence, nos forces, notre sang, c'est que la patrie est une mère prévoyante, équitable, généreuse, qui distribue à chaque individu les éléments propres au développement de ses facultés morales, physiques et intellectuelles, c'est qu'elle lui imprime une direction sage et lui accorde une protection vigilante depuis la naissance jusqu'à la mort.

Le père et la mère de famille sont les appuis tutélaires et

naturels de leurs enfants; la loi leur laisse une large part d'initiative et une puissante indépendance en ce qui concerne leur direction. Mais l'Etat ne perd pas ses droits, il les abandonne dans une certaine mesure, et les reprend tout entiers le jour où l'enfant est privé de ses soutiens naturels.

Quand le père et la mère ont disparu, il faut reconstituer une tutelle, une famille à l'enfant, il faut que ses intérêts soient sauvegardés, sa faiblesse protégée; de là le conseil de famille composé de parents, ou d'amis à défaut de parents, ou enfin, s'il n'y a plus de parents ni d'amis pour accepter cette tâche, l'Etat même devient tuteur, l'enfant lui appartient.

L'histoire des législations nous enseigne que, dans tous les temps et chez tous les peuples, il y a eu des conseils de famille avec des attributions plus ou moins étendues. Ces conseils existent aujourd'hui en France, en vertu de lois positives, à l'état permanent avec des pouvoirs déterminés et des fonctions uniformes. Telle que nous la possédons sous le Code civil, cette institution est une conquête pacifique, fruit du progrès et de la liberté, que nous a léguée le dix-huitième siècle, et que le dix-neuvième tend à améliorer de jour en jour par de nouveaux règlements protecteurs de la personne et des biens des incapables. Elle renferme dans sa composition, dans son action et dans ses délibérations les éléments les plus solides d'égalité et de fraternité.

Que de difficultés dans l'application d'une combinaison si simple en apparence! quel soin et quelle prévoyance ne faut-il pas apporter dans la nomination d'un tuteur, auquel l'Etat concède les droits des ascendants!

Un grand nombre de traités ont développé cet important sujet avec le talent propre à nos jurisconsultes; et les tribunaux sont fréquemment appelés à interpréter les points les plus contestés. De là un flux et un reflux de controverses qui jettent du doute et de l'incertitude dans la pratique. J'ai pensé qu'il y aurait avantage et utilité à réunir des éléments si multiples et si variés dans un seul cadre, sous une forme plus commode pour le lecteur; je me suis attaché à présenter tous les points douteux en citant toujours les arrêts et les auteurs *pour* et *contre* avec l'indication des sources.

Je dois ajouter que la disposition alphabétique ne m'a pas empêché de traiter à fond les questions qui offrent le plus de prise à controverse ; à côté d'une méthode simple, à la portée de tout le monde, j'ai voulu placer un corps de doctrine en mettant les principes en évidence, en montrant la corrélation qui existe entre les quatre espèces de tutelles inaugurées par le Code, en rendant plus saillants les liens qui les rattachent ensemble.

Si l'on trouve un certain nombre d'opinions opposées à celles de mes devanciers sur des questions capitales, on devra attribuer ces divergences à une conviction basée sur une longue pratique et sur l'étude approfondie des textes.

OUVRAGES CITÉS.

Aubry et Rau, sur *Zachariæ*, 4ᵉ édit., 1869, 1872.
Chardon, *De la puissance tutélaire*, 1842.
Carré et Chauveau, *Lois de la procédure*, 1873.
Delvincourt, *Cours de Code civil*, 1819.
De Fréminville, *De la minorité*, 1845.
Demolombe, *De la minorité*, 1874.
Ducaurroy, Bonnier et Roustain, *Commentaire du Code civil*, 1851.
Duranton, *Cours de droit français*, 1828.
Magnin, *Des minorités*, 1832.
Marcadé, *Explication du Code civil*, 1844.
Marchand, *Code de la minorité*, 1835.
Massé et Vergé, sur *Zachariæ*, 1854.
Proudhon, *Traité de l'état des personnes*, 1848, 1859.
Taulier, *Théorie du Code civil*, 1840.
Toullier, *Droit civil français*, 1830.
Valette, *Sur Proudhon*, 1848, 1859.

ERRATUM.

Au mot Aveu il est dit incidemment qu'il faut au tuteur une délibération du conseil de famille « homologuée » pour acquiescer à une demande immobilière : — *Lisez* « non homologuée »; et alors la proposition, qui n'est qu'incidente, sera d'accord avec la règle exposée sous le numéro 1ᵉʳ du mot Action immobilière.

CONSEILS DE FAMILLE

A.

ABANDON DES BIENS D'UNE SUCCESSION ACCEPTÉE SOUS BÉNÉFICE D'INVENTAIRE. 1. Le mineur non émancipé ou émancipé ne peut être héritier que sous bénéfice d'inventaire (art. 461, C. civ.). Une fois l'acceptation faite, son titre d'héritier sera indélébile : *semel hœres semper hœres;* il ne pourra y renoncer; Toulouse, 29 mars 1832, D. P. 32, II, 144 ; Douai, 5 avril 1848 ; Limoges, 30 juin 1852 ; Marcadé, *Explication du Code civil,* art. 802, n° 1; *Contra* rej., 6 juin 1815; Grenoble, 28 mars 1835, D. P. 36, II, 88. Tant qu'il sera en minorité, il ne pourrait devenir héritier pur et simple que par suite d'une erreur judiciaire (art. 1350, 3°). Mais, comme tout héritier bénéficiaire, le mineur a la faculté « de pouvoir se décharger du paiement des « dettes en abandonnant tous les biens de la succession aux « créanciers et aux légataires » (art. 802, 1°).

2. Dans quelle forme faire cet abandonnement? Par acte sous signatures privées et même par acte devant notaire, mais non par déclaration au greffe du tribunal (V. art. 793). Pour réaliser cet acte, le tuteur aura besoin de l'autorisation du conseil de famille avec homologation, de même que le mineur émancipé assisté de son curateur; Cass., 12 mars 1839, S. V., 39, I, 274 ; V. rej., 25 mars 1840. *Contra,* M. Demolombe, *De la minorité,* VII, n° 698, ne demande pas l'homologation. Cet abandonnement à la masse des créanciers et légataires de la succession en général ne fait point perdre au mineur sa qualité d'héritier bénéficiaire.

3. Pour mettre la famille à même de délibérer en connaissance de cause sur cette question d'abandonnement, il importe de placer sous ses yeux un inventaire ou un état développé constatant que le passif excède l'actif ou du moins que la succession est onéreuse; alors la délibération bien motivée pourra être homologuée.

4. Il est un autre genre d'abandon de droits successifs spécifié

1

dans l'article 780 du Code civil et qui a un caractère différent de celui de l'abandon fait en masse aux créanciers et aux légataires. Son effet est d'emporter acceptation de l'hérédité, c'est-à-dire acceptation pure et simple; dès lors il semble impossible que le mineur fasse un pareil abandonnement, lui qui ne peut devenir héritier pur et simple.

ABANDON DE DROITS SUCCESSIFS. — V. *Abandon des biens d'une succession acceptée sous bénéfice d'inventaire*, n° 4.

ABANDON DE TUTELLE. 1. C'est-à-dire désertion du tuteur, fait réprouvé par la loi, la morale et la conscience, en présence des nombreuses causes légales de dispense, mais non réprimé pénalement. — V. *Dispenses de la tutelle.*

2. Si le survivant des père et mère ou un autre tuteur a déclaré formellement abandonner la tutelle, contrairement au droit et sans faire agréer d'excuse légitime, ou bien quand le conseil de famille juge que sa conduite ne laisse aucun doute à cet égard, il doit le remplacer par un tuteur datif ordinaire, après l'avoir mis en demeure de se faire excuser.—V. *Absence du tuteur*, n° 2.

ABSENCE DES PÈRE ET MÈRE. —V. *Disparition des père et mère.*

ABSENCE DÉCLARÉE JUDICIAIREMENT. 1. On s'accorde généralement à reconnaître qu'après l'absence déclarée, soit du père, soit de la mère, il faut recourir au régime ordinaire de la tutelle dans tous les cas où les articles 141, 142 et 143 sont applicables avant l'absence déclarée. Telle est, dit-on, la conséquence de la fiction qui considère comme mort celui qui a été déclaré absent par la justice. Demolombe, *De l'absence*, II, n°ˢ 335, 336 ; Delvincourt, *Code civil* (édit. 1819), I, p. 45, note 1 ; Demante, *Programme* 1, n° 165 ; Marcadé, II, art. 391, n° 1 ; Massé et Vergé, sur Zachariæ, I, p. 162, § 107, note 1 (édit. 1854). Ainsi, suivant cette opinion, aussitôt après la déclaration d'absence du père, la tutelle légale s'ouvre en faveur de la mère présente (*analog.*, art. 390). La mère vient-elle à mourir ou à perdre autrement la tutelle, le conseil de famille nomme un tuteur datif ordinaire à sa place (art. 405), à moins qu'il n'y ait lieu à la tutelle testamentaire (art. 123 et 397) ou à celle des ascendants (art. 402). On arrive à cette conclusion en opposant entre eux les mots *disparition* et *absence déclarée* de l'article 142, et en argumentant *a contrario* de cette disposition, qui veut que la surveillance des enfants soit déférée aux ascendants si la mère vient à décéder avant que l'absence du père ait été déclarée ; d'où l'on infère qu'il en sera autrement, c'est-à-dire que le régime ordinaire des tutelles prendra son cours si la mère décède après. Et l'on fait un raisonnement analogue avec l'article 141, si la mère disparaît après la déclaration d'absence du père. Valette, sur Proudhon, 1, p. 311, note *a*. — V. *infra*, n° 2.

2. J'ai été longtemps ébranlé par tant et de si hautes autorités ; j'avais même adopté cette doctrine, lorsque j'ai fini par la rejeter en m'arrêtant à la règle de l'article 390, qui n'admet de tutelle des enfants qu'«après la dissolution du mariage». N'est-il pas vrai que la déclaration d'absence ne dissout pas le mariage ? que l'absent peut se représenter et réclamer l'exercice de ses droits ? Si c'est le père, il reprendra l'exercice de la puissance paternelle ; alors comment admettre qu'en même temps il se trouvera en présence de la tutelle légale de la mère selon le système que nous combattons? Je ne saurais admettre cette doctrine.

3. Au résumé, sur cette controverse, je suis d'avis que, dans le cas où la déclaration d'absence du père est prononcée judiciairement, l'exercice de la puissance paternelle continue d'appartenir à la mère qui a provisoirement l'administration légale de la personne et des biens des enfants (art. 141, 373, C. civ.), Demolombe, *De la minorité*, 7, n°s 26, 27 ; Massé et Vergé, sur Zachariæ, I, p. 384, § 195, note 4. — V. *Administrateur légal*, n° 5.

4. La mère peut émanciper l'enfant du mariage en cas d'absence déclarée du père. — V. *Emancipation*, n° 10.

5. Si nous supposons que la mère vient à disparaître après la déclaration d'absence de son mari, au lieu de constituer une tutelle dative ordinaire, le conseil de famille sera appelé à nommer un ascendant surveillant ou bien un tuteur provisoire, conformément à l'article 142 du Code civil.—V. *Disparition des père et mère*.

6. Pour le cas d'absence du tuteur testamentaire, — V. *Tutelle des ascendants*, n° 13.

ABSENCE DU TUTEUR. 1. Nous avons tracé la situation légale des enfants mineurs dont le père ou la mère a disparu ou bien est présumé absent : la loi, ayant à cœur de maintenir la tutelle légale au survivant, a jugé la mesure provisoire suffisante et s'oppose à une immixtion trop prompte dans les affaires et dans la conduite des parents, sans rechercher quelle est la cause de leur disparition ; V. *Disparition des père et mère,* n°s 1 *bis* à 7 *bis*. Mais il y a d'autres tuteurs que le père ou la mère, et ils peuvent s'absenter ou disparaître ; alors on demande ce qui adviendra. L'article 424 du Code civil répond : « Le subrogé tuteur « ne remplacera pas de plein droit le tuteur lorsque la tutelle « deviendra vacante, ou qu'elle sera abandonnée par absence ; « mais il devra, en ce cas, sous peine des dommages-intérêts qui « pourraient en résulter pour les mineurs, provoquer la nomi- « nation d'un nouveau tuteur. »

2. A mes yeux, cet article prévoit deux hypothèses relatives à l'absence : dans l'une, le tuteur testamentaire, ascendant ou datif, entré en fonctions, vient-il à disparaître sans qu'on ait de ses nouvelles ou bien est-il seulement éloigné, il suffit que le subrogé tuteur sente sa responsabilité sérieusement engagée, les intérêts du mineur compromis, pour que le conseil de famille doive délibérer sur la nomination d'un autre tuteur temporaire ou définitif ; dans l'autre hypothèse, si l'absence du tuteur est entourée d'éléments qui témoignent d'abandon de la tutelle ou d'une grande incurie, à plus forte raison sera-t-il du devoir de la famille de le remplacer définitivement, après informations prises et autant que possible avertissement donné au contumace. Alors on n'a pas les mêmes précautions à prendre que pour la tutelle des père et mère (V. L. 3 *De suspect. tut.,* Cod.). J'admets, avec M. Demolombe, *Absence,* II, n° 330, que l'article 424 s'étend à toutes les périodes, tandis que M. de Moly, *De l'absence,* n°s 196 et 198, ne l'applique qu'à l'absence déclarée.

3. Il peut aussi arriver que le tuteur testamentaire choisi, ou bien l'ascendant appelé à la tutelle, soit absent ou éloigné au moment de l'ouverture ; il n'y a pas là de cause d'exclu-sion ou d'excuse (art. 427 à 448) ; et, à vrai dire, l'absence ne fait pas que le mineur soit « sans tuteur élu par ses père et mère ni ascendants mâles » (art. 405). Alors il convient d'attendre, de prendre des renseignements et des précautions, avant de déclarer la tutelle vacante. Mais lorsque la situation se prolonge, que les intérêts du mineur réclament une protection immédiate, il con-vient de convoquer le conseil de famille à l'effet de constituer une tutelle dative ordinaire, par argument d'analogie de l'article 424, interprété sous le numéro 2, *supra*.

4. Si, enfin, l'absent, père ou mère survivant, a déclaré formelle-ment abandonner la tutelle, ou bien si le conseil de famille juge

que la conduite du survivant ne laisse aucun doute à cet égard,
il devra nommer un tuteur datif ordinaire.

ACCEPTATION DE LA TUTELLE. — V. *Dispense de la
tutelle*, nᵒˢ 67-74; *Tutelle des père et mère*, nᵒˢ 7-10.

ACCEPTATION OU RÉPUDIATION DE SUCCESSION.
1. Le tuteur ne pourra accepter ou répudier une succession
échue « au mineur sans une autorisation préalable du conseil de
« famille. L'acceptation n'aura lieu que sous bénéfice d'inven-
« taire » (art. 461, C. civ.). Disposition qui s'applique à toute
succession, régulière ou irrégulière, sans que l'autorisation ait
besoin d'être homologuée. Dalloz, *Répertoire de jurisprudence*,
vᵒ Minorité, nᵒ 498. — V. *Acceptation ou répudiation de communauté conjugale*.

2. Cette acceptation doit être faite par une déclaration au greffe
du tribunal civil de l'ouverture de la succession (art. 793). Elle
n'a d'effet qu'autant qu'elle est précédée ou suivie d'un inventaire fidèle et exact des biens héréditaires dans le délai légal
(art. 794-796).

3. A première vue on se demande pourquoi hésiter à accepter, puisque le mineur ne peut le faire que sous bénéfice d'inventaire, c'est-à-dire sans crainte de payer les dettes héréditaires
au-delà de l'actif (art. 802). Réponse : parce que la qualité d'héritier bénéficiaire impose en outre certaines charges et obligations personnelles, telles que rapporter les dons, ne point prélever
les legs (art. 843), rendre compte (art. 803. *Rappr.*, art. 776, 2°).

4. Il est vrai que l'article 802 offre à l'héritier bénéficiaire la
ressource « de pouvoir se décharger du paiement des dettes en
« abandonnant tous les biens de la succession aux créanciers et aux
« héritiers »; et pour faire ce délaissement, il suffirait de l'autorisation du conseil de famille avec homologation.—V. *Abandon de
succession*, nᵒ 2.

5. Mais, d'un autre côté, on peut être surpris que le législateur
n'ait pas exigé l'homologation de la délibération qui, en autorisant le tuteur à répudier la succession, autorise en quelque sorte
une aliénation gratuite en pure perte, là où l'hérédité peut comprendre des immeubles. Delvincourt, I, p. 120, note 2. Oui, sans
doute, mais l'article 461 est formel et sans équivoque, il ne demande que l'autorisation pure et simple. Cass., 22 nov. 1815 ;
Toulouse, 5 juin 1829 et 11 juin 1829, D. P., 29, II, 252, 269 ;
Valette, sur Proudhon, II, p. 380 ; Fréminville, *De la minorité*, II,

n° 551 ; Demante, *Cours analytique*, II, n° 222 *bis* II ; Massé et Vergé, I, p. 438, note 25 ; Demolombe, VII, n° 696. Seulement, à raison de la gravité d'une renonciation, il convient que le conseil de famille s'entoure de tous les renseignements utiles, qu'il s'éclaire par un inventaire, et qu'il opte pour l'acceptation bénéficiaire s'il y a doute sur l'état de la succession. C'est par ces motifs qu'en fait on ne renonce presque jamais pour un mineur.

6. Notons d'ailleurs que, dans une espèce où le tribunal avait autorisé une renonciation à succession échue à un mineur (émancipé), la Cour de Grenoble infirma le jugement, suivant arrêt du 6 décembre 1842, motivé notamment sur ce qu'en droit il n'est pas « au pouvoir du tribunal de se substituer au conseil de famille pour la surveillance des actes intéressant » un mineur, qu'un tribunal n'a point « le pouvoir de s'emparer, *omisso medio*, de l'examen des questions relatives à la tutelle. »

7. « Dans le cas où la succession répudiée au nom du mineur « n'aurait pas été acceptée par un autre, elle pourra être reprise, « soit par le tuteur autorisé à cet effet par une nouvelle délibéra-« tion du conseil de famille, soit par le mineur devenu majeur, « mais dans l'état où elle se trouvera lors de la reprise, et sans « pouvoir attaquer les ventes et autres actes qui auraient été lé-« galement faits durant la vacance » (art. 462). *Rappr.* art. 970.

8. Les articles 461 et 776 s'appliquent à la répudiation pure et simple, qui doit être réalisée par une déclaration au greffe du tribunal de l'ouverture de la succession (art. 784). En est-il de même de la renonciation que le tuteur voudrait faire gratuite-ment ou à prix d'argent au profit d'un cohéritier ou de tous les cohéritiers du mineur ? Il n'en aurait pas le pouvoir ; et d'ailleurs, le conseil de famille devrait s'abstenir de l'autoriser, par le motif que le mineur a une qualité indélébile, celle d'héritier bénéfi-ciaire, qui ne peut le quitter ni être cédée (art. 780). V. *Abandon des biens d'une succession acceptée sous bénéfice d'inventaire.*

ACCEPTATION DE DONATION OU LEGS. 1. « La « donation faite au mineur ne pourra être acceptée par le tuteur « qu'avec l'autorisation du conseil de famille. Elle aura, à l'égard « du mineur, le même effet qu'à l'égard du majeur » (art. 463).— Bien que renfermant une libéralité, la donation pourra présenter un côté onéreux et discutable, soit quant à la source et au mobile qui guide le disposant, soit quant aux conditions qui y sont apposées, soit quant aux charges qui sont attachées par la loi surtout aux donations universelles et à titre universel faites par contrat de mariage (art. 953-955, 1081-1090). C'est ce qui explique la nécessité de consulter le conseil de famille; mais l'homologation n'est pas requise.—V. *Acceptation ou répudiation de succession.*

2. En confirmant la disposition de notre article 463, l'article 935 y ajoute : « Néanmoins les père et mère du mineur « émancipé ou non émancipé, ou les autres ascendants même du « vivant des père et mère, quoiqu'ils ne soient ni tuteurs ni cura- « teur du mineur, pourront accepter pour lui.» De là il résulte que le père, la mère ou l'ascendant, n'a pas besoin d'autorisation quand même il serait tuteur. Rej., 25 juin 1812 ; Nîmes, 10 avr. 1847, S. V., 48, II, 130 ; Duranton, *Cours de droit français*, VIII, n° 441 ; Taulier, *Théorie du Code civil*, IV, p. 66.

3. Si une donation était faite au mineur par son tuteur, elle devrait être acceptée ou refusée par une personne autorisée par le conseil de famille, c'est-à-dire soit par le subrogé tuteur (art. 420, 463), soit par un tuteur *ad hoc* (*argum.* art. 936); Cass., 11 juin 1816, Sirey, 1817, I, 114 ; Ricard, *Des donations*, part. I, n° 859 ; Toullier, *Droit civil français*, V, n° 202 ; Duranton, VIII, n° 443.

4. Malgré le silence du Code, on est d'accord que l'article 463, combiné avec l'article 461, s'applique aux legs universels ou à titre universel (art. 1003, 1010, 1012) ; de sorte que ces libéralités ne peuvent être acceptées ni répudiées par le tuteur qu'avec l'autorisation de la famille et sous bénéfice d'inventaire. Duranton, III, n° 581 ; Demolombe, VII, n° 703 ; Zachariæ, Massé et Vergé, I, p. 438.

5. Quant aux legs à titre particulier, des auteurs enseignent que l'article 463 ne s'y applique pas; Duranton, III, n° 582; tandis que d'autres font une distinction, Taulier, II, p. 70 ; Valette, *Explic. somm.*, p. 265, 266. Nous pensons que l'autorisation du conseil de famille est indispensable ; Demolombe, 7, n° 708.

ACCEPTATION OU RÉPUDIATION DE COMMUNAUTÉ CONJUGALE. 1. Nous savons que « le tuteur ne pourra ac- « cepter ni répudier une succession sans l'autorisation préalable « du conseil de famille. L'acceptation n'aura lieu que sous béné- « fice d'inventaire » (art. 461, C. civ.).

2. De là est née la question de savoir si le tuteur a également besoin de l'autorisation du conseil de famille pour accepter ou répudier la communauté de biens qui a existé entre le père du mineur et sa mère décédée la première. Cette question suppose que la communauté se distingue de la succession, qu'elle est elle-même comme une deuxième succession séparée de la première, ce qui est assurément une erreur. Or, voici la différence que je vois. Si la succession de la mère a été répudiée régulièrement, c'est-à-dire par une déclaration au greffe du tribunal en vertu d'une autorisation du conseil de famille (art. 793), cette répudiation s'applique également à la communauté, qui est un élément de l'actif héréditaire, et le conseil n'a pas à s'en occuper spécialement. Si, au contraire, la succession a été acceptée régulièrement, cette acceptation étant toujours sous bénéfice d'inventaire, le mineur ne saurait répudier la communauté qui en dépend sans faire un abandon, ce qui implique la déchéance de sa qualité d'héritier bénéficiaire ; et comme un mineur ne peut déchoir du bénéfice d'inventaire, j'en conclus que son tuteur ne saurait être habilité à faire cette répudiation.

3. On paraît assez d'accord sur ce point. Mais comme cette solution logique et juridique est souvent une gêne dans la pratique, à raison surtout des droits de mutation qu'on voudrait éviter de payer en écartant la communauté, on a cherché à tourner la difficulté en demandant au conseil de famille l'autorisation de faire cette renonciation à la communauté, tout en acceptant la succession sous bénéfice d'inventaire. Ce procédé est-il rationnel, est-il légal ? Je n'hésite pas à répondre : non, car l'acte de renonciation à communauté que l'on sollicite, étant fondamentalement nul *a priori*, ne sera pas validé par cela que le conseil de famille l'aura autorisé.

4. Cependant, en fait, il arrive assez souvent que cette autorisation soit donnée. J'en trouve un exemple dans un arrêt de la Cour de cassation, qui semble avoir reconnu la légalité d'une renonciation à communauté faite au nom d'un mineur, héritier bénéficiaire, par son tuteur autorisé du conseil de famille ; rej., 22 nov. 1805, rapporté par Dalloz dans le *Dictionnaire général et raisonné ou Répertoire abrégé de législation et de jurisprudence,* édit. 1835 (D. A., XII, 740) ; *conf. Annales des justices de paix,* année 1877, p. 326. Mais je vois là une grave erreur, contre laquelle on ne saurait trop se garder. Ou bien il arrive quelque-

fois que, sans aller jusqu'à conférer une autorisation au tuteur, le conseil de famille lui donne un avis favorable, en émettant l'opinion que la renonciation sera opportune et avantageuse. Mais ici encore cet avis de parents n'a ni force ni efficacité, elle n'habilite pas le tuteur, elle ne fait pas que la renonciation soit valable

5. Au résumé, je tiens et je soutiens qu'un conseil de famille n'a pas à s'occuper de cette question, et j'estime que, s'il était consulté sur ce sujet, il devrait ne donner ni autorisation ni avis, ou plutôt, éclairé par le juge de paix, il devrait conseiller au tuteur de s'abstenir de faire cet acte, qui, s'il émanait d'un majeur héritier sous bénéfice d'inventaire, lui ferait immédiatement perdre ce bénéfice en le rendant héritier pur et simple.

ACQUIESCEMENT. — V. *Action immobilière*, n° 5; *Action mobilière*, n°s 5, 6.

ACTE D'HÉRITIER. On dit d'un successible qu'il fait acte d'héritier quand il accomplit un acte qui suppose sa volonté d'être héritier. Pour un mineur émancipé ou non émancipé, de même que pour un interdit, il n'y a qu'une manière de faire acte d'héritier, c'est d'accepter par une déclaration au greffe du tribunal civil du lieu de l'ouverture de l'hérédité en vertu d'une autorisation de conseil de famille. — V. *Acceptation ou répudiation de succession*.

ACTES CONSERVATOIRES. Le tuteur doit faire tous actes conservatoires des intérêts du mineur, réquisition, apposition et levée de scellés, inventaires, saisies-arrêts et autres ; assurances contre l'incendie, production dans une faillite, etc.

ACTES DE L'ÉTAT CIVIL. — V. *Rectification des actes de l'état civil*.

ACTION EN JUSTICE en général. 1. Ici encore, c'est le tuteur qui agit au nom du mineur, il est son représentant actif. Zachariæ, I, p. 441, texte.

2. On entend par actions les moyens légaux de sanction des droits ; et les droits ont pour *objet* les biens, c'est-à-dire les meubles et les immeubles (art. 516). V. *Immeubles et Meubles*. De là dérive la division des actions en mobilières et immobilières : « *actio ad mobile est mobilis; actio ad immobile est immobilis,* » dit Pothier, *De la communauté*, n° 69. — V. *Action immobilière ; Action mobilière*.

3. Puis, quant à leur *but*, notre organisation judiciaire divise

les actions en personnelles, réelles et mixtes. Une action est personnelle quand le demandeur soutient que le défendeur est obligé envers lui à donner, à faire ou à s'abstenir de faire quelque chose. Une action est réelle quand le demandeur soutient qu'une chose lui appartient. L'action mixte est celle par laquelle le demandeur soutient tout à la fois que le défendeur est obligé envers lui et qu'une chose lui appartient. D'où il résulte que les actions personnelles, réelles ou mixtes, sont quelquefois mobilières et quelquefois immobilières.

ACTION IMMOBILIÈRE.

Acquiescement, 1, 2, 5, 8.	Emphytéose, 3.	Opposition, 8.
Antichrèse, 3.	Habitation, 4.	Revendication, 3.
Appel, 6, 7.	Homologation, 1.	Servitude réelle, 4.
Conseil judiciaire, 14.	Interdit, 12.	Terre, 3.
Défense, 11.	Majeur, 10.	Usage, 3, 4.
Demande, 1-10.	Mineur, 1-11.	Usufruit, 3, 4.
Désistement, 7, 9.	Mineur émancipé, 15.	

1. « Aucun tuteur ne pourra introduire en justice une action « relative aux droits immobiliers du mineur, ni acquiescer à une « demande relative aux mêmes droits, sans l'autorisation du con- « seil de famille » (art. 464).—*Droits immobiliers*, c'est-à-dire ce qui entre dans les dix catégories d'immeubles énumérées sous le mot *Immeubles et Meubles*. Et notons que notre article ni aucun autre n'exige que l'autorisation du conseil soit homologuée.

2. Que trouvons-nous dans le texte de cet article ? — 1° Que l'autorisation du conseil de famille est nécessaire au tuteur pour introduire en justice une action relative à un immeuble quel qu'il soit ; 2° de même pour acquiescer à une action immobilière introduite contre le mineur. Puis, par voie de déduction *a contrario*, il faut en conclure : 3° que le tuteur n'a pas besoin d'autorisation pour défendre à une action immobilière intentée contre le mineur ; 4° non plus que pour introduire une action mobilière ou y défendre ; 5° ni pour y acquiescer. Ces cinq propositions sont applicables à tout tuteur.—Appuyé sur les textes autant que possible, nous allons développer immédiatement les trois premières en reportant les deux autres au mot *Action mobilière*.

3. *Pour le mineur non émancipé*. Première proposition. —L'autorisation du conseil de famille est nécessaire au tuteur pour introduire en justice une action relative à un immeuble quel qu'il soit (art. 464). Ainsi l'a décidé fort sagement le législateur, qui a vu de graves inconvénients à ce qu'il en fût autrement, par

exemple pour revendiquer une maison, une terre, en soutenant que le mineur est propriétaire, usufruitier, usager, ou bien pour revendiquer un droit d'antichrèse ou d'emphytéose comme lui appartenant; cette action étant tout à la fois immobilière et réelle.

4. Même pour intenter une action tendant à affranchir les immeubles du pupille d'une servitude réelle; Orléans, 19 juin 1829; d'un droit d'usufruit, d'usage ou d'habitation.

5. Deuxième proposition. — L'autorisation du conseil de famille est nécessaire au tuteur pour acquiescer à une action immobilière, personnelle ou réelle, introduite contre le mineur (art. 464). C'est-à-dire pour y acquiescer soit expressément, soit tacitement.

6. Mais le tuteur peut toujours appeler sans autorisation, ne fût-ce que pour couvrir sa responsabilité; Nîmes, 2 juill. 1829; Bourges, 17 nov. 1829; Demolombe, VII, n° 712. De même pour former opposition ou se pourvoir en cassation. Ce que M. de Fréminville, *De la minorité*, II, n° 619, admet quand le tuteur autorisé a lui-même introduit la demande et non quand il est défendeur. — V. Talandier, *Traité de l'appel*, n° 26.

7. A-t-il besoin d'autorisation pour se désister de l'appel? Oui, parce que l'appel a rétabli la demande et la défense dans leur état primitif, que les droits du mineur sont intacts, et que le désistement serait une abdication de ces droits; Douai, 17 janv. 1820; Limoges, 19 mai 1840; Cass., 21 avr. 1849, S. V., 49, I, 757; Magnin, *Des minorités*, I, n° 698; Fréminville, II, n° 620; Demolombe, VII, n° 716; à moins que le désistement ne porte que sur la procédure, Carré, *Lois de la procédure*, quest. 1452.

8. De même pour renoncer à faire opposition à un jugement par défaut rendu en matière immobilière; Bruxelles, 23 nov. 1806; Dalloz, *Répertoire*, v° MINORITÉ, n° 543.

9. Avec l'autorisation du conseil, il peut donc acquiescer ou se désister d'une action immobilière sans avoir besoin d'homologation, Demolombe, n° 717.

10. Notons ici, une fois pour toutes, que le tuteur n'est pas dispensé de l'autorisation du conseil par la circonstance que les parties majeures ont le même intérêt que le mineur dans la demande; Orléans, 16 juin 1819; Dalloz, n° 543.

11. Troisième proposition. — Le tuteur n'a pas besoin d'autorisation du conseil de famille pour défendre à une action immo-

bilière intentée contre le mineur (*argum.* art. 464, *a contrario*). Le législateur l'a décidé ainsi parce que le mineur doit nécessairement être défendu, et qu'en ne répondant pas à une demande le tuteur y aurait acquiescé tacitement, ce qui lui est interdit sans autorisation ; il est donc mis en demeure par la loi de résister à l'action immobilière, et s'il croit la demande insoutenable, qu'il sollicite du conseil l'autorisation de ne pas répondre ou d'acquiescer de manière à couvrir sa responsabilité. Tandis que le législateur a entrevu de graves inconvénients à laisser au tuteur pleine liberté d'introduire une action immobilière, comprenant d'ailleurs que, stimulé par la responsabilité qui lui incombe, il serait porté à demander au conseil son avis et son autorisation.

12. *Pour l'interdit.* Il faut appliquer les mêmes règles (art. 509).

13. *Pour le mineur émancipé.* Avec l'assistance de son curateur, il peut provoquer une action immobilière ou y défendre, sans avoir besoin de l'autorisation du conseil de famille (art. 482); Duranton, III, n° 690 ; Valette, sur Proudhon, II, p. 433 ; Fréminville, II, n° 1058 ; Demolombe, VIII, n° 304. *Contra*, Delvincourt, I, p. 126, note 5 ; Proudhon, II, p. 434. — V. *Pouvoirs du conseil de famille et du mineur émancipé.*

14. *Pour l'individu pourvu d'un conseil judiciaire.* Il lui est défendu de plaider sans l'assistance de ce conseil, c'est-à-dire d'intenter une action judiciaire quelconque ou d'y défendre (art. 499, 513).

ACTION MOBILIÈRE. 1. Quatrième proposition, que nous avons déduite par argument *a contrario* de l'article 464. — Le tuteur peut sans autorisation, non seulement défendre à une action mobilière, mais même l'introduire ; Riom, 15 avr. 1809. Ce qui se justifie par la double considération que le tuteur est obligé, sous sa responsabilité, de prendre la défense du mineur, de faire les recouvrements, de poursuivre les débiteurs en retard et les détenteurs de mauvaise volonté, à moins d'en être dispensé par le conseil de famille, dispense qu'il peut provoquer. — V. *Action immobilière*, n° 2 ; *Recouvrements.*

2. Le tuteur a donc pleine capacité de poursuivre non seulement la rentrée des créances du mineur, mais encore l'expropriation des biens des débiteurs ; Bruxelles, 12 nov. 1806 ; Duranton, XXI, n° 33 ; Zachariæ, Massé et Vergé, I, p. 442, texte et note 4 ; ou pour défendre aux poursuites d'expropriation dirigées contre le

mineur; Paris, 19 févr. 1812; ou pour appeler du jugement qui l'a exproprié; Massé et Vergé, *eod. loc.*

3. De même pour répondre à une demande en pension alimentaire formée contre le mineur; Demolombe, VII, n° 692; à plus forte raison pour introduire une action en pension alimentaire; Metz, 19 août 1824, D. P. 33, II, 163.

4. De tout cela, je conclus qu'il a pleine capacité pour renoncer à l'action mobilière par lui intentée, pour former opposition ou appel.

5. Cinquième proposition, déduite du même article 464 par argument *a contrario*. — Le tuteur n'a pas besoin d'autorisation pour acquiescer à une demande mobilière. Cela est justifié par la raison que, le tuteur ayant la faculté, sous sa responsabilité, de ne pas défendre à l'action, c'est-à-dire d'y acquiescer tacitement, il n'y a pas plus d'inconvénients à lui permettre d'y acquiescer expressément; Pau, 20 déc. 1852, D. P. 53, II, 87. — V. Dalloz, *Répertoire*, v° ACQUIESCEMENT, n°ˢ 140 et suiv.

6. Il n'en a pas besoin non plus pour acquiescer à un jugement en matière mobilière, ni pour se désister de l'appel; Fréminville, II, n° 621; Laurent, *Principes de droit civil*, V, n° 85. Mais, pour faire ces deux actes, il lui faudrait le concours du subrogé tuteur (*argum.* art. 444, C. pr.); Nancy, 25 août 1837; Paris, 23 juill. 1840; Demolombe, VII, n° 685.

7. Ces règles sont communes au mineur, à l'interdit et aux deux tuteurs.

8. Elles sont les mêmes pour le mineur émancipé assisté de son curateur (*argum.* art. 482).

9. Mais celui qui est pourvu d'un conseil judiciaire ne peut, sans son assistance, plaider en demandant ou en défendant même en matière mobilière (art. 499, 513).

ACTION EN NULLITÉ. 1. Le tuteur doit se faire autoriser par le conseil de famille pour exercer une action en nullité de vente ou d'échange d'immeuble, n'importe que le mineur soit acheteur ou vendeur, cette action tendant à restituer un immeuble ou à le reprendre; tandis qu'il n'aurait pas besoin d'autorisation pour défendre à cette action (art. 464). — V. *Action immobilière*, n°ˢ 2, 11, 12.

2. Il a pleine capacité pour intenter une action en nullité de vente ou d'échange de meubles, comme pour y défendre. — V. *Action mobilière*, n° 1.

3. Ces règles sont communes au tuteur du mineur non éman
cipé ou de l'interdit.

4. Mais pour provoquer l'action en nullité d'une vente immobilière, ou bien pour y défendre, l'émancipé n'a besoin que de
l'assistance de son curateur. — V. *Action immobilière*, n° 13.

5. Il faudrait toujours l'assistance du conseil judiciaire au
prodigue ou à l'insensé qui en aurait un. — V. *ibid.*, n° 14.

**ACTION EN RESCISION DE VENTE D'IMMEUBLE POUR
LÉSION DE PLUS DE SEPT DOUZIÈMES.** 1. Le tuteur a-t-il
besoin d'être autorisé pour demander la rescision d'une vente
pour lésion de plus de sept douzièmes? Oui, assurément, car
l'action tend à reprendre l'immeuble, bien que l'acheteur ait la
faculté de le garder en payant le supplément du juste prix sous
la déduction du dixième du prix total (art. 1674 et 1681). Telle
est l'opinion admise presque à l'unanimité; Bourges, 25 janv.
1832, D. P. 32, II, 185; Dumoulin, sur Paris, § 33, glose 1, n° 44;
Toullier, XII, n° 186; Duranton, IV, n° 97; Troplong, *De la
vente*, n° 808; Marcadé, sur l'art. 526; Fréminville, I, n° 537. Je
ne saurais me rendre à l'opinion qui y voit une action mobilière
tendant au supplément du juste prix. *Contra*, Cass., 23 prair.
an XII et 14 mai 1806. — V. *Action immobilière*, n° 2.

2. Cette règle s'applique également au mineur, à l'interdit et
aux deux tuteurs. — V. *ibid.*, n° 12.

3. Tandis qu'il suffit à l'émancipé de l'assistance du curateur
pour intenter cette action ou pour y défendre. — V. *ibid.*,
n° 13.

4. Mais il faudrait au prodigue ou à l'insensé l'assistance du
conseil judiciaire qui lui aurait été donné. — V. *ibid.*, n° 14;
Rescision pour cause de lésion.

ACTION RÉSOLUTOIRE. 1. Le tuteur ne peut, sans une
autorisation du conseil de famille non homologuée, exercer l'action
résolutoire d'une vente d'immeuble pour défaut de payement du
prix ou inexécution des conditions, cette demande étant relative
aux droits immobiliers du mineur; tandis qu'il défendrait valablement à une pareille demande sans y être spécialement autorisé
(*argum.* art. 464). — V. *Action immobilière*, n°ˢ 2, 11.

2. Cela est commun au tuteur du mineur et au tuteur de l'interdit. — V. *ibid.*, n° 12.

3. Tandis que l'émancipé n'a besoin que de l'assistance de son
curateur sans autorisation de la famille. — V. *ibid.*, n° 13.

4. Il suffit au prodigue, de même qu'au faible d'esprit, d'être assisté de son conseil judiciaire. — V. *ibid.*, n° 14.

ACTION EN RÉMÉRÉ. 1. Le tuteur a besoin de l'autorisation du conseil de famille, non homologuée, pour exercer l'action de réméré, c'est-à-dire pour reprendre un immeuble que l'auteur du mineur a vendu sous cette condition. Alors il introduit une action relative aux droits immobiliers du pupille, de même nature que l'action résolutoire ordinaire, en conformité de l'article 464; Paris, 6 vent. an XII. *Contra*, Riom, 4 déc. 1822, D. P. 27, I, 77; V. Rej., 5 déc. 1826. Mais il n'aurait pas besoin d'autorisation pour défendre à l'action de réméré intentée contre le mineur acheteur (*argum*. art. 464). — V. *Action immobilière*, n°ˢ 2, 11.

2. Cette règle est commune au mineur, à l'interdit et aux deux tuteurs. — V. *ibid.*, n° 12.

3. Il suffit à l'émancipé de l'assistance de son curateur. — V. *ibid.*, n° 13.

4. Celui qui est pourvu d'un conseil judiciaire peut intenter l'action ou y défendre avec la seule assistance de ce conseil. — V. *ibid.*, n° 14.

ACTION POSSESSOIRE. 1. C'est une question controversée de savoir si le tuteur peut exercer les actions possessoires. Ayant pour objet les immeubles, on en a conclu, avec l'article 464, que le tuteur a besoin d'autorisation pour les introduire, et non pour y défendre; Carré, *Des justices de paix*, II, p. 429; Chardon, III, n° 479. Mais l'opinion contraire a prévalu; Pothier, *Du mandat*, n° 152; Toullier, III, n° 182; Bioche, v° *Actions possessoires*, n° 129; Carou, *Des actions possessoires*, n° 770; Fréminville, I, n° 384; Demolombe, VII, n° 688. Cette dernière opinion s'appuie à bon droit sur l'article 3, 2°, du Code de procédure, et sur l'article 6, 1°, de la loi du 25 mai 1838, qui défèrent aux juges de paix la connaissance des actions possessoires, à l'exclusion des tribunaux de première instance, dont la compétence fondamentale embrasse toutes les actions immobilières.

2. La situation est la même pour le tuteur du mineur non émancipé ou de l'interdit. Leligois, *Actions possessoires*, v° PROCÉDURE, n°ˢ 8, 10.

3. Il appartient au mineur émancipé d'intenter l'action possessoire ou d'y défendre, sans avoir besoin de l'assistance du curateur, ni d'autorisation du conseil de famille. *Ibid.*, n° 9 (art. 482).

4. Il suffit au prodigue et au faible d'esprit d'être assistés du conseil judiciaire pour intenter cette action ou pour y défendre. *Ibid.*, n° 11 (art. 499, 513).

ACTION EN BORNAGE. 1. Que dire de l'action en bornage ? Qu'elle a été rangée parmi les « actions possessoires, » comme le prouvent non seulement l'article 3 du Code de procédure, qui lui donne cette qualification, mais encore l'article 6, 2°, de la loi du 25 mai 1838, qui a déféré aux juges de paix la connaissance des actions en bornage « lorsque la propriété ou les titres qui l'établissent ne sont pas contestés ». Or c'est à cette distinction qu'il faut s'arrêter pour la solution de notre question. Si donc l'opération se réduit à une simple plantation de bornes, à un acte matériel sans contestation sur les limites, il n'y a qu'un acte conservatoire, un acte possessoire, et alors il appartient au tuteur seul de le faire. Si au contraire il y a contestation sur les limites ou sur les titres, la demande en bornage se convertit en une action pétitoire immobilière, dont le juge de paix doit se dessaisir en la renvoyant devant le tribunal d'arrondissement. Cass., 24 juin 1879, *Annales des juges de paix*, année 1879, p. 398 ; *Conf.* Toullier, III, n° 182 ; Millet, *Traité du bornage*, n° 25 ; Demolombe, VII, n° 689. *Contra*, Curasson, II, p. 328 ; Carou, I, p. 650 ; Pardessus, *Des servitudes*, p. 78 ; Vaudoré, *Droit civil des juges de paix*, I, p. 262 ; Marchand, *Code de la minorité*, n° 62.

2. Il en est ainsi pour le mineur non émancipé, pour l'interdit et pour les deux tuteurs.

3. Tandis que l'exercice de cette action appartient à l'émancipé sans avoir besoin d'assistance ni d'autorisation de la famille. — V. *Action possessoire.*

4. Mais le prodigue et le faible d'esprit ont besoin de l'assistance du conseil judiciaire qui leur a été nommé (art. 499, 513).

ACTION EN SÉPARATION DE CORPS. 1. *Epoux émancipés.* On reconnaît généralement à l'émancipé par mariage, à la femme comme au mari, la capacité d'intenter, sans être assisté, une demande en séparation de corps, parce qu'il s'agit d'une action intimement personnelle, se rattachant même à la sécurité personnelle, réclamant toute liberté, pour laquelle le président du tribunal donne une autorisation toute spéciale, et qui ne peut être assimilée à une action immobilière ; Bordeaux, 1er juill. 1806 ; Vazeille, *Du mariage*, II, n° 350 ; Dalloz, v° *Minorité*, n° 828. J'adopte aujourd'hui cette opinion, après avoir admis que l'émancipé avait besoin de l'assistance du curateur, dans mon *Traité de la séparation de corps*, n° 118 ; *Contra*, Demolombe, VIII, n° 312 ; Massé et Vergé, I, p. 479, notes 4 et 5.

2. *Epoux interdit.* Le tuteur de la femme interdite aurait qualité pour intenter la séparation de corps contre le mari ; et réciproquement le tuteur du mari interdit pourrait intenter cette action contre la femme, même pour adultère, bien que l'adultère de la femme ne puisse être dénoncé que par le mari personnellement. Dans le cas où l'interdit aurait pour tuteur son conjoint, l'exercice de l'action appartiendrait au subrogé tuteur ou bien à un tuteur *ad hoc.* Colmar, 16 fév. 1832 ; Bordeaux, 17 mai 1858 ; Rouen, 26 juil. 1864 ; Caen, 26 juill. 1865, S. V., 66, II, 197 ; Massé et Vergé, I, p. 470, § 235, note 17. Et contrairement à l'avis que j'ai exprimé sous le n° 116 de mon *Traité de la séparation de corps*, j'admets, avec les mêmes autorités, que le tuteur n'a pas besoin d'autorisation, non plus que le subrogé tuteur.

3. *Epoux soumis à un conseil judiciaire.* Ne pouvant plaider sans l'assistance de ce conseil, il en aurait besoin pour introduire une demande en séparation de corps ou pour y défendre (art. 499, 513).

4. Le conseil de famille pourra être appelé à émettre son avis sur l'avantage qu'il peut y avoir, au cours de l'instance en séparation de corps, à ce que les enfants soient confiés soit à l'un des époux, soit à une tierce personne (art. 267, 306 C. civ.). V. Le Senne, *Tr. de la sép. de corps*, n°s 246-248.

ACTION EN SÉPARATION DE BIENS. 1. On décide généralement que la femme mineure a besoin de l'assistance d'un curateur *ad hoc* pour intenter une demande en séparation de biens ; Dalloz, v° MINORITÉ, n° 829.

2. Le mari mineur devrait également être assisté d'un curateur pour défendre à cette action ; Vazeille, *Du mariage*, II, n° 350 ; Massé et Vergé, I, p. 480, § 241, note 10 ; sans avoir besoin du conseil de famille ; *Contra*, Demolombe, 8, n° 308.

ACTION EN DÉSAVEU DE PATERNITÉ. 1. « L'enfant « conçu pendant le mariage a pour père le mari.» Telle est la règle posée par l'article 312 du Code civil. Mais ce même article et les suivants permettent au mari de « désavouer l'enfant », c'est-à-dire d'en contester la légitimité, de faire reconnaître et constater qu'il n'est pas de ses œuvres. — Quelle voie employer ?

2. « Tout acte extra-judiciaire, contenant le désaveu de la part

« du mari ou de ses héritiers, sera comme non avenu s'il n'est
« suivi, dans le délai d'un mois, d'une action en justice dirigée
« contre un tuteur *ad hoc* donné à l'enfant, et en présence de la
« mère » (art. 318). — V. L. 6-15 déc. 1850.

3. Comment et par qui sera nommé le tuteur *ad hoc* à l'enfant
désavoué ? Suivant M. Demolombe, *De la paternité*, V, n°s 166 et
167, la nomination appartiendrait au tribunal civil (opinion quelque peu fantaisiste). Suivant Duranton, III, n° 96, et Marcadé, 2,
sur l'article 318, le choix appartient au conseil de famille, qui
devrait n'être composé que de parents maternels et d'amis à raison de l'antagonisme qui existe avec le mari ; *id.* rej., 25 août 1806.
Une troisième opinion, à laquelle nous adhérons, veut que l'on
procède selon les règles tracées pour nommer un tuteur au mineur, c'est-à-dire que le choix soit fait par un conseil de famille
composé de parents, alliés et amis, par moitié du côté du mari
et moitié du côté de la mère ; rej. 14 fév. 1854, et Paris,
21 fév. 1863, S. V., 54, I, 225, 63, II, 36 ; Proudhon, II, n° 74 ;
Massé et Vergé, I, p. 304, § 161, note 60. La mère et son mari
ne peuvent y être membres délibérants.

4. Ainsi encore le conseil de famille doit être convoqué devant
le juge de paix du domicile du mari ; rej. 14 fév. 1854 ; Massé
et Vergé, *eod loc.*

5. Il importe d'adjoindre au tuteur *ad hoc* un subrogé tuteur,
auquel puisse être signifié le jugement sur le désaveu, afin de
faire courir le délai de l'appel contre l'enfant, selon le vœu de
l'article 444 du Code de procédure. *Contra*, Colmar, 14 juin 1832.

ACTIONS COMMERCIALES OU INDUSTRIELLES. —
V. *Vente de meubles incorporels.*

ACTIONS DE LA BANQUE DE FRANCE. — V. *Transfert
des actions de la Banque de France.*

ACTIONS D'ORLÉANS ET DE LOING. — V. *Transfert
des actions d'Orléans et de Loing.*

ADMINISTRATEUR LÉGAL.

1. « Le père est, durant le mariage, administrateur des biens
« personnels de ses enfants mineurs » (art. 389 C. civ.), non éman-

cipés. Ce pouvoir d'administration tient à la puissance paternelle ; il découle de la loi naturelle.

2. L'administration légale a de l'analogie avec la tutelle, sans en avoir les caractères. A la différence du tuteur, qui administre sous le contrôle permanent d'un conseil de famille et d'un subrogé tuteur, le père administrateur gère seul sans contrôle, exempt de toute dépendance de conseil, de même que la loi ne lui impose pas de subrogé administrateur. V. Cass., 4 juill. 1842 ; Duranton, *Cours de droit français*, III, n° 415 ; Toullier, *Droit civil français* (édit. 1830), II, n° 1090.

3. Mais il arrive quelquefois que le père administrateur ait des intérêts contraires avec ses enfants ou l'un d'eux, et l'on se demande comment obvier aux dangers que présente cette opposition : donnera-t-on à l'enfant un tuteur spécial, ou bien lui nommera-t-on un administrateur *ad hoc ?* On s'accorde à reconnaître qu'il y a lieu, en effet, de donner un défenseur particulier à l'enfant mineur non émancipé. Quelques auteurs ont proposé de lui nommer un tuteur *ad hoc* ; Proudhon, *Tr. de l'état des personnes*, II, p. 282 (édit. 1848-1859) ; Massé et Vergé, sur Zachariæ, I, p. 406, § 207, note 9 (édit. 1854); Fréminville, n° 14 ; ou bien un subrogé tuteur *ad hoc*, Duranton, III, n° 415, dont la mission finirait avec la cause qui y aurait donné lieu (*argum.* art. 318 C. civ.). Mais ce système n'a point prévalu dans la pratique : il est d'usage qu'un administrateur *ad hoc* soit nommé tantôt par un conseil de famille, tantôt par le tribunal, et cet usage a été consacré par une pratique à peu près unanime ; V. Mourlon, *Code civil*, art. 389, 390 et notes.—Cette controverse demande une explication.

4. Bien que l'article 389 soit placé sous le titre *De la tutelle*, il n'y a ni tuteur ni subrogé tuteur à nommer tant que dure le mariage. Cela ressort positivement de la discussion du projet, notamment de l'Exposé des motifs, où il est dit : « Tout mineur n'est pas nécessairement en tutelle ; celui dont les père et mère sont encore vivants trouve en eux des protecteurs naturels ; et s'il a quelques biens personnels, l'administration en appartient à son père » ; Fenet, *Trav. prépar. du Code civil*, X, p. 639.

5. J'accepte néanmoins qu'il y aura lieu de choisir à l'enfant mineur un défenseur provisoire ayant le titre et les fonctions d'administrateur *ad hoc*. Mais au lieu du conseil de famille, qui n'a point d'existence légale pendant le mariage, il appartient au

tribunal de première instance, à lui seul, de faire cette nomination ; cass., 3 juin 1867 ; Paris, 8 janv. 1874 et 21 janv. 1876 ;
rej. 14 janv. 1878, *Annales des justices de paix*, 1867, p. 182 ;
1874, p. 158 ; 1877, p. 194; 1878, p. 281. Si cependant un conseil
vient à être convoqué comme il arrive parfois dans la pratique,
c'est plutôt officieusement que légalement, à l'effet d'avoir son
avis sur la mesure projetée et d'*indiquer* un administrateur
spécial au choix du tribunal, qui aura plein pouvoir de l'admettre
ou d'en nommer un autre.

6. En cas d'instance, par exemple de partage ou de licitation
judiciaire entre le père et son enfant mineur, le tribunal nommera deux administrateurs *ad hoc*, l'un pour défendre au nom de
ce mineur contre le père, l'autre pour recevoir la signification
destinée à faire courir les délais d'appel, conformément à l'article 444 du Code de procédure. V. Carré et Chauveau, *Lois de
la procédure*, quest. 2502 *septies* et 2504 *quinties*.

7. Le père administrateur est-il tenu de recourir à l'autorisation du conseil de famille dans les divers cas où un tuteur a
besoin de cette autorisation ? — Pour l'affirmative (avec diverses
nuances étendant ou restreignant plus ou moins les pouvoirs du
père administrateur), V. Delvincourt, *Code civil*, II, p. 101,
n° 8 (édit. 1819) ; Taulier, *Théorie du Code civil*, II, p. 9 ; Valette, sur Proudhon, II, p. 283, note *a* ; Ducaurroy, Bonnier et
Roustain, *Code civil*, I, n° 589; Demolombe, *De la puissance paternelle*, VI, n° 446. — Zachariæ, I, p. 406, § 207, texte, enseigne,
au contraire, que le droit du père doit être, à moins d'exception expresse, considéré comme illimité; *Id.* Montpellier,
30 mars 1859 ; Bourges, 11 févr. 1863. — Enfin, d'autres estiment avec raison que le père administrateur ne peut en aucun
cas être astreint à demander l'autorisation du conseil de famille,
mais qu'il est soumis à l'obligation d'obtenir l'autorisation du
tribunal dans les hypothèses où cette condition est imposée au
tuteur. V. en ce sens Fréminville, *Minorité*, I, n° 13; Marcadé,
Append. aux art. 371 et suiv., II, p. 169. Cette dernière opinion
est conforme, d'après Bertin, *Chambre du conseil*, I, n° 613, à la
pratique suivie par la Chambre du conseil du tribunal de la Seine.

8. « Si le père a disparu laissant des enfants mineurs issus d'un
« commun mariage, la mère en aura la surveillance, et elle exer-
« cera tous les droits du mari quant à leur éducation et à l'ad-
« ministration de leurs biens » (art. 141). Le mariage n'étant

pas dissous, il n'y a pas lieu à tutelle : l'administration légale passe provisoirement à la mère.

9. Mais que décider si, au lieu de disparaître, le père se trouve dans l'impossibilité intellectuelle ou légale d'administrer les biens de ses enfants par suite d'interdiction, condamnation pénale, déchéance de la puissance paternelle? Ecartant l'opinion de M. Demante, *Cours analytique*, II, n° 138 *bis*, qui admet une tutelle dative, excepté dans le cas de disparition prévu par l'article 141, MM. Massé et Vergé, I, p. 384, § 195, note 5, décident à bon droit que, « si le père est incapable, l'administration passera à la mère; s'ils sont l'un et l'autre empêchés, il leur est donné un administrateur judiciaire », c'est-à-dire aux enfants, Marcadé, sur l'article 390 ; *Conf.* Demolombe, VII, n° 27. — V. *Interdiction judiciaire; Interdiction légale.*

10. Le père pourra être exclu ou destitué de l'administration légale pour cause d'indignité ou d'incapacité (*argum.* art. 444 C. civ.). Mais quel pouvoir aura le droit de prononcer cette destitution? En écartant le conseil de famille, il faut encore reconnaître aux tribunaux civils seuls un pouvoir discrétionnaire pour ordonner les mesures de garantie et de conservation nécessaires aux intérêts du mineur et par conséquent pour déclarer le père destitué ou exclu. Fréminville, n° 17; Dalloz, v° *Puiss. pat.*, n° 79 ; Massé et Vergé, I, p. 407, § 207, note 17.

11. En fait, le plus souvent, c'est un conseil de famille qui, de son initiative privée ou bien convoqué par le juge de paix, prononce la destitution, en même temps qu'il nomme un administrateur spécial quand la mère n'est pas en état de prendre cette administration, mais, à vrai dire, sa délibération n'est qu'un *avis* motivé, qui a besoin d'être confirmé par le tribunal pour produire effet. Paris, 29 août 1825 ; Cass. 16 déc. 1829.

ADMINISTRATEUR *ad hoc.* — V. *Administrateur légal.*

ADMINISTRATEUR PROVISOIRE NOMMÉ AVANT TOUTE DEMANDE EN INTERDICTION. « Sur la de-
« mande des parents, de l'époux ou de l'épouse, sur celle de la com-
« mission administrative, ou sur la provocation, d'office, du pro-
« cureur de la République, le tribunal civil du lieu du domicile
« pourra, conformément à l'article 497 du Code civil, nommer,
« en chambre du conseil, un administrateur provisoire aux biens
« de toute personne non interdite placée dans un établissement
« d'aliénés. Cette nomination n'aura lieu qu'après délibération

« du conseil de famille, et sur les conclusions du procureur de la
« République. Elle ne sera pas sujette à l'appel » (art. 32, L. du
30 juin 1838). — V. *Conversion de titres.*

ADMINISTRATEUR PROVISOIRE A L'INTERDICTION.
Après avoir reçu l'avis du conseil de famille sur l'état mental de
celui dont l'interdiction est provoquée, le tribunal interroge le
défendeur (art. 496). Puis il « commettra, s'il y a lieu, un admi-
« nistrateur provisoire, pour prendre soin de la personne et des
« biens du défendeur » (art. 497). Cette nomination n'est pas de
la compétence du conseil de famille.

ADMINISTRATEUR AUXILIAIRE. — V. *Dépense d'administration des biens.*

ADMINISTRATION DU TUTEUR en général. 1. Sous ce
titre, le Code civil, sect. VIII du chapitre II, *De la tutelle*, a groupé
diverses dispositions qui comprennent tous les pouvoirs que la
loi confère au tuteur, lors même que les actes qu'il fait en cette
qualité dépassent les limites de l'administration proprement dite.

2. Le tuteur a la double mission de prendre soin de la personne
du mineur et d'administrer ses biens (art. 450) ; en d'autres
termes, il a la garde de sa personne et la gestion de sa fortune.
C'est lui qui agit, qui fait les actes au nom du mineur, tandis que
celui-ci s'efface, excepté dans quelques actes concernant sa personne qu'il fait lui-même.

3. En même temps qu'elle lui confère un double droit, cette
double mission lui impose une double charge, qu'il doit remplir
en bon père de famille, sous sa responsabilité (art. 350 et 1382).
Mais à quelle époque commence, pour le tuteur, l'obligation de
veiller et de gérer ? Du moment où il apprend que la tutelle lui
est déférée. C'est ce que décide l'article 418 du Code civil pour la
tutelle dative, en disant : « Le tuteur agira et administrera en
« cette qualité du jour de sa nomination, si elle a lieu en sa pré-
« sence ; sinon du jour où elle lui aura été notifiée » (*Conf.*
art. 882 C. pr.). Par analogie de situation il est logique de décider
de même pour la tutelle testamentaire (art. 451 C. civ.) ; Demolombe, VII, n° 524 ; Zachariæ, I, p. 425, § 217, texte. Il n'y a
aucune raison pour qu'il en soit autrement du tuteur légitime,
Demolombe, VII, n° 523. Cependant Troplong, *Des privilèges et
hypothèques*, II, art. 2121, n° 428, et Merlin, *Répertoire*, v° Inscription hypothécaire, § 3, n° 6, sont d'avis que la responsabilité
du tuteur légitime part du jour de l'ouverture de la tutelle.

4. Suivant la législation de notre Code, le mineur n'agit pas lui-même, il s'efface. C'est le tuteur seul qui fait tout : il représente le pupille dans tous les actes civils, dit l'article 450 ; c'est-à-dire que le tuteur figure à la place du mineur dans tous les actes judiciaires ou non judiciaires ; il est un mandataire légal avec des pouvoirs généraux dans l'acception la plus large. Suivant le droit romain, au contraire, le pupille faisait lui-même les actes, tandis que le rôle du tuteur consistait à l'assister pour augmenter et compléter sa capacité.

5. Mais le tuteur est loin d'avoir des pouvoirs absolus : tantôt il agit seul sans contrôle ; d'autres fois il a besoin de l'autorisation soit du conseil de famille, soit de la justice. Cela nous conduit, pour plus de clarté, à diviser ce sujet en deux sections comprenant, l'une les *pouvoirs du conseil de famille et du tuteur touchant la personne du mineur*, l'autre leurs *pouvoirs touchant les biens.*— V. ces deux mots.

ADOPTION. L'adoption d'un mineur de vingt et un ans n'étant jamais admise, il n'y a pas lieu de s'en occuper ici (art. 346). — V. *Tutelle officieuse.*

AFFINITÉ. — V. *Alliance.*

AGE. Temps qu'il y a qu'on est en vie (*Acad.*). Age se dit de tous les différents degrés de la vie. L'âge d'un individu se calcule du moment de la naissance. Bien que l'âge ne compte pas dans le sein de la mère, il faut y avoir égard toutes les fois qu'un intérêt appréciable s'ouvre au profit de l'enfant conçu, selon la maxime de droit : *infans conceptus pro nato habetur quoties de commodis ejus agitur.* C'est ainsi qu'en certains cas le conseil de famille est appelé à nommer un curateur *ad ventrem.* — V. *Curateur au ventre* ; *Enfant naturel*, n° 10 ; *Minorité* ; *Majorité* ; *Composition du conseil de famille du mineur*, n° 38 ; *Tutelle en général*, n° 35.

ALIÉNATION. C'est le fait de transférer sa chose à autrui, *rem suam alienam facere.* On aliène par *vente, échange, dation en paiement, donation.* — V. *Vente de meubles incorporels.*

ALIÉNATION MENTALE. 1. En cas de placement volontaire : — « Toute personne placée dans un établissement d'a-« liénés cesse d'y être retenue aussitôt que les médecins de « l'établissement auront déclaré, sur le registre énoncé en l'ar-« ticle précédent, que la guérison est obtenue. — S'il s'agit d'un « mineur ou d'un interdit, il sera donné immédiatement avis de « la déclaration des médecins aux personnes auxquelles il devra

« être remis et au procureur de la république » (L. du 30 juin 1838, art. 13).

2. « Avant même que les médecins aient déclaré la guérison, « toute personne placée dans un établissement d'aliénés cessera « également d'y être retenue dès que la sortie sera requise par « l'une des personnes ci-après désignées, savoir : 1°…; 2°…; « 3°…; 4°…; 5° la personne qui aura signé la demande d'admis- « sion, à moins qu'un parent n'ait déclaré s'opposer à ce qu'elle « use de cette faculté sans l'assentiment du conseil de famille ; « 6° toute personne à ce autorisée par le conseil de famille. — « S'il résulte d'une opposition notifiée au chef de l'établissement « par un ayant droit qu'il y a dissentiment, soit entre les ascen- « dants, soit entre les descendants, le conseil de famille pronon- « cera. — … — En cas de minorité ou d'interdiction, le tuteur « pourra seul requérir la sortie » (art. 14).

3. En cas d'interdiction pour aliénation mentale. — V. *Interdiction judiciaire.*

ALIMENTS. — V. *Dette alimentaire.*

ALLIANCE (ALLIÉS). 1. « L'alliance est un lien produit par l'union constatée des deux sexes entre l'une des personnes unies et les parents de l'autre. » Taulier, *Théorie du Code civil,* I, p. 272.

2. En d'autres termes, l'alliance (*affinitas*) est une relation qui imite la parenté et lui est parallèle ; « la parenté d'alliance imite la parenté du sang », disait Portalis dans l'exposé des motifs de l'article 206. Elle est, comme la parenté, légitime, naturelle, adultérine ou incestueuse, directe ou collatérale.

3. L'alliance légitime naît du mariage ; elle s'établit non seulement entre les deux époux, mais encore entre chacun des époux et tous les parents légitimes de l'autre, n'importe qu'ils soient germains, utérins ou consanguins.

4. Ainsi un mari (gendre) est l'allié du père et de la mère de sa femme (beau-père et belle-mère) et de tous ses ascendants et ascendantes. Il l'est aussi des frères et sœurs de sa femme (beaux-frères et belles-sœurs), de ses oncles et tantes, neveux et nièces, cousins et cousines à l'infini, issus par mariage. — Réciproquement l'épouse (belle-fille ou bru) est l'alliée du père et de la mère de son mari (beau-père et belle-mère) et de tous ses ascendants ou ascendantes. Elle a aussi pour alliés les oncles et tantes, neveux et nièces, cousins et cousines de son mari, à l'infini par mariage (art. 161, 162, 206, 207).

5. De même il y a alliance entre un homme (*privignus*) et celui que sa mère a épousé en secondes noces (*parâtre*) ; entre une fille (*privigna*) et la femme avec qui son père s'est remarié.

6. L'alliance (l'alliance légitime surtout) engendre des droits et des devoirs par rapport à la tutelle et aux conseils de famille ; V. *Composition du conseil de famille*, n°ˢ 3-16. Cette alliance, non plus que ces droits et ces devoirs, n'est pas dissoute par le décès sans enfants de l'époux qui l'a produite ni par le nouveau mariage du survivant (art. 283 et 378 C. pr.) ; Bruxelles, 11 juin 1812 ; rej., 24 fév. 1825 ; 16 juin 1834, Sirey, 34, I, 729 ; Vazeille, *Traité du mariage*, I, n° III ; Valette, sur Proudhon, *Traité des personnes*, II, p. 315 ; Taulier, *Théorie du Code civil*, II, p. 27 ; Demolombe, *Minorité*, VII, n° 255 ; Zachariæ, I, p. 65, § 47, note 10 ; Dalloz, *Répertoire*, v° MINORITÉ, n° 189. *Contra*, Duranton, *Cours de droit français*, 3, n°ˢ 458, 459, note 1 ; Delvincourt, I, p. 106, note 4 ; Marcadé, *Explication du Code civil*, II, art. 407, note 1 ; Ducaurroy, Bonnier et Roustain, *Commentaire du Code civil*, I, n° 606.

7. Le Code employant le mot « alliés » sans distinction (art. 407, 410, 432), j'estime que l'alliance naturelle doit aussi entrer en ligne de compte pour la tutelle et la composition du conseil de famille, mais passer après l'alliance et la parenté légitimes ; *argum.* Cass., 6 avr. 1809 ; Merlin, *Répertoire*, v° TÉMOIN JUDICIAIRE, § 1, art. 3, n° 9 ; Carnot, *Instr. crim.*, sur l'article 156.

8. Dans le langage ordinaire, on étend l'alliance plus loin entre un allié et l'allié de son allié. Ainsi, on regarde comme alliés entre eux au deuxième degré, et l'on qualifie de beaux-frères deux hommes qui ont épousé les deux sœurs ; de même qu'on appelle belles-sœurs deux femmes qui ont épousé les deux frères. Mais ce n'est là qu'une affinité de second ordre, sans effet légal obligatoire en ce qui touche la tutelle et les conseils de famille, parce que, comme le dit fort exactement Taulier, I, p. 274, « soit en ligne directe, soit en ligne collatérale, il n'y a pas d'alliance entre les parents de l'une des personnes unies et les parents de l'autre, ni entre l'une de ces personnes et les parents de l'autre. » *Conf.* Cass. 6 frim. an IX et 5 prair. an XIII, Sirey, *coll. nouv.*

AMENDE. — V. *Délibération du conseil de famille*, n°ˢ 14-17.

AMIS. Personnes liées par des relations d'affection, et qui, à ce titre, sont appelées à entrer dans la *Composition du conseil de famille*. — V. ce mot.

AMNISTIE. 1. Mot, dérivé du grec, qui signifie sans souvenir, sans mémoire ; c'est l'oubli complet, l'oubli des faits, de la condamnation, de leurs suites et de leurs conséquences.

2. L'amnistie est la plus haute expression du droit de souveraineté nationale. Elle est décrétée par le pouvoir législatif sous le gouvernement de la République française (constit. du 25 févr. 1875, art. 3). «L'un des caractères principaux auxquels se reconnaît l'amnistie est qu'elle est rendue dans un intérêt général, à la différence des lettres de grâce, qui sont individuelles » ; rej., ch. crim., 18 juill. 1839. C'est une réhabilitation générale.

3. L'amnistie est antérieure ou postérieure à la condamnation. Elle efface non seulement la peine, mais encore la condamnation et les fautes, à la différence de la grâce, qui remet la peine seule sans rien effacer; Dalloz, *Répertoire*, v° AMNISTIE, n°ˢ 9, 10.

4. L'amnistie proprement dite est souveraine et absolue : elle rend à l'amnistié tous les droits politiques, civiques, civils et de famille dont la condamnation l'a privé; Dalloz, n°ˢ 135-137. Ainsi l'amnistié est-il un père ayant encore sa femme, il reprend l'exercice de la puissance paternelle. Est-ce un père dont l'épouse est prédécédée, il recouvre la puissance paternelle, mais il ne recouvre pas la tutelle légitime qu'il a perdue par sa condamnation pénale, cela par la raison que cette première tutelle a fait place à la tutelle dative, qui une fois ouverte ne peut pas se fermer. C'est par la même raison qu'en mourant amnistié, le père survivant ne pourra pas laisser de tuteur testamentaire, tandis qu'il en aurait laissé un valablement si, amnistié du vivant de sa femme, il était mort le dernier avant l'ouverture d'une tutelle dative. — V. *Tutelle testamentaire*, n° 17.

ANTICHRÈSE. 1. Pour concéder un droit d'antichrèse sur un immeuble du mineur ou de l'interdit, le tuteur a besoin d'une autorisation du conseil de famille, avec homologation et accomplissement des formalités prescrites par la loi pour la *Vente des immeubles* ; V. ce mot ; *argum.* L. 23 mars 1855, art. 2, sur la *transcript. hypoth.*: Le Senne, *Comm.* de cette loi, n° 41 ; Demolombe, VII, n° 742.

2. De même pour transporter ce droit à autrui ; Le Senne, *Id.*, n° 45.

3. Cette règle est aussi applicable au mineur émancipé.

APPEL. — V. *Action immobilière*, nº 6 ; *Action mobilière*, nº 4.

ASCENDANTE. 1. Tant que vit son mari, une ascendante, soit paternelle, soit maternelle, quel que soit son âge ou son degré (aïeule, bisaïeule, trisaïeule), n'est jamais appelée à faire partie du conseil de famille de ses petits-enfants, lors même que son mari serait absent.

2. De même, pendant la vie de son mari, elle n'est jamais tutrice légale, pas plus qu'elle ne saurait être nommée tutrice testamentaire ou dative ni subrogée tutrice. — V. *Tutelle légitime des ascendants.*

ASCENDANTE veuve. 1. Devenue veuve, l'ascendante peut être nommée tutrice testamentaire ou tutrice dative, provisoire, conditionnelle ou définitive, ou bien subrogée tutrice, de ses petits-enfants, quand même elle est remariée (art. 142, 426, 442, C. civ.).

2. En outre, dans tous les cas de réunion du conseil de famille de ses petits-enfants ou arrière-petits-enfants, l'ascendante veuve doit nécessairement en faire partie. — V. *Composition du conseil de famille du mineur*, nºˢ 6-8.

ASCENDANTS en général. 1. Pris dans son acception générale, le mot *ascendants* comprendrait tous les parents depuis le père, la mère, les aïeuls et aïeules, bisaïeuls et bisaïeules à l'infini. Mais en matière de tutelle, la loi n'a entendu spécifier que les aïeuls, aïeules, bisaïeuls, bisaïeules et ainsi en remontant ; elle a rangé le père et la mère dans une catégorie à part.

2. Puis la loi ne s'occupe que des ascendants vis-à-vis des petits-enfants et arrière-petits-enfants nés du mariage ; elle ne donne pas cette qualification quand il s'agit d'enfants adoptifs ou d'enfants naturels même reconnus.

3. La qualité d'ascendant donne à l'aïeul mâle, comme au bisaïeul et au trisaïeul, l'aptitude légale non seulement pour être membre nécessaire du conseil de famille (art. 408), mais encore pour être nommé, de préférence à tous autres en certain cas, tuteur datif provisoire (art. 141, 142, 143), dans d'autres circonstances pour devenir tuteur légitime du mineur (art. 402, 403, 404).

4. De même, cette qualité rend l'aïeule ou la bisaïeule, devenue veuve, apte à faire partie d'un conseil de famille (art. 408) et à être nommée tutrice provisoire, tutrice testamentaire, tutrice

dative ou subrogée tutrice (art. 142, 426, 442). — **V.** *Ascendante veuve*, nᵒˢ 1 et 2.

5. La loi fait une distinction importante : les ascendants paternels sont les père, grands-pères, mère et grand'mères du père du mineur ; les ascendants maternels sont les père, grands-pères, mère et grand'mères de la mère du mineur.

ARRÊTÉS DU CONSEIL DE FAMILLE. La loi qualifie quelquefois ainsi les décisions ou avis des conseils de famille, surtout en matière d'interdiction (art. 507, 510, 511).

ASSISTANCE. Concours donné, en vertu de la loi ou d'une délibération du conseil de famille, soit par le curateur à l'émancipé pour accomplir et valider certains actes, soit par un délégué spécial pour réaliser le mariage d'un mineur. — **V.** *Mariage ; Curateur à l'émancipation ; Pouvoirs du conseil de famille et du mineur émancipé.*

ASSISTANCE JUDICIAIRE. La loi du 22 janvier 1851, *sur l'assistance judiciaire*, n'en n'ayant autorisé l'admission que pour plaider devant les tribunaux, il en résulte que les délibérations de conseils de famille ne peuvent profiter de ce bénéfice (bien qu'en fait le procureur de la République permette quelquefois de procéder gratuitement, c'est-à-dire en débet). Mais j'estime que l'assistance judiciaire pourrait être accordée pour l'instance en homologation.

ASSURANCE CONTRE L'INCENDIE. Mesure conservatoire, que, dans nos mœurs, le tuteur du mineur ou de l'interdit a le droit d'accomplir, à peine d'encourir une responsabilité ; c'est un acte que le mineur émancipé peut faire sans assistance.

AUTORISATION. 1. Pouvoir spécial conféré par une délibération du conseil de famille, soit au tuteur, soit au mineur, soit à l'émancipé, soit à un tiers, à l'effet de réaliser un acte pour la validité duquel la capacité ou le pouvoir ordinaire du tuteur, du mineur ou de l'émancipé est insuffisant. — **V.** *Pouvoirs du conseil de famille et du tuteur ; Pouvoirs du conseil de famille et du mineur émancipé ; Mariage.*

2. On est à peu près d'accord que l'autorisation doit précéder l'acte autorisé, puisqu'elle a pour but de communiquer au tuteur ou au mineur la capacité qui lui manque. Cependant on cherche à tourner la loi en disant que le conseil de famille pourra ensuite ratifier l'acte entaché d'irrégularité ; Demolombe, VII, nᵒ 749 ; Dalloz, vᵒ Minorité, nᵒ 563. Je vois là une erreur, le conseil de

famille n'ayant point mission d'approuver les actes faits par un tuteur ; je crois seulement qu'il peut, dans une délibération postérieure et motivée, autoriser le tuteur à ratifier l'acte irrégulier, à la condition que l'absence d'autorisation ne soit pas une cause de nullité radicale, comme elle le serait pour le mariage d'un mineur. — V. *Homologation ; Mariage.*

AVEU. Le tuteur peut-il passer un aveu obligatoire pour le mineur ? La négative est généralement enseignée avec quelques distinctions ; Bourges, 26 avril 1831 ; Demolombe, VII, n° 690. Mais cette solution, appuyée jusqu'à un certain point sur l'article 1356, 1°, qui n'admet point l'aveu d'un fondé de pouvoir général, me semble trop absolue et appelle une distinction. Qu'est-ce, en effet, que l'aveu ? La reconnaissance du droit d'autrui, l'adhésion à sa prétention ; en d'autres termes, c'est un acquiescement. Or, nous savons que le tuteur a capacité pour acquiescer à une demande en justice mobilière, tandis qu'il lui faut une autorisation du conseil de famille homologuée pour acquiescer à une demande immobilière ; et j'applique cette distinction à l'aveu selon qu'il est relatif à un meuble ou à un immeuble. Si l'on m'objecte que de cette manière la fortune du pupille est à la merci du tuteur, je répondrai qu'il est responsable envers le mineur des suites d'actes inconsidérés, et qu'en outre celui-ci a toujours l'action en rescision ou en restitution pour cause de lésion. — V. *Action immobilière,* n° 5 ; *Action mobilière,* n° 5.

AVIS DE PARENTS. Expression générale consacrée par l'usage pour indiquer l'opinion d'une assemblée de famille. — V. *Conseil de famille en général,* n°ˢ 6-11.

B.

BANQUE DE FRANCE. — V. *Transfert des actions de la Banque de France.*

BAUX ET RENOUVELLEMENTS. 1. *Biens du mineur non émancipé.* Le tuteur passera des baux dont la durée n'excédera pas neuf ans (art. 1426 et 1718). C'est-à-dire que, sans autorisation du conseil de famille, de gré à gré, sans publicité, sans enchères, par acte sous signatures privées ou devant notaires et même verbalement, il pourra donner un immeuble à ferme ou à loyer pour neuf années ; Cass., 11 août 1818 ; Rouen, 30 nov. 1840,

S. V., 41, II, 137 ; Zachariæ, Massé et Vergé, I, p. 435, § 221,
texte et note 8.

2. Les baux faits par le tuteur seul pour un temps excédant
neuf années ne sont, en cas d'émancipation, de majorité ou de
mort du mineur, obligatoires que pour le temps qui reste à courir, soit de la première période de neuf ans si l'on s'y trouve
encore, soit de la seconde, et ainsi de suite, de manière que le
fermier ou locataire n'ait que le droit d'achever la période nonan-
nale courante (art. 1429 et 1718) ; Demolombe, VII, n° 640 ;
Demante, II, n° 221 *bis ;* Fréminville, I, n° 530 ; Valette,
sur Proudhon, II, p. 371 ; Marcadé, II, art. 450, n° 3 ; Mourlon,
Répétitions écrites, I, p. 562.—Cependant, un arrêt de la Cour de
cassation, du 7 février 1865, S. V., 65, I, 57, reconnaît au tuteur
le droit de louer les biens du mineur pour toute la durée de
temps à courir jusqu'à sa majorité. En présence de la doctrine de
cet arrêt, je me demande ce qui adviendrait d'un bail de plus de
neuf années en cas d'émancipation : est-ce que l'émancipé ne pourrait pas en demander la réduction à la période courante de neuf
ans ? et l'on voit alors le défaut d'équilibre de cette doctrine.

3. Il me paraît évident que les rédacteurs du Code ont considéré un bail de plus de neuf années comme un acte d'aliénation
plutôt que d'administration, comme altérant réellement le droit
du propriétaire de disposer, et je ne vois pas que ce caractère ait
été modifié par l'article 2 de la loi du 23 mars 1855, qui exige la
transcription hypothécaire des baux seulement quand ils ont une
durée de plus de dix-huit ans. D'où j'induis que, pour donner
immédiatement pleine force à un bail de plus de neuf années, il
faut l'autorisation du conseil de famille homologuée par la justice
et avec enchères publiques conformément à l'article 454.

4. Le tuteur ne peut seul renouveler les locations plus de trois
ans avant l'expiration du bail courant, s'il s'agit de biens ruraux,
et plus de deux ans avant la même époque, s'il s'agit de maisons,
autrement le bail est sans effet, à moins que l'exécution n'ait
commencé avant la majorité ou l'émancipation (art. 1430). Mais,
placé dans ce délai légal, il peut passer un bail qui ne commencera
même qu'après la majorité; Magnin, I, n° 672 ; Massé et Vergé, I,
p. 435, note 9.—Pour consentir plus tôt un bail obligatoire d'une
durée quelconque, il faut l'autorisation du conseil de famille
homologuée par justice et avec enchères publiques; Demolombe, VII, n° 641.

5. Le tuteur ne peut ni acheter les biens du mineur ni les prendre à ferme ou à loyer sans une autorisation du conseil de famille (art. 450). Mais pourrait-il cultiver ces biens pour le compte du pupille? La loi ne le lui défend pas ; néanmoins il fera bien de consulter le conseil de famille quand il s'agira d'une culture importante. V. Demolombe, VII, n° 644. Bien entendu qu'il ne s'agit pas d'une entreprise industrielle ou commerciale, tant que le mineur n'est pas autorisé à faire le commerce. — V. *Mineur commerçant.*

6. *Biens de l'interdit.* Les baux et renouvellements de baux de ces biens sont soumis aux mêmes règles que pour le mineur non émancipé.

7. *Baux des biens de l'émancipé.* « Le mineur émancipé passera «les baux dont la durée n'excédera point neuf ans » (art. 481). C'est-à-dire que seul, et sans être assisté, il pourra donner un immeuble à loyer ou à ferme pour une durée qui ne dépassera pas neuf années. — Pour faire une location plus longue, non seulement il aurait besoin de l'assistance de son curateur, mais encore il devrait « observer les formes prescrites au mineur non émancipé » (art. 484); Fréminville, II, n° 1055.

8. De même le mineur émancipé peut seul renouveler les baux trois ans avant l'expiration du bail courant, s'il s'agit de biens ruraux, et deux ans avant la même époque, s'il s'agit de biens urbains (art. 1430 et 1718); Chardon, *Puissance tutélaire*, III, n° 566. — Pour consentir plus tôt un renouvellement obligatoire, il ne suffit pas que le mineur soit assisté de son curateur, il lui faut en outre l'autorisation du conseil de famille homologuée par le tribunal civil. C'est ce qui ressort positivement d'un arrêt de la Cour de Nîmes du 12 juin 1821, Sirey, 22, II, 138; *Conf.* Troplong, *Du louage*, I, n° 146; Le Senne, *Comment. L.* du 23 mars 1855, sur la *transcript. hypoth.*, n° 52. *Contra*, Zachariæ, I, p. 479, § 241, texte, qui se contente de l'assistance du curateur. V. Dalloz, v° MINORITÉ, n° 803.

BEAUX-FRÈRES GERMAINS, CONSANGUINS, UTÉRINS. — V. *Frères; Composition du conseil de famille du mineur,* n°ˢ 6, 16.

BOIS. — V. *Vente de futaies ; Vente de taillis.*

C.

CANAUX D'ORLÉANS ET DE LOING. — V. *Transfert des actions des Canaux d'Orléans et de Loing.*

CÉDULE. Ordonnance du juge de paix donnant autorisation de convoquer une ou plusieurs personnes à l'effet de prendre part à un conseil de famille, soit comme membre, soit pour y fournir des renseignements. — V. *Convocation du conseil de famille du mineur,* nᵉ 19.

CESSION DE CRÉANCES ET AUTRES DROITS INCORPORELS. — V. *Vente de meubles incorporels.*

CITATION. Sommation, notifiée par huissier à une personne, de venir prendre part à une assemblée de famille comme membre ou bien pour y donner des renseignements. — V. *Convocation du conseil de famille du mineur,* nᵒˢ 17, 18, 19, 24.

COMPOSITION DU CONSEIL DE FAMILLE DU MINEUR.

Alliés, 3, 15, 16.	Frères germains, 1, 6, 10, 11, 14.	Mère, 2, 8, 20.
Amis, 16, 25, 26, 27, 29, 31.		Neveux germains, 23.
Ascendantes, 2, 6, 7, 18, 19.	Frères utérins, 22.	Nombre, 5, 12, 13, 16.
Ascendants, 6, 7, 17.	Immutabilité, 42, 44.	Parents, 3. 15.
Beaux-frères, 10, 11.	Intérêts contraires, 37.	Père, 8, 20.
Conditions exigées, 38.	Juge de paix, 3, 4, 30, 41.	Subrogé tuteur, 1, 39, 40.
Distance, 10, 24, 25, 26, 31-36.	Lignes, 3, 11, 43.	Tuteur, 39, 40.
Frères consanguins, 22.	Membres nécessaires, 7, 8, 10, 21.	

1. D'après l'article 423, le subrogé tuteur « sera pris, hors le cas « de frères germains, dans celle des deux lignes à laquelle le « tuteur n'appartiendra pas ». Cette disposition a été interprétée, par quelques bons esprits, en ce sens que le tuteur et le subrogé tuteur doivent être choisis parmi les membres individuels de chacune des deux lignes telles qu'elles sont composées pour la délibération, sans qu'il soit permis de choisir en dehors du conseil. Eh bien! je ne vois rien de semblable dans la loi; je suis même convaincu qu'un conseil de famille a toujours pleine liberté dans son choix, sauf l'exclusion de la même ligne. Néanmoins j'admets qu'il est dans l'esprit de la loi que ce double choix soit fait autant que possible parmi les membres du conseil; et il appartient au juge de paix de le préparer et diriger dans cette voie.

2. Un premier point à constater, c'est que les hommes seuls

peuvent être membres d'un conseil de famille; les femmes en sont formellement exclues, excepté la mère du mineur devenue veuve et les ascendantes veuves (art. 442).

3. « Le conseil de famille sera composé, non compris le juge « de paix, de six parents ou alliés, pris tant dans la commune où « la tutelle sera ouverte, que dans la distance de deux myria- « mètres, moitié du côté paternel, moitié du côté maternel, et en « suivant l'ordre de proximité dans chaque ligne. — Le parent sera « préféré à l'allié du même degré ; et, parmi les parents de même « degré, le plus âgé à celui qui le sera le moins » (art. 407). « Pour parvenir à une bonne organisation des conseils de famille, dit Berlier, il a paru nécessaire de les rendre peu nombreux, de n'y admettre que les plus proches parents de chaque ligne, et d'obvier à l'influence d'une ligne sur l'autre par l'appel d'un nombre égal de parents pris dans chacune » (Exposé des motifs, Locré, *Législ. civ.*, VII, p. 237).

4. « Le juge de paix n'est ni du côté paternel, ni du côté mater- nel ; il est inaccessible à l'influence de l'une ou de l'autre ligne, il ne voit et ne doit voir que l'intérêt des mineurs et l'exécution de la loi ; » Marchand, *Code de la minorité*, p. 125, n° 4.

5. De là il résulte qu'en principe un conseil de famille sera irrégulièrement composé quand il réunira moins de six membres outre le juge de paix ; qu'il serait encore irrégulièrement composé s'il comprenait plus de six membres, outre le juge de paix. Si donc ce magistrat a devant lui moins de six membres, il doit proroger l'assemblée à un autre jour pour compléter le nombre légal ; si, au contraire, il se présente plus de six membres, il les ramènera à ce chiffre. Telle est la règle. Voyons les exceptions.

6. « Les frères germains du mineur et les maris des sœurs « germaines sont seuls exceptés de la limitation de nombre posée « en l'article précédent. S'ils sont six, ou au delà, ils seront tous « membres du conseil de famille, qu'ils composeront seuls, avec « les veuves d'ascendants et les ascendants valablement excusés, « s'il y en a. S'ils sont en nombre inférieur, les autres parents « ne seront appelés que pour compléter le conseil » (art. 408).

7. Quelques auteurs pensent que les ascendants mâles excusés et les ascendantes veuves ne sont pas membres nécessaires du conseil de famille, qu'ils n'y sont appelés que par déférence avec faculté de ne pas s'y présenter ; Toullier, II, n° 1111 ; Marcadé, II, sur l'art. 408 ; Taulier, *Théorie du Code civil*, II, p. 28 ; *Ency-*

clopédie du droit, v° CONSEIL DE FAMILLE, n° 25 ; Fréminville, *De la minorité*, I, n° 87 ; Carré, *Juges de paix*, III, n° 1869 ; Marchand, p. 127, n° 9. Mais l'opinion contraire est généralement adoptée avec raison ; et en rapprochant le texte ambigu de l'article 408 des remaniements du Code, je n'hésite pas à décider, d'accord avec la pratique constante, que les ascendantes veuves et les ascendants mâles sont appelés dans la formation du conseil en qualité de membres nécessaires eu égard à la proximité du lien de parenté ; Colmar, 27 avr. 1813 ; Toulouse, 5 juin 1829 ; Sirey, 14, II, 48 ; 29, II, 313 ; Duvergier, sur Toullier, II, n° 1111 ; Valette, sur Proudhon, II, p. 310 ; Delvincourt, *Code civil*, I, p. 106 ; Ducaurroy, Bonnier et Roustain, *Code civil*, I, n° 607 ; Demante, II, n° 155 *bis* ; Demolombe, VII, n°ˢ 262, 264.

8. Sans aucun doute, le survivant des père et mère est aussi membre nécessaire du conseil de famille, étant compris dans la dénomination d'ascendants. — V. *Composition du conseil de famille de l'interdit judiciaire*, n°ˢ 3, 5, 7.

9. Le même auteur, M. Carré, *eod. loc,,* enseigne que le conseil de famille doit toujours être composé de six membres au moins indépendamment des ascendants. Mais l'opinion contraire a justement prévalu dans l'usage, en considérant que le législateur, hors le cas tout exceptionnel des ascendants et des frères germains, a voulu limiter le nombre des membres du conseil à six, outre le juge de paix ; Jay, *Conseils de famille*, n° 10 ; Massé et Vergé, I, p. 391, § 201, note 14 ; Dalloz, v° MINORITÉ, n° 190.

10. Tous les frères germains et les maris des sœurs germaines du mineur, les ascendants mâles et les ascendantes veuves doivent donc être appelés au conseil de famille, quel que soit leur nombre ; Toulouse, 5 juin 1829 ; Lyon, 13 mars 1843 ; Grenoble, 18 déc. 1845 , D. P., 46, II, 186 ; cela quand même ils sont domiciliés en dehors de la distance de deux myriamètres, la disposition de l'article 408 étant d'ordre public ; *Contra*, Massé et Vergé, *ibid.*, notes 11, 13 ; Dalloz, n° 178.

11. Alors pour mettre l'article 408 en harmonie avec l'article 407, il faut d'abord constater ici que les frères germains, étant issus du même mariage et ayant les mêmes père et mère, peuvent être indistinctement placés du côté paternel ou du côté maternel sans crainte de prépondérance d'une ligne sur l'autre ; cela au choix du juge de paix ; rej., 10 août 1815. Il en est de

même du mari de la sœur germaine du mineur. — V. *infra*, nᵒˢ 15, 16 et 43.

12. Nous supposerons d'abord qu'un mineur n'a ni frère germain ni sœur germaine mariée, ni père ou mère survivant, ni ascendant mâle, ni ascendante veuve, le conseil de famille ne pourra être composé de plus de six membres, trois du côté paternel, trois du côté maternel, outre le juge de paix.

13. Si, au contraire, le mineur a quatre frères germains, une ascendante paternelle veuve et des alliés maternels, le conseil de famille devra comprendre nécessairement ces cinq parents, en rangeant l'aïeule du côté paternel avec deux frères, et en plaçant du côté maternel les deux autres frères, auxquels on adjoindra un allié pris dans la ligne maternelle.

14. Lorsqu'un mineur a six frères germains, beaux-frères germains et ascendants, ou un plus grand nombre, eux seuls sont nécessairement appelés à composer le conseil de famille, sans en excepter un ; Demolombe, VII, nᵒ 264.

15. En appliquant la règle qui permet de placer indistinctement les frères et beaux-frères germains dans l'une ou l'autre ligne, il faut tenir compte de la distinction des lignes et ranger les parents et alliés nécessaires chacun dans sa ligne quand parmi ces derniers se trouve le père ou la mère, un ascendant ou une ascendante. Ainsi, par exemple, lorsque le mineur a sa mère veuve, un aïeul et un bisaïeul maternels et cinq frères germains, il faut adjoindre l'un des frères germains aux trois parents de la ligne maternelle, afin de rendre le nombre égal des deux côtés. V. Liège, 4 janv. 1811, Sirey, *Coll. nouv.*

16. Mais en supposant qu'il y ait six frères et beaux-frères germains, sans père, mère ni ascendant, étant tous membres indispensables au premier chef, il n'y a pas à distinguer et tous entrent également de pair dans la ligne paternelle et dans la ligne maternelle. On procédera de même quand ils seront sept frères et beaux-frères germains, sans appeler un parent, allié ou ami pour équilibrer les deux lignes ; à vrai dire il n'y a plus de lignes. — V. *infra*, nᵒ 43.

17. Notons ici que l'article 408, en appelant « les ascendants » à prendre part au conseil de famille, ajoute « valablement excusés ». Cette locution est équivoque; elle ne peut être bien comprise que par l'ordre dans lequel le Code civil a rangé les différentes tutelles. En effet la section III du titre « De la mi-

norité », en traitant « *De la tutelle des ascendants* », suppose que le mineur a un ou plusieurs ascendants mâles, et il leur défère la tutelle légale successivement par ordre de proximité. Mais ces ascendants étant quelquefois admis à se faire excuser de cette tutelle, alors la section IV organise « *la tutelle déférée par le conseil de famille* », de même que s'il n'y avait pas d'ascendant mâle. L'article 408 suppose donc que ce sont des ascendants valablement excusés, ajoutons, démissionnaires ou non acceptants, qui sont néanmoins appelés à coopérer soit à la nomination d'un tuteur datif, soit à une autre délibération intéressant le mineur.

18. Notre remarque s'applique également aux « veuves d'ascendants », c'est-à-dire aux aïeules et bisaïeules veuves, qui, bien que n'étant jamais tutrices légales, peuvent être investies, soit de la tutelle testamentaire ou dative, soit de la subrogée tutelle. En supposant qu'elles se soient fait excuser, elles ne seront pas moins toutes, quel que soit leur degré, nécessairement appelées dans la composition du conseil de famille de leurs petits-enfants.

19. Ainsi, tant qu'une ascendante a son mari, c'est lui et non elle qui fait partie du conseil. Si, devenue veuve et membre du conseil, elle se remarie, je suis d'avis qu'elle continue d'en faire partie nécessaire, tandis que son nouveau mari peut y être appelé en qualité d'allié, mais pas nécessairement. *Contra*, Demolombe, VII, n° 260.

20. Ce que nous venons de dire des aïeuls mâles et des aïeules veuves est également vrai du survivant des père et mère; l'un comme l'autre est appelé par l'article 408 à faire partie du conseil de famille en qualité de membre nécessaire ; Toulouse, 5 juin 1829, Sirey, 29, II, 313.

21. Il ressort de ce qui précède que, loin d'exclure du conseil de famille les ascendants mâles excusés de la tutelle, l'article 408 les y appelle nécessairement. Bien que le Code ne s'explique pas quant aux autres parents qui se font excuser de la tutelle ou subrogée tutelle, ils n'en doivent pas moins aussi faire partie de la composition du conseil dans l'ordre du droit commun. V. Locré, *Législ. civ.*, VII, p. 218.

22. Le Code ne parle pas des frères consanguins (qui ont le même père et non la même mère), ni des frères utérins (qui ont la même mère et pas le même père) ; d'où il résulte qu'ils ne sont pas membres nécessaires du conseil de famille. Mais cela n'em-

pêche pas que, parents du mineur, ils soient appelés, dans leur ligne respective, à faire partie de ce conseil selon le droit commun; de même pour les maris des sœurs consanguines ou utérines, qui sont des alliés.

23. Le Code ne parle pas non plus des neveux germains, qui sont petits-fils du père et de la mère du mineur et conséquemment parents de celui-ci des deux côtés. A la différence des frères germains, ils ne sont pas membres nécessaires du conseil de famille, mais ils doivent y prendre part selon leur degré de parenté, et peuvent être rangés dans l'une comme dans l'autre ligne ; rej. 16 juil. 1810, Sirey, 10, 1, 355 ; Massé et Vergé, I, p. 390, § 201, note 10. Si donc il y a quatre neveux germains dans le rayon légal, sans parents plus proches, on devra les retenir tous les quatre, soit en les rangeant deux par deux et en leur adjoignant un parent ou un allié dans chaque ligne, soit en plaçant trois neveux d'un côté, et de l'autre côté un neveu avec deux autres parents ou alliés. Cela est naturel et inévitable, puisqu'ils sont parents des deux lignes, autrement dans laquelle des deux les ranger de préférence ? V. cependant Dalloz, n° 187.

24. Ne perdons pas de vue que, selon le vœu de l'article 407, parmi les personnes résidant sur la commune de l'ouverture de la tutelle ou dans la distance de deux myriamètres, la loi préfère le parent à l'allié du même degré, et le parent le plus âgé au moins âgé quand ils sont égaux en degré ; Massé et Vergé, *eod. loc.*, notes 8 et 9.

25. « Lorsque les parents ou alliés de l'une ou de l'autre ligne « se trouveront en nombre insuffisant sur les lieux ou dans la dis- « tance désignée par l'article 407, le juge de paix appellera, soit des « parents ou alliés domiciliés à de plus grandes distances, soit, « dans la commune même, des citoyens connus pour avoir eu des « relations habituelles d'amitié avec le père ou la mère du mi- « neur » (art. 409).

26. Ainsi, tant qu'il existe dans la distance de deux myriamètres des parents ou alliés d'une même ligne, on ne peut se dispenser de les appeler pour compléter cette même ligne ; Rennes, 30 juill. 1833; Cass. 19 août 1850, D. P. 50. I, 281. Puis, seulement en cas d'insuffisance de parents ou d'alliés dans cette ligne, le nombre de trois doit être complété par des amis et non par des parents pris dans l'autre ligne, afin de maintenir l'équilibre d'influence établi par le Code ; Zachariæ, I, p. 391, § 201, texte.

27. Ce n'est pas simplement des voisins que la loi exige, mais des amis, c'est-à-dire des personnes qui étaient liées avec le père ou la mère du mineur par une affection plus ou moins étroite, à moins qu'il ne se trouve pas dans le lieu du domicile de la tutelle un nombre suffisant de personnes remplissant cette condition d'affection ; Bordeaux, 27 janv. 1860.

28. Il est dans l'esprit de la loi de ranger les amis du père du côté paternel, et les amis de la mère du côté maternel ; mais cela n'est que facultatif.

29. Et, malgré ses termes limitatifs, je pense que l'article 409 peut être étendu aux amis du mineur, et que le juge de paix a la faculté de les appeler, en certaines circonstances, dans la composition du conseil de famille, à défaut d'amis des père et mère dans la commune.

30. Du reste, le juge de paix est investi d'un pouvoir discrétionnaire pour le choix des amis qui doivent compléter ou composer un conseil de famille ; quand bien même la convocation d'amis aurait été faite par d'autres que ce magistrat, il suffit qu'il les ait agréés et admis à délibérer ; Colmar, 14 juill. 1836 ; Douai, 13 févr. 1844, D. P. 45, II, 152.

31. Au résumé, l'appel d'amis dans un conseil de famille réclame un soin tout particulier. Avant eux, il faut appeler non seulement le survivant des père et mère, les ascendants, ascendantes veuves, frères et beaux-frères germains, quel qu'en soit le nombre et en quelque endroit qu'ils habitent, mais encore tous les autres parents et alliés domiciliés dans la distance de deux myriamètres. Ce n'est qu'après ce premier classement donnant moins de trois membres d'un côté ou de l'autre, que les amis peuvent être admis, et encore à la condition qu'ils habitent la commune où la tutelle s'est ouverte, car en principe on ne doit pas accepter dans le conseil des amis résidant hors cette commune (art. 409) ; Paris, 24 févr. 1842 ; Cass., 19 août 1850 ; Chambéry, 13 janv. 1879 ; *Annales des justices de paix*, 1851, p. 25, et 1879, p. 345 ; cela à moins qu'ils n'habitent des localités faisant partie du même centre de population ; Lyon, 14 juill. 1853, *Annales des justices de paix*, 1854, p. 191 ; ou qu'ils ne soient que fort peu éloignés, Douai, 4 juil. 1855.

32. S'il y a des parents ou alliés domiciliés au-delà de deux myriamètres, le juge de paix peut à son choix appeler ces parents et alliés ou bien des amis domiciliés dans la commune, en ayant

soin de concilier l'intérêt du mineur avec les convenances et les difficultés provenant des distances et de l'âge ; Paris, 28 févr. 1814.

33. « Le juge de paix pourra, lors même qu'il y aurait sur les « lieux un nombre suffisant de parents ou alliés, permettre de ci-« ter, à quelque distance qu'ils soient domiciliés, des parents ou « alliés plus proches en degrés ou de mêmes degrés que les parents « ou alliés présents, de manière, toutefois, que cela s'opère en « retranchant quelques-uns de ces derniers, et sans excéder le « nombre réglé par les précédents articles » (art. 410).

34. Remarquons ici que l'article 407 appelle préférablement les parents ou alliés *pris* dans la commune de la tutelle, tandis que les articles 409 et 410 parlent de parents *domiciliés ;* d'où l'on induit avec raison qu'il y a lieu de s'arrêter moins à la résidence légale qu'à l'habitation de fait, à la proximité, point qui rentre dans l'appréciation discrétionnaire du juge de paix.

35. J'estime même que, selon l'esprit de la loi, le parent plus proche qui se trouve momentanément sur les lieux, devrait être appelé de préférence au parent plus éloigné qui y aurait sa résidence habituelle ou son domicile ; Massé et Vergé, I, p. 390, § 201, note 6.

36. Des parents plus proches en degré résidant hors de la distance légale ne pourraient pas, en offrant de venir à leurs frais, faire partie du conseil de famille, si le juge de paix refusait de les y admettre ; Demolombe, VII, n° 274 ; *Contra,* Delvincourt, I, p. 106, note 8.

37. Il a été jugé que la participation à un conseil de famille de la partie adverse des mineurs intéressés à un procès, rend irrégulière et nulle la délibération qui y est prise relativement à ce procès ; Aix, 3 févr. 1832. D'où je conclus que le juge de paix agira prudemment en écartant tout membre qui aura un intérêt sensible dans l'objet de la délibération à prendre (*argum.* art. 442) ; Caen, 29 déc. 1855.

38. Ajoutons que, pour faire partie d'un conseil de famille, il faut réunir les conditions suivantes : 1° être citoyen français ou admis à la jouissance des droits civils en France (art. 8, 11, 13 C. civ.) ; 2° être mâle, excepté la mère et les ascendantes veuves du mineur (art. 442) ; 3° être majeur, excepté le père et la mère (art. 442) ; 4° n'être pas frappé d'incapacité, d'indignité, d'exclusion ou de destitution (art. 442-449 C. civ.; 34, 42, 43 C. pén.). — V. *Etrangers.*

39. Mais la fonction de tuteur ou de subrogé tuteur ne suffit pas pour conférer à celui qui en est investi l'aptitude à être membre du conseil de famille de son pupille, s'il ne rentre pas dans la catégorie des personnes qui y sont appelées suivant le droit commun.

40. Telles sont les règles à observer pour la composition du conseil de famille d'un mineur.—Notons comme exception qu'un tuteur, quoique parent ou allié, ne peut point faire partie d'un conseil qui a pour objet de nommer le subrogé tuteur ou de le destituer; que non seulement il lui est interdit de voter sur ces deux points, mais encore qu'il doit être écarté de la réunion et de la discussion (art. 423, 426). — Pour les autres exceptions, **V.** *Destitution et exclusion de la subrogée tutelle*, n° 2.

41. Le juge de paix seul a mission de composer le conseil de famille, et il lui appartient d'apprécier les difficultés de fait auxquelles cette opération donne lieu ; tandis que les questions de dispense, d'incapacité ou d'exclusion doivent être tranchées par le conseil de famille (art. 440, 447, 448 C. civ.). Si l'un des membres de la famille soutient que la composition est irrégulière, il ne pourra la faire réformer qu'en même temps que la délibération prise. Il attaquera cette délibération pour vice de forme basé sur l'irrégularité de la délibération du conseil dont elle émane, et alors le tribunal civil sera compétent pour apprécier la contestation. C'est là, dit-on, ce qui résulte de la combinaison des articles 883, 887 et 889 du Code de procédure, qui règlent le mode de recours contre les délibérations, sans parler des incidents relatifs aux conseils de famille en état de formation. L. 16-24 août 1790, tit. III, art. 11 ; Montpellier, 9 prair. an XIII ; Lyon, 14 juill. 1853 ; Douai, 4 juill. 1855 ; Caen, 31 juill. 1856 ; Trib. Seine, 24 février 1865 ; *Gaz. des trib.*, 27 et 28 févr.; Bordeaux, 13 juill. 1877, *Annales des justices de paix*, 1878, p. 252 ; Laurent, *Principes de droit civil*, IV, n° 446 ; Zachariæ, Aubry et Rau, I, p. 384 et 385, notes 14 et 16 ; Demolombe, VII, n° 276. —V. *Recours contre les délibérations du conseil de famille*, n° 1.

Cette doctrine, admise à l'unanimité, repose sur cette considération « que, s'il en était autrement, et si les difficultés qui s'élèvent relativement à la convocation du conseil de famille devaient, rdu premier abord, être soumises à la décision du tribunal, la réunion de ce conseil pourrait toujours être entravée à dessein, au grand préjudice des intérêts des mineurs et de ceux qui ont besoin de surveillance, et la loi manquerait ainsi entièrement le but qu'elle s'est proposé par cette institution »; Bruxelles, 22 juin 1827.

Mais cette doctrine est-elle à l'abri d'objections? Voyons. D'abord, quant au retard que l'on veut éviter, on peut répondre qu'il se retrouvera subsidiairement dans le recours en justice que le membre opposant pourra porter contre la délibération prise. Puis, voyez les conséquences. Supposons qu'il y ait doute sérieux sur le domicile de la tutelle, que le juge de paix ne se croie pas compétent, ce magistrat va se trouver contraint de convoquer le conseil de famille sur la réquisition expresse d'un parent, de le composer, de le réunir. Ou bien supposons qu'il y ait doute sur l'état civil, la parenté ou l'alliance de quelque membre, il faudra que le juge de paix tranche la question. Ne serait-il pas plus rationnel et plus juridique, en l'absence de texte formel qui s'explique, de lui reconnaître la faculté de constituer le conseil ou bien de renvoyer *de plano* devant le tribunal, selon qu'il verrait là un point de fait ou un point de droit? Ainsi me paraît l'avoir décidé fort justement la Cour de Paris, 3ᵉ chambre, par arrêt du 21 août 1879, dans une espèce où, s'agissant de la nationalité étrangère d'un parent, le juge de paix avait renvoyé préalablement la question devant le tribunal d'arrondissement. — V. *Dispenses de la tutelle.*

42. Un conseil de famille, une fois formé selon les règles du droit commun, constitue-t-il un corps permanent, immuable et invariable, tel qu'il ne puisse être modifié en aucune circonstance? Cette immobilité, incontestablement, n'est pas de l'essence du conseil de famille, puisqu'il faudra nécessairement y appeler de nouveaux membres en cas de décès ou d'incapacité de quelque membre primitif. Aussi je m'empresse de répondre qu'à chaque réunion nouvelle il y aura lieu de réviser la composition et de substituer à d'anciens membres non nécessaires des membres indiqués par la loi comme nécessaires, tels qu'un frère germain devenu majeur, l'époux d'une sœur germaine récemment mariée ; tandis qu'il sera facultatif au juge de paix de ne pas admettre d'autres parents, quoique plus proches en degré ou plus voisins par habitation. — V. *Délibération du conseil de famille*, n° 19 *bis.*

43. De même la loi ne défend pas de transférer d'une ligne dans l'autre un parent ou un allié appartenant aux deux lignes; ainsi un frère germain, qui, lors d'une précédente assemblée, était rangé parmi les membres de la ligne paternelle, pourra être placé

comme membre de la ligne maternelle dans une nouvelle assemblée. Néanmoins, il est bon d'éviter cette transposition.

44. De là je conclus que, sans être immuable, un conseil de famille une fois composé a besoin de stabilité dans l'intérêt même du mineur et pour la bonne administration de la tutelle ; qu'il importe de n'y toucher que pour le mettre en harmonie avec les règles impératives de la loi ; qu'en dehors de là, le juge de paix doit le défendre contre toute idée de changement dont l'utilité ne lui paraîtrait pas bien démontrée. Bordeaux, 9 juin 1863, S. V., 64, II, 9 ; Demolombe, VII, n° 278 ; Zachariæ, Massé et Vergé, I, p. 389, § 200, texte et note 3. V. Rouen, 9 déc. 1854.

45. Terminons cet important chapitre en faisant remarquer que, s'il y a des frères et sœurs mineurs de deux ou trois lits, il y a deux ou trois tutelles distinctes, qui peuvent s'être ouvertes dans le ressort de deux ou trois justices de paix différentes. Alors il faudra organiser autant de conseils de famille séparés, dans chacun desquels entreront les parents, alliés ou amis des deux lignes. Et toujours il n'y aura qu'un seul et même conseil pour les frères et sœurs germains, un seul pour les consanguins, un pour les utérins.

COMPOSITION DU CONSEIL DE FAMILLE DE L'INTERDIT JUDICIAIRE.

Avis sur l'état du malade, 2.	Epoux, 3, 4.	Voix consultative, 2, 3, 4.
Conseil de famille consul-	Mère. 5, 6.	Voix délibérative , 2, 3,
tatif, 3.	Parents poursuivants, 2, 3,	4.
Enfants, 3, 4, 5, 6.	6, 7, 8.	

1. En cas de poursuite d'une interdiction pour cause d'aliénation mentale, il y a ordinairement lieu de réunir deux fois le conseil de famille pendant le cours de l'instance, et alors la composition de ce conseil, semblable à la composition du conseil de famille du mineur, en diffère sur un ou deux points. Suivons les textes.

2. « Sur le rapport du juge et les conclusions du ministère pu- « blic, le tribunal ordonnera que le conseil de famille, formé se- « lon le mode déterminé par le Code civil, section IV du cha- « pitre II, au titre *De la minorité, de la tutelle et de l'émancipation*, « donnera son avis sur l'état de la personne dont l'interdiction « est demandée » (art. 892 C. pr.). Or, que dit le Code civil ? — « Ceux qui auront provoqué l'interdiction ne pourront faire par- « tie du conseil de famille ; cependant l'époux ou l'épouse et les

« enfants de la personne dont l'interdiction sera provoquée, pour-
« ront y être admis sans y avoir voix délibérative » (art. 495).

3. Cette disposition commence par exclure de ce premier conseil de famille « ceux qui auront provoqué l'interdiction » sans
distinguer leur degré de parenté. Puis, innovation remarquable,
cet article introduit dans le conseil un élément nouveau, l'élément
consultatif, qui n'existe pas pour la tutelle des mineurs : il permet d'appeler comme adjoints « l'époux ou l'épouse et les enfants », évidemment pour donner des renseignements, puisqu'ils
ne sont pas admis à voter sur l'objet mis en délibéré, c'est-à-dire
sur l'état du malade ; Paris, 28 févr. 1814 ; Nancy, 21 nov. 1844.
Je dirai de même de la mère, veuve ou non, qui aurait provoqué
l'interdiction de son enfant. Par conséquent, outre ces membres
consultatifs, l'assemblée devra comprendre six membres délibérants, et quelquefois un plus grand nombre quand il y aura des
frères germains ou d'autres membres nécessaires. — **V.** *Composition du conseil de famille du mineur*, n°ˢ 6, 21.

4. Est-ce à dire que l'époux, l'épouse et les enfants ne seront
jamais admis avec voix délibérative dans ce premier conseil, s'ils
n'ont point provoqué l'interdiction? — C'est une question controversée, qui ne me paraît résoluble qu'à l'aide des principes du
droit commun. — D'abord, à défaut de texte exceptionnel qui l'y
appelle, l'épouse est écartée par la règle générale qui déclare les
femmes incapables d'être membres d'un conseil de famille, excepté
la mère et les ascendantes veuves (art. 442, 494, 507, 509) ; Paris,
24 fév. 1853 ; Montpellier, 29 juill. 1862 ; S. V. 53, II, 463 ;
62, II, 367 ; Toullier, II, n° 1322 ; *Contra*, Proudhon et Valette,
Etat des personnes, II, p. 522 et 523 ; Duranton, III, n° 729 ;
Marcadé, II, sur l'art. 495 ; Demolombe, VIII, n° 500 ; Demante,
Explic. somm., II, n° 267 *bis* ; Aubry et Rau, p. 519. V. Dijon,
15 févr. 1866. Mais elle peut y être appelée pour présenter ses
observations. — Quant au mari, étant l'allié de sa femme au premier degré et non écarté par son sexe, j'en conclus qu'il entre de
droit dans la composition du conseil votant lorsqu'il n'a pas provoqué, conformément aux articles 494, 505 et 509 ; Bourges,
27 mai 1839 ; Proudhon et Valette, Duranton, Marcadé, Demolombe, Demante, *loc. cit.* ; Massé et Vergé, I, p. 466, note 14. —
Il en est de même des enfants non poursuivants, qui doivent
être appelés en qualité de membres votants ; rej., 25 mars 1833,
S. V., 33, I, 257 ; Rouen, 30 nov. 1836, D. P., 37, II, 179 ; Caen,

29 juill. 1842, *J. du Pal.*, 1843, I, p. 46 ; Paris, 2 mai 1853, S. V., 53, II, 321 ; Proudhon et Valette, Duranton, Marcadé, Demolombe, Demante, *loc. cit.* — En procédant ainsi, nous resterons fidèles à l'article 494, qui veut que le conseil de famille soit formé « selon le mode déterminé à la section IV du chapitre ii du titre *De la minorité.* » *Contra,* Magnin, I, n° 843 ; Ducaurroy, Bonnier et Roustain, I, n°s 719, 720.

5. Malgré le silence de l'article 495, il ne me paraît pas douteux que la mère, veuve ou non, de même que le père, doit faire partie du conseil de famille de son enfant, lorsqu'elle n'a pas demandé son interdiction (*argum.* art. 442).

6. Les parents qui poursuivent l'interdiction, autres que l'époux, l'épouse et les enfants, peuvent-ils être appelés par le conseil à exposer leurs motifs et à fournir des explications ? Je ne vois pas que l'article 495 s'y oppose, malgré sa rédaction ambiguë ; seulement ces poursuivants, une fois entendus, devront se retirer, tandis que l'époux, l'épouse ou les enfants poursuivants, membres officiels, mais consultatifs, auraient le droit d'assister au délibéré sans y voter.

7. Au résumé, la loi veut que le conseil de famille appelé à donner son avis sur l'état du malade soit formé, non compris le juge de paix, de six parents et alliés, pris moitié du côté paternel, moitié du côté maternel, en suivant l'ordre de proximité dans chaque ligne, en y appelant exceptionnellement comme membres nécessaires tous les frères germains et maris des sœurs germaines, le père, la mère veuve ou non, tous les ascendants mâles, les ascendantes veuves, et des amis s'il en est besoin pour compléter. V. Fenet, X, p. 698.

8. Enfin aucune disposition ne s'oppose à ce que celui qui a provoqué l'interdiction, père, mère ou autre parent, fasse partie du conseil de famille qui nommera un tuteur ou un subrogé tuteur à l'interdit. Ses fils eux-mêmes y prendront part comme votants. En un mot, ici on rentre dans le droit commun, avec cette différence en plus que la mère est toujours membre nécessaire comme parente la plus proche dans la ligne maternelle, qu'elle soit veuve ou non ; tandis que la mère d'un mineur ne peut faire partie du conseil de famille de son enfant que devenue veuve, parce qu'alors seulement il y a tutelle, et alors seulement il y a lieu à assemblée de famille ; V. *Composition du conseil de famille du mineur ;* ce qui concorde avec l'article 442.

COMPOSITION DU CONSEIL DE FAMILLE DE L'IN-TERDIT LÉGAL. 1. « Quiconque aura été condamné à la peine « des travaux forcés à temps, de la détention ou de la réclusion, « sera, de plus, pendant la durée de sa peine, en état d'interdic-« tion légale; il lui sera nommé un tuteur et un subrogé tuteur « pour gérer et administrer ses biens, dans les formes prescrites « pour les nominations des tuteurs et subrogés tuteurs aux inter-« dits » (art. 29 C. pén.).

2. A la différence de l'interdit judiciaire, auquel on commence quelquefois par nommer un administrateur provisoire avant de nommer un tuteur et un subrogé tuteur (art. 497, 505 C. civ.), on doit donner tout de suite un tuteur et un subrogé tuteur à l'individu qui est frappé d'interdiction légale par une condamnation pénale devenue définitive. Cette opération incombe au conseil de famille.

3. Le conseil sera composé des parents, alliés et amis de l'interdit, pris moitié dans la ligne paternelle et moitié dans la ligne maternelle; il sera convoqué et présidé par le juge de paix, et il délibérera, conformément aux règles exposées pour les conseils de famille des mineurs, avec cette différence en plus que la mère, veuve ou non, y sera admise dans la ligne maternelle. — V. *Composition du conseil de famille de l'interdit judiciaire*, n°ˢ 5, 7.

4. Si l'interdit légalement est encore mineur et déjà placé sous une tutelle, j'estime que celle-ci continuera en même temps que la subrogée tutelle, sans avoir besoin d'être remplacée. Massé et et Vergé, I, p. 468, note 6. — V. *Conseil de famille en général*, n° 4.

5. Enfin l'interdit légal n'aura pas de tuteur légitime, c'est-à-dire ni son époux, ni son père ou sa mère survivant, ni son ascendant, « il lui sera nommé un tuteur et un subrogé tuteur » par le conseil de famille; nous sommes ici dans une matière tout à fait exceptionnelle, qui n'admet pas qu'on s'écarte du texte de l'article 29 du Code pénal.

6. En ce qui touche la situation de l'épouse et des enfants de l'interdit légal, V. *Interdiction légale.*

COMPROMIS. 1. Convention par laquelle on soumet un litige à des arbitres juges. Le tuteur du mineur ou de l'interdit n'a pas le pouvoir de faire un traité de cette nature sur une question, sur un litige quelconque, si modique que soit l'intérêt; il ne lui suffirait pas même d'une autorisation homologuée en justice, ou plutôt, si par évènement un conseil de famille prenait une pareille délibération, elle ne serait pas homologuée par le tribunal : si quelqu'un ne peut pas être détourné de ses juges naturels, c'est assurément un mineur (art. 1003 C. pr.) ; Dalloz, n° 578.

2. Je déciderais de même pour l'individu qui, soumis à un conseil judiciaire, ne peut plaider sans son assistance (*argum.* art. 515 C. civ.).

3. Quant au mineur émancipé, il ne pourrait compromettre, même avec l'assistance du curateur, sur les questions immobilières (*argum.* art. 482). Il le pourrait sur les questions relatives à ses revenus et à ses valeurs mobilières.

CONSEIL DE FAMILLE en général.

Arrêtés, 6.
Attributions, 5, 6, 11, 12.
Avis, 7, 8, 9, 10.
Caractère, 1.

Commencement, 3.
Délibérations. 6, 11.
Exécutoire, 13.
Interprétation, 12.
Invariable, 4.

Liberté des votes, 12.
Origine, 2.
Pouvoirs, 5, 14.
Privilège, 12.

1. *Ses caractères*. Assemblée de parents, d'alliés et d'amis, d'une même famille, présidée par un juge de paix et constituée pour délibérer ou donner son avis sur quelque point qui intéresse la personne et les biens d'un mineur, d'un interdit, d'un émancipé, d'un insensé ou d'une femme mariée.

2. *Ses origines.* Il y a eu des conseils de famille à toutes les époques, avec des missions différentes. Leur institution dans la tutelle nous vient du droit coutumier, dit Argou, *Instituts au droit français*, I, p. 48. Puis ces conseils étaient aussi quelquefois admis dans les pays de droit écrit, où le magistrat les consultait pour avoir leur avis avant de nommer un tuteur. Chacun de nous, naissant faible, porte en lui le germe d'une tutelle ou d'une curatelle et d'un conseil de famille. Ce germe nous suit partout, et se révèle lorsqu'une protection particulière nous devient nécessaire : soit à la mort du père ou de la mère pendant la minorité de l'enfant, soit à un moment de faiblesse d'intelligence ou de prodigalité, soit en cas de désaveu de paternité, d'abandon ou autre cause. Sous l'empire du Code le germe du conseil de famille se manifeste en même temps que le besoin de tutelle ou de curatelle ; il n'y a plus qu'à le développer, à l'organiser, à le composer, et ensuite il vivra autant que cette tutelle, sauf les changements de membres qui pourront survenir.

3. En principe il n'y a pas de conseil de famille tant que dure le mariage des père et mère du mineur ; à moins d'exception formulée par un texte précis, comme l'a fait le Code pour le mariage

du mineur dans certaines circonstances, pour l'interdiction, le désaveu de paternité (art. 160, 318, 494, 505 C. civ.).

4. *Son siège.* Suivant le Code, le siège du conseil de famille est et reste invariablement fixé dans le lieu où son germe s'est révélé *une première fois*, c'est-à-dire dans le lieu du domicile de la tutelle ou de la curatelle ; en d'autres termes, dans le lieu du domicile qu'avait le père légitime au prédécès de lui ou de son épouse, au domicile du mari qui intente l'action en désaveu de paternité, au domicile qu'a le père naturel au moment de l'organisation de la tutelle de l'enfant reconnu, dans le lieu du domicile de l'interdit. Et, nous ne saurions trop le répéter, ce siège est invariable, à ce point que le conseil ne pourrait se réunir qu'au siège et sous la présidence du juge de paix de cet endroit, se reconstituer là, délibérer là, tant que durera l'incapacité, sans changement lors même que le mineur vient à passer de tutelle en curatelle par émancipation. —V. *Convocation du conseil de famille,* n° 1 ; *Curateur à l'émancipation.*

5. *Sa mission.* Le conseil de famille forme, pendant la minorité, une sorte de tribunal privé, auquel doivent être, pour la plupart, soumises les affaires qui intéressent gravement la personne et les biens du mineur ou de l'interdit ; néanmoins, il n'a point droit de juridiction proprement dite, bien qu'il prenne des *arrêtés,* il n'a qu'un ministère de protection et de conservation (art. 405, 446, 450, 507 C. civ.).

6. Le conseil de famille a pour mission de contrôler la gestion du tuteur. A cet effet, il accomplit deux sortes d'actes, qui ont un caractère différent : il prend des délibérations et il émet des avis. Ces deux sortes d'actes, toujours authentiques, mais aussi toujours dépourvus du caractère qui constitue un jugement, sont confondus, sous la dénomination d'*Avis de parents,* par l'intitulé du titre X, livre Ier, 2\e partie, du Code de procédure civile. Le conseil émet un avis quand il se borne à exprimer son opinion sur une question qui lui est soumise ; tandis qu'il prend une délibération, autrement dit un *arrêté,* quand il prend une résolution, quand il accorde ou refuse une autorisation, nomme un tuteur, un subrogé tuteur, un curateur, quand il prononce une destitution ou une exclusion, quand il restreint l'hypothèque légale du mineur ou d'une femme mariée. — V. *Délibération du conseil de famille.*

7. Ainsi, la loi fait au tribunal civil un devoir de demander

préalablement l'avis du conseil de famille sur l'état de la personne dont l'interdiction est réclamée (art. 494 C. civ., 892 et 893 C. pr.); et sans aucun doute le tribunal a aussi la faculté de consulter le conseil de famille d'un mineur ou d'un interdit toutes les fois qu'il le juge convenable; Demolombe, VII, n° 321.

8. *Etendue de ses pouvoirs*. Quand il est consulté par le tribunal, le conseil, convoqué régulièrement, ne peut refuser de se réunir et d'exprimer son opinion.

9. Le tuteur aussi a la faculté de demander l'avis du conseil de famille; et il agira prudemment en le consultant sur des actes importants, que son autorité de tuteur lui donne bien le pouvoir de faire de son propre chef, mais à raison desquels il pourra craindre de compromettre les intérêts du pupille et d'engager sa responsabilité personnelle. Toutefois, il devra n'user de cette faculté qu'avec circonspection et dans des situations vraiment difficiles; car ici le conseil de famille, convoqué officiellement, c'est-à-dire par citation, bien que tenu de se réunir, ne serait pas obligé d'exprimer son opinion, surtout s'il s'agissait d'un acte élémentaire ou d'une question d'administration usuelle.

10. Lorsque le conseil a émis un avis, le tuteur est libre de ne pas s'y conformer. Et s'il le suit, sa responsabilité reste la même en droit, quoique appréciable moins sévèrement en fait; Massé et Vergé, sur Zachariæ, I, p. 399, § 203, note 3.

11. En prenant des délibérations, c'est-à-dire des résolutions, le conseil de famille exerce la part d'attributions qui lui est conférée soit pour l'organisation, soit pour la gestion de la tutelle. C'est lui qui nomme le tuteur datif, le subrogé tuteur, le protuteur, le curateur; il les maintient, les exclut ou les destitue; il donne des autorisations; il donne son avis sur l'état mental d'un individu qu'on veut interdire; etc.

12. Ces attributions sont un privilège, un monopole en quelque sorte, du conseil de famille; sa liberté de discuter et de voter est sans limites; il ne reçoit d'ordre d'aucune autorité quelconque; lui seul a le droit, droit exclusif et absolu, d'organiser la tutelle, d'accorder ou refuser des autorisations, de seconder l'administration : un tribunal qui ferait une nomination de cette nature, qui donnerait une autorisation directe ou bien même qui tracerait une ligne de conduite à la famille, commettrait une usurpation de pouvoir; il ne peut que connaître du recours contre les délibérations déjà prises, les valider, sinon renvoyer devant le même

conseil s'il les invalide; Cass., **27** nov. 1816, et sur renvoi, Orléans, 9 août 1817 ; Grenoble, 6 déc. 1842, D. P. 43, II, **290.** Disons même qu'un conseil de famille a le droit exclusif d'interpréter ses délibérations sur les points qui seraient obscurs ; rej. 5 août 1879.

13. Hâtons-nous d'ajouter que toute délibération, non attaquée en justice ou bien validée sur recours, est obligatoire pour tout le monde, notamment pour le tuteur ou subrogé tuteur, qui en refusant de l'exécuter s'exposerait à être destitué par le conseil de famille (art. 444, C. civ.). — V. *Composition, — Convocation, — Délibération du conseil de famille.*

14. Nous ferons remarquer : 1° que les conseils de famille ont été institués pour surveiller et autoriser le tuteur ou pour donner leur avis, mais non pour autoriser le mineur excepté dans quelques cas bien rares prévus tout spécialement; 2° que les délibérations des conseils peuvent restreindre les pouvoirs ordinaires qui découlent de la tutelle, mais jamais diminuer ni atteindre les droits qui dérivent de la puissance paternelle.

15. Enfin l'étude des textes sur la tutelle, jointe aux règles fondamentales, m'a convaincu qu'un conseil de famille a toujours la faculté de revenir sur ses délibérations pour les supprimer ou amoindrir sans cependant nuire aux droits acquis; il peut même, à son gré, remplacer par un autre un tuteur datif ou un subrogé tuteur sans qu'il y ait cause d'exclusion ou d'excuse.

CONSEIL JUDICIAIRE. 1. « En rejetant la demande en inter-
« diction, le tribunal pourra néanmoins, si les circonstances l'exi-
« gent, ordonner que le défendeur ne pourra désormais plaider,
« transiger, emprunter, recevoir un capital mobilier, ni en don-
« ner décharge, aliéner ni grever ses biens d'hypothèques, sans
« l'assistance d'un conseil qui lui sera nommé par le même juge-
« ment » (art. 499). — J'estime que le conseil de famille, appelé
par l'article 494 à donner son avis sur l'état mental de la personne
dont l'interdiction est provoquée, ne dépasserait pas sa mission
en exprimant l'opinion qu'il suffit de lui donner un conseil
judiciaire au lieu de l'interdire.

2. Sans qu'il y ait demande en interdiction : « Il peut être dé-
« fendu aux prodigues de plaider, de transiger, d'emprunter, de
« recevoir un capital mobilier et d'en donner décharge, d'aliéner
« ni de grever leurs biens d'hypothèques, sans l'assistance d'un
« conseil qui leur est nommé par le tribunal » (art. 513).

3. « La défense de procéder sans l'assistance d'un conseil peut « être provoquée par ceux qui ont droit de demander l'interdic- « tion ; leur demande doit être instruite et jugée de la même ma- « nière » (art. 514). C'est-à-dire que, entre autres formalités, le tribunal pourra ordonner que le conseil de famille donne son avis sur l'état, la conduite et les dispositions du prodigue (art. 494). Le conjoint même mineur peut y donner des renseignements (art. 493). — V. *Interdiction judiciaire*, nos 9, 10, 11, 15, 16. — V. *Conseil de famille de l'interdit judiciaire*.

4. « Cette défense ne peut être levée qu'en observant les mêmes « formalités » (art. 514) ; c'est-à-dire, notamment, après avoir demandé l'avis du conseil de famille lorsque le tribunal le jugera utile.

CONSEIL DE TUTELLE A LA MÈRE SURVIVANTE ET TUTRICE. 1. Il est permis au père de « nommer à la mère sur- « vivante et tutrice un conseil spécial, sans l'avis duquel elle ne « pourra faire aucun acte relatif à la tutelle. — Si le père spécifie « les actes pour lesquels le conseil sera nommé, la tutrice sera « habile à faire les autres sans son assistance » (art. 391).—Cette nomination ne peut être faite que par acte de dernière volonté, ou bien par une déclaration devant le juge de paix assisté de son greffier, ou devant notaires (art. 392).

2. Le père ne saurait aller jusqu'à ôter la tutelle légale à la mère survivante (art. 397). Et l'assistance du conseil nommé n'est pas nécessaire pour les actes qui sont de l'essence de la puissance paternelle ; Marchand, p. 102, n° 16.

3. La nomination d'un conseil de tutelle ne modifiant pas au fond la situation de la mère tutrice vis-à-vis du conseil de famille, celui-ci, en règle générale, n'aurait rien à voir dans les désaccords qui viendraient à s'élever entre ces deux premiers : il appartient au tribunal seul d'en connaître, après avoir demandé l'avis de la famille s'il le juge nécessaire ; Chardon, 3, n° 11 ; Dalloz, n° 93. V. Demolombe, VII, n° 95.

4. En cas de refus, incapacité ou décès du conseil de tutelle, il n'appartiendrait pas au conseil de famille de le remplacer par un autre ; le choix fait par le mari est tout à la fois l'expression d'un droit privilégié et une marque de confiance particulière envers l'individu désigné ; Magnin, 1, n° 451 ; Marchand, p. 102, n° 17 ; Dalloz, n° 87 ; *Contra*, Bousquet, *Des conseils de famille*, sur l'article 491. Je ne vois pas non plus que le tribunal puisse être appelé à choisir un autre conseil, avec ou sans avis de la famille.

CONSTRUCTIONS NOUVELLES. 1. Pour faire des constructions nouvelles et obliger le mineur envers les fournisseurs et les entrepreneurs, il faudrait au tuteur une autorisation du conseil de famille motivée sur des raisons d'utilité incontestable et homologuée par la justice ; Massé et Vergé, I, p. 434 note 5 ; lors même que le tuteur aurait des économies en caisse.

2. Le mineur émancipé, assisté de son curateur, serait astreint aux mêmes formalités pour engager ses capitaux.

CONTINUATION DE COMMERCE. Dans une espèce il a été jugé que le tuteur pouvait, sans autorisation du conseil de famille, continuer l'exploitation du commerce du père du mineur considérée comme acte d'administration ; Bruxelles, 14 nov. 1829. Bien entendu que cette exploitation ne suffisait pas pour imprimer au mineur le caractère de commerçant. — V. *Mineur commerçant.*

CONVERSION DES TITRES AU PORTEUR EN TITRES NOMINATIFS.

Administration hospitalière, 14.	Dépôt, 10-12.	Possession des titres, 3, 4, 7.
Assistance publique, 14.	Emancipation antérieure, 16-19.	Subrogé tuteur, 8, 11, 21.
Attribution des titres, 5, 7.	Mère, 12	Tiers, 15.
Conseil de famille, 5-12, 22.	Mineur commerçant, 19-20.	Tutelle antérieure, 16, 17.
Délai, 3, 6, 9.	Père, 12.	Valeurs inconversibles, 9.

1. Sous l'empire du Code civil, le tuteur pouvait, sans autorisation spéciale, non seulement aliéner les titres nominatifs et les titres au porteur, actions et obligations industrielles, financières ou autres, appartenant au pupille ou à l'interdit, mais même convertir les titres nominatifs en titres au porteur, cette transformation étant considérée comme un acte d'administration ; Cass., 4 août 1873, S. V., 73, I, 441, et *observat.* de l'arrêtiste.

2. Telle était la pratique suivie jusqu'ici malgré certaines résistances. Mais, à raison de l'immense développement de la fortune mobilière, et en vue de protéger davantage les incapables contre les dangers d'une mauvaise administration, la législation du Code vient d'être profondément modifiée, et les pouvoirs du tuteur beaucoup affaiblis par la loi du 17-28 février 1880 (1), qui renferme diverses dispositions dont nous placerons l'interprétation sous les différents chapitres qu'elles concernent. — Que dit cette

(1) Cette loi, votée par le Sénat sur le rapport de M. Denormandie, et par la Chambre des députés sur le rapport de M. Jozon, ayant été promulguée par l'*Officiel*, le 28 février 1880, lorsque notre traité était sous presse, notre interprétation improvisée pourra se ressentir de la précipitation qui y a présidé.

loi sur la conversion des titres au porteur en titres nominatifs?

3. « Le tuteur devra, dans les trois mois qui suivront l'ouver-
« ture de la tutelle, convertir en titres nominatifs les titres au
« porteur appartenant au mineur ou à l'interdit, et dont le conseil
« de famille n'aurait pas jugé l'aliénation nécessaire ou utile. — Il
« devra également convertir en titres nominatifs les titres au por-
« teur qui adviendraient au mineur ou à l'interdit de quelque ma-
« nière que ce fût, et ce dans le même délai de trois mois à par-
« tir de l'attribution définitive ou de la mise en possession de ces
« valeurs. — Le conseil de famille pourra fixer pour la conversion
« un délai plus long » (art. 5, § 1, L. 17-28 févr. 1880).

4. L'idée qui se dégage de cette disposition, vraiment pratique
et tutélaire s'il en fût jamais, c'est que le législateur a voulu que
toutes les valeurs au porteur des mineurs et des interdits fussent
désormais converties en titres nominatifs quand elles ne seraient
pas aliénées; et qu'il a fixé pour point de départ du délai de la
conversion le fait de la possession des valeurs, en les rangeant en
deux classes, celles déjà possédées actuellement et celles qui ne
seront possédées que plus tard, sans distinguer entre les valeurs
françaises et les valeurs étrangères. Développons ces deux propositions en suivant pas à pas les termes textuels de l'article 5.

5. L'article 5 vient après une première disposition qui refuse
désormais au tuteur la capacité d'aliéner les meubles incorporels
quelconques du mineur ou de l'interdit sans une autorisation du
conseil de famille homologuée par le tribunal (art. 1, 2, 3); et il
dispose pour le cas où le conseil n'aurait pas jugé l'aliénation nécessaire ou utile. Non pas que le tuteur doive commencer par consulter ce conseil sur la question d'aliénation, la loi ne l'y oblige
pas; elle suppose qu'en fait l'aliénation n'a pas été autorisée, soit
que la famille n'ait pas été appelée à en délibérer, soit qu'elle ait
voté négativement; dans l'un et l'autre cas la conversion est obligatoire : « *Le tuteur devra*, dit le texte, *convertir en titres nominatifs les titres au porteur.* » Alors c'est un devoir quand même qui
incombe au tuteur d'opérer la conversion sans attendre l'avis ou
l'injonction du conseil de famille.

6. Dans quel délai? « *Dans les trois mois de l'ouverture de la
tutelle* », répond l'article 5; c'est-à-dire dans les trois mois, soit
du décès du prémourant des père et mère légitimes en cas de tutelle légale, soit du décès du survivant en cas de tutelle déférée à
un tuteur testamentaire ou à un ascendant, soit de la date de la

délibération qui aura déféré la tutelle dative. C'est bien là, en effet, ce qui devra se faire suivant le vœu du législateur. Mais que de difficultés peuvent surgir dans la pratique malgré le zèle tutélaire de tous ceux qui entourent le pupille ! D'abord, c'est ce délai de trois mois qui ne concorde pas avec celui de trois mois et quarante jours accordé par le droit commun au mineur et à l'interdit pour dresser inventaire et délibérer sur l'acceptation d'une succession. Ensuite, lorsque les scellés auront été apposés, des lenteurs, des retards insurmontables s'opposeront quelquefois à leur levée pour absence de l'un des cohéritiers ou pour autre cause. Et cependant on ne connaîtra les valeurs recueillies qu'après rédaction de l'inventaire ; elles n'appartiendront au mineur qu'après acceptation régulière de la succession. Que faire alors si l'accomplissement de ces formalités préliminaires prend plus de trois mois ? Que faire au milieu d'une succession bénéficiaire qui oblige à rendre compte aux créanciers et aux légataires ? L'article 5, § 3, répond : « *Le conseil de famille pourra fixer pour la conversion un terme plus long.* » Soit, mais c'est là une faculté coûteuse, incommode, dont il ne faudrait user qu'avec réserve ; et pour atteindre ce résultat, il ne faudra rien moins que le dévouement du tuteur, du subrogé tuteur, de la famille et du juge de paix. V. *infra*, n° 9.

7. Mais il ne faut pas s'exagérer ces difficultés, quand on sait que les hommes éminents qui ont présidé à l'élaboration de cette loi étaient profondément versés dans la question : il est évident qu'ils ont vu le côté pratique de la matière, ainsi que le démontre le texte même. Il commence d'abord par disposer que le tuteur devra convertir, dans les trois mois de l'ouverture de la tutelle, les titres au porteur « *appartenant* » au mineur ou à l'interdit ; or, à quel moment lui appartiendront-ils ? Immédiatement s'il en est déjà seul propriétaire par l'effet d'une donation ou d'un évènement antérieur non subordonné à l'avenir. De même si le titre au porteur appartient déjà au mineur ou à l'interdit indivisément avec un tiers, de manière qu'on puisse faire cesser l'indivision par un acte sommaire, tel qu'un certificat de propriété, sans subir les lenteurs d'un partage en justice. Ces deux cas répondent au mot « *appartenant* » du paragraphe 1er de notre article 5, et sont parallèles à l'idée d'« *attribution définitive* » ou de « *possession* » des valeurs, que le législateur a exprimée dans le paragraphe 2 et qui paraît sa pensée dominante et dirigeante. Alors le tuteur devra

effectuer la conversion dans les trois mois de l'ouverture de la tu-. telle. Si au contraire des valeurs dépendent d'une succession indivise, sans même être placées sous le scellé, on ne peut pas dire exactement qu'elles appartiennent au mineur; il n'y aura droit qu'après la rédaction de l'inventaire et l'acceptation au greffe qui feront de lui un héritier sous bénéfice d'inventaire; ces valeurs ne lui appartiendront réellement qu'après partage ou attribution, — ou au plus tôt après l'addition d'hérédité s'il est seul; — et ici le tuteur se trouve placé directement dans l'esprit et sous la lettre du paragraphe 2 : « *Il devra également convertir en titres nominatifs les titres au porteur qui « adviendraient » au mineur ou à l'interdit de quelque manière que ce fût, et ce dans le même délai de trois mois à partir de « l'attribution définitive » ou de la «mise en possession» de ces valeurs.* » Puis, le tuteur pourra toujours provisoirement proposer aux cohéritiers et copropriétaires du mineur ou de l'interdit de faire la conversion en leur nom commun en attendant le partage effectif (Premier rapport au Sénat).

8. Jusqu'ici nous supposons que le tuteur obéit à la loi, qu'il fait la conversion spontanément, et que les titres au porteur sont remplacés par des titres nominatifs de même nature, sans intervention du conseil de famille. Mais il arrivera quelquefois que le tuteur n'y mettra pas d'empressement, ou bien même qu'il se montrera récalcitrant; quel sera le moyen de vaincre sa résistance? L'article 7 de notre loi répond : « Le subrogé tuteur devra « surveiller l'accomplissement des formalités prescrites par les « articles précédents. Il devra, si le tuteur ne s'y conforme pas, « provoquer la réunion du conseil de famille, devant lequel le tu- « teur sera appelé à rendre compte de ses actes. » Et notons que cet article, en imposant cette tâche au subrogé tuteur, ne l'oblige pas à attendre l'expiration des trois mois : surveillez dès l'ouverture de la tutelle, surveillez toujours, lui crie-t-il, et provoquez la réunion du conseil de famille dès que vous le trouverez opportun ; il y va de l'intérêt du pupille et de votre responsabilité. Et si le tuteur résiste à la délibération, quelle sera la sanction de la loi? Le conseil de famille pourra prononcer sa destitution pour cause d'infidélité, conformément au droit commun (art. 421, 444 C. civ.).

9. Toutefois, en n'accordant au tuteur que trois mois, l'article 5 ajoute que : « le conseil de famille pourra fixer, pour la « conversion, un délai plus long. » C'est là une disposition sage

et pratique, qui permettra au conseil de famille d'accorder un certain répit au tuteur dont la situation présentera des garanties, surtout quand il possédera des immeubles garantissant l'efficacité de l'hypothèque légale du pupille. V. *supra*, n° 6.

10. « Lorsque, soit par leur nature, soit à raison de conven-
« tions, les valeurs au porteur ne seront pas susceptibles d'être
« converties en titres nominatifs, le tuteur devra, dans les trois
« mois, obtenir du conseil de famille l'autorisation, soit de les
« aliéner avec emploi, soit de les conserver; dans ce dernier cas,
« comme dans celui prévu par le paragraphe précédent, le con-
« seil pourra prescrire le dépôt des titres au porteur, au nom du
« mineur ou de l'interdit, soit à la caisse des dépôts et consigna-
« tions, soit entre les mains d'une personne ou d'une société
« spécialement désignée » (art. 5, § 4).

11. Cette disposition ne laisse pas seulement une faculté au tuteur, mais elle lui impose une obligation : « *le tuteur devra* » provoquer la réunion du conseil de famille dans le même délai de trois mois de l'ouverture de la tutelle, à l'effet d'être autorisé à aliéner avec emploi ou à conserver les valeurs au porteur. Ici encore la loi réclame la surveillance active du subrogé tuteur et son intervention si le tuteur ne s'exécutait pas de bonne grâce.

12. Lorsque le conseil de famille autorisera le tuteur à conserver les valeurs inconvertibles, il pourra en ordonner le dépôt conformément au texte du paragraphe 4. De même dans le cas du paragraphe 3, c'est-à-dire lorsque le conseil fixera un terme plus long que trois mois pour la conversion des titres qui en sont susceptibles. C'est une faculté, mais non une obligation, pour le conseil.

13. L'obligation de convertir, d'aliéner ou de déposer, dont nous venons de rendre compte, incombe à tout tuteur quel qu'il soit, même au survivant des père et mère. Cela résulte positivement du texte de notre loi qui ne fait aucune distinction, du retrait par son auteur, après discussion au Sénat dans la séance du 17 février, d'un amendement qui tendait à soumettre à la même obligation, pendant le mariage, le père administrateur légal des biens de ses enfants selon l'article 384 du Code civil, et de la discussion de cet amendement qui ne peut laisser le moindre doute sur ce point. La loi paraîtra dure à quelques-uns, mais c'est la loi sans équivoque. Qu'eût-elle été si l'on avait

adopté l'amendement contre le père administrateur légal et non tuteur (Premier rapport au Sénat)?

14. « Les dispositions de la présente loi sont applicables aux « valeurs mobilières appartenant aux mineurs et aliénés placés « sous la tutelle, soit de l'administration de l'Assistance pu- « blique, soit des administrations hospitalières. — Le conseil de « surveillance de l'administration de l'Assistance publique et les « commissions administratives rempliront à cet égard les fonc- « tions attribuées au conseil de famille. — Les dispositions de la « présente loi sont également applicables aux administrateurs « provisoires des biens des aliénés, nommés en exécution de la « loi du 30 juin 1838 » (art. 8, L. 1880).

15. « Les délais ci-dessus ne seront applicables que sous la « réserve des droits des tiers et des conventions préexistantes » (art. 5, § 5). Disposition du droit commun qui signifie que le délai de trois mois n'oblige pas le tuteur quand la conversion ou le dépôt actuel serait de nature à porter atteinte aux droits des tiers. Ainsi, lorsqu'un titre au porteur aura été remis en nantissement, le détenteur ne sera pas tenu de s'en dessaisir ni le tuteur obligé d'en effectuer la conversion avant l'extinction de la dette. Cette disposition veut encore dire que, si le créancier nanti consent à la conversion immédiate, son gage, son privilège se trouvera transporté identiquement sur le titre nominatif, à lui remis.

16. « Les tuteurs entrés en fonctions et les mineurs émancipés « antérieurement à la présente loi seront tenus de s'y conformer. « Les délais courront pour eux à partir de la promulgation » (art. 9). C'est-à-dire à partir du 28 février 1880. — Voilà qui est clair quant au tuteur entré en fonctions avant cette promulgation : il est également obligé de convertir en titres nominatifs les titres au porteur appartenant au mineur non émancipé ou à l'interdit, s'il n'est autorisé à les vendre, ou bien de se faire autoriser par la famille à aliéner ou conserver celles de ces valeurs qui ne seront pas susceptibles de conversion, cela au plus tard le 30 mai 1880, si ce délai n'est pas prorogé par le conseil (*Rappr.* art. 5, § 3).

17. En mettant sur la même ligne « les tuteurs entrés en fonc- « tions et *les mineurs émancipés* antérieurement à la présente « loi », l'article 9, pris à la lettre, voudrait dire que le mineur émancipé, lui aussi, devra convertir en titres nominatifs ses titres au porteur susceptibles de conversion. Est-ce bien là le sens? Je ne le crois pas. Cet article 9 renferme deux dispositions : —

l'une, se référant aux articles 1, 2, 3 et 5, oblige le tuteur entré antérieurement en fonctions à convertir les valeurs au porteur s'il n'est autorisé à les vendre, identiquement comme le tuteur entré en fonctions depuis la loi; — l'autre disposition, se référant à l'article 4, soumet aussi à l'autorisation la vente par le mineur émancipé avant la loi, mais sans qu'un article correspondant l'oblige à la conversion à défaut de vente. — Ainsi, ces deux dispositions marchent parallèlement. — Puis, en nous reportant a l'article 5, nous voyons qu'il oblige le tuteur entré en fonctions depuis la loi à faire la conversion, tandis qu'aucun article n'impose la conversion au mineur qui vient à être émancipé depuis cette loi; d'où nous concluons que le législateur a voulu également en dispenser celui qui a été émancipé antérieurement. En disposant ainsi, le législateur s'est montré logique et fidèle observateur des principes : n'ayant pas obligé à la conversion l'émancipé depuis, il n'y a pas obligé l'émancipé avant. — V. *Vente de meubles incorporels.*

18. Ce résultat est bien dans le silence ou plutôt dans la rédaction insuffisante de la loi nouvelle, qui, en n'obligeant pas textuellement l'*émancipé depuis* à faire la conversion, ne le couvre pas jusqu'au bout par une formalité protectrice, et l'on ne comprendrait pas que cette loi montrât plus de sollicitude pour l'*émancipé avant*. Mais ce résultat a-t-il été dans l'intention du législateur? Il est difficile d'en douter en présence des travaux préparatoires, des rapports, des remaniements et de la discussion du projet. Cependant, il faut bien le reconnaître, il y a là une lacune : le législateur a voulu sauvegarder la fortune mobilière des mineurs non émancipés ainsi que celle des émancipés, en entravant la vente des titres au porteur, en exigeant l'autorisation du conseil de famille pour les uns comme pour les autres; puis il a textuellement imposé la conversion aux non-émancipés, comme un *impedimentum* qui ramènera forcément le tuteur devant le conseil de famille s'il veut vendre ; or, en ne l'imposant pas aux émancipés, il leur a laissé la facilité d'aliéner librement, c'est-à-dire d'éluder la disposition fondamentale de la loi. L'article 10 n'est pas de nature à dissiper le doute.

19. A plus forte raison la loi n'oblige pas à la conversion, non plus qu'à l'aliénation des titres au porteur, le mineur qui, émancipé avant ou depuis la promulgation, a été autorisé légalement à faire le commerce. Sa qualité de commerçant le rendant capa-

ble de tous les actes civils, de même que s'il était majeur, suivant les principes du Code, on ne pouvait y déroger sans graves inconvénients ; on s'est d'ailleurs expliqué positivement sur ce point lors de la discussion de l'article 4 au Corps législatif et dans le dernier rapport fait au Sénat. — V. *Mineur commerçant.*

20. Le mineur émancipé par le mariage est également dispensé de faire la conversion (*argum.* art. 4, L. 1880).

21. « Le subrogé tuteur devra surveiller l'accomplissement des « formalités prescrites par les articles précédents. Il devra, si le « tuteur ne s'y conforme pas, provoquer la réunion du conseil de « famille devant lequel le tuteur sera appelé à rendre compte de « ses actes » (art. 7). Ce qui s'applique, bien entendu, à toute tutelle qui fonctionne depuis le 28 février 1880, quand bien même elle se serait ouverte antérieurement. Grave disposition qui engage directement la responsabilité du subrogé tuteur en faisant de lui « une sorte de cotuteur » (*Rapp. au Sénat*), et dont l'exécution est confiée à la sollicitude des juges de paix.

22. « Toutes les fois que les délibérations du conseil de famille « ne seront pas unanimes, l'avis de chacun des membres qui le « composent sera mentionné dans le procès-verbal. — Le tuteur, « subrogé tuteur ou curateur, même les membres de l'assemblée, « pourront se pourvoir contre la délibération ; ils formeront leur « demande contre les membres qui auront été d'avis de la déli-« bération, sans qu'il soit nécessaire d'appeler en conciliation » (art. 883 C. pr. ; *rappr.* art. 2, L. 1880).

CONVERSION DES TITRES NOMINATIFS EN TITRES AU PORTEUR. « La conversion de tous titres nominatifs en « titres au porteur est soumise aux mêmes conditions et forma-« lités que l'aliénation de ces titres » (art. 10). C'est-à-dire que le tuteur, de même que le mineur émancipé, ne pourra opérer cette conversion sans y être autorisé par le conseil de famille, dont la délibération aura besoin d'être homologuée par le tribunal quand la valeur dépassera quinze cents francs en capital (art. 1, 2). -- V. *Vente de meubles incorporels.*

CONVERSION SUR SAISIE IMMOBILIÈRE. En cas de saisie réelle d'un immeuble appartenant à un mineur ou à un interdit ou bien sur lequel il est créancier inscrit, si l'on veut convertir les poursuites de vente forcée en vente sur publications volontaires, le tuteur devra y être autorisé spécialement par une délibération du conseil homologuée, tandis que le mineur émancipé n'aura besoin que de l'assistance de son curateur (art. 744 C. proc.). V. Carré et Chauveau, quest. 2448.

CONVOCATION DU CONSEIL DE FAMILLE.

1. Par qui et dans quel lieu le conseil de famille doit-il être convoqué ?—Par le juge de paix du domicile de l'ouverture de la tutelle, ainsi qu'on s'accorde à le reconnaître, et qu'il ressort des dispositions du Code civil. — En effet, prévoyant le cas où un mineur se trouve sans tuteur effectif, par exemple lorsque son père survivant est excusé de la tutelle légale, l'article 405 dispose qu'il sera pourvu par un conseil de famille à la nomination d'un tuteur; et l'article 406 ajoute : «Ce conseil sera con- « voqué, soit sur la réquisition et à la diligence des parents du « mineur, de ses créanciers ou d'autres parties intéressées, soit « même d'office et à la poursuite du juge de paix du domicile du « mineur. » — Ainsi, dans le cas que nous venons de prévoir comme exemple pratique, d'après l'article 406, le conseil de famille est celui « du domicile du mineur », c'est-à-dire bien évidemment du domicile actuel du mineur, du domicile qu'il a au moment où la tutelle s'ouvre pour la première fois; or, ce domicile est celui que son père a en ce moment-là (art. 108, § 1). Par conséquent le juge de paix du canton du domicile primitif de la tutelle est et restera toujours seul compétent pour convoquer le conseil de famille ; Cass., 23 mars 1819 ; 11 mai 1842 ; 17 décembre 1849; Nancy, 1er juill. 1853 ; Douai, 4 mars 1859; S. V., 19, I, 325; 42, I, 661 ; 50, I, 299; 53, II, 558; 59, I, 346 ; Favard de Langlade, *Répertoire*, v° TUTELLE.

2. Cette doctrine, basée sur l'intérêt légitime du mineur, sur le texte et l'esprit de nos codes, a été admise à peu près à l'unanimité et est en usage dans la pratique. Toutefois une distinction a été proposée, timidement ; on a dit : dans tous les cas où le conseil de famille est appelé par la loi, soit à pourvoir le mineur d'un tuteur, soit à compléter ou à modifier la tutelle, ce conseil doit être convoqué et présidé par le juge de paix du lieu de l'ouverture de la tutelle, par la raison que, tant que la tutelle n'est pas définitivement

ou complètement organisée, le mineur ne peut avoir d'autre domicile que son domicile d'origine ; mais il en peut être autrement lorsque, la tutelle fonctionnant régulièrement et le tuteur ayant acquis un nouveau domicile, il n'y a lieu de faire délibérer le conseil de famille qu'à l'occasion d'un des actes d'administration du tuteur ; dans ce dernier cas le conseil de famille peut être convoqué devant le juge de paix du nouveau domicile du tuteur, qui est devenu celui du mineur, pourvu toutefois, que les intérêts de ce dernier n'en éprouvent aucun préjudice ; rej. 4 mai 1846, S. V. 46, I, 465 ; *Conf.*, Massé et Vergé, I, p. 394, § 202, note 46. — Mais cette distinction est généralement repoussée, avec raison selon nous : entre autres torts, elle laisse au tuteur la faculté de soustraire le mineur à là'protection de ses proches pour les affaires les plus importantes, elle méconnaît l'un des motifs les plus graves qui ont certainement déterminé le législateur à fixer invariablement le domicile de la tutelle dans le lieu où elle s'est ouverte et où le mineur a ordinairement sa famille et sa fortune, rej. 17 déc. 1849, D. P. 50, I, 77 ; Cass., 2 mars 1869, D. P. 69, I, 199 ; Demolombe, VII, n° 251 ; Dalloz, *Répert. de législ.*, v° MINORITÉ, n°ˢ 211-213. — V. *Tutelle en général*, n°ˢ 12-15.

3. Cependant les cours d'appel ont jugé quelquefois que l'inobservation de cette règle n'emportait pas nécessairement nullité de la délibération ; qu'il appartient aux tribunaux d'apprécier si en fait les intérêts du mineur ont été lésés ou sauvegardés ; Nancy, 28 juill. 1865 ; Metz, 7 mars 1867. *Contra*, Cass., 2 mars 1869.

3 *bis.* La règle est la même pour l'interdiction : le siège du conseil de famille est au lieu du domicile de l'interdit au moment de sa première réunion et il y demeure invariablement fixé : c'est là qu'il devra être convoqué à l'avenir, même pour faire lever l'interdiction, quel que soit alors le domicile du tuteur.

3 *ter.* La règle doit encore être observée toutes les fois qu'il s'agit de nommer un curateur à un mineur émancipé ; cette nomination doit toujours être faite par le conseil de famille et le même juge de paix qui ont nommé le tuteur ou subrogé tuteur, quand bien même l'émancipation aurait été faite par le père ou la mère survivant devant le juge de paix d'un autre ressort. — V. *Curateur à l'émancipation*, n° 2.

4. Cette règle est tellement absolue, qu'elle ne fléchirait pas même devant une décision judiciaire prononçant la nullité d'une première délibération ; dans ce cas le tribunal n'a pas le pouvoir

de déléguer un juge de paix pour présider la nouvelle délibération de famille ; il doit renvoyer devant le même juge de paix de l'ouverture de la tutelle, quelque erreur qu'il ait commise, à moins de motifs de récusation allégués contre lui ; Cass., 13 oct. 1807 ; rej. 29 nov. 1809 ; Jay, *Cons. de famille*, nᵒˢ 32 et 33.

5. Qu'arriverait-il si en fait deux conseils de famille formés dans des lieux différents avaient nommé respectivement un tuteur au même mineur ? Un arrêt de la Cour de cassation, du 18 juillet 1826, a décidé que la question de savoir lequel des deux tuteurs serait maintenu devait être portée devant le tribunal de première instance du domicile de celui dont la nomination était attaquée. Et j'estime qu'au fond il faudrait toujours en revenir à la question de validation du tuteur nommé sous la présidence du juge de paix du domicile primitif de la tutelle.

6. En fait, ordinairement le juge de paix est prévenu officieusement par le survivant des père et mère, un parent ou un ami du mineur, qui vient lui demander de réunir le conseil de famille. Après examen de la liste qui lui est présentée, il l'accepte s'il la trouve régulière, ou bien il la modifie ; le plus souvent lui-même rédige cette liste, en la mettant d'accord avec les prescriptions de la loi, tel est son pouvoir discrétionnaire, Rouen, 29 nov. 1816 ; sauf recours possible au tribunal civil contre la délibération qui sera prise.

7. En principe, il n'appartient qu'au juge de paix de convoquer la réunion d'un conseil de famille ou d'en autoriser la convocation ; Jay, *Conseils de famille*, nᵒ 66. C'est un droit qu'il exerce, soit de son chef spontanément, soit sur réquisition ; de son chef pour obéir à une prescription de la loi et généralement quand il le trouve utile aux intérêts du mineur ; sur réquisition ou dénonciation quand il lui en est adressé une (art. 406, 446, 479). V. *infra*, nᵒˢ 15, 19.

8. La réquisition a lieu ordinairement par requête écrite présentée au juge de paix, qui y répond en rendant une ordonnance. Mais qui peut requérir la convocation ? 1ᵒ Les parents et les alliés du mineur ; 2ᵒ ses créanciers et autres intéressés ; 3ᵒ le subrogé tuteur ; 4ᵒ le tuteur ; chacun pour les causes que nous allons indiquer.

9. Tous les parents et alliés du mineur peuvent requérir la convocation à l'effet de lui faire nommer un tuteur (art. 406 C. civ.). De même quand il s'agit de faire destituer le tuteur,

tous les parents et alliés ont ce droit de réquisition s'il s'est in-géré dans la gestion avant d'avoir provoqué la nomination d'un subrogé tuteur (art. 421); mais s'il y a subrogé tuteur, ce droit n'appartient qu'à lui et aux autres parents ou alliés au degré de cousin germain ou à des degrés plus proches (art. 446). V. Aix, 24 août 1809.

10. Les créanciers ou autres parties ayant un intérêt pécu-niaire peuvent requérir la convocation : 1° pour nommer un tuteur datif (art. 406); 2° pour la destitution d'un tuteur légi-time ou testamentaire, mais seulement dans le cas où il s'est ingéré dans la gestion avant d'avoir fait nommer un subrogé tuteur (art. 421); 3° pour la nomination d'un subrogé tuteur, si l'on se trouve dans le cas de faire un acte pour la validité duquel la présence du subrogé tuteur soit nécessaire, tel qu'un par-tage ou une licitation (art. 444, 972 C. pr.). V. rej. 4 juin 1818.

11. Le subrogé tuteur peut requérir la convocation du conseil de famille, soit pour faire destituer le tuteur (art. 446), soit pour faire nommer un nouveau tuteur en cas de vacance de la tutelle (art. 424); tandis que le tuteur n'a pas le droit de provoquer la destitution du subrogé tuteur (art. 426). Ce dernier peut encore requérir la convocation chaque fois qu'il croit les intérêts du mineur en opposition avec ceux du tuteur.

12. Le tuteur tient de son mandat le droit de requérir la con-vocation toutes les fois qu'il sent le besoin de consulter la famille ou de lui demander une autorisation (art. 457, 468 C. civ.). La loi lui en fait un devoir en certains cas, par exemple quand il s'agit de nommer un subrogé tuteur ou d'accepter une succession échue au mineur (art. 421, 461).

13. Règle générale, en matière civile, le ministère public n'agit d'office que dans les cas spécifiés par la loi (art. 12, tit. VIII, L. 17 août 1790, et art. 46, L. 28 avr. 1810). Aussi, en l'absence de texte qui le lui confère, le ministère public n'a pas le droit de convocation ni le droit de réquisition ; il ne peut que signaler au juge de paix le fait qui motive la réunion du conseil de famille ; Cass., 11 août 1818; Dalloz, v° Minorité, n° 204; Massé et Vergé, I, p. 396, note 7.

14. En outre, toute personne, même placée en dehors de celles qui ont le droit de réquisition, pourra dénoncer au juge de paix le fait qui donnera lieu à la réunion d'un conseil de famille, et

ce magistrat appréciera s'il y a lieu de faire une convocation (art. 406).

15. La Cour de Besançon a jugé, le 9 avril 1808, que le conseil de famille doit être convoqué par le juge de paix seul et non par la personne qui en provoque la réunion. Mais, à notre avis, cette décision manquait d'exactitude : la convocation ne sera pas moins régulière, quoique faite à la diligence du représentant autorisé par le juge de paix. Bien plus, lorsque, ainsi qu'il arrive presque toujours, les parents et amis se rendent volontairement chez ce magistrat, son adhésion résulte du fait même de son concours aux opérations du conseil, et la situation se trouve régularisée; Douai, 4 mai 1853. V. *supra*, n° 7.

16. Il y a deux modes, c'est-à-dire deux formes de convocation, officieuse ou officielle. Presque toujours la convocation se fait officieusement, c'est-à-dire à l'amiable, soit par lettre, soit verbalement, cela en vue d'éviter des frais et de ménager les susceptibilités que pourraient éveiller des actes quasi judiciaires. Alors, il n'y a pas de délais rigoureux à observer entre la convocation et la réunion ; mais aussi il n'y aurait pas de sanction contre le membre qui ferait défaut; Cass., 22 juill. 1807 ; Rouen, 7 avr. 1827 ; Marcadé, sur l'art. 411.

17. La convocation officielle se fait par acte d'huissier. « Le « délai pour comparaître sera réglé par le juge de paix à jour fixe, « mais de manière qu'il y ait toujours, entre la citation notifiée « et le jour indiqué pour la réunion du conseil, un intervalle de « trois jours au moins, quand toutes les parties citées résideront « dans la commune ou dans la distance de deux myriamètres. « Toutes les fois que, parmi les parties citées, il s'en trouvera « de domiciliées au-delà de cette distance, le délai sera augmenté « d'un jour par trois myriamètres » (art. 411).

18. Ce délai est prescrit à peine de nullité de la convocation comme officielle; Caen, 30 août 1847, D. P. 48, II, 179. Mais la délibération n'en serait pas moins valable, quoique prise avant l'échéance du délai légal, si tous les membres convoqués y avaient assisté; Marcadé, sur l'art. 411.

19. Toutes les fois que le juge de paix convoque spontanément, ou bien que les circonstances obligent à procéder officiellement, par exemple en cas de réticence de quelque membre nécessaire à la composition du conseil, il importe que ce magistrat délivre une cédule qui donne la liste des noms et demeure des

personnes à convoquer en énonçant positivement leur qualité de
parents, alliés ou amis, l'objet de la réunion, le jour, l'heure et
le lieu. Puis cette cédule est notifiée tout au long, en observant
les délais de distance, à chaque membre du conseil, par citation
d'huissier signifiée à la diligence du juge de paix ou de celui qui y
a été autorisé; Aix, 24 août 1809 ; Rouen, 7 avr. 1827. En procédant autrement, par exemple en convoquant à la requête d'un
parent, par voie de citation, sans cédule du juge de paix, on
serait exposé à voir un cité arguer d'irrégularité pour se soustraire à l'amende ou même ne pas se présenter, et nécessiter
ainsi une deuxième convocation.

20. L'article 446 du Code civil dispose que, toutes les fois qu'il
y aura lieu à une destitution de tuteur, le juge de paix « ne pourra
se dispenser » de convoquer le conseil de famille, soit d'office, soit
à la diligence du subrogé tuteur, ou bien d'un parent ou allié du
mineur « au degré de cousin germain ou à des degrés plus
proches ».

21. De même, d'après l'article 479, le juge de paix ne pourra
refuser de convoquer le conseil, à l'effet d'émanciper le mineur,
quand il en sera requis par un parent ou allié « au degré de cousin germain ou à des degrés plus proches ».

22. Allons plus loin et posons en règle générale que le juge de
paix est tenu de faire la convocation ou de l'autoriser toutes les
fois que, recevant une réquisition quelconque, il la trouve régulière et sensée.

23. Mais, comme il a pleine liberté d'examiner et de discuter
la réquisition, ce magistrat devrait nécessairement, en cas de
rejet, motiver son refus dans une ordonnance, laquelle serait
sujette à appel devant le tribunal civil; tandis qu'il y aurait lieu à
prise à partie, s'il ne rendait pas d'ordonnance (art. 505, 507
C. pr.); Demolombe, VII, n° 281.

24. Sans aucun doute il appartient au juge de paix de convoquer toute personne qui, même sans être membre du conseil de
famille, pourra fournir des renseignements propres à éclairer
l'assemblée sur l'objet de sa réunion. Mais je ne vois pas que,
même appelé officiellement par citation, un défaillant puisse être
condamné à une amende.

25. Par cela qu'un individu, parent, allié ou ami, est compris
dans la liste officielle et convoqué régulièrement, il se trouve
obligé de comparaître en personne ou de se faire représenter à la

réunion de famille par un mandataire spécial, à peine de s'exposer à l'amende. Il pourra y développer ses excuses, et s'il ne réussit pas à les faire admettre, il aura pleine liberté de faire valoir ses griefs en attaquant la délibération devant le tribunal civil. — **V.** *Délibération du conseil de famille*, nᵒˢ 8-13.

26. Un point à noter : la loi ne s'oppose pas à ce que le juge de paix commence par organiser le conseil de famille, en dressant la liste définitive des noms, prénoms, professions, demeures et qualités des membres qui le composent ; et qu'après en avoir rédigé et fait signer procès-verbal par ces membres, il renvoie la réunion de l'assemblée à un autre jour pour délibérer sur les opérations de la tutelle, par exemple sur la nomination du subrogé tuteur, sur l'acceptation d'une succession. On ne fait pas autrement quand, la famille étant convoquée à l'effet de se constituer en conseil et de délibérer le même jour *in uno momento*, ce conseil, régulièrement composé, ne se trouve plus en nombre suffisant pour la délibération, soit parce qu'un membre refuse de voter, soit pour autre cause ; alors le juge de paix dresse procès-verbal en ajournant ou prorogeant la réunion pour délibérer. — **V.** *Délibération du conseil de famille*, nᵒ 19 *bis*.

COTUTEUR. — **V.** *Mère remariée*.

CRÉANCES SUR PARTICULIERS. — **V.** *Vente de droits incorporels, Recouvrements*.

CRÉDIT FONCIER DE FRANCE. — **V.** *Inscription hypothécaire*, nᵒˢ 4, 5, 6.

CURATEUR A L'ÉMANCIPATION.

Aïeule, 6.	Epoux, 6, 9.	Mari, 3.
Ascendants, 5.	Exclusion, 6.	Mère, 4, 6.
Conseil de famille, 1, 4.	Excuses, 7.	Nomination du curateur, 1.
Curateur *ad hoc*, 10.	Incapacité, 6.	Père, 4, 5.
Curateur testamentaire, 5.	Juge de paix, 2.	Rôle du curateur, 11, 12.
	Lieu de l'élection, 2.	

1. Il ressort de l'article 480 du Code civil que le curateur doit être « nommé par le conseil de famille » ; Zachariæ, I, p. 475, § 238, texte ; et il l'est ordinairement dans le même acte ou la même délibération qui consacre l'émancipation.

2. Mais quel juge de paix sera compétent pour réunir et présider l'assemblée de famille ? Celui du lieu de l'ouverture de la tutelle quand le mineur sera en tutelle, et celui du domicile du mineur qui n'est pas en tutelle. Ainsi, le père émancipant au cours du mariage, le conseil de famille doit se réunir devant le

juge de paix du domicile du père, lors même que l'émancipation a été faite devant le juge de paix d'un *autre ressort*, lors même que l'émancipé vient à acquérir un domicile ailleurs. Mais si le père émancipe l'enfant après la mort de la mère, c'est-à-dire depuis l'ouverture de la tutelle légale, le conseil de famille formé devant le juge de paix du siège de cette tutelle restera toujours le même et devra se réunir devant ce magistrat pour nommer un curateur, n'importe le changement de domicile de l'émancipé. Si l'émancipation du mineur en tutelle est consentie par le conseil de famille, elle aura lieu nécessairement devant le juge de paix de l'ouverture, ainsi que le choix du curateur. Et il faudrait encore appliquer cette même règle s'il y avait lieu de faire rentrer l'émancipé en tutelle. Rej., 17 déc. 1849, D. P. 50, I, 76; Metz, 31 mai 1870; Demolombe, VIII, n° 245. V. Marcadé, sur l'art. 480; Laurent, n° 210. — V. *Conseil de famille en général*, n° 2; *Convocation du conseil de famille du mineur*, n° 1.

3. D'après l'opinion commune, par argument des articles 506 et 2208, le mari *majeur* est de plein droit curateur légal de sa femme mineure, comme conséquence de l'autorité maritale; Pau, 11 mars 1811; Trib. Seine (ch. du cons.), 2 déc. 1853; rej. 4 févr. 1868; Marchand, p. 408; Vazeille, *Du mariage*, 2, n° 349; Demolombe, VIII, n° 233; Dalloz, n° 792; Valette, sur Proudhon, II, p. 440; Demante, II, n° 248 *bis* III; *contra*, Laurent, n° 209.

4. Sauf cette exception, le curateur doit toujours être nommé par le conseil de famille pour l'émancipation, soit expresse, soit tacite. Cette conclusion ressort des travaux préparatoires du Code civil, du texte de l'article 480, qui, en parlant de l'assistance d'un curateur, dispose qu'il « sera nommé par le conseil de famille »; *Conf.* Douai, 22 déc. 1863; Valette, sur Proudhon, II, p. 440; Fréminville, II, n° 1044; Ducaurroy, Bonnier et Roustain, I, n° 687; Demolombe, VIII, n° 236; Dalloz, n° 791; Massé et Vergé, I, p. 476, note 7; *contra*, Delvincourt, I, p. 126, note 3, qui admet la curatelle légitime du père, de la mère et des ascendants sur leurs enfants émancipés. Taulier, II, p. 92, admet la tutelle légale du père et de la mère, pas des ascendants.—V. Marcadé, art. 480, n° 2. —Le conseil de famille pourra, d'ailleurs, choisir le père ou la mère émancipateur.

5. On n'admet point de curateur testamentaire; Cass., 27 juin 1812; Limoges, 2 janv. 1821.

6. On s'accorde généralement que les causes d'incapacité,

d'exclusion et de destitution des tuteurs et subrogés tuteurs sont applicables aux curateurs; Demolombe, VIII, n°ˢ 247, 248. Spécialement l'épouse ne peut être nommée curatrice par le conseil de famille, pas plus qu'elle n'est curatrice légale de son mari; Dalloz, n° 793; Demolombe, VIII, n°ˢ 234, 235. Mais la mère veuve est capable de la curatelle de son enfant émancipé, de même que l'ascendante veuve (art. 442).

7. Quant aux excuses, une opinion les abandonne à l'arbitrage du conseil de famille, Marcadé, II, art. 481, n° 1; contrairement à une autre opinion qui applique au curateur toutes les causes de dispense du tuteur; Taulier, 2, p. 93; Demolombe, VII, n°ˢ 249, 250.

8. Tous ceux qui peuvent provoquer la convocation du conseil pour nommer un tuteur, ont la même faculté pour la nomination d'un curateur. — V. *Convocation du conseil de famille.*

9. Si, à la dissolution du mariage, le survivant des époux, encore mineur, n'a point de curateur, il doit lui en être nommé un par le conseil de famille.

10. Quand un curateur a des intérêts contraires à ceux de l'émancipé, le conseil de famille nomme un curateur *ad hoc*, par exemple entre le mari curateur légal et sa femme ; Trib. Seine (ch. du cons.), 24 févr. 1854; Dalloz, n° 797 ; ou bien lorsque le tuteur, nommé curateur ordinaire, veut rendre son compte de tutelle (art. 480).

11. Le curateur est général, pour toutes les affaires du mineur (*argum.* art. 482 et 840). Il n'a point de rôle actif; sa mission consiste à assister l'émancipé, qui toujours agit lui-même dans tous les actes. Puis, il est obligé de surveiller l'emploi des capitaux sous sa responsabilité personnelle (tandis que le débiteur qui se libère avec cette assistance n'a aucune surveillance à exercer, aucune responsabilité à encourir); Duranton, III, n° 679; Fréminville, II, n° 1064; Dalloz, v° MINORITÉ, n° 816. Devant cette responsabilité, le curateur sera fondé à ne donner son concours que sous la condition d'un emploi immédiat, ou bien du dépôt provisoire des fonds soit à la Caisse des consignations, soit dans une maison sûre. — V. *Emploi des capitaux.*

12. Celui qui accepte les fonctions de curateur s'engage à prêter son assistance à l'émancipé dans tous les actes qu'il voudra réaliser; cependant il pourrait la lui refuser si ces actes lui semblaient évidemment nuisibles à l'émancipé ou contraires au droit. Du reste, pour se garantir contre le mauvais vouloir du

curateur, l'émancipé aurait la ressource de se pourvoir devant le conseil de famille en lui demandant de nommer un curateur *ad hoc* ou bien de remplacer complètement le curateur ordinaire selon qu'il le jugerait opportun. Il y aurait lieu de procéder de même en cas de disparition ou de mort de ce curateur.

CURATEUR AU VENTRE.

Circonstances diverses, 2. Mission du curateur, 7, 8. Subrogé tuteur, 6.
Enfants déjà nés, 4, 5.   Nomination du curateur, 3.

1. Lorsque c'est le mari qui survit, la tutelle légale commence toujours au moment de la mort de la mère. Mais il arrive quelquefois que la tutelle légale de la mère survivante ne s'ouvre pas immédiatement après la mort du père. En effet : « Si, lors du dé-« cès du mari, la femme est enceinte, il sera nommé un curateur « au ventre par le conseil de famille. A la naissance de l'enfant, « la mère en deviendra tutrice, et le curateur en sera de plein « droit le subrogé tuteur » (art. 393 C. civ.), sans qu'il soit besoin de nouvelle délibération du conseil de famille.

2. Dès que la veuve déclare être enceinte, on doit procéder à la nomination d'un curateur au ventre ; Aix, 19 mars 1807. En outre, contrairement à l'opinion de M. Bousquet, *Des conseils de famille*, sur l'article 393, qui pense qu'un curateur ne peut être nommé que sur la demande de la veuve et lorsqu'elle se déclare elle-même enceinte, je suis d'avis que tout intéressé a qualité pour demander cette nomination au conseil, et même que le juge de paix peut d'office le convoquer à cet effet, quand, malgré les dénégations de la femme, il y a de sérieuses présomptions qu'elle est enceinte ; Magnin, *Des minorités*, I, n° 586 ; Demolombe, VII, n° 34.

3. De ce que, à la naissance de l'enfant conçu, « la mère en deviendra tutrice, et le curateur en sera de plein droit le subrogé tuteur », il ressort trois conséquences : 1° la mère ne doit pas voter pour la nomination du curateur (art. 423) ; 2° ce curateur doit être choisi dans la ligne paternelle, s'il n'est pas frère ou beau-frère germain de l'enfant conçu (même art.) ; 3° le curateur nommé ne peut se dispenser d'accepter que dans les cas où un subrogé tuteur le pourrait (art. 426).

4. Le conseil de famille doit-il être appelé à nommer un curateur au ventre quand la femme enceinte a déjà un enfant vivant issu du mariage ? MM. Ducaurroy, Bonnier et Roustain, *Commentaire du Code civil*, I, n° 592, et M. Duranton, *Cours de droit civil*,

III, n° 429, écartent cette nomination comme inutile et superflue en présence du subrogé tuteur de l'enfant déjà né ; tandis que d'autres jurisconsultes font une distinction. Ainsi, dans le cas où l'enfant né est majeur ou émancipé, on nommera à l'enfant conçu un curateur au ventre, disent M. Fréminville, I, n° 62 ; Marcadé, II, art. 393 ; Demolombe, VII, n° 70. Lorsque, au contraire, les enfants déjà existants sont mineurs non émancipés, suivant Delvincourt, I, p. 103, note 15, et Marcadé, *eod. loc.*, le subrogé tuteur remplira en même temps les fonctions de curateur. M. Demolombe, VII, n° 73, adopte cette opinion, en ces termes : « Je conclus donc, en ce qui me concerne, qu'il n'y a pas lieu en effet, dans ce cas, à la nomination spéciale d'un curateur au ventre ; mais que le subrogé tuteur est, par le caractère même de la situation, appelé à exercer la surveillance qu'elle réclame. D'où il suit que, si la tutelle de l'enfant déjà né finissait avant la délivrance de la mère, il y aurait lieu de nommer un curateur au ventre (*comp.* Demante, II, n° 142 *bis* ; Massé et Vergé sur Zachariæ, I, p. 483 ; Valette, *Explic. somm.*, p. 228). »

5. Pour ma part, cette dernière distinction de M. Demolombe m'affermit dans mon opinion. Je ne fais aucune distinction, je vois la nécessité de nommer un curateur au ventre, malgré l'existence d'un enfant déjà né, majeur ou mineur, émancipé ou non, parce que l'article 393 ne distingue pas et parce que les dangers que ce texe a voulu prévenir, dangers de suppression ou de supposition de part, existent toujours, quoique à un moindre degré.

6. Lorsqu'il y a déjà enfant vivant mineur, le conseil de famille pourra nommer pour curateur au ventre le subrogé tuteur, afin d'éviter qu'il se trouve un jour deux subrogés tuteurs dans la même tutelle (*argum.* art. 393) ; Magnin, I, n° 596.

7. Le curateur au ventre a pour mission de surveiller la grossesse de la veuve en vue « d'empêcher la supposition d'enfant » ; Locré, *Esprit du Code civil*, VI, sur l'art. 393.

8. Sa nomination répond à la règle qui considère l'enfant conçu comme né toutes les fois qu'il s'agit de ses intérêts. Cependant le curateur n'est pas tuteur ; son rôle n'est que provisoire ; il a une mission expectante moins active que passive, étant préposé au maintien du *statu quo* jusqu'au dénouement de la situation ; il a seulement le droit, et le devoir, de faire les actes conservatoires et les actes d'administration nécessaires. Pour les autres actes, il doit s'en abstenir, ou bien demander soit l'avis, soit l'autorisa-

tion du conseil de famille. V. Toullier, II, nᵒ 1100; Duranton, III, nᵒ 430; Magnin, I, nᵒ 593. — V. *L'infant naturel reconnu*, nᵒ 9.

CURATEUR AUX MILITAIRES ABSENTS ET A TOUS AUTRES CITOYENS ATTACHÉS AU SERVICE DES ARMÉES DE LA RÉPUBLIQUE. 1. En cas de décès d'une personne dont un militaire, non présent, est héritier, le juge de paix doit apposer les scellés, puis immédiatement en instruire cet héritier, ainsi que le ministre de la guerre (Décr. 11 vent. an II et 16 fruct. an II) ; Cass., 9 mars 1819.

2. « Le délai d'un mois expiré, si l'héritier ne donne pas de « ses nouvelles et n'envoie pas de procuration, l'agent national « de la commune dans laquelle les père et mère seront décédés, « convoquera, sans frais, devant le juge de paix, la famille, et, « à son défaut, les voisins, à l'effet de nommer un curateur à l'ab- « sent » (*ibid.*).

CURATEUR AU SOURD-MUET. « Le sourd-muet qui saura « écrire pourra accepter lui-même, ou par un fondé de pouvoir », la donation qui lui sera faite. — « S'il ne sait pas écrire, l'accep- « tation doit être faite par un curateur nommé à cet effet, sui- « vant les règles établies au titre *De la Minorité, de la Tutelle et* « *de l'Emancipation* » (art. 936, C. civ.).

D.

DATION EN PAIEMENT. Mode d'aliénation par lequel on remet un immeuble à un créancier pour éteindre une dette. Le tuteur ne peut pas user de ce moyen, par le motif que, pour aliéner les biens du pupille, il doit remplir certaines formalités dont l'accomplissement est ici incompatible. — V. *Vente d'immeubles.*

DÉCHÉANCE DE LA PUISSANCE PATERNELLE. — V. *Emancipation*, nᵒˢ 9, 18.

DÉGRADATION CIVIQUE. C'est la déchéance des droits civils, civiques et politiques spécifiés dans l'article 34 du Code pénal. — V. *Destitution de tutelle*, nᵒˢ 3, 5.

DÉLAI DE DISTANCE. Espace de temps qui doit exister entre la date d'une citation et le jour fixé pour comparaître, espace qui doit toujours être franc. — V. *Convocation du conseil de famille*, nᵒˢ 16-19.

DÉLIBÉRATION DU CONSEIL DE FAMILLE.

1. *Lieu de la réunion.* L'ouverture de toute tutelle engendre le germe d'un conseil de famille ; désormais il n'y a plus qu'à composer ce conseil. A lui seul appartient d'organiser la tutelle et d'en aider l'administration, en prenant des délibérations, à l'exclusion des tribunaux. C'est ainsi qu'il a été jugé à bon droit qu'une cour d'appel, après avoir annulé une élection de tuteur, n'avait pu elle-même nommer à la tutelle, cette nomination appartenant exclusivement au conseil de famille ; Cass., 27 nov. 1816, et sur renvoi, Orléans, 9 août 1817.

2. La plupart des délibérations sont exécutoires par elles-mêmes sans autre approbation ; quelques-unes, par exception, sont soumises à la nécessité de l'homologation, c'est-à-dire de l'approbation du tribunal de première instance (art. 885 à 889 C. pr.). Mais il n'y a lieu de recourir à l'homologation que dans les cas spécialement prévus par la loi (art. 457, 458, 463, 464 C. civ.); Zachariæ, I, p. 399, § 203, texte.

3. L'assemblée de famille « se tiendra de plein droit chez le « juge de paix, à moins qu'il ne désigne lui-même un autre local» (art. 415). Ordinairement la réunion se tient dans le cabinet de ce magistrat ; mais elle peut avoir lieu dans un autre local du canton.

4. *Réunions non publiques.* Les délibérations n'étant ni des jugements ni des actes publics, mais des actes de famille, la loi ne s'oppose pas à ce qu'elles soient prises un jour de dimanche ou de fête légale : Jay, *Conseils de famille*, n° 58.

5. Par les mêmes motifs, les membres sont seuls admis aux réunions; et je ne vois qu'un intéressé direct qui ait le droit de s'y présenter assisté d'un tiers, par exemple un tuteur ou un subrogé tuteur appelé à se défendre contre une demande en destitution, et un malade contre une demande en interdiction. Dans tous les cas il appartient au juge de paix d'admettre ou d'écarter le tiers.

6. De même, le public n'est pas fondé à demander au greffe

copie ou communication d'une délibération, à moins de justifier d'un « intérêt particulier qui lui rende utile l'expédition par lui requise »; rej. 30 déc. 1840.

7. *Juge de paix président.* « Le conseil de famille sera présidé « par le juge de paix, qui y aura voix délibérative, et prépondé- « rante en cas de partage » (art. 416). — Si ce magistrat est em- pêché, il sera remplacé par un suppléant.—L'un, comme l'autre, doit être assisté du greffier ou d'un commis greffier assermenté. — Aucun autre membre ne pourrait présider l'assemblée; Massé et Vergé, sur Zachariæ, I, p. 389, § 201, note 1 ; le tribunal civil même n'a pas compétence pour déléguer un de ses membres en remplacement du juge de paix; Bordeaux, 6 mess. an XII ; Demo- lombe, VII, n° 307.

8. *Comparution en personne ou par mandataire.* Les parents, alliés ou amis, convoqués, « seront tenus de se rendre en per- « sonne ou de se faire représenter par un mandataire spécial. — « Le fondé de pouvoir ne peut représenter plus d'une personne » (art. 412). C'est-à-dire qu'il est permis de se faire représenter par un mandataire à tous ceux qui sont appelés dans un conseil, n'importe à quelle distance ils sont domiciliés, n'importe qu'ils aient été convoqués par citation, lettre ou verbalement.

9. La loi n'exige pas un mandat authentique ; il suffit d'un pouvoir sous seing privé, enregistré, qui s'annexe au procès-ver- bal de la délibération ; mais un mandat verbal doit toujours être écarté (art. 1985).

10. Le mandat doit être spécial, c'est-à-dire à l'effet de déli- bérer sur une affaire spécifiée ou tout au plus sur les affaires qui seront traitées dans une certaine réunion spécialement déterminée (*argum.* art. 1987). — Dans la pratique on a le tort de s'écarter quelquefois de cette règle, en admettant une procuration à l'effet de représenter le mandant à *toute* assemblée de famille qui déli- bérera sur les intérêts du mineur. — Le mandat devra être annexé au procès-verbal, et copie ou extrait donné à la suite de l'expé- dition.

11. Si un même mandataire était admis à représenter deux ou plusieurs membres du conseil, il n'y aurait plus de délibération, ou du moins la discussion serait plus faible et les intérêts du mi- neur moins débattus. C'est ce que le législateur a voulu éviter.

12. Pour les mêmes raisons, un mandataire ne doit apporter ni un mandat impératif ni un vote tout fait, que la discussion

et les renseignements fournis au sein du conseil ne pourraient pas modifier. Un mandat impératif serait contraire à l'essence de la délibération projetée ; le juge de paix devrait l'écarter en considérant le mandant comme défaillant; Locré, *Législ. civ.*, VII, p. 181; Paris, 26 avril 1851, S. V., 51, II, 285.

13. Enfin, celui qui manquerait personnellement de l'aptitude nécessaire pour être membre d'un conseil de famille en général, par exemple un mineur émancipé ou non, une femme, un interdit, ne pourrait pas davantage être admis comme mandataire ; Orléans, 12 janv. 1850, D. P. 50, II, 60.

14. *Comparution, excuse ou amende*. « Tout parent, allié ou « ami, convoqué et qui, sans excuse légitime, ne comparaît point, « encourra une amende qui ne pourra excéder cinquante francs « et sera prononcée sans appel par le juge de paix » (art. 413). C'est-à-dire *convoqué* en la forme légale par citation. — V. *Convocation du conseil de famille*, nᵒˢ 15-19.

15. Il appartient à ce magistrat d'apprécier les motifs de la non-comparution et d'abaisser le minimum de l'amende : elle est prononcée sans appel; mais la voie de l'opposition est admise; et le juge de paix peut relever de la condamnation le membre qui lui présente une excuse légitime.

16. J'estime que le membre convoqué officiellement a évité l'amende par cela seul qu'il a comparu, lors même qu'il refuse de prendre part à la délibération en motivant sérieusement son refus, parce qu'il a satisfait à l'appel et à la loi ; Cass., 10 déc. 1828, D. P. 29, I, 61 ; *Encyclop. du dr.*, vᵒ CONS. DE FAMILLE, nᵒ 68 ; Demolombe, VII, nᵒ 305.

17. « S'il y a excuse suffisante et qu'il convienne, soit d'atten- « dre le membre absent, soit de le remplacer, en ce cas, comme « en tout autre où l'intérêt du mineur semblera l'exiger, le juge « de paix pourra ajourner l'assemblée ou la proroger » (art. 414).

18. *Ajournement ou prorogation*. Dans tous les cas où un membre convoqué officiellement est excusé ou bien fait défaut, le juge de paix peut prendre le parti qui lui paraît le plus favorable aux intérêts du mineur : soit ajourner l'assemblée, c'est-à-dire la renvoyer à un jour indéterminé, pour ne la réunir qu'après une nouvelle convocation, soit la proroger, c'est-à-dire la remettre à un jour fixe et sans convocation nouvelle. — Il a encore la faculté d'appeler immédiatement, soit le membre défaillant, soit à sa place un autre membre. Ou bien il peut faire délibérer sur le

choix, si l'assemblée est en nombre suffisant, comme nous allons l'expliquer, sans être obligé d'appeler un autre membre à la place de celui qui est excusé. Rennes, 9 févr. 1813; Bordeaux, 17 août 1825 ; Sirey, *Coll. nouv.* V. *infra*, n°ˢ 20, 25.

19. Il suit de là que, tant que l'assemblée n'est pas entrée en délibération sous sa présidence, tous les actes faits par le juge de paix ne sont que préparatoires et susceptibles d'être modifiés, si bien que, après avoir, sur requête, désigné des amis pour composer un conseil de famille, il peut, d'office ou sur la réclamation des parents, rectifier sa première liste et appeler d'autres amis plus intimes ; Paris, 7 flor. an XIII ; Aix, 3 août 1838 ; Laurent, *Principes de droit civil*, IV, n° 446. Bien plus, lorsqu'un parent convoqué n'a, quoique présent sur les lieux, ni répondu à l'invitation, ni fait parvenir d'excuses, le juge de paix ne fait qu'user de son droit en le remplaçant par un ami de la famille ; Lyon, 19 juin 1869. — V. *Composition du conseil de famille du mineur*, n° 41.

19 *bis*. Dans le silence du Code, il n'est pas indispensable que le conseil de famille une fois constitué entre immédiatement en délibération. Il suffit que le juge de paix dresse procès-verbal de cette constitution et ajourne ou bien proroge pour délibérer. Alors le conseil se trouve composé définitivement, de sorte qu'il ne pourra plus être modifié que suivant le droit commun.

20. L'assemblée étant réunie, « la présence des trois quarts au « moins de ses membres convoqués sera nécessaire pour « qu'elle délibère » (art. 415) ; c'est-à-dire *convoqués* officiellement. — Tout d'abord écartons de ce nombre le juge de paix, qui n'y est pas compris, puisqu'il n'est point convoqué ; c'est au contraire lui qui convoque ; et ce mot fut ajouté tout exprès dans cette intention ; Fenet, *Travaux préparatoires du Code civil*, X, p. 611 ; Locré, *Esprit du Code civil*, VI, sur l'art. 415. Ensuite, il ne faut ici compter comme présents que les membres qui prennent part à la délibération ; Agen, 26 mars 1810, Sirey, 11, II, 87.

21. *Quid* si un membre convoqué officiellement vient faire agréer une excuse, ou bien en déclarant qu'il entend rester étranger à toute discussion et délibération ? Le juge de paix devra l'engager à se retirer, par le motif que cet individu n'est plus qu'un étranger au milieu de l'assemblée, et qu'en aucun cas un étranger ne doit y être admis, si ce n'est officieusement pour fournir des

renseignements. En cas de résistance, il pourra être expulsé en vertu d'une ordonnance de ce magistrat, et passé outre à la délibération.

22. Ainsi, pour les conseils de famille ordinaires, où six membres auront été convoqués officiellement, il suffira de cinq membres présents, outre le juge de paix, pour que la délibération soit régulièrement prise ; Fenet, X, p. 611. Sur une convocation de sept ou huit membres, il faudra la présence de six ; sur une convocation de douze, la présence de neuf, toujours le juge de paix en plus. Il ne suffirait pas, dans ces deux derniers cas, de la présence de cinq ou de six en revenant au nombre du droit commun ; l'article 415 exige « la présence des *trois quarts* au moins «de ses membres *convoqués*» pour que l'assemblée délibère.

23. Il en est tout autrement lorsque, la convocation ayant été faite par lettre ou verbalement, un membre convoqué ne comparaît pas ; alors le conseil ne peut délibérer valablement en nombre moindre de six, ni en l'absence d'un membre qui entre nécessairement dans la composition du conseil, tel qu'un frère germain du mineur ou de l'interdit; Rouen, 7 avr. 1827.

24. Quelquefois il y a lieu d'écarter du conseil de famille régulièrement composé un de ses membres, par exemple celui qui vient d'être nommé tuteur et qui ne peut point voter pour l'élection du subrogé tuteur (art. 423) ; doit-il être remplacé par un autre membre qui viendra compléter le nombre de six? Je crois que tel est le vœu de la loi, et je le vois ordinairement pratiquer ainsi ; j'aime mieux ce mode de procéder que celui qui consiste à voter à cinq pour raison que les trois quarts des membres sont présents. Toutefois ce dernier mode n'invaliderait pas une délibération.

25. *Mission du juge de paix président.* Le juge de paix étant « membre né », Bordeaux, 21 juill. 1808, et «président né du conseil de famille », Lyon, 13 mars 1845, D. P. 46, II, 186, doit, à peine de nullité de la délibération, « émettre son avis », Grenoble, 18 déc. 1845, et Fréminville, I, n° 186. Loin de se borner à la direction et à la rédaction des délibérations, sa mission consiste à exposer les motifs de la convocation, à éclairer l'assemblée, à poser les questions, à proposer les nominations ou autorisations, à régler l'ordre de la discussion, et à y prendre part. C'est lui qui recueille les voix, en commençant par les parents et les alliés les plus âgés ou les plus proches ; puis il émet son vote

personnel, et proclame le résultat de la délibération; Locré, *Législ. civ.*, VII, p. 133.

26. Il va sans dire que le conseil de famille doit s'entourer de tous les renseignements qu'il croit utiles pour s'éclairer, demander communication des pièces, appeler au sein de l'assemblée le tuteur ou le subrogé tuteur qui n'en ferait point partie (*argum.* art. 457, 470), et même des tiers qui pourront donner des informations. Il doit s'abstenir d'insinuer aucune critique sur une décision judiciaire qui aurait interprété une précédente délibération; Grenoble, 31 août 1855. — V. *Convocation du conseil de famille*, n° 24.

27. A mon avis, si quelque membre refusait de voter après avoir pris part à la discussion, il devrait n'être pas compté dans le nombre de trois quarts exigé pour délibérer; et le procès-verbal ferait mention de sa retraite. Mais si, allant plus loin, un membre refusait de signer après avoir voté, ce vote serait bien acquis, il compterait dans la délibération tel qu'il aurait été émis, et le juge de paix devrait avoir soin de constater qu'il l'a requis vainement d'apposer sa signature sur le procès-verbal.

28. *Liberté de vote.* Tenons pour certain que le législateur a voulu laisser à chaque membre du conseil de famille la plus grande liberté de voter, et qu'en dehors des restrictions positivement formulées par la loi le conseil a pleine latitude dans ses délibérations, à tel point qu'un tribunal n'a pas le pouvoir de désigner le tuteur que le conseil de famille devra nommer en remplacement d'un tuteur destitué; Montpellier, 9 prair. an XIII.

29. *Rédaction de la délibération.* « Toutes les fois que les déli-« bérations du conseil de famille ne sont pas unanimes, l'avis de « chacun des membres qui le composent sera mentionné dans le « procès-verbal, » y compris le juge de paix. — Dans l'usage on s'écarte trop de cette prescription générale de l'article 883 du Code de procédure : on se borne à indiquer combien il y a eu de voix pour ou contre la délibération, sans répéter les termes de chaque vote individuel ; puis on énonce les noms des votants. Du reste cette rédaction est laissée à l'appréciation du juge de paix.

30. Il existe même une opinion d'après laquelle cette disposition de l'article 883 ne serait applicable qu'aux délibérations assujetties à l'homologation; Metz, 16 févr. 1812, Sirey, 12, II, 389 ; Cass., 2 août 1860; Fréminville, I, n° 109 ; Magnin, I, n° 349. Mais cette opinion ne se justifie pas ; car, toute délibération pouvant

être attaquée sans en excepter une, Toulouse, 22 févr. 1854, S. V., 54, II, 197, et la demande en nullité devant être formée contre les membres qui ont adopté la résolution, il faut bien que le procès-verbal fasse connaître ceux qui ont voté *pour* ou *contre*, même sans indiquer les motifs de chaque vote ; Massé et Vergé, I, p. 298, § 202, note 23 ; Demolombe, VII, n° 318.

31. Ainsi, toute délibération pouvant être attaquée devant le tribunal de première instance, il entre dans l'esprit de la loi que le procès-verbal renferme toutes les énonciations propres à faire connaître l'objet du différend qui a empêché l'unanimité, par exemple le nom de celui qui a été proposé pour tuteur par les membres dissidents. — V. *Mère remariée*, n° 8.

32. Mais l'obligation, imposée par l'article 883, d'énoncer l'avis de chaque opinant à défaut d'unanimité, comprend-elle aussi celle de motiver chaque avis ? Règle générale, la loi n'exige point qu'une délibération énonce les motifs déduits par chaque opinant, n'importe qu'il y ait ou non unanimité ; Cass., 17 nov. 1813, Sirey, 14, I, 74 ; *contra*, Bourges, 8 juin 1813, qui demande l'indication des motifs de l'avis de chacun en cas de dissidence. La loi n'exige pas même que la résolution qui a prévalu soit motivée. Elle ne fait d'exception que pour la délibération qui prononce une exclusion ou une destitution de tuteur ou de subrogé tuteur, laquelle doit toujours être motivée (art. 447 C. civ.), lors même qu'elle est prise à l'unanimité ; alors il importe de spécifier au moins sommairement les circonstances propres à établir l'inconduite, l'immoralité ou l'incapacité qui a motivé la destitution ; Lyon, 30 novembre 1837.

33. Il est donc essentiel que le juge de paix dresse procès-verbal de la délibération et constate la résolution qui a été prise. La rédaction lui en appartient souverainement. Mais chaque membre a le droit de demander que ses observations y soient insérées. Ce procès-verbal doit être revêtu de la signature de tous les membres, du président et du greffier ; ou bien il doit faire mention de ceux qui ne peuvent ou ne savent signer ; en énonçant que lecture a été faite.

34. *Protestation contre la délibération.* Dès que, les voix ayant été comptées par le juge de paix, une délibération se trouve acquise, même avant la signature du procès-verbal, il n'appartient plus au conseil de la modifier ; elle peut seulement être attaquée devant le tribunal civil. Et si un membre de la minorité voulait

y acquiescer en adhérant à la majorité, il ferait un acte inutile ;
Colmar, 27 avr. 1813, et Angers, 29 mars 1821, Sirey, 14, II, 48,
et 21, II, 260. — V. *Recours contre les délibérations de famille.*

35. Est-ce à dire qu'un conseil ne pourra pas revenir sur sa
première résolution une fois acquise à la majorité? Il aura ce
droit assurément, par exemple en nommant un nouveau tuteur
datif au lieu d'un autre, même avant que celui-ci soit entré en
fonctions, ou bien en révoquant une autorisation qu'il a donnée.
Mais alors il y aura deux résolutions, deux délibérations parallèles, quoique opposées, toutes deux susceptibles d'être attaquées
devant le tribunal ; il ne serait pas exact de dire que la seconde a
détruit la première.

36. *Pouvoir d'interprétation.* Enfin il appartient au conseil de
famille de fixer le sens des dispositions de ses délibérations,
quand, par suite de l'emploi d'expressions inexactes ou erronées,
elles semblent incompatibles entre elles et font naître l'incertitude ; rej. 5 août 1879. Et ainsi de toute délibération quel qu'en
soit l'objet. Pour cela, il faut retourner devant le même juge de
paix et composer le conseil de famille des mêmes membres, sauf
les changements survenus par décès, incapacité ou autre cause.

DÉMISSION DE TUTELLE. 1. Se démettre, c'est renoncer ;
or, un tuteur peut-il renoncer à la tutelle? Non, répond-on, en argumentant de l'article 1370, qui dispose que les tuteurs « ne peu-
« vent refuser la fonction qui leur est déférée»; avec l'article 394,
qui exceptionnellement permet à la mère de ne pas accepter la tutelle de ses enfants nés du mariage ; et avec les diverses dispositions du Code qui ont spécifié les causes de dispense et d'excuse ;
Massé et Vergé, I, p. 420, § 215, note 5 ; Dalloz, n° 320.

2. Nous trouvons, néanmoins, dans les recueils de jurisprudence, quelques décisions qui ont validé des démissions de tutelle acceptées par le conseil de famille, entre autres un arrêt de
rejet de la Cour de cassation (Ch. des req.) du 17 février 1835,
motivé sur ce « que, s'il est vrai, en général, qu'un tuteur ne peut
se décharger des fonctions de la tutelle par une simple démission,
il en est autrement lorsque cette démission est donnée à la suite
d'une dénonciation, devant le conseil de famille, pour parvenir à
la destitution du tuteur; que, dans ce cas, le conseil de famille a
le droit de recevoir la démission, puisqu'il a celui de prononcer
la destitution ». Et cet arrêt a été suivi par un autre de la Cour
de Rouen, du 30 mars 1844, qui a a décidé de même avec des mo-

tifs semblables dans des circonstances analogues. C'est ce qui fait dire par M. Demolombe, VII, n° 487 : « Mais alors c'est bien vraiment pour une cause légale que le tuteur cesse ses fonctions. »

3. Malgré tout mon respect pour ces hautes autorités, j'avoue que je trouve ces motifs quelque peu subtils et que je ne peux les adopter. N'y a-t-il pas un autre moyen de résoudre la question ? Je le crois, et voici comment je le comprends. Toutes les fois qu'un tuteur demande à être excusé en justifiant d'une cause de dispense spécifiée par la loi, le conseil de famille est obligé de prononcer l'excuse, sinon sa délibération serait annulable pour violation de la loi. Mais supposons que ce tuteur, sans pouvoir invoquer de cause d'excuse légale, offre sa démission en invoquant sa mauvaise santé, ou bien la désunion que la présence du pupille met dans sa maison, ou bien une cause qu'il ne veut ou peut révéler, pourquoi le conseil de famille n'écouterait-il pas sa supplique ? et s'il est convaincu de la sincérité du tuteur, pourquoi n'accepterait-il pas sa démission, en le remplaçant par un autre ? Le conseil n'est-il pas tout-puissant, pourvu qu'il ne viole pas la loi et qu'il ne nuise pas aux intérêts du mineur ? Que s'il repousse la démission, la délibération au fond ne pourra pas être annulée.

4. Pour résumer ma pensée, quand un conseil de famille est saisi de la question, les causes d'excuse ou de dispense légale sont impératives, tandis que les causes de démission sont facultatives. — V. *Abandon de tutelle.*

DÉPENSE PERSONNELLE DU MINEUR. 1. « Lors de l'en« trée en exercice de toute tutelle, autre que celle des père et « mère, le conseil de famille réglera par aperçu, et selon l'impor« tance des biens régis, la somme à laquelle pourra s'élever la dé« pense annuelle du mineur ainsi que celle d'administration des « biens » (art. 454, 1er al.).

2. Malgré la généralité de cette disposition, il n'arrive presque jamais que le conseil de famille fasse ce règlement, soit à cause de la modicité de la fortune du pupille, soit parce que souvent la tutelle est dévolue au père ou à la mère ; et cependant, d'après l'esprit de la loi, le tuteur doit le demander au conseil.

3. Le règlement de la dépense personnelle, comprenant la nourriture, l'entretien et l'apprentissage professionnel du mineur, doit être basé sur la personne, la condition, le temps et l'étendue de la fortune (L. 1, § 1, et L. 2, § 1, *Ubi pupill.*, Dig.). En principe, il convient de n'y employer que les revenus, et autant que possible

une partie seulement. Néanmoins, en cas d'insuffisance, le conseil de famille n'excéderait point ses pouvoirs en autorisant le tuteur à consacrer à cet usage une partie des capitaux ou la totalité. Le tuteur pourrait même y consacrer un capital modique en se faisant autoriser. V. Douai, 5 juin 1846; Pothier, *Des personnes*, part. I, tit. VI, art. 4; Demolombe, VII, n° 601.

4. Ce règlement est toujours variable; tant que dure la tutelle il est sujet à augmentation ou diminution suivant les fluctuations de la fortune et des besoins du pupille, si par exemple il vient à être atteint d'une maladie qui réclame une grosse dépense; Grenoble, 8 févr. 1866. Bien qu'il incombe au tuteur de revenir devant le conseil de famille chaque fois qu'il y a changement, en supposant qu'il néglige de le faire, il appartiendra au subrogé tuteur et à chaque membre du conseil de provoquer la convocation de l'assemblée à cet effet.

5. Néanmoins, le tuteur devra justifier de l'emploi de la somme dont le chiffre a été déterminé. Mais il serait dispensé de rendre compte si le conseil de famille avait fait avec lui un traité à forfait, soit en le chargeant de subvenir à l'entretien et à l'éducation du mineur moyennant une somme fixe, soit en convenant qu'il le prendra en pension dans sa maison ; Grenoble, 8 févr. 1866.

DÉPENSES D'ADMINISTRATION DES BIENS. 1. Lors de l'entrée en exercice de la tutelle, autre que celle des père et mère, le conseil de famille doit être appelé par le tuteur à déterminer par aperçu les frais d'administration du patrimoine (art. 454, 1°), eu égard à l'importance des biens, à leur nature et au mode d'exploitation. — Ce deuxième côté du règlement n'est pas moins variable et sujet à modification que le premier.

2. Bien que la tutelle, mandat légal, soit une charge personnelle (art. 419), gratuite comme l'est en général le mandat (art. 1986), on doit néanmoins allouer au tuteur «toutes dépen- « ses suffisamment justifiées et dont l'objet serait utile » (art. 471). Il y a plus, le tuteur doit être rendu complètement indemne; et il appartient au conseil de famille de délibérer sur ce point en ayant égard à la fortune du pupille, à la position du tuteur, aux déplacements et aux difficultés de la gestion. En cas de réclamation, le tribunal prononcerait; rej. 18 avr. 1834, et 14 déc. 1863, S. V. 64, I, 2; Fréminville, I, n° 25.

3. Notre article 454 dispense les père et mère de l'obligation de faire régler par le conseil de famille la dépense personnelle du

pupille et les frais d'administration ; et j'estime que cette exception profite même à la mère remariée qui, après avoir perdu la tutelle légale, a été nommée tutrice dative ; Massé et Vergé, I, p. 431, § 219, note 35 ; *contra*, Demolombe, VII, n° 631.

4. « Le même acte spécifiera si le tuteur est autorisé à s'aider dans « sa gestion d'un ou plusieurs administrateurs particuliers, sala-« riés et gérant sous sa responsabilité » (art. 454-2°). C'est-à-dire qu'un tuteur ne peut se faire aider par un administrateur salarié aux frais du mineur qu'autant qu'il y a été autorisé. — Ce qui s'applique à toute espèce de tutelles, même à celle des père et mère ; Ducaurroy, Bonnier et Roustain, I, n° 658 ; V. *contra*, Dalloz, v° Minorité, n° 443 ; Demolombe, VII, n° 629. — Ici l'administrateur n'est qu'un mandataire substitué, choisi par le tuteur, qui seul a le droit de le révoquer ; Dalloz, n° 442.

DÉSAVEU DE PATERNITÉ. — V. *Action en désaveu de paternité.*

DÉSISTEMENT D'APPEL. — V. *Action immobilière*, n° 7; *Action mobilière*, n° 6.

DESTITUTION ET EXCLUSION DE LA TUTELLE.

Adhésion, 23.	Exécution provisoire, 29.	Mère, 4, 5.
Aïeul, 4.	Homologation, 24-27.	Parents, 17.
Alliés, 17.	Incapacité, 6, 9, 12.	Peine afflictive ou infa-
Cédule, 17.	Inconduite notoire, 6, 7, 8,	mante, 2, 3.
Conseil de famille, 17-19.	12, 13.	Père, 4, 5.
Convocation, 15, 21, 22.	Infidélité, 6, 10, 12, 14.	Recours en justice, 24, 27,
Dégradation civique, 3.	Interdiction légale, 3.	28.
Délibération, 16, 20, 23, 24.	Juge de paix, 30.	

1. *Causes.* A la différence de l'incapacité, qui témoigne de la faiblesse intellectuelle ou de l'inexpérience, la destitution et l'exclusion portent atteinte à la considération. Ces deux dernières ont la même nature et des causes identiques ; mais la destitution atteint tous les tuteurs en exercice en les expulsant, tandis que l'exclusion produit le double effet de mettre obstacle à la nomination de l'individu comme tuteur datif et d'empêcher un tuteur légitime ou un tuteur testamentaire d'entrer en exercice.

2. « La condamnation à une peine afflictive ou infamante em-« porte de plein droit l'exclusion de la tutelle. Elle emporte de « même la destitution dans le cas où il s'agirait d'une tutelle an-« térieurement déférée » (art. 443 C. civ.). — Ce qui comprend toutes les peines édictées par les articles 7 et 8 du Code pénal.

3. Cette disposition de l'article 443 a été développée par le Code pénal. Ainsi, pendant la durée de toute peine infamante, perpé-

tuelle ou temporaire, le condamné est en état d'interdiction, exclu ou destitué de toute tutelle (art. 29). Après l'expiration de la peine temporaire (travaux forcés à temps, réclusion, détention, bannissement), le condamné reste en état de dégradation civique (art. 28), qui, bien qu'accessoire d'une peine principale éteinte, est perpétuelle comme toutes les peines infamantes. Et le Code pénal (art. 34-4°) a attaché, entre autres effets, à la dégradation civique « l'incapacité de faire partie d'aucun conseil de famille, « et d'être tuteur, curateur, subrogé tuteur ou conseil judiciaire», — en ajoutant : « *si ce n'est de ses propres enfants, et sur l'avis conforme du conseil de famille* ». — Mais notez qu'alors : 1° le père ne pourra être nommé tuteur qu'après avoir subi sa peine principale, puisque, suivant l'article 29, le condamné, interdit légalement et placé sous une tutelle, est incapable d'exercer la tutelle ; 2° un premier tuteur datif aura été nommé à l'enfant mineur en vertu de l'article 405 du Code civil ; 3° le père, maintenant libéré de l'interdiction légale, devient tuteur datif et non légal de ses enfants s'il est nommé par le conseil de famille. — V. *Tutelle en général*, n° 34 ; *Interdiction légale.*

3 *bis.* Notons, cependant, que la dégradation civique est quelquefois prononcée comme peine principale, toujours perpétuelle ; et alors le condamné peut être investi par le conseil de famille de la tutelle de ses enfants, conformément aux articles 34-4° et 42-6°.

4. Cette exception en faveur du père et de la mère ne doit pas être étendue à l'aïeul ; Chardon, III, n° 358 ; *contra*, Dalloz, n° 355 ; Demolombe, VII, n° 483. — A plus forte raison ne peut-elle être étendue au tuteur testamentaire ou datif. — En généralisant, nous sommes d'avis qu'en dehors de l'exception introduite par les articles 34, 42 et 43, celui qui a été destitué ou exclu ne pourra plus, à une époque quelconque, être appelé à la même tutelle ou à une autre, à moins d'avoir été réhabilité judiciairement (art. 445 C. civ. ; art. 619, 635 Instr. crim.) ; Demolombe, n° 510.

5. Mais, en même temps, la même disposition de l'article 443 a été aggravée, en ce sens que l'interdiction temporaire du droit à la tutelle pourra être prononcée par un jugement correctionnel dans les cas déterminés par les articles 42 et 43 du Code pénal.

6. Enfin l'article 444 du Code civil déclare «exclus de la tutelle, « et même destituables s'ils sont en exercice : 1° les gens d'une in-

« conduite notoire ; 2° ceux dont la gestion attesterait l'incapacité
« ou l'infidélité. »

7. Le mot *inconduite*, pris dans son sens grammatical, indique
le dérèglement des mœurs, tel que l'ivrognerie habituelle, l'entretien de concubine, la fréquentation incessante des lieux de débauche ; mais cette expression s'applique bien aussi au désordre
des affaires, tel qu'une faillite scandaleuse, la répétition d'entreprises chimériques, une déconfiture complète ; Besançon, 31 août
1870 ; Magnin, I, nᵒˢ 411 et suiv. De sorte que cette cause d'exclusion et de destitution pourrait atteindre celui qui, même sans
immoralité, dissiperait follement sa fortune ; Delvincourt, I,
p. 114, note 10.

8. Le Code veut que cette inconduite soit *notoire*, c'est-à-dire
évidente, manifeste, connue du public. — Le conseil de famille ne
peut se livrer à aucune recherche sur ce point ; le juge de paix
ne doit ordonner ni faire aucune enquête ; V. Rouen, 24 janv.
1859 ; *J. du Pal.*, 1860, p. 1087. Mais quand une délibération
a été prise, quelle que soit la résolution, si elle est déférée à la
justice, le tribunal a toujours le droit de se livrer à une enquête
pour vérifier les faits d'inconduite ou de notoriété ; rej. 12 mai 1830 ;
Marcadé, art 444 ; Demolombe, nᵒ 486.

9. L'*incapacité*, c'est-à-dire l'inaptitude, vient du défaut d'intelligence ou de l'inexpérience. Elle est ici qualifiée cause d'exclusion ou de destitution ; et cependant l'interdiction judiciaire,
qui témoigne de l'incapacité au premier chef, est une cause d'excuse ; V. *Tutelle des père et mère*, nᵒ 13. Cette opposition montre
que le conseil de famille pourra excuser au lieu de destituer,
à moins que l'incapable ne s'obstine à continuer sa mauvaise
gestion.

10. L'*infidélité*, c'est-à-dire l'improbité, l'indélicatesse, peut
exister, de même que l'incapacité, dans la gestion de toute espèce d'intérêts confiés au tuteur, intérêts matériels et intérêts
moraux, fortune et personne du pupille ; il peut donc être incapable ou infidèle sous deux rapports, mal administrer les biens,
mal diriger, mal surveiller le mineur, son instruction, son éducation. L'exclusion peut même être motivée par l'incapacité ou
l'infidélité dans la gestion, soit d'une autre tutelle, soit d'une administration quelconque. V. Aix, 17 janv. 1868, S. V. 69, II,
441 ; Besançon, 31 août 1870, S. V. 71, II, 162.

11. L'article 444 ne faisant pas de distinction, l'inconduite no-

toire, l'incapacité, l'infidélité, sont des causes d'exclusion et de destitution qui s'appliquent au père et à la mère comme à tous autres; Toulouse, 18 févr. 1832; rej. 17 févr. 1835; Lyon, 30 nov. 1837; Bordeaux, 8 août 1845, S. V. 47, II, 134; Toullier, II, n° 1170; Duranton, III, n° 512 ; Magnin, I, n° 405; Massé et Vergé, I, p. 418, note 11.

12. Il a été jugé que le père pouvait être destitué lorsqu'il « négligeait tellement l'éducation de ses filles », qu'il les abandonnait « à un état d'éducation totalement dégradant, en les laissant exposées dans leur jeune âge aux séductions les plus dangereuses » ; Toulouse, 25 nov. 1830.

13. Les tribunaux ont aussi considéré comme inconduite notoire, suffisante pour entraîner la destitution, le fait par une mère qui, après s'être placée sous la domination d'un homme indigne de l'estime publique, le suit en pays étranger avec ses enfants et y contracte un nouveau mariage sans aucune des formalités nécessaires pour sa validité en France ; rej. 15 mars 1864 ; *J. du Pal.*, 1864, p. 972.

14. Autre cause de destitution. L'article 421 oblige tout tuteur légitime ou testamentaire, avant d'entrer en fonctions, de faire convoquer un conseil de famille pour nommer un subrogé tuteur. « S'il s'est ingéré dans la gestion avant d'avoir rempli cette for « malité, le conseil de famille, convoqué, soit sur la réquisition « des parents, créanciers ou autres parties intéressées, soit d'of « fice par le juge de paix, pourra, s'il y a eu dol de la part du « tuteur, lui retirer la tutelle, sans préjudice des indemnités « dues au mineur. » **V.** Rennes, 18 mars 1829, D. P. 30, I, 240.

15. *Qui peut provoquer la destitution du tuteur?* Diverses personnes indiquées au mot *Convocation du conseil de famille*, n°ˢ 8-13, notamment le subrogé tuteur, tandis que le tuteur ne peut pas demander la destitution du subrogé tuteur (art. 426).

16. *Délibération.* « Toutes les fois qu'il y aura lieu à une desti « tution de tuteur, elle sera prononcée par le conseil de famille, « convoqué à la diligence du subrogé tuteur, ou d'office par le « juge de paix. — Celui-ci ne pourra se dispenser de faire cette « convocation quand elle sera formellement requise par un ou « plusieurs parents ou alliés du mineur au degré de cousin ger « main ou à des degrés plus proches » (art. 446).

17. Malgré les termes limitatifs de l'article 446, il nous paraît certain, et conforme aux intérêts du pupille, que la convocation

tendant à destitution sera faite légalement, avec cédule du juge de paix, à la requête d'un parent ou allié qui aura préalablement fait notifier au subrogé tuteur une sommation restée infructueuse; Orléans, 18 prair. an XII. *Contra*, Montpellier, 9 prair. an XIII.

18. On a coutume de dire que, parmi les causes de destitution ou d'exclusion, celle qui résulte d'une condamnation pénale opère *de plein droit*. Cette locution peut être exacte au fond, mais il n'en est pas moins vrai qu'il faut que le conseil de famille constate l'existence de la condamnation, et reconnaisse qu'elle est devenue définitive; autrement il ne pourrait pas remplacer le tuteur. Pour ce qui est de l'inconduite, de l'incapacité ou de l'infidélité, elles donneront toujours lieu à un examen approfondi et plus difficile, qui appartiendra également au conseil, éclairé par les explications du tuteur appelé à la réunion.

19. Malgré la nature particulière et délicate du sujet mis en délibération, le conseil de famille devra être composé selon les règles du droit commun; tellement que la personne qui a provoqué l'exclusion ne peut en être éloignée, et qu'un fils n'est pas écarté de la délibération qui doit statuer sur la destitution de son père, bien qu'il soit convenable qu'il se retire; rej. 16 déc. 1829; 12 mai 1830; Magnin, n° 418. Le tuteur lui-même n'est pas écarté du conseil; mais il peut demander son remplacement par un autre membre de la même ligne. *Rappr*. Demolombe, VII, n° 498 *bis*.

20. « Toute délibération du conseil de famille, qui prononcera « l'exclusion ou la destitution du tuteur, sera motivée et ne « pourra être prise qu'après avoir entendu ou appelé le tuteur » (art. 447).

21. A raison de la rigueur de la mesure provoquée, il est d'usage que le juge de paix commence par appeler officieusement le tuteur dans son cabinet, pour conférer avec lui et lui faire connaître la demande. En outre, ce tuteur doit être appelé au sein du conseil pour s'y expliquer, entendre la proposition de démission s'il y a lieu de lui en faire une, ou bien lui-même faire cette proposition. Dans le cas où il ne répondrait pas à une convocation amiable, il faudrait lui notifier une sommation de se présenter.

22. La délibération « sera motivée » ; c'est-à-dire qu'elle devra mentionner avec soin et développement les griefs sur lesquels on appuie la destitution. Si elle n'est pas unanime, il faudra aussi

faire connaître les raisons des membres dissidents. Il importe encore d'indiquer les moyens invoqués contre la demande par le tuteur. Ces éléments serviront au besoin à éclairer le tribunal qui en serait saisi.

23. En outre, « si le tuteur adhère à la délibération, il en sera « fait mention, et le nouveau tuteur entrera aussitôt en fonc- « tions » (art. 448). — Ajoutons que le procès-verbal devra recevoir la signature du tuteur, ou bien la mention qu'il ne sait, ne peut ou ne veut signer. — Ces deux points sont essentiels pour mettre la destitution ou la démission à l'abri contre tout recours de sa part, et pour permettre au conseil de famille de nommer un nouveau tuteur qui puisse prendre dès à présent la gestion. V. rej. 14 juin 1842.

24. *Homologation et recours en justice.* Quand il y a déjà un subrogé tuteur, il reste en fonctions malgré la destitution du tuteur ou bien on le remplace. S'il n'y en a pas, il doit en être nommé un sans délai. Ce subrogé tuteur aura pour mission toute spéciale d'agir ou de défendre dans le cas où la délibération prononçant destitution serait déférée au tribunal. Et alors, comme l'effet de cette délibération entière sera suspendu jusqu'à la décision judiciaire, il importe que ce subrogé tuteur soit nommé par une délibération séparée, qui, elle, sera exécutoire immédiatement.

25. En effet, « s'il y a réclamation, le subrogé tuteur poursuivra « l'homologation de la délibération devant le tribunal de première « instance, qui prononcera sauf l'appel. — Le tuteur exclu ou « destitué peut lui-même, en ce cas, assigner le subrogé tuteur « pour se faire déclarer maintenu en la tutelle » (art. 448).

26. Cette disposition prévoit le cas de destitution du tuteur, et charge le subrogé tuteur de demander l'homologation. Mais si celui-ci n'existait pas, ou bien en cas de négligence de sa part, l'homologation pourrait être poursuivie par un des membres qui ont pris part à la délibération; Orléans, 18 prair. an XII (art. 887 C. pr.). Elle ne le serait pas régulièrement sur les diligences d'un subrogé tuteur nommé dans la même délibération, par le motif que l'effet de cette délibération est en suspens jusqu'à ce que l'homologation soit prononcée. Et *vice versa* le tuteur aurait un rôle analogue, si le subrogé tuteur était destitué; Bruxelles, 12 nov. 1830. V. Grenoble, 24 juin 1845; Dalloz, n° 381.

27. Quelle conclusion tirer de là ? C'est qu'en matière de desti-

tution et d'exclusion, la délibération est toujours menacée d'un recours en justice. Aussi, pour la rendre solide, nous ne saurions trop recommander au subrogé tuteur de la faire notifier au tuteur destitué et d'en poursuivre l'homologation, nonobstant toute adhésion ; et *vice versa*.

28. « Les parents ou alliés qui auront requis la convocation « pourront intervenir dans la cause, qui sera instruite et jugée « comme affaire urgente », dit l'article 449. D'où l'on induit que le tuteur ne doit pas diriger son action en maintenue contre ceux des membres du conseil qui ont voté la destitution. — V. *Recours contre les délibérations du conseil de famille.*

29. Notez que, malgré la réclamation du tuteur ou du subrogé tuteur destitué, le tribunal civil pourra ordonner l'exécution provisoire de la délibération et autoriser les nouveaux tuteur et subrogé tuteur à commencer immédiatement la gestion, s'il y a urgence et selon les circonstances (art. 135-6° C. pr.).

30. Notons aussi que cette matière de l'exclusion et de la destitution est une des plus délicates du chapitre des tutelles. Sans contredit elle est une des branches les plus pénibles de la mission du juge de paix, et réclame de lui autant de prudence que de tact. Du côté de la famille, il faut du dévouement, de la circonspection plutôt que du zèle, et surtout absence complète de malveillance. En fait, on arrive bien rarement à cette dure extrémité.

31. Enfin, si un tuteur exclu ou destitué faisait des actes de tutelle, ils ne seraient valables que dans la mesure du profit qu'ils procureraient au mineur; Massé et Vergé, I, p. 418, § 212, note 13.

DESTITUTION ET EXCLUSION DE LA SUBROGÉE TUTELLE. 1. Toutes les dispositions relatives aux causes, conditions et formes de *destitution et exclusion de la tutelle* sont également applicables à la destitution et à l'exclusion du subrogé tuteur, d'après le texte formel de l'article 426, sauf l'exception qui suit.

2. « Le tuteur ne pourra provoquer la destitution du subrogé « tuteur, ni voter dans les conseils de famille qui seront convo- « qués pour cet objet » (art. 426), tandis que la loi ne défend au subrogé tuteur ni de demander la destitution du tuteur ni d'y voter.

DIGNITÉS. — V. *Dispenses de la tutelle*, nᵒˢ 6-28.

DISPARITION DES PÈRE ET MÈRE. 1. Le Code civil a divisé l'absence en deux périodes distinctes, celle de la présomption d'absence, pendant laquelle la personne non présente est présumée vivante, et celle de la déclaration d'absence, pendant laquelle la personne est présumée morte; Demolombe, *De l'absence*, II, nᵒˢ 312, 318. Les articles 141, 142 et 143, ayant posé trois hypothèses où l'un des père et mère vient à disparaître, ont désigné l'administrateur de la personne et des biens des enfants mineurs ; mais ils n'ont pas prévu quatre autres cas de disparition, auxquels il faut suppléer par voie d'analogie. Ce qui fait sept cas similaires à examiner.

1 *bis*. *Premier cas de disparition* (prévu textuellement). « Si « le père a disparu laissant des enfants mineurs issus d'un com- « mun mariage, la mère en aura la surveillance, et elle exercera « tous les droits du mari quant à leur éducation et à l'administra- « tion de leurs biens » (art. 141 C. civ.). — Tout le monde est d'accord que, dans la prévision de cet article (de même que pour les articles 142 et 143), il s'agit d'une disparition arrivée durant la période de la présomption d'absence. Alors, le père étant présumé vivant, la tutelle ne s'ouvre pas (art. 390) : la mère, vivante et présente, devient administratrice provisoire en attendant le retour du père ; Massé et Vergé, sur Zachariæ, I, p. 162, § 107, note 2 (édit. 1854); Demolombe, II, nᵒ 312. — S'il survient une opposition d'intérêt entre elle et ses enfants, il appartient au tribunal, et non au conseil de famille, de nommer un administrateur *ad hoc;* de même s'il y a lieu à destitution ou exclusion; V. Demolombe, II, nᵒ 316. S'il arrivait que la mère fût empêchée de gérer l'administration légale, il appartiendrait encore au tribunal de confier la surveillance et la gestion à un tiers. V. Massé et Vergé, I, p. 384, § 196, note 5. — « Lorsque c'est la mère qui disparaît, le père conserve sur ses enfants tous ses droits de puissance paternelle, comme si la mère était présente et en vie» ; Zachariæ, I, p. 163, § 107, texte ; en même temps qu'il devient tuteur légitime.

2. *Deuxième cas de disparition* (prévu textuellement). On suppose que la mère était prédécédée lors de la disparition du père ; comment protéger les enfants mineurs ? L'article 142 répond : six mois après la disparition du père, « la surveillance « des enfants sera déféréé, par le conseil de famille, aux ascen- « dants les plus proches, et à leur défaut à un tuteur pro-

« visoire. » — Ici le mariage est dissous, et la tutelle légale s'est ouverte pour le père survivant (art. 390) ; mais il n'est pas présent pour l'exercer, ou bien il disparaît au cours de son exercice. Alors, pendant les six premiers mois, on devra « se référer au droit général, conféré au ministère public, de requérir, et au tribunal d'ordonner ce que la nécessité commande » ; Valette, sur Proudhon, II, p. 307, note *a* (art. 112 et 114 C. civ.) — Après six mois, le conseil de famille choisit, parmi les ascendants les plus proches (mâles ou ascendantes veuves), un surveillant, qui n'a point le caractère de tuteur ; Demolombe, n°ˢ 321 et 322 ; Valette, *eod. loco ;* Demante, *Cours analytique*, I, n° 182 ; opinion que j'adopte ; tandis que Marcadé, I, art. 142, n° 3, y voit un tuteur. S'il n'y a point d'ascendant, on passe immédiatement à la nomination d'un tuteur provisoire, avec adjonction d'un subrogé tuteur. Ce tuteur provisoire reste en fonctions jusqu'au retour ou jusqu'à la mort du père, ou bien jusqu'à la majorité du pupille. — Et en cas de prédécès, d'excuse, d'exclusion ou de destitution, il devrait être remplacé par un autre tuteur provisoire. — V. *infra*, n° 7.

3. *Troisième cas de disparition* (prévu textuellement). La mère existe au moment où le père a disparu, mais « elle vient à décé-« der avant que l'absence du père ait été déclarée; » ici encore « la « surveillance des enfants sera déférée, par le conseil de famille, « aux ascendants les plus proches, et, à leur défaut, à un tuteur « provisoire » (art. 142).

4. *Quatrième cas de disparition* (prévu textuellement). « Il en « sera de même dans le cas où l'un des époux qui aura disparu « laissera des enfants mineurs issus d'un mariage précédent » (art. 143). — Ce qui suppose que le survivant des père et mère, devenu tuteur légal de ses enfants mineurs, se remarie, puis disparaît investi de cette tutelle. Alors le conseil de famille est appelé, six mois après sa disparition, à choisir aux enfants du premier lit un surveillant pris avant tout parmi les ascendants existants ; et, s'il n'y a pas d'ascendants, il nommera un tiers tuteur provisoire. V. Demolombe, n° 326.

5. *Cinquième cas de disparition* (analogue au deuxième). La mère veuve en premières noces et non remariée vient à disparaître; il faut appliquer l'article 142 par analogie, c'est-à-dire nommer l'un des ascendants surveillant, à son défaut un tuteur provisoire ; Demolombe, n° 327.

6. *Sixième cas de disparition* (analogue au deuxième et au troi-

sième). Même solution, si le père était décédé lors de la disparition de la mère ou bien s'il vient à mourir avant que l'absence de la mère ait été déclarée judiciairement. — V. *infra*, n° 7.

7. Néanmoins, dans les deuxième, troisième, quatrième, cinquième et sixième cas, si au moment de sa disparition le père ou la mère survivant avait perdu la tutelle légale par refus, dispense, excuse, abandon ou autre cause, et qu'un tuteur datif eût été choisi à sa place, il n'y aurait pas lieu de remplacer ce dernier; Demolombe, n° 330.

7 *bis. Septième cas de disparition* (quasi analogue aux précédents). Le père et la mère ont disparu en même temps ou bien l'un après l'autre, sans que l'absence soit encore déclarée : — il est impossible d'appliquer l'article 141. — Appliquera-t-on l'article 142, l'article 143? On est bien disposé à répondre affirmativement, à cause de l'analogie ; Demolombe, n° 329 ; Demante, *Programme*, I, n° 164 ; cependant Marcadé, article 142, n° 7, objecte avec raison que, le père et la mère étant présumés vivants, il n'y a pas de tutelle ouverte. — A mon avis, il faut recourir au droit commun des articles 112 et 114 : il appartient au tribunal de choisir un administrateur au mineur ; Massé et Vergé, I, p. 384, § 196, note 5.

DISPENSES DE LA TUTELLE.

Âge avancé, 34-38.
Caractères généraux, 2, 3, 4, 17, 18, 22, 63, 64, 65, 67-70.
Causes de dispense, 5.
Colonels-généraux, 6.
Conseillers d'Etat, 6.
Délai, 19, 20, 21, 70-73.
Délibération, 19-21, 69-73, 75.
Démission, 66.
Députés, 6.
Dignités, 6.
Ecclésiastiques, 12.
Enfants (plusieurs), 53-62.
Fonctions publiques, 6, 11, 13, 25.
Infirmités, 39-41.
Inspecteurs militaires, 6.
Magistrats, 7, 8, 9.
Maréchaux de France, 6.
Militaires, 14.
Ministres, 6.
Missions publiques, 6, 15, 16.
Non-parenté ni alliance, 29-33.
Notaires, 13.
Préfets, 10.
Réclamation de tutelle, 23-28.
Recours en justice, 74.
Refus de la tutelle, 1, 23.
Réintégration de tutelle, 23-28.
Sénateurs, 6.
Services publics, 6.
Subrogées tutelles, 44.
Tutelles (plusieurs), 42-62.

1. La tutelle ne peut pas être refusée par celui à qui elle est déférée; telle est la règle posée dans l'article 1370 du Code civil, d'où l'on conclut généralement que la tutelle est une charge publique. — V. *Etrangers*.

2. Par exception, la loi permet à certaines personnes de se soustraire à cette charge pour des causes qui lui ont paru mériter une dispense. En outre, elle en écarte les individus qu'elle considère comme incapables et ceux qu'elle juge indignes. De là

trois catégories de causes d'éloignement de la tutelle : les causes de dispense ou d'excuse, les causes d'incapacité, les causes d'exclusion et de destitution.

3. Il existe des différences entre ces trois espèces de causes : les excuses sont volontaires ou facultatives, c'est-à-dire laissées à la volonté de l'individu qui est appelé à la fonction, tandis que les causes d'incapacité, d'exclusion et de destitution sont imposées par la loi, sans qu'on puisse s'y soustraire ; en outre, les causes d'exclusion et de destitution impriment un caractère de déconsidération qui n'est attaché ni à l'incapacité ni à l'excuse.

4. Les causes d'excuse offrent des variétés et des nuances sous plusieurs rapports : les unes, fondées sur l'intérêt général, ont pour but de permettre à ceux qui remplissent des fonctions ou des missions publiques de se soustraire à la charge de la tutelle ou de la subrogée tutelle s'ils ne croient pas suffire au double devoir de fonctionnaire et de tuteur ; tandis que les autres reposent plutôt sur l'intérêt privé, quelquefois aussi sur certaines considérations de faveur pour celui à qui elles sont offertes ; les unes sont à vie, les autres temporaires ; il en est qui dispensent d'accepter la tutelle, *a suscipienda tutela*, et qui ne suffisent pas pour faire décharger d'une tutelle déjà acceptée, *a suscepta tutela*, tandis que d'autres ont cette double force ; il en est aussi qui n'excusent que *a suscepta tutela*. Toutes ont un caractère qui leur est commun : elles sont une sorte de bénéfice ou de faveur tant pour le subrogé tuteur que pour le tuteur (art. 426, 427-441 C. civ.); Dalloz, *Répertoire*, v° MINORITÉ, n° 317.

5. Le Code civil admet six causes de dispense de la tutelle (art. 427-441), savoir : certaines fonctions ou services publics (art. 427-431) ; la qualité d'étranger au mineur, lorsqu'il y a des parents ou alliés dans un certain rayon en état de gérer la tutelle (art. 432) ; l'âge (art. 433) ; les infirmités (art. 434) ; le nombre des tutelles (art. 435) ; le nombre d'enfants (art. 436, 437). Donnons quelques développements.

6. *Dignités, missions, fonctions, services publics.* Aujourd'hui les personnes dispensées de la tutelle en vertu du premier alinéa de l'article 427 sont encore celles qui, aux termes de cet article, d'après la révision de 1807 (Code civil, seconde édition revisée législativement), se trouvent désignées dans les titres III, V, VI, VIII, IX et XI de l'acte constitutionnel du 18 mai 1804, c'est-à-dire les amiraux, les maréchaux de France, les inspecteurs et co-

lonels-généraux, les grands officiers de la nation, les sénateurs, les députés au Corps législatif, les conseillers d'État, les ministres secrétaires d'État. V. le tit. IV de l'acte du 22 frim. an VIII.

7. Sont aussi « dispensés de la tutelle les présidents et conseil- « lers à la Cour de cassation, le procureur général et les avocats « généraux en la même Cour » (art. 427, 2° al.).

8. En sont également dispensés les présidents et conseillers à la Cour des comptes, le procureur général et les avocats généraux en la même Cour ; édition officielle du Code civil publiée en 1816, combinée avec l'article 7 de la loi du 16 septembre 1807, ainsi conçu : « La Cour des comptes prend rang immédiatement après « la Cour de cassation et jouit des mêmes prérogatives. » *Id.*, Dalloz, n° 325.

9. Cette dispense particulière aux Cours de cassation et des comptes n'est applicable à aucuns autres magistrats, sauf ce qui va être dit quand la tutelle s'ouvre dans un département autre que celui où ils exercent leur magistrature. Les excuses sont une sorte de bénéfice exceptionnel qu'il faut se garder d'étendre d'un cas à un autre.

10. « Les préfets » sont aussi dispensés de la tutelle (art. 427, 3° al.).

11. Enfin le même article 427, 4° alinéa, dispense encore « tous « citoyens exerçant une fonction publique dans un département « autre que celui où la tutelle s'établit. »

12. Un avis du Conseil d'État des 4-20 novembre 1806 a dé- claré cette dernière cause de dispense « applicable non seulement « aux ecclésiastiques desservant des cures ou des succursales, mais « encore à toutes personnes exerçant pour les cultes des fonc- « tions qui exigent résidence, dans lesquelles elles sont agréées « par le chef de l'État, et pour lesquelles elles prêtent serment. » Massé et Vergé, sur Zachariæ, I, p. 420, § 215, note 2 ; Demo- lombe, VII, n° 407. Ce qui est loin de concorder avec la jurispru- dence qui, à bon droit, décide tous les jours que les ecclésias- tiques ne sont pas des fonctionnaires publics.

13. On n'en finirait pas avec les dispenses si on se laissait aller à une interprétation quelque peu élastique des mots « fonction publique », tant est vaste et incommensurable la nomenclature des fonctionnaires. Cela me remet en mémoire une anecdote ar- rivée à mon illustre confrère Chaix d'Est-Ange, ce grand-maître de la parole, qui, étant au Sénat, fut amené à faire la définition

du fonctionnaire public en France, et qui, ne pouvant y parvenir à son gré, termina sa dissertation par une de ces saillies spirituelles dont il avait le secret... — C'est en restant dans ce cercle infini et indéfinissable, qui tend à multiplier sans raison les bénéfices et les faveurs, qu'on s'accorde généralement à faire profiter les notaires de l'excuse de l'article 427, 4e alinéa, en disant que ces *fonctionnaires publics* ne peuvent pas être tenus d'accepter une tutelle dans un département autre que celui où ils exercent leurs fonctions; édit de mai 1755; L. du 25 vent. an XI, art. 1; lettre du garde des sceaux du 27 nov. 1821; Merlin, *Répertoire,* v° TUTELLE, sect. IV, § 1, art. 5, n° 15; Chardon, t. III, n° 329; Zachariæ, Aubry et Rau, t. I, p. 423, note 8; Demolombe, VII, n° 408; Dalloz, n° 325. Cette opinion est combattue par Favard, *Répertoire du notariat,* v° TUTELLE, cela avec raison; car comment admettre qu'un notaire de cour d'appel qui a un vaste ressort, par exemple un notaire à Paris qui peut exercer dans sept départements, aller jusqu'à Troyes, soit dispensé par la loi d'accepter une tutelle ouverte à Versailles ou à Saint-Cloud! Pourquoi d'ailleurs ne pas étendre la faveur aux avoués, aux greffiers, aux commissaires-priseurs, aux huissiers, qui sont aussi des officiers ministériels exerçant une fonction publique! Faveur.

14. « Sont également dispensés de la tutelle les militaires en « activité de service » (art. 428), et non ceux qui seraient retraités ou réformés, à moins qu'ils n'aient quelque autre cause d'excuse, telle que l'âge ou des infirmités.

15. « Dispensés » encore « tous autres citoyens qui remplissent « hors du territoire (continental de la République, art. 417) une « mission du gouvernement » (art. 428); c'est-à-dire une mission ayant quelque durée suivant l'appréciation du conseil de famille.

16. « Si la mission est non authentique et contestée, la dispense « ne sera prononcée qu'après la représentation faite par le récla- « mant du certificat du ministre dans le département duquel se « placera la mission articulée comme excuse » (art. 429). Ce qui impose la preuve de la légitimité de l'excuse à celui qui l'invoque.

17. « Les citoyens de la qualité exprimée aux articles précé- « dents, qui ont accepté la tutelle postérieurement aux fonctions, « services ou missions qui en dispensent, ne seront plus admis à « s'en faire décharger pour cette cause, » dit l'article 430.

18. Cet article suppose qu'un individu est déjà fonctionnaire

public au moment où une tutelle lui échoit; il peut s'en excuser et la refuser, mais il aime mieux l'accepter; alors la loi dispose qu'il ne sera plus admis à s'en faire décharger pour cause de service public. C'est-à-dire, pour employer une locution consacrée, que, dans cette première hypothèse, les services publics dispensent *a suscipienda tutela*, mais non *a suscepta tutela*.

19. Dans cette hypothèse, si la tutelle est dative, celui qui vient d'être nommé doit proposer ses excuses au conseil de famille sur-le-champ lorsqu'il est présent (art. 438), ou bien dans le délai de trois jours de la notification de sa nomination (art. 439). Si la tutelle est légitime ou testamentaire, le tuteur nommé doit aussi faire convoquer le conseil de famille pour délibérer sur ses excuses dans les trois jours depuis qu'il a eu connaissance de sa nomination (art. 439).

20. « Ceux, au contraire, à qui lesdites fonctions, services ou « missions auront été confiés postérieurement à l'acceptation et « gestion d'une tutelle, pourront, s'ils ne veulent la conserver, « faire convoquer, dans le mois, un conseil de famille pour y « être procédé à leur remplacement » (art. 431, 1er al.).

21. A l'inverse du cas précédent, notre article 431 suppose qu'un individu a déjà accepté une tutelle au moment où il est appelé à une fonction publique, et la loi lui accorde un mois pour demander au conseil de famille de le remplacer. S'il néglige de remplir cette mesure, il se trouve déchu du droit de réclamer sa décharge; c'est-à-dire que, dans cette deuxième hypothèse, les fonctions publiques dispensent *a suscepta tutela*, à l'inverse de ce qui a lieu dans la première hypothèse précédente. Ce qui montre que les auteurs commettent une erreur quand ils disent, d'une manière absolue et sans distinguer, que les *services publics* dispensent *a tutela suscipienda*, mais *non a suscepta tutela*. V. Dalloz, v° Minorité, n° 327.

22. Il ressort de ces deux dispositions (art. 430 et 431) que les dispenses sont une faculté, un bénéfice, une sorte de faveur pour l'individu à qui elles sont offertes; qu'il est libre de n'en pas profiter, mais qu'il ne peut plus s'en prévaloir quand il en a usé en acceptant la tutelle ou la subrogée tutelle, à moins que la cause d'excuse n'ait été connue du tuteur que postérieurement. Maleville, *Analyse raisonnée du Code civil*, art. 430; Zachariæ, I, p. 420, § 215, texte.

23. « Si, à l'expiration de ces fonctions, services ou missions,

« le nouveau tuteur réclame sa décharge ou que l'ancien rede-
« mande la tutelle, elle pourra lui être rendue par le conseil de
« famille » (art. 431, 2ᵉ al.). Ce que Zachariæ, t. I, p. 421, § 215,
explique en disant : « Ces quatre sortes de dispenses ne durent
que tant que subsiste la cause qui les motive. »

24. Tout le monde reconnaît que cette disposition de l'article 431 est applicable dans le cas où le tuteur a invoqué l'excuse
de la fonction ou mission publique pour se faire décharger d'une
tutelle déjà acceptée. — Mais on ne s'accorde plus quand il a invoqué l'excuse pour refuser la tutelle. « Il faut distinguer, disent les
annotateurs de Zachariæ, MM. Massé et Vergé, t. I, p. 421,
note 10 : celui qui, avant d'avoir accepté la tutelle, a proposé et
fait admettre son excuse, ne peut plus redemander plus tard la
tutelle quand le motif d'excuse vient à cesser. L'article 431 ne
donne ce droit qu'à celui à qui un motif d'excuse est survenu
pendant qu'il exerçait déjà les fonctions de tuteur; Demolombe,
VII, n° 415. *Contra*, Marcadé, sur l'art. 431. » — Pour ma part,
je me range à cette opinion de Marcadé, par le motif que l'article 431 ne fait pas de distinction, et en considérant que les
excuses résultant des fonctions publiques sont établies plutôt
dans l'intérêt général que dans celui du fonctionnaire, qu'il importe avant tout de ne pas le détourner d'en user.

25. Mais qui sera juge de la demande du tuteur en exercice
réclamant sa décharge ou de la réclamation de l'ex-fonctionnaire
qui redemande la tutelle? Le conseil de famille (art. 431). « Les
fonctions ou services publics appartiennent à la classe des excuses
temporaires, dit Mourlon, sur l'art. 431. Ainsi, lorsque le fonctionnaire cesse de l'être alors que dure encore la tutelle qu'il a
refusé de prendre ou dont il s'est fait décharger, le conseil de
famille *peut* la lui rendre s'il la demande ou même quoiqu'il ne
la demande pas, si le tuteur qui a été nommé à sa place demande
sa décharge. Le conseil de famille, du reste, est investi à cet
égard d'un pouvoir tout discrétionnaire et souverain; la loi s'en
rapporte à sa sagesse. C'est à lui de voir, d'après les circonstances,
s'il convient mieux de laisser la tutelle au tuteur en exercice ou
de la rendre à l'ancien (*arg.* tiré du mot *peut* dont se sert la
loi). »

26. Il n'est donc pas nécessaire que l'ancien et le nouveau
tuteur soient d'accord à cet égard; le conseil de famille, à la
demande de celui-ci, peut aller jusqu'à rendre la tutelle à l'ancien

contre son gré, Demolombe, VII, n° 413; de même qu'il peut refuser de décharger le nouveau malgré sa réclamation; Demolombe, n° 414; *contra*, Ducaurroy, Bonnier et Roustain, t. I, n° 627.

27. Et comme la première tutelle excusée s'est éteinte par la dispense, quelle que fût sa nature (légale, testamentaire ou dative), j'estime que celle rendue au tuteur excusé devient toujours dative, comme l'était celle déférée au tuteur remplaçant, en conformité de la règle qui veut que la tutelle dative une fois ouverte conserve ce caractère jusqu'à la majorité, l'émancipation ou la mort du pupille. — V. *Tutelle en général*, n° 34; *Tutelle testamentaire*, n° 17.

28. Notre article 431 n'ayant prévu que le cas d'expiration des services publics du tuteur qui s'est excusé, que décider s'il lui convenait de reprendre la tutelle pendant le cours de son service? Je ne doute pas qu'il en aurait le droit, sauf au conseil de famille à admettre ou à rejeter la demande.

29. *Non-parenté ni alliance.* « Tout citoyen, non parent ni « allié, ne peut être forcé d'accepter la tutelle que dans le cas où « il n'existerait pas, dans la distance de quatre myriamètres, des « parents ou alliés en état de gérer la tutelle » (art. 432). Cette cause d'excuse s'applique aussi bien à la tutelle testamentaire (art. 401) qu'à la tutelle dative.

30. La fonction de tuteur étant avant tout une charge de famille, doit peser avant tout sur les parents et alliés du pupille; mais la cause d'excuse attachée à la non-parenté n'est pas absolue, et l'éloignement des parents et alliés du lieu où la tutelle s'exerce a été assimilé au cas où il n'en existe pas. L'individu non parent ni allié peut donc être tenu d'accepter s'il n'y a pas, dans un rayon de quatre myriamètres, des parents ou alliés en état de gérer la tutelle, c'est-à-dire non placés dans les cas d'excuse, d'incapacité ou d'exclusion prévus par la loi.

31. Cette dispense de l'article 432 est accordée uniquement au citoyen non parent ni allié. D'où il résulte qu'un individu parent ou allié ne serait pas fondé à invoquer pour excuse son éloignement à lui-même du lieu où la tutelle s'exerce, à moins qu'il ne soit fonctionnaire public dans un autre département, comme *supra*, n°⁵ 11 et 12.

32. Il résulte également de cet article 432 que l'individu, parent ou allié, nommé tuteur ne serait pas admis à invoquer

comme excuse la présence dans le rayon de quatre myriamètres de parents ou d'alliés plus proches que lui, ni la présence de parents si lui n'était qu'allié; Taulier, II, p. 42.

33. Le conseil de famille qui sera appelé à connaître de cette cause d'excuse, devra considérer que la non-parenté peut bien dispenser d'accepter une tutelle, *a suscipienda tutela*, mais qu'elle ne peut pas servir à se faire décharger d'une tutelle déjà acceptée, *sed non a suscepta tutela*, quand même, depuis l'acceptation, un parent ou allié en état de gérer s'établirait dans la distance de quatre myriamètres; les termes de l'article 432 sont précis et non susceptibles d'extension, en présence du principe conservateur du maintien du tuteur en exercice; Dalloz, n° 339; Demolombe, VII, n° 419.

34. *Grand âge.* « Tout individu âgé de soixante-cinq ans ac« complis peut refuser d'être tuteur. Celui qui aura été nommé « avant cet âge pourra, à soixante-dix ans, se faire décharger « de la tutelle » (art. 433). C'est-à-dire que l'âge de soixante-cinq ans, fixé comme excuse *a suscipienda tutela*, doit être atteint au moment même où la tutelle est déférée par la loi, par le testateur ou par le conseil de famille; Demolombe, VII, n° 420.

35. Faut-il aussi que les soixante-dix ans fixés pour excuser *a suscepta tutela* soient accomplis pour que le tuteur qui a accepté la tutelle s'en fasse décharger? Non, dit-on en s'appuyant sur un argument *a contrario* tiré du texte de notre article 433, il suffit que la soixante-dixième année soit commencée; Delvincourt, t. I, p. 113, note 7; Marcadé, t. II, sur l'art. 433; Boileux, *id.* Oui, réplique Valette, sur Proudhon, II, p. 336, car il paraîtrait presque puéril que les rédacteurs du Code eussent, dans une même disposition, compté l'année de deux manières différentes; ils ont voulu éviter une redite. En adoptant cette dernière opinion, la presque unanimité des auteurs exigent avec raison l'âge de soixante-dix ans accompli pour réclamer la décharge de la tutelle; Duranton, III, n° 489, note 3; Duvergier, sur Toullier, II, n° 1151, note *a;* Taulier, II, p. 43; Ducaurroy, Bonnier et Roustain, t. I, n° 629; Fréminville, t. I, n° 129; Demante, t. II, n° 184 *bis;* Demolombe, VII, n° 422; Massé et Vergé, I, p. 421, § 215, note 13; Aubry et Rau, I, p. 424, note 14 (édit. 1869).

36. En appliquant le principe rigoureux, la décharge de la tutelle ne pourrait être demandée à soixante-dix ans accomplis lorsqu'on l'a acceptée après soixa   ans; la seconde partie

de l'article 433 dit nettement : « Celui qui aura été nommé avant
cet âge (de soixante-cinq ans) pourra, à soixante-dix ans, se
faire décharger de la tutelle. » Chardon, n° 335 ; *contra*, Duranton, III, n° 489 ; Ducaurroy, Bonnier et Roustain, I, n° 629 ;
Magnin, I, n° 372.

37. Sur cette question, Pothier enseignait aussi que l'âge de
soixante-dix ans accomplis, qui dispense bien de la tutelle non
encore acceptée, n'excuse pas de la tutelle acceptée s'il n'est point
accompagné de quelque infirmité grave, *Traité des personnes*,
part. I, tit. VI, sect. III, art. 2. « Telle me paraît être, en effet,
la règle, dit M. Demolombe, VII, n° 423. L'excuse légale n'existe
plus, sauf la faculté qui appartient au conseil de famille d'admettre en fait l'excuse ou plutôt de recevoir alors la démission du
tuteur, et encore si aucun intéressé ne s'y opposait. » Delvincourt, I, p. 113, note 6 ; Valette, sur Proudhon, II, p. 335,
note *c ;* Taulier, II, p. 43 ; Zachariæ, Aubry et Rau, I, p. 424,
notes 14 et 15 ; Massé et Vergé, I, p. 321, § 215, note 12 ; Demante,
n° 185 *bis*, I.

38. Malgré les termes généraux de l'article 433, on a voulu
induire du mot *nommé* que la dispense d'âge ne peut être invoquée par le tuteur légitime (père, mère, aïeul). Mais cette opinion ne se soutient pas quand on considère que la tutelle légitime est, sinon imposée, du moins offerte par la loi sans souci de
l'âge, tandis que le tuteur datif ou testamentaire est toujours
choisi après examen des conditions d'âge et de santé, qui ont été
appréciées. Puis, en prenant notre article 433 à la lettre, le père
est *nommé* par la loi tuteur légitime, de même qu'un tiers est
nommé tuteur datif par le conseil de famille. En réalité cette
excuse doit surtout profiter au tuteur légal ; Demolombe, VII,
n° 424.

39. *Infirmités graves*. « Tout individu atteint d'une infirmité
« grave et dûment justifiée est dispensé de la tutelle. Il pourra
« même s'en faire décharger si cette infirmité est survenue depuis
« sa nomination » (art. 434). C'est-à-dire que l'infirmité dispense
a suscipienda et *a suscepta tutela*, selon qu'elle est antérieure ou
postérieure à la dévolution de la tutelle.

40. Ne pas confondre maladie et infirmité. Celle-ci suppose un
mal permanent, une affection durable, telle que la cécité ou la
paralysie ; tandis que la maladie indique un mal passager dont
la durée est prévue, telle qu'une bronchite, une blessure acciden-

telle. Or, l'article 434 ne s'applique pas à la maladie, à moins qu'elle ne constitue une infirmité par sa permanence et sa gravité; Bruxelles, 10 oct. 1818; Demolombe, VII, n° 425 ; *contra*, Augier, *Encyclopédie des juges de paix*, v° TUTELLE, V, p. 208. Quant à la gravité de l'infirmité, l'appréciation en appartient au conseil de famille et aux tribunaux; rej. 7 juin 1820. Sirey, 20, I, 366.

41. En prenant notre article 434 à la lettre, on est porté à penser que l'individu qui, affecté d'une infirmité déjà grave au moment de sa nomination, n'a pas proposé cette excuse, ne sera pas recevable à s'en prévaloir plus tard. Tel est bien le droit strict, conforme au principe qui ne permet plus d'invoquer une excuse à laquelle on a renoncé. Néanmoins, le conseil de famille devra équitablement mesurer les forces et les aptitudes du tuteur demandant à se retirer, considérer s'il n'a accepté que dans l'espoir, trahi par l'évènement, que son infirmité s'adoucirait, voir si le mal s'est aggravé, consulter l'intérêt du mineur et décider en connaissance de cause ; Pothier, *ubi supra*, sect. III, art. 2 ; Valette, sur Proudhon, II, p. 337, note *a ;* Duranton, III, n° 490 ; Dalloz, n° 332 ; Massé et Vergé, I, p. 421, § 215, note 15.

42. *Nombre de tutelles.* « Deux tutelles sont pour toutes per- « sonnes une juste dispense d'en accepter une troisième » (art. 435, 1er al.). C'est-à-dire deux patrimoines distincts à gérer. On ne compte pas les tutelles par le nombre des pupilles, mais par celui des patrimoines; *non numerus pupillorum... sed patrimoniorum separatio* (L. 3 et L. 31, § 4, Dig., *De excus. tut.*); de sorte que la tutelle de deux ou plusieurs frères qui ont leur fortune indivise ne constitue qu'une seule tutelle; Magnin, I, n° 374 ; Massé et Vergé, I, p. 421, note 16; Demante, II, n° 182 *bis ;* Aubry et Rau, I, p. 425.

43. Deux tutelles dispensent donc toute personne d'en accepter une troisième ; de sorte que, selon notre article 435, 1er alinéa, cette excuse profite non seulement à un étranger qui est déjà deux fois tuteur, mais encore à un individu qui joint à une tutelle étrangère la tutelle de ses enfants. V. *infra*, n° 46.

44. En rapprochant l'article 435 de l'article 426, on voit qu'une subrogée tutelle est assimilée à une tutelle; Nîmes, 17 janv. 1837, D. P. 38, II, 25; Locré, *Législ. civ.*, VII, p. 220, 221; de sorte que deux subrogées tutelles seraient une juste dispense d'en accepter une troisième, comme elles dispenseraient d'accepter une

troisième tutelle; Massé et Vergé, I, p. 422, § 215, note 23.

45. Ainsi, règle générale, il faut être déjà chargé, soit de deux tutelles, soit de deux subrogées tutelles, soit d'une tutelle et d'une subrogée tutelle, pour se dispenser d'en accepter une troisième. Cette règle est littéralement vraie pour le tuteur qui n'est ni mari ni père légitime; mais nous allons voir qu'il suffit à celui qui est père ou mari d'avoir déjà une tutelle à gérer pour se dispenser d'accepter une autre tutelle étrangère.

46. « Celui qui, époux ou père, sera déjà chargé d'une tutelle, « ne pourra être tenu d'en accepter une seconde, excepté celle « de ses enfants » (art. 435, 2⁰ al.). Ici encore une subrogée tutelle équivaut à une tutelle.

47. Cette dispense n'est établie qu'au profit du père légitime, comme il résulte, tant du rapprochement des mots *époux* ou père de l'article 435, que de la disposition de l'article 436, qui ne compte que les enfants légitimes pour dispenser de toute tutelle. Ainsi les enfants adoptifs et les enfants naturels ne comptent pas; Dalloz, n° 334; Demolombe, VII, n° 431; mais l'enfant légitimé par mariage subséquent compte (*argum.* art. 433).

48. L'article 435 ne distingue pas entre un ou plusieurs enfants, entre les enfants mineurs ou majeurs, émancipés ou non émancipés, mariés ou non; Delvincourt, t. I, p. 113, note 8 (édit. 1819); Demolombe, VII, n° 432.

49. Mais un père veuf survivant qui n'a que la tutelle de ses enfants ne serait pas recevable à refuser une seconde tutelle, l'article 435 admettant que celui qui est père légitime peut être chargé de deux tutelles, y compris celle de ses enfants; Dalloz, n° 335; Demolombe, VII, n° 435.

50. Celui qui, chargé de deux ou plusieurs tutelles, vient à se marier, ne peut pas se faire dégrever de l'une d'elles, notre article 435 ne faisant du titre de père ou d'époux qu'une dispense d'accepter une seconde tutelle pour l'individu qui en gère déjà une, sans parler de la retraite d'une deuxième tutelle déjà acceptée, en observant ainsi la règle du maintien du tuteur en exercice; Demolombe, VII, n° 433.

51. Il en est ainsi même de celui qui se marie étant grevé de deux ou plusieurs tutelles et qui devient père; Dalloz, n° 335.

52. Un époux gérant déjà deux tutelles devient veuf et est appelé par la loi à la tutelle de ses enfants, *quid?* — Le père peut refuser la tutelle de ses enfants, répondent quelques auteurs;

Duranton, III, n° 492 ; Taulier, II, p. 45. Il est tenu de l'accepter, mais il a le droit de se faire décharger de l'une des deux autres tutelles, réplique Marcadé, II, sur l'article 435, n° 1. « C'est mal à propos, dit M. Demolombe, t. VII, n° 434, que, dans notre question, où il s'agit d'un individu qui est père, on argumente de la première partie de l'article (435); car c'est la seconde partie qui est alors seule applicable. Or, cette seconde partie n'accorde nullement à celui qui a déjà deux tutelles la faculté, soit de refuser celle de ses enfants, soit, en l'acceptant, de se faire décharger de l'une des deux autres » (Comp. Zachariæ, t. I, § 215; Fréminville, t. I, n° 132; Augier, *Encyclopédie des juges de paix*, t. V, v° TUTELLE, p. 12). — « L'article 435 autorise bien celui qui est déjà chargé d'une tutelle à n'en pas accepter une seconde, mais il ne l'autorise pas à s'en faire décharger après l'avoir acceptée », ajoutent fort justement MM. Massé et Vergé, p. 222, note 18.

53. *Plusieurs enfants.* « Ceux qui ont cinq enfants légitimes « sont dispensés de toute tutelle, autre que celle desdits enfants » (art. 436, 1er al.). Il faut donc que les enfants soient légitimes (ou légitimés), déjà nés et encore existants.

54. Par conséquent, on ne compte pour la dispense ni l'enfant conçu, par la raison que l'excuse est un bénéfice pour le père et non pour lui ; Demolombe, VII, n° 436 ; Jay, n° 100; ni l'enfant naturel reconnu, mais non légitimé; ni l'enfant adoptif, qui compte dans sa famille naturelle; Demolombe, n° 438 ; Dalloz, v° MINORITÉ, n° 336 ; Magnin, I, n° 378.

55. Par conséquent les enfants morts ne comptent pas. Mais on compte les enfants existants au moment de l'investiture de la tutelle, lors même qu'ils viennent à mourir (L. 2, § 6, *De excus. tut.*, Dig.).

56. L'enfant présumé absent compte pendant toute la durée de l'envoi en possession provisoire, mais plus après l'envoi définitif; Demolombe, n° 439 ; Massé et Vergé, I, p. 222, note 20.

57. Par exception à la règle que les enfants morts ne comptent pas, ils compteront lorsqu'ils « auront eux-mêmes laissé des en- « fants actuellement existants » (art 436, 3e al.), c'est-à-dire au moins un enfant; de sorte que les petits-enfants serviront pour dispenser leur aïeul ou aïeule. Mais quel que soit leur nombre ou leur sexe, ils ne compteront que pour un à la place du père ou de la mère qu'ils représenteront.

58. « Les enfants morts en activité de service dans les armées

« françaises seront toujours comptés pour opérer cette dispense »
(art. 436, 2° al.); c'est-à-dire dans les armées de terre ou de
mer de la République.

59. Notre article 436 admet pour dispense « les enfants morts
en activité de service » ; y compris les employés militaires, aussi
bien que les militaires mêmes. Mais les militaires réformés ou
retraités ne comptent pas; Demolombe, n° 437.

60. A la différence du droit romain, notre Code n'exige pas que
l'enfant soit mort *in acie*, en combattant. L'enfant mort à la suite
d'une blessure, d'une chute, d'un accident ou d'une maladie ordinaire, est donc compté, pourvu qu'il fût en activité de service.
On s'en est expliqué positivement dans les travaux préparatoires,
Fenet, X, p. 585.

61. On doit même compter l'enfant qui s'est suicidé, a été tué
en duel ou passé par les armes; Demolombe, VII, n° 437; Massé
et Vergé, I, p. 222, n° 20; Delvincourt, I, p. 113, note 11; cela
tout aussi bien quand cet enfant laisse des descendants légitimes
que dans le cas de service militaire actif.

62. « La survenance d'un enfant pendant la tutelle ne pourra
« autoriser à l'abdiquer » (art. 437). D'où je conclus que le père
ne peut pas se faire décharger d'une tutelle qu'il a acceptée alors
qu'il avait déjà cinq enfants légitimes. V. *supra*, n° 53.

63. *Généralités*. Notons que les articles 427 à 441 sont conçus
en termes généraux, de sorte que les six premières causes d'excuse que nous venons d'étudier s'appliquent à tous les tuteurs,
soit légitimes, soit datifs, soit testamentaires, au survivant même
des père et mère, sauf les cas exceptés par la loi, Demolombe,
VII, n° 409; Dalloz, v° Minorité, n° 326.

64. Notons également que le Code ne renferme pas — pour les
excuses attachées à la non-parenté, à l'âge, aux infirmités, au
nombre de tutelles ou d'enfants, au sexe féminin — de disposition analogue à celle de l'article 431, qui autorise le conseil de famille, après cessation de la fonction publique, à rendre la tutelle
au fonctionnaire que cette cause en avait dispensé : pour ces autres causes la tutelle une fois perdue par l'excusé, une fois acquise
par le remplaçant, cet état est définitif, et il n'appartient pas au
conseil de famille de le changer, à moins qu'il ne survienne des
causes nouvelles. Tel est du moins mon avis.

65. Les causes d'excuse de la tutelle étaient écrites dans la loi
naturelle avant de prendre place dans le corps du droit romain

(lib. XXVII, tit. I, *De excus. tut.*, Dig.), qui les avait transmises
à notre ancienne jurisprudence, à laquelle notre Code les a em-
pruntées avec quelques restrictions. Le soin mis par le législateur
moderne à préciser les six causes énumérées plus haut, montre
qu'onne pourrait plus aujourd'hui admettre comme excuses légales
ni la parenté ou l'ignorance, ni la dispersion des biens du pupille,
ni l'éloignement de la résidence du tuteur; Zachariæ, I, p. 420,
§ 214, texte et note 5.

66. Néanmoins, c'est une question vivement controversée que
de savoir si les conseils de famille peuvent admettre en fait d'autres causes d'excuse que celles consacrées textuellement par le
Code. — M. Demolombe, t. VII, n° 447, y voit une « question
de droit » et examine si « la délibération du conseil de famille,
qui aurait excusé une personne de la tutelle pour une cause non
consacrée par la loi, pourrait être maintenue par les magistrats
dans le cas où elle serait attaquée devant eux, ou si les magistrats
eux-mêmes pourraient admettre une telle excuse dans le cas où
le conseil de famille l'aurait rejetée. » M. Demolombe conclut à la
négative dans une savante dissertation. — Tout en adoptant cette
doctrine au point de vue du principe juridique, je ne saurais en
admettre la conclusion ; je vois une raison supérieure, l'intérêt
du mineur. Supposons qu'un orphelin ait une grosse fortune, et
que sa tutelle soit déférée par la loi à un aïeul complètement il-
lettré et étranger aux affaires, n'y aurait-il pas impéritie à laisser
l'administration dans des mains incapables. Le conseil de famille
ne commettrait-il pas une faute grave s'il résistait à l'aïeul demandant à être dispensé? Et bien d'autres situations analogues
pourront se présenter. Telles sont les considérations qui font dire
par M. Valette, sur Proudhon, t II, p. 340, que la « loi n'a pas
entendu énumérer les causes d'excuse dans un sens absolument
limitatif, mais seulement indiquer celles que le conseil de famille
et les tribunaux ne peuvent refuser de prendre en considération
lorsqu'elles sont justifiées ; quant aux excuses non comprises dans
cette énumération de la loi, on pourra les écarter ou les admettre
suivant les circonstances ». *Conf.* Marcadé, sur l'art. 441 ; Massé
et Vergé, I, p. 420, § 214, note 5 ; Demante, *Cours analyt.*, II,
n° 186 *bis*, II. Au résumé, notre question se combine ou se confond avec celle de savoir si un tuteur peut se démettre. — V. *Démission de tutelle.*

67. Toutes les dispenses étant laissées à la volonté de celui qui

est appelé à la tutelle, il a la faculté de n'en pas user ; il peut y renoncer expressément en faisant une déclaration formelle, ou bien tacitement par exemple en faisant nommer un subrogé tuteur ; ces actes suffisent pour accepter ou refuser la tutelle.

68. *Délai pour proposer les excuses.* « Au contraire l'appelé perd pour toujours la tutelle lorsqu'il fait admettre ses excuses. V. *supra*, nᵒˢ 23-26. Il appartient au conseil de famille seul de connaître des causes de dispense du tuteur, de les apprécier, admettre ou rejeter. Mais dans quel délai doivent-elles lui être présentées? Bientôt après que le tuteur ou subrogé tuteur a été informé de sa nomination ; son silence prolongé serait considéré comme une renonciation tacite à s'en prévaloir. Voyons, en effet, ce que dit le Code sur ce point.

69. « Si le tuteur nommé est présent à la délibération qui lui « défère la tutelle, il devra sur-le-champ, et sous peine d'être dé- « claré non recevable dans toute réclamation ultérieure, pro- « poser ses excuses, sur lesquelles le conseil de famille délibérera» (art. 438). De même pour le subrogé tuteur. La présence de l'un ou de l'autre suffirait même pour le faire considérer comme ayant accepté à défaut de protestation dans la délibération.

70. « Si le tuteur nommé n'a pas assisté à la délibération qui « lui a déféré la tutelle, il pourra faire convoquer le conseil de « famille pour délibérer sur ses excuses. — Ses diligences à ce « sujet devront avoir lieu dans le délai de trois jours à partir de « la notification qui lui aura été faite de sa nomination ; lequel « délai sera augmenté d'un jour par trois myriamètres de distance « du lieu de son domicile à celui de l'ouverture de la tutelle : « passé ce délai, il ne sera plus recevable » (art. 439).

71. Si en fait le tuteur nommé, au lieu d'assister en personne à l'assemblée de famille, y avait été représenté par un mandataire, il faudrait lui notifier la délibération pour faire courir les délais de l'article 439, à moins que son mandataire n'eût accepté pour lui en vertu d'un pouvoir formel ; Dalloz, nᵒ 343 ; Demolombe, VII, nᵒ 452. *Contra*, Magnin, I, nᵒ 379 ; Duranton, III, nᵒ 496.

72. Il serait difficile de comprendre que, dans une matière aussi sujette à incidents, le législateur, en accordant trois jours, a entendu fixer un délai rigoureux passé lequel le tuteur serait privé de son excuse; il est plus aisé de croire qu'il a voulu laisser une certaine latitude au conseil de famille, en le faisant appré-

ciateur des circonstances de temps, d'éloignement, de santé ; Duranton, III, n° 496 ; Taulier, II, p. 47 ; Massé et Vergé, I, p. 423, § 216, note 5; Demolombe, t. VII, n° 453. *Contra*, Magnin, I, n° 380.

73. Que décider quant aux tuteurs testamentaires et légitimes? On s'accorde généralement à reconnaître que la règle est la même, que l'article 439 leur est applicable par analogie; seulement les trois jours ne commencent que du moment où ils ont connaissance de l'évènement qui leur a déféré la tutelle (*arg.* art. 418); Magnin, I, n° 381 ; Taulier, II, p. 47 ; Massé et Vergé, note 5. *Contra*, Demolombe, VII, n° 454, qui ne reconnaît ici aucun délai fixé par la loi sous peine de déchéance, et qui est d'avis que, suivant les circonstances particulières de fait, le conseil décidera si le retard mis à proposer les excuses emporte ou non acceptation de la tutelle; Demante, II, n° 185 *bis ;* Aubry et Rau, I, p. 428.

74. « Si ses excuses sont rejetées, il pourra se pourvoir de« vant les tribunaux pour les faire admettre; mais il sera, pen« dant le litige, tenu d'administrer provisoirement » (art. 440). — « S'il parvient à se faire exempter de la tutelle, ceux qui au« ront rejeté l'excuse pourront être condamnés aux frais de « l'instance. — S'il succombe, il y sera condamné lui-même » (art. 441). — V. *Recours en justice contre les délibérations.*

75. Enfin, toutes les fois qu'un tuteur réussit à faire admettre ses excuses, le conseil de famille doit nommer un tuteur datif, ainsi que nous l'expliquons sous les titres de la *Tutelle des père et mère,* n° 17, *Tutelle testamentaire,* n°ˢ 15 à 17, *Tutelle des ascendants,* n°ˢ 9 et 11. De même il doit pourvoir au remplacement du subrogé tuteur qui se fait dispenser.

DISPENSES DE LA SUBROGÉE TUTELLE. Les six classes d'excuses que nous avons étudiées sous le titre *Dispenses ou excuses de la tutelle,* depuis le n° 1ᵉʳ jusqu'au n° 75 inclusivement, sont réglementées dans la sect. VI, liv. I, tit. X, chap. I, du Code civil, intitulé *Des causes qui dispensent de la tutelle;* et l'article 426, qui appartient à la sect. V du même chapitre, est ainsi conçu : « Les « dispositions contenues dans les sections VI et VII du présent « chapitre s'appliqueront aux subrogés tuteurs ». C'est comme si la loi avait dit : les causes de dispense applicables au tuteur sont communes au subrogé tuteur, toutes lui profitent, même les excuses des articles 435 (deux tutelles ou bien le titre de père ou

d'époux) et 436 (cinq enfants); rapport au Tribunat, Locré, *Législ.
civ.*, VII, p. 221 ; Nîmes, 17 janv. 1837 ; Massé et Vergé, I, p. 422,
§ 215, note 23.

DISPENSES D'ÊTRE MEMBRE DU CONSEIL DE FA-MILLE.

1. Le Code ne dit nulle part implicitement ni explicitement
que les personnes convoquées pour faire partie d'un conseil de
famille pourront invoquer les causes d'excuse qui dispensent de
la tutelle et de la subrogée tutelle d'après les articles 427 à 441.
La vérité est que les mêmes motifs n'existent pas, tout au contraire : il n'est besoin ni de la même aptitude, ni de la même
vigilance; la mission n'a qu'une durée momentanée; elle n'exige
pas les mêmes garanties; il suffit de dévouement et d'intelligence
ordinaire. Ajoutons qu'en fait la formation d'un conseil de famille serait quelquefois difficile si l'on avait adopté un nombre
de dispenses déterminées; aussi la loi n'en a-t-elle spécifié aucune, à la différence de la situation du subrogé tuteur qui est
assimilée identiquement à celle du tuteur par l'article 426.

2. Cependant est-ce que le Code ne suppose pas qu'il peut en
exister? quand il dit que « tout parent, allié ou ami convoqué
« et qui, *sans excuse légitime*, ne comparaîtra point, encourra
« une amende, qui ne pourra excéder cinquante francs, et sera
« prononcée sans appel par le juge de paix » (art. 413) ; en ajoutant : « s'il y a *excuse suffisante* », le juge de paix avisera (art. 414) :
— Sans hésiter écartons toute équivoque : il s'agit ici d'un point
de fait, de la non-comparution du membre convoqué, il s'agit
d'expliquer son absence, de démontrer qu'il y a un cas légitime
de non-présence, que le juge de paix, seul appréciateur, pourra
trouver excusable, sans qu'il y ait là une cause de *dispense* de
faire partie du conseil. Mais il n'en est pas moins vrai qu'un
membre non comparant pourra être excusé pour une cause de
même nature que celles qui dispensent d'être tuteur ou subrogé
tuteur, cela suivant l'appréciation du juge de paix seul.

3. En combinant ensemble les articles 407 à 413, on arrive à
cette conclusion que toute personne convoquée officiellement
(parents, alliés, amis) est tenue de se présenter ou faire représenter, soit pour prendre part à la délibération, soit pour faire reconnaître qu'elle n'y est pas obligée.

4. Sans être précisément dans un cas d'excuse légale, un membre appelé au conseil peut, par un scrupule tout personnel, de-

mander à s'abstenir, et il appartient encore au juge de paix d'apprécier cette cause de récusation ; rej. 16 déc. 1829, D. P. 30, I, 8. — V. *Récusation.*

5. On comprend que, dans ces divers cas, l'incident se présentant avant que le conseil de famille soit composé, le juge de paix en ait seul l'appréciation. Mais ce magistrat doit en dresser procès verbal, soit à la suite de la réquisition de la convocation, soit séparément s'il n'y a pas eu d'acte de réquisition. Et en cas de contestation, le membre dissident pourra se pourvoir devant le tribunal civil, contre la décision qui l'aurait retenu malgré lui au conseil. V. *Composition du conseil de famille du mineur*, n° 41.

DISTANCE. Espace d'un lieu à un autre. — V. *Composition du conseil de famille du mineur*, n°ˢ 17, 18, 19, 31, 36 ; *Délai de distance.*

DOMICILE DE LA TUTELLE. — V. *Convocation du conseil de famille*, n°ˢ 1, 2.

DOMICILE DU MINEUR. 1. « Le mineur non émancipé « aura son domicile chez ses père et mère ou tuteur », dit l'article 108-2° du Code civil.

2. *Quid* lorsque le survivant des père et mère a perdu la tutelle légitime ? J'estime que le domicile du pupille est chez son nouveau tuteur conformément à l'article 108-2°, parce que là est désormais le siège de ses intérêts, l'asile de ses droits, dont le tuteur est l'agent actif, en un mot parce que le pupille se personnifie jusqu'à un certain point avec son tuteur (*argum.* art. 450) ; Duranton, I, n° 367 ; Bugnet, sur Pothier, *Introd. aux cout.*, n° 19 ; Massé et Vergé, 1, p. 123, § 89, note 6. Mais l'enfant continuera de résider avec son père ou sa mère, sans que le conseil de famille ait le droit d'en décider autrement s'il n'y a pas déchéance de la puissance paternelle.

DOMICILE DE L'ÉMANCIPÉ. L'homme mineur émancipé a un domicile personnel. La femme mineure émancipée par mariage « n'a point d'autre domicile que celui de son mari » (art. 108-1°). Devenue veuve ou émancipée expressément, elle a un domicile personnel. — V. *Emancipation*, n° 24.

DOMICILE DE L'INTERDIT. De même que le mineur, l'interdit a son domicile chez son tuteur. Et si ce tuteur n'est pas le survivant des père et mère, celui-ci a la faculté de garder son enfant auprès de lui, à moins que le conseil de famille n'ait décidé qu'il sera soigné ailleurs (art. 510).

DONATION. 1. *Par le mineur.* Le tuteur ne peut pas disposer à titre gratuit des biens du mineur, même avec l'autorisation du conseil de famille, même avec l'homologation ; Locré, *Esprit du Code civil*, sur l'article 457 ; Zachariæ, Massé et Vergé, I, p. 441, note 48 ; Dalloz, n° 577 ; à l'exception des dons modiques rentrant dans les actes d'administration ; Berlin, *Ch. du cons.*, I, n° 586.

2. *Par le mineur émancipé.* Il ne le pourrait pas davantage.

3. *Par l'interdit.* Son tuteur ne réussirait pas, non plus, à faire une donation valable, même avec autorisation et homologation, à moins qu'il ne s'agisse du mariage d'un enfant de l'interdit ; alors « la dot ou l'avancement d'hoirie et les autres conventions « matrimoniales seront réglés par un avis du conseil de famille, « homologué par le tribunal, sur les conclusions du procureur « de la République » (art. 511). — V. *Mariage.*

DROIT DE CORRECTION. 1. Le législateur a pris soin de s'expliquer textuellement sur certains points touchant la personne et la direction du pupille. Ainsi, aux termes de l'article 468 du Code civil : « Le tuteur qui aura des sujets de mécontente-« ment graves sur la conduite du mineur pourra porter ses « plaintes à un conseil de famille, et, s'il y est autorisé par ce « conseil, provoquer la réclusion du mineur conformément à ce « qui est statué à ce sujet au titre *De la puissance paternelle* ». Notons que cet article ne distingue pas l'âge du mineur ; et que le tuteur, même ainsi autorisé, ne peut agir que par voie de réquisition (non par voie d'autorité), en provoquant du président du tribunal civil la détention de l'enfant (art. 377 C. civ.) ; Dalloz, n° 390.

2. En examinant attentivement la rédaction de l'article 468 et en le rapprochant de l'article 379, on reste convaincu que le tuteur, qui a besoin de l'autorisation du conseil de famille « pour provoquer la réclusion du mineur », est « toujours maître d'a-« bréger la durée de la détention », sans recourir au conseil ; Demante, *Cours analyt.*, n° 229 *bis* ; Demolombe, VII, n° 534 *bis*. Et, « si après sa sortie l'enfant tombe dans de nouveaux écarts, « la détention pourra être de nouveau ordonnée » avec une deuxième autorisation du conseil de famille (art. 379).

3. Nul doute que, si le tuteur est le père, le droit de correction continue d'être régi par le titre *De la puissance paternelle*, sans être amoindri par l'état de tutelle, c'est-à-dire sans qu'il soit besoin de recourir au conseil de famille ; Grenoble, 11 août 1854.

Bien plus, le père conserve intact le droit de correction malgré la perte de la tutelle, tant qu'il n'est pas déchu de la puissance paternelle (*argum.* art. 381).

4. D'après l'article 381 : « La mère survivante et non remariée « ne pourra faire détenir un enfant qu'avec le concours des deux « plus proches parents paternels, et par voie de réquisition, con- « formément à l'article 377 » (ce qui produit un conseil de famille tout exceptionnel). — D'où il ressort que la mère remariée n'a aucunement le droit de faire détenir son enfant d'un premier lit, si ce n'est comme tutrice, conformément au n° 1, *supra*.

E.

ÉCHANGE. 1. C'est-à-dire remise d'une chose contre une autre. Pour échanger les immeubles du mineur, le tuteur a besoin de l'autorisation du conseil de famille, homologuée par le tribunal de première instance (art. 457, 458), sans publicité ni autre formalité ; Toulouse, 9 août 1827 ; Massé et Vergé, I, p. 437, note 21 ; Fréminville, II, n° 730 ; Demolombe, VII, n°ˢ 736, 737 ; Pardessus, *Tr. des servit.*, n° 246.

2. Il en est de même pour l'échange des immeubles appartenant à un interdit (art. 509).

3. Le mineur émancipé a besoin des mêmes autorisations et de l'assistance de son curateur (art. 484).

ÉDUCATION DU MINEUR. — V. *Pouvoirs du conseil de famille et du tuteur touchant la personne du mineur.*

ÉMANCIPATION.

Absence, 10, 18, 19.	Expresse, 2, 6, 24.	Mère remariée, 12.
Age, 6, 14, 15, 16.	Interdiction judiciaire, 10, 19.	Origine, 1.
Ascendants, 24.		Père, 6-11.
Conseil de famille, 14-19.	Interdiction légale, 10, 13.	Puissance paternelle, 8, 11, 19.
Déchéance de la puissance paternelle, 19.	Irrévocable, 5.	
	Juge de paix compétent, 22.	Réquisition, 20, 21.
Dégradation civique, 13.		Séparation de corps, 8.
Effets de l'émancipation, 23.	Mariage, 5.	Tacite, 2-5, 23.
	Mère, 6-11.	

1. L'émancipation est un acte juridique, qui affranchit une personne mineure soit de la puissance paternelle, soit de la tutelle, soit de l'une et de l'autre tout à la fois. Cette institution, originaire du droit romain, a été empruntée par le Code civil

aux anciens pays de droit écrit de la France et à quelques coutumes, qui l'avaient acceptée avec des modifications. *Nouveau
Denizart*, vº EMANCIPATION, § 2, 3 et 4.

2. L'émancipation est tacite ou expresse, selon qu'elle a lieu
de plein droit en vertu de la loi ou bien par une déclaration formelle et solennelle.

3. *Emancipation par mariage.* Aux termes de l'article 476, « le
« mineur est émancipé de plein droit par le mariage ». Ainsi,
par le fait de la célébration de l'union conjugale devant l'officier
de l'état civil, l'épouse ou l'époux mineur ou bien tous deux se
trouvent émancipés. Tel est l'effet spontané, immédiat et inévitable du mariage, à ce point qu'aucune clause ne pourrait empêcher ni amoindrir cette conséquence légale de l'union conjugale.

4. La faveur du mariage produit cet effet quel que soit l'âge du
mineur, et lors même qu'il se marie avec une dispense d'âge ;
Cass., 21 févr. 1821 ; Sirey, 21, I, 188.

5. Et l'émancipation ainsi acquise ne saurait être rétractée ni
révoquée pour une cause quelconque, quand même le mariage
viendrait à se dissoudre par la mort de l'un des époux pendant la
minorité de l'autre ; Cass., 21 févr. 1821 ; Favard, *Répertoire*,
vº EMANCIPATION, § 2, nº 6 ; Taulier, *Théorie du Code civil*, II,
p. 85 ; Massé et Vergé, I, p. 451, § 227, note 8.

6. *Émancipation par père ou mère.* « Le mineur, même non
« marié, pourra être émancipé par son père, ou à défaut de père
« par sa mère, lorsqu'il aura atteint l'âge de quinze ans révolus.—
« Cette émancipation s'opérera par la seule déclaration du père
« ou de la mère, reçue par le juge de paix assisté de son gref-
« fier » (art. 477). *Par la seule déclaration* du père ou de la mère
légitime ; ce qui exclut la nécessité de l'intervention du mineur.
— Cette déclaration doit être pure et simple, sans terme ni condition, comme tout acte qui modifie l'état civil ; Demolombe, VIII,
nº 227 ; *contra* Toullier, II, nº 1300. — V. *Enfant naturel reconnu*, nº 13.

7. Pendant la vie du père, son droit d'émanciper est exclusif
et souverain ; il ne doit compte à personne des raisons qui l'y décident, et le juge de paix ne pourrait pas se refuser à lui donner
acte de sa déclaration. Après la mort du père, commence le droit,
également absolu, de la mère. Telle est la force de la puissance
paternelle, qui s'exerce sans contrôle de conseil de famille.
Bordeaux, 14 juill. 1838 ; Caen, 9 juill. 1850, D. P. 52, V, 231 ;

Laurent, *Principes de droit civil*, V, n° 197.— Le législateur a cru trouver une garantie contre les émancipations trop hâtives dans l'affection des parents, dans leur propre intérêt et dans la connaissance de l'intelligence de leurs enfants ; puisse-t-il ne s'être pas trompé !

8. Le père ne perd pas ce droit lors même que la séparation de corps a été prononcée contre lui avec privation de la garde des enfants, comme l'ont décidé en principe deux arrêts, l'un de la Cour d'appel de Paris du 1ᵉʳ mai 1813, l'autre de la Cour de cassation du 4 avril 1865. — Mais ce dernier arrêt me paraît avoir commis une erreur en ajoutant que la mère conserverait sur l'émancipé les droits à elle conférés par le jugement de séparation ; l'émancipation étant toujours pure et simple, elle rend le mineur maître de ses actions, elle lui donne le droit de diriger sa personne à son gré ; cela est absolument vrai de l'émancipation par mariage, et je ne vois pas qu'il en soit autrement de l'émancipation expresse ; Laurent, V, n° 199.

9. Il va sans dire que le père absent ou interdit judiciairement pour aliénation mentale ne peut pas émanciper ses enfants mineurs. Alors la mère a-t-elle ce pouvoir ? — Nullement, disent Toullier, II, n° 1287, et Proudhon, II, p. 425, qui interprètent les mots *à défaut du père* de l'article 477 par *mort naturellement ;* —tandis que Marcadé, II, art. 477, n° 2, et Fréminville, II, n° 1028, accordent ce droit à la mère dont l'enfant a dix-huit ans accomplis, et le lui refusent au-dessous de cet âge. — Duranton, III, n° 655, lui reconnaît ce droit, quel que soit l'âge de l'enfant, en réservant au père la jouissance légale de ses biens s'il a moins de dix-huit ans. — Rejetant ces deux opinions, M. Demolombe, VIII, n° 210, et MM. Massé et Vergé, p. 452, note 12, admettent la mère à émanciper sans distinction d'âge de l'enfant en cas d'absence déclarée du père, laquelle équivaudrait à la mort, et en cas d'interdiction judiciaire, par argument de l'article 2 du Code de commerce combiné avec notre article 477. Valette, *Explic. somm.*, p. 306, revenant sur sa première opinion, accorde ce droit à la mère même en cas d'absence présumée du père. — Pour ma part, j'admets la mère à émanciper en cas d'absence déclarée du père, non en cas de présomption d'absence ; et je l'admets également en cas d'interdiction judiciaire.

10. De même le père interdit légalement par l'effet d'une con-

damnation infamante est privé du droit d'émanciper ses enfants (*argum.* art. 29 C. pén.) ; alors l'émancipation des enfants âgés de quinze ans révolus appartient à la mère suivant l'article 477 du Code civil. V. Demolombe, VIII, n° 205 ; Massé et Vergé, I, p. 452, § 227, note 12.

11. Après la dissolution du mariage, le droit d'émanciper appartient au survivant des père et mère, n'importe qu'il soit tuteur ou non, exclu ou destitué, pourvu qu'il n'ait point perdu la puissance paternelle ; Bordeaux, 14 juill. 1838 et 7 janv. 1852, D. P. 52, II, 200 ; Duranton, III, n° 656 ; Fréminville, II, n° 1029 ; Demante, II, n° 243 *bis*, III ; Valette, *Explic. somm.*, p. 308 ; Massé et Vergé, I, p. 451, § 227, note 11 ; Demolombe, VIII, n°ˢ 202-204 ; Taulier, II, p. 87. *Contra*, Delvincourt, I, p. 124, note 4, qui maintient ce droit en cas d'excuse et le refuse en cas d'exclusion.

12. Et la mère remariée peut exercer ce droit ; Colmar, 17 juin 1807 ; Liège, 6 mai 1808 ; Bordeaux, 14 juill. 1838 ; Demante, *eod. loc.;* cela *proprio motu,* en vertu de la puissance paternelle à elle propre, sans l'autorisation de son nouvel époux ; de même qu'elle pourrait, sans ce consentement, marier son enfant et l'émanciper ainsi tacitement ; Fréminville, II, n° 1031 ; de Vatimesnil, *Consult.*, insérée dans le *Répertoire* de Dalloz, v° Minorité, n° 774 ; Demolombe, VIII, n° 203 ; Rolland de Villargues, v° Emancipation, n° 9. *Contra*, trib. de Rennes, 21 déc. 1840 ; *Consult.* de Dalloz aîné, *eod. loc.;* Dalloz, v° Minorité, n° 774 ; Laurent, V, n° 202.

13. Nous venons de dire, *supra,* n° 10, que, pendant la durée de l'interdiction légale du père pour condamnation infamante, l'émancipation appartient à la mère. Mais si nous supposons que le père, survivant à la mère, a subi sa peine qui n'était que temporaire (travaux forcés à temps, détention ou réclusion), qu'arrive-t-il ? Le père cesse d'être en tutelle ; il reprend l'exercice de ses droits civils ; recouvre-t-il le droit ou la capacité d'émanciper les enfants qui ne l'ont pas été par la mère ? Non, parce qu'il reste frappé de la dégradation civique, qui est toujours perpétuelle ; qu'il continue à être déchu de la puissance paternelle, lors même qu'il serait appelé à la tutelle de ses enfants par le conseil de famille, le droit d'émancipation dérivant de l'autorité paternelle et non de la tutelle (art. 29, 30, 34 C. pén.).—V. *Interdiction légale.*

14. *Emancipation par le conseil de famille.* « Le mineur resté

« sans père ni mère pourra aussi, mais seulement à l'âge de dix-
« huit ans accomplis, être émancipé, si le conseil de famille l'en
« juge capable. — En ce cas, l'émancipation résultera de la dé-
« claration, que le juge de paix, comme président du conseil
« de famille, aura faite dans le même acte, que *le mineur est*
« *émancipé* » (art. 478).

15. Ce n'est qu'à l'âge de dix-huit ans accomplis que le mineur, sans distinction de sexe, peut être émancipé par le conseil
de famille, qui alors partage la puissance paternelle avec le tuteur
datif ou testamentaire ou bien avec l'ascendant tuteur. Le législateur ne voyait pas ici les mêmes gages qui le rassuraient du côté
des père et mère contre le danger d'une émancipation précipitée,
et il a cru trouver un supplément de garantie dans l'âge plus
avancé. En réalité, cette garantie existe surtout dans le caractère
et le rôle du conseil de famille. Si l'émancipation présente des
dangers, et elle en offre abondamment, c'est quand elle est faite
par le père; cela est incontestable pour tout juge de paix qui a
quelque expérience : le danger ne vient pas du désir du père de
s'affranchir par une émancipation précoce des devoirs de la puissance paternelle ou de la tutelle, presque toujours il vient du besoin qu'il éprouve, soit de soustraire son mobilier à ses créanciers en masquant une location sous le nom de son enfant, soit
de lui rendre le compte de tutelle à peu près à son gré, — soit le
plus souvent de se substituer son enfant dans son commerce en
détresse, — tous mobiles qui aboutiront généralement au trouble
moral et à la ruine de l'émancipé. Fort heureusement le conseil
de famille ne sera jamais guidé par des motifs semblables et saura
conjurer de tels périls.

16. Alors c'est au conseil de famille qu'il appartient de décider s'il juge le mineur, âgé de dix-huit ans révolus, « capable »
d'être émancipé, c'est-à-dire s'il le trouve assez intelligent et assez sensé pour se conduire lui-même, pour gérer ses affaires, et,
avant tout, *s'il y a des raisons sérieuses et utiles au mineur pour qu'on*
l'émancipe. V. Paris, 26 therm. an IX. En cas d'avis favorable, le juge de paix prononce la formule sacramentelle : Nous
déclarons que *le mineur est émancipé.* Et il dresse du tout procès-
verbal.

17. Avant même de choisir un tuteur datif au mineur, le conseil de famille pourrait l'émanciper immédiatement; Demolombe,
VIII, n° 212. Et, tant est absolu le droit d'émanciper, que le sur-

vivant des père et mère, tuteur légal, a la faculté d'en user sans faire nommer de subrogé tuteur à son enfant âgé de quinze ans. Dans l'un comme dans l'autre cas, il y a lieu de nommer un curateur à l'émancipé.

18. En principe, le droit d'émanciper le mineur âgé de dix-huit ans ne s'ouvre, au profit du conseil de famille, qu'après la mort du père et de la mère. Mais, en outre, il lui appartient : 1" après la déclaration d'absence judiciaire du survivant, qui équivaut à sa mort; 2° après la déclaration d'absence des deux; Demolombe, VIII, n°°223, 225; Marcadé, II, art. 479, n° 1. — Il ne lui appartient pas en cas de simple présomption d'absence; *contra*, Marcadé, *eod. loc.* — Puis, M. Demolombe, VIII, n° 224, admet ce cas d'absence présumée, à condition de consulter préalablement le tribunal civil sur l'utilité de l'émancipation; ce qui est contraire aux principes élémentaires.

19. Je n'admets pas que la famille ait le droit d'émanciper, même à l'âge de dix-huit ans, lorsque : 1° le père et la mère vivants sont déchus de la puissance paternelle; 2° ou bien interdits judiciairement tous deux; 3° ou bien présumés absents tous deux; 4° ou bien l'un présumé absent et l'autre interdit; 5° ni lorsque le survivant a cessé d'être tuteur pour une cause quelconque. Pour le décider ainsi, je me fonde sur l'esprit et sur le texte de l'article 478, qui ne concède au conseil de famille le droit d'émanciper que lorsque le mineur est « resté sans père ni mère ». V. Dalloz, v° MINORITÉ, n° 784. *Contra*, Demolombe, VIII, n° 226, Massé et Vergé, I, p. 453, texte et note 18, qui reconnaissent ce droit au conseil, si les père et mère ne sont plus en état de manifester leur volonté.

20. « Lorsque le tuteur n'aura fait aucune diligence pour l'é-« mancipation du mineur dont il est parlé dans l'article précé-« dent, et qu'un ou plusieurs parents ou alliés de ce mineur, au « degré de cousin germain ou à des degrés plus proches, le juge-« ront capable d'être émancipé, ils pourront requérir le juge « de paix de convoquer le conseil de famille pour délibérer à « ce sujet. — Le juge de paix devra déférer à cette réquisition » (art. 479).

21. Le juge de paix ne peut pas spontanément d'office faire cette convocation; Taulier, II, p. 88 ; Fréminville, II, n° 1025; Dalloz, n° 781. Quand il est sollicité de la faire, soit par le subrogé tuteur, soit par un parent au-delà de cousin germain, soit

par le mineur ou le ministère public, il a la faculté de convoquer sans y être obligé; Favard, v° EMANCIPATION, § 1, n° 3; Marcadé, art. 479; Demolombe, VIII, n°˙ 218-220 ; *contra*, Zachariæ, Massé et Vergé, I, p. 453, texte et note 12.

22. *Juge de paix compétent.* Le Code n'autorise l'émancipation expresse que par-devant un juge de paix assisté de son greffier (art. 477-479) ; c'est un acte solennel qui ne peut être fait ni devant notaire ni par testament. Mais quel juge de paix sera compétent? Il faut distinguer. — En vue de faciliter les émancipations, ce qui est regrettable, il est admis généralement que le père ou la mère peut émanciper devant la justice de paix d'un ressort quelconque, par interprétation de l'article 477, qui demande une déclaration « reçue par *le* juge de paix » sans spécifier lequel; sauf, pour la nomination d'un curateur, à réunir le conseil de famille devant le juge de paix du domicile originaire de la tutelle, ou bien devant celui du domicile de l'émancipateur s'il n'y a pas encore tutelle. — S'agit-il d'émancipation par le conseil de famille, elle ne saurait être faite valablement que devant la justice de paix du domicile originaire de la tutelle (art. 478). V. rej , 17 déc. 1849, *J. du Pal.*, 2, 1850, p. 320 ; Metz, 31 mai 1870, D. P., 70, II, 194. — V. *Curateur à l'émancipation*, n° 2.

23. *Effets généraux de l'émancipation.* L'émancipation expresse ou tacite a toujours pour effet d'éteindre la jouissance légale, c'est-à-dire l'usufruit que la loi accorde au père et ensuite à la mère jusqu'à l'âge de dix-huit ans accomplis (art. 384 C. civ.). Puis elle affaiblit singulièrement la puissance paternelle. On croit généralement que l'émancipation rend le mineur capable de faire toutes sortes d'actes comme s'il était majeur. La vérité est que désormais, en la forme, il agira lui-même personnellement; mais au fond il est loin d'avoir une capacité légale absolue. Il y a des actes qu'il fait seul comme un majeur, d'autres qu'il ne peut faire qu'avec l'assistance du curateur, d'autres qu'avec le curateur et l'autorisation du conseil de famille ; enfin, certains actes sont réglés par des dispositions spéciales. — V. *Pouvoirs du mineur émancipé; Révocation de l'émancipation.*

24. *Résumé.* On voit par ce qui précède que le pouvoir d'émanciper appartient au père, à son défaut à la mère, puis au conseil de famille et non au tuteur, quel qu'il soit. De là nous concluons qu'il dérive de la puissance paternelle et jamais de la tutelle. On est quelque peu surpris de ne pas voir ce droit revenir, après les père

et mère, aux ascendants, qui leur succèdent pour consentir au
mariage des petits-enfants suivant l'article 160; est-ce oubli,
est-ce intention du législateur ? On peut admettre cette dernière
opinion quand on considère que la loi n'a pas reconnu, non plus,
aux ascendants le droit de correction (art. 375-384, 478).

EMPHYTÉOSE. L'emphytéose entre-t-elle dans une catégorie
d'immeubles ? La jurisprudence et la majorité des auteurs sont
d'accord avec la pratique du Palais que c'est un droit réel susceptible d'hypothèque ; Paris, 10 mai 1831 ; rej. 19 juill. 1832;
Troplong, *Privilèges et hypothèques*, II, n° 405 ; Duvergier, *Du
louage*, n° 154 ; V. Le Senne, *Comm.* L. 23 mars 1855, n° 21.
L'emphytéose participe donc de la nature des immeubles, et le
tuteur ne saurait ni en créer une ni transmettre à autrui une déjà
constituée, sans y avoir été autorisé par une délibération homologuée, avec l'accomplissement des autres formalités de la loi;
Demolombe, VII, n° 735 ; *contra* Valette, *Privilèges et hypothèques*, I, p. 191. — V. *Vente des immeubles.*

EMPLOI DES REVENUS DU MINEUR. 1. « Le conseil dé-
« terminera positivement la somme à laquelle commencera, pour
« le tuteur, l'obligation d'employer l'excédant des revenus sur la
« dépense ; cet emploi devra être fait dans le délai de six mois,
« passé lequel le tuteur devra les intérêts à défaut d'emploi »
(art. 455). — « Si le tuteur n'a pas fait déterminer par le conseil
« la somme à laquelle doit commencer l'emploi, il devra, après
« le délai exprimé en l'article précédent, les intérêts de toute
« somme non employée, quelque modique qu'elle soit » (art 456).
— Malgré le mot « positivement », le conseil de famille a pleine
faculté d'autoriser le tuteur à garder en caisse une certaine somme
disponible pour parer aux besoins imprévus.

2. Les père et mère sont-ils compris dans les articles 455 et 456?
La question n'existe que pour les valeurs dont le père ou la mère
n'a pas l'usufruit ; et j'adopte l'affirmative avec MM. Marcadé, II,
art. 454, n° 1, Demante, II, n° 213 *bis*, VII, et la Cour de Bordeaux, 5 août 1841 ; *contra*, Demolombe, n° 729; cela sans distinguer si la mère est remariée ou non, tutrice légale ou tutrice
dative.

EMPLOI DES REVENUS DE L'INTERDIT. « Les revenus
« d'un interdit doivent être essentiellement employés à adoucir
« son sort et accélérer sa guérison. Selon les caractères de sa
« maladie et l'état de sa fortune, le conseil de famille pourra

« arrêter qu'il sera traité dans son domicile, ou qu'il sera placé
« dans une maison de santé, et même dans un hospice » (art. 510).

EMPLOI DES REVENUS DE L'ALIÉNÉ AYANT UN ADMINISTRATEUR PROVISOIRE NOMMÉ PAR JUSTICE. Ses
revenus doivent surtout être employés à l'adoucissement de son
sort et à sa guérison, de même que pour l'interdit, conformément
à la loi du 30 juin 1838, art. 38.

EMPLOI DES CAPITAUX.

1. Le Code civil laissait du doute et matière à controverse sur le
point de savoir si le tuteur est obligé d'employer dans un délai
déterminé les capitaux du mineur et de l'interdit. La loi du
17-28 février 1880, article 6, a fait disparaître ce doute en disposant que : « Le tuteur devra faire emploi des capitaux apparte-
« nant au mineur ou à l'interdit, ou qui leur adviendraient par
« succession ou autrement, et ce dans le délai de trois mois, à
« moins que le conseil de famille ne fixe un délai plus long, au-
« quel cas il pourra en ordonner le dépôt comme il est dit en
« l'article précédent. — Les règles prescrites par les articles ci-
« dessus et par l'article 455 du Code civil seront applicables à cet
« emploi. — Les tiers ne seront en aucun cas garants de l'emploi. »

2. *Du mineur non émancipé.* Ainsi, désormais « le tuteur » est
obligé d'employer les capitaux du mineur quelle qu'en soit l'origine. Telle est la règle absolue posée dans l'article 6.

3. Cette obligation de faire emploi n'est pas seulement absolue,
elle est aussi générale, c'est-à-dire imposée à tous les tuteurs
sans exception, ceux entrés en fonctions soit avant, soit depuis
la loi du 17-28 février 1880 (art. 9). Elle atteint même le survivant
des père et mère tuteur légal, mais non le père qui a l'administra-
tration légale pendant le mariage. On s'est expliqué formellement
sur ces deux points dans le rapport au Sénat et lors de la discussion devant les Chambres législatives. — V. *infra*, n° 11, et *Conversion des titres au porteur en titres nominatifs*, n°ˢ 13, 16.

4. « Dans le délai de trois mois », qui partira de la possession
réelle des deniers, de leur encaissement effectif, quelle qu'en soit
l'origine ou la provenance; « succession ou autrement », dit l'ar-

ticle 6. Cette expression *autrement* comprend les deniers provenant de donation, legs, travail. Elle va plus loin, elle embrasse les prix de la vente des immeubles du mineur lors même que le mode d'emploi n'a pas été déterminé par le conseil de famille (art. 457 C. civ.), et aussi le prix de la vente des meubles corporels ou incorporels (art. 1, 4, 6, L. 1880).

5. « A moins que le conseil ne fixe un délai plus long » que trois mois, ajoute notre article 6 ; ce qui permet un adoucissement au principe ; dans lequel cas la famille aura la faculté d'ordonner que les fonds disponibles seront déposés provisoirement au nom du mineur, « soit à la Caisse des dépôts et consignations, « soit entre les mains d'une personne ou d'une société spéciale-« ment désignée » (art. 5, 6).

6. En renvoyant à l'article 455 du Code civil, la loi de 1880 montre que, suivant l'intention du législateur, le tuteur devra les intérêts de toute somme employée à partir de l'expiration des trois mois ou du délai prorogé par le conseil de famille. Mais ce n'est là qu'un délai de grâce ou de latitude, qui n'empêche pas que les intérêts courent plus tôt, à partir du jour où le tuteur aurait employé les capitaux à son usage personnel.

7. « Les tiers ne seront en aucun cas garants de l'emploi », ajoute l'article 6. « Les tiers ne doivent pas être responsables ; il ne faut pas qu'ils aient de motifs, ni même de prétextes pour refuser leur libération, ou pour la retarder, ou pour l'entraver. Les obligations créées par la loi sont imposées au tuteur sous sa seule responsabilité personnelle » (Rapport au Sénat).

8. « Le subrogé tuteur devra surveiller l'accomplissement des « formalités prescrites par les articles précédents. Il devra, si le « tuteur ne s'y conforme pas, provoquer la réunion du conseil de « famille devant lequel le tuteur sera appelé à rendre compte de « ses actes » (art. 7). C'est-à-dire que, faute par le tuteur de mettre de l'empressement à faire l'emploi au nom du mineur, le subrogé tuteur devra le faire appeler devant le conseil de famille, sans même attendre l'expiration des trois mois, et ce conseil pourra ordonner un mode d'emploi ou bien prononcer la destitution du tuteur pour infidélité suivant les circonstances (*argum.* art. 444 C. civ.).

9. Mais le tuteur est-il libre de faire l'emploi à sa guise? Sur ce point dans l'ancienne jurisprudence il avait pleine liberté de placer les deniers du pupille ; son recours au conseil de famille

n'était que facultatif; Pothier, *Des personnes*, part. I, tit. VI, art. 4, n° 177. Le Code civil (art. 455, 456) obligeant le tuteur à faire emploi dans certains cas particuliers sans lui tracer aucun mode, on en induit avec raison qu'il peut placer à son gré, sans autorisation du conseil de famille, en prêts, acquisitions d'immeubles, achats de valeurs industrielles ou autrement. Les actes faits par le tuteur *au nom du mineur* lient celui-ci envers les tiers et réciproquement; Demolombe, n°ˢ 669-675. Et, pourvu que l'emploi ait été fait avec prudence, les pertes et les cas fortuits tomberaient sur le mineur ; Duranton, III, n° 569; Magnin, n° 266 ; Dalloz, n° 452. Toutefois, Marcadé, II, art. 456, n° 2, et Taulier, I, p. 65, enseignent que ces actes ont besoin d'être autorisés et que c'est au conseil de famille à déterminer le mode d'emploi. — Entrons dans quelques détails sur ce point.

10. Pour vendre un immeuble appartenant au mineur, l'article 454 du Code civil demande une autorisation préalable du conseil de famille, qui ne « devra être accordée que pour cause d'une nécessité absolue ou d'un avantage évident », en même temps qu'il prescrira « toutes les conditions qu'il jugera utiles ». Puis la loi du 3 mai 1841, art. 13, sur l'expropriation pour utilité publique, confère au tribunal le droit d'« ordonner les mesures de conservation ou de remploi qu'il juge nécessaires ». Enfin la loi du 17-28 février 1880, art. 1ᵉʳ, dispose que le conseil de famille, en autorisant l'aliénation des meubles incorporels du mineur, « prescrira les mesures qu'il jugera utiles », en même temps que l'article 5, § 5, dit textuellement que cette autorisation sera donnée sous condition d'« emploi ». De là je conclus que la famille peut de son chef dicter au tuteur un mode d'emploi déterminé, n'importe l'origine des deniers. Mais en principe le tuteur est libre de faire les emplois à sa guise. Et j'estime qu'il agira prudemment, pour les capitaux importants, de consulter le conseil, qui lui donnera son avis sur l'utilité de l'emploi, de manière à alléger la responsabilité tutélaire.

11. « Quelques personnes — disait le rapporteur au Sénat sur le projet de la loi nouvelle — ont paru redouter que cette application de la loi aux tutelles en cours ne vînt jeter un trouble dans les affaires de famille liquidées et organisées sous l'empire de la législation actuelle. On a demandé, par exemple, si un père de famille veuf avec des enfants mineurs allait être obligé de modifier sa situation et la composition de sa fortune, de créer distincte-

ment la part de ses enfants, de la réaliser et d'en faire un emploi spécial et personnel. Le conseil de famille est juge. Il a toute liberté pour l'appréciation des emplois, et assurément il pensera bien souvent, et le tribunal, en cas de difficultés, pensera aussi que l'emploi fait par le père de famille sur lui-même, et sous la forme ou d'une maison, ou d'un commerce, ou d'une industrie, peut être un très bon emploi. »

12. *De l'interdit.* Son tuteur a les mêmes droits et les mêmes obligations que le tuteur du mineur (art. 6, L. 1880).

13. *Du mineur émancipé.* C'est lui personnellement qui fait ses recouvrements et touche ses capitaux avec l'assistance du curateur, qui est tenu d'en surveiller l'emploi sous sa responsabilité; et je ne vois pas que cet état juridique, établi par le Code civil dans l'article 482, ait été modifié par la loi de 1880. — V. *Pouvoirs du mineur émancipé; Conversion des titres au porteur en titres nominatifs,* nᵒˢ 16-20.

14. *Des mineurs « placés sous la tutelle, soit de l'administration « de l'Assistance publique, soit des administrations hospitalières ».* L'emploi de leurs capitaux est également obligatoire. Il est confié au conseil de surveillance et à la commission administrative, qui « rempliront à cet effet les fonctions attribuées au conseil de « famille » (art. 8).

15. *Des « aliénés placés sous la tutelle, soit de l'administration de « l'Assistance publique, soit des administrations hospitalières ».* L'emploi de leurs capitaux est aussi prescrit de la même manière (art. 8).

16. *Des aliénés ayant un administrateur provisoire nommé « en « exécution de la loi du 30 juin 1838 ».* L'emploi est aussi obligatoire (art. 8).

EMPRUNTS (ET HYPOTHÈQUE).

1. *Sur les biens du mineur non émancipé.* Nous entrons dans le vif de la question des pouvoirs du tuteur et du conseil de famille touchant le patrimoine du pupille, principalement les immeubles. Suivons l'ordre adopté par le Code.— « Le tuteur, même le père « ou la mère, ne peut emprunter pour le mineur, ni aliéner ou « hypothéquer ses biens immeubles, sans y être autorisé par « le conseil de famille » (art. 457).

2.« Cette autorisation ne devra être accordée que pour cause d'une
« nécessité absolue ou d'un avantage évident, et qu'après qu'il
« aura été constaté, par un compte sommaire présenté par le tu-
« teur, que les deniers, effets mobiliers et revenus du mineur
« sont insuffisants » (art. 457). — Puis, pour devenir exécutoire,
l'autorisation aura besoin d'être homologuée par le tribunal de
première instance, statuant en la chambre du conseil (art. 458);
Dalloz, n° 531.

3. Faute d'accomplissement de ces formalités, le mineur ne
sera pas obligé envers le prêteur par l'action *ex mutuo;* celui-
ci n'aura d'action contre lui que jusqu'à concurrence de ce dont
il aura profité, en vertu de l'action *de in rem verso*, dépourvue d'hypothèque. — Cela pour les emprunts hypothécaires ou non; Demolombe, VII, n°* 728, 729, 739; Zachariæ, Massé et Vergé, I,
p. 437, texte et note 18; *contra*, Chardon, III, n° 410.

4. Notre article 457 exige les mêmes formalités préalables de
l'autorisation et de l'homologation pour la constitution d'une
hypothèque par le tuteur sur les immeubles, sans distinguer s'il
s'agit de garantir un emprunt contemporain ou bien un autre
engagement qui intéresse le mineur, même pour transférer une
hypothèque d'un immeuble sur un autre; Dalloz, n° 538; Demolombe, VII, n° 738; Massé et Vergé, I, p. 437, note 18.

5. Pour cette sorte d'actes il est d'usage constant que la délibération désigne sommairement chacun des immeubles que le
tuteur est autorisé à hypothéquer, ce qui rentre dans l'esprit sinon
dans la lettre du dernier alinéa du même article 457; Marcadé
sur cet article. En l'absence de spécification dans la délibération,
l'hypothèque serait annulable lors même qu'on se serait conformé
aux prescriptions de l'article 2129 dans l'acte de constitution. Elle
serait également nulle si la délibération n'avait pas été homologuée préalablement par le tribunal civil (art. 458); Metz,
18 juin 1824. Mais notons que l'emprunt peut être valable malgré la nullité de l'hypothèque; Massé et Vergé, p. 436, note 14.

6. *Sur les biens du mineur émancipé.* Aux termes de l'article 483 : « Le mineur émancipé ne pourra faire d'emprunts, sous
« aucun prétexte, sans une délibération du conseil de famille,
« homologuée par le tribunal de première instance après avoir
« entendu le procureur de la République. »

7. Par application de la maxime *accessorium sequitur principale,* on a conclu que l'émancipé peut seul consentir une hypo-

thèque pour la garantie des engagements qu'il contracte régulièrement seul; Toullier, II, n° 1298; Duranton, III, n° 673;
Chardon, III, n° 572. Mais cette solution est généralement repoussée avec raison; Nîmes, 12 juin 1821; Valette, sur Proudhon,
II, p. 435-437; Magnin, II, n° 1270; Duvergier, sur Toullier, II,
n° 1298, note 1; Demolombe, VIII, n° 290; Pont, *Des privilèges
et hypothèques*, art. 2124, n° 613; Dalloz, n° 813. C'est une erreur,
en effet. Règle absolue, « les biens des mineurs ne peuvent être
« hypothéqués que pour les causes et dans les formes établies par
« la loi » (art. 2126), c'est-à-dire avec une autorisation du conseil
de famille, homologuée par le tribunal : donc il faut toujours cette
autorisation pour valider l'hypothèque conventionnelle, consentie
par l'émancipé assisté du curateur (art. 457, 458, 483, 484). En
un mot, ces formalités sont nécessaires pour tous les emprunts,
bien qu'ils aient pour objet des dépenses d'administration et que
le montant ne dépasse pas une année des revenus du mineur
émancipé; Dalloz, n° 835.

8. *Sur les biens de l'interdit.* Les mêmes règles lui sont applicables.

ENFANT LÉGITIME, c'est-à-dire né de mariage. Celui dont
la loi s'occupe avec le plus de sollicitude; celui qu'elle protège
avant tous par la *puissance paternelle*, par l'*administration légale*,
par la *tutelle*, et par la *curatelle*. — V. ces mots.

ENFANT ADOPTIF. C'est-à-dire qu'un père ou une mère
s'est donné et attaché par le lien de l'adoption ; de sorte que cette
filiation n'établit de relation légale qu'entre l'enfant et le père ou
la mère, sans les rattacher aucunement à la famille de l'un ou de
l'autre (art. 344, 346, 350), sans établir entre les membres de
ces familles et l'adopté des droits et des devoirs touchant la tutelle. — V. *Tutelle officieuse*.

ENFANT NATUREL RECONNU.

Conseil de famille, 7, 9, 11, 12.	Mère, 3, 7.	Reconnaissance, 1, 2.
Curateur au ventre, 10.	Mère naturelle, 9.	Tutelle, 4, 5, 6.
Emancipation, 13.	Ouverture de la tutelle, 4.	Tuteur, 3, 7, 8.
	Père, 3, 7.	

1. *Reconnaissance.* Nous avons à nous occuper ici de la tutelle,
de l'émancipation et des conseils de famille des enfants qui, nés
hors mariage et non légitimés, ont été reconnus, soit par le père,
soit par la mère, soit par tous deux, dans un acte authentique, c'est-à-dire dans un acte passé devant notaire ou devant

un officier de l'état civil (art. 334), ou bien devant un juge de paix, ou bien encore par une décision judiciaire (et notons qu'il ne suffit pas de l'indication des noms du père et de la mère dans l'acte de naissance, s'ils n'y ont pas comparu comme déclarants).

2. Devant le juge de paix, la reconnaissance d'un enfant naturel peut être faite et insérée non seulement dans un procès-verbal de conciliation, Grenoble, 15 therm. et 25 prair. an XIII, Duranton, III, n° 221; mais encore dans une délibération de famille, Douai, 22 juill. 1856, S. V. 57, II, 33, Richefort, II, n° 244.

3. L'enfant naturel est soumis à la puissance paternelle du père ou de la mère qui l'a reconnu; mais l'article 383 limite cette puissance aux dispositions des articles 376, 377, 378 et 379; cette protection suffit en général à la garde et à la surveillance de la personne, de l'éducation et de l'instruction. Quant aux intérêts matériels, aux biens et aux actions, dès qu'il en advient au mineur, il faut un administrateur; sera-ce le père ou la mère? Ni l'un ni l'autre, si nous comprenons bien la lettre et l'esprit du Code civil, qui reconnaît le père « pendant le mariage » administrateur des biens personnels de ses enfants mineurs, en considération de la présence de la mère des enfants légitimes, et qui fait de ce père légitime un tuteur sous la surveillance d'un subrogé tuteur dès que le mariage est rompu (art. 383 et 384). Aussi est-on d'accord que cet administrateur des biens de l'enfant naturel sera un tuteur. V. Demolombe, VIII, n° 381.

4. *Tutelle.* A quelle époque commence la tutelle de l'enfant naturel reconnu? Le germe s'ouvre au moment de la naissance; Massé et Vergé, sur Zachariæ, I, p. 384, § 195, note 3. Nous allons voir comment il sera constitué ou développé.

5. Par qui cette tutelle va-t-elle être déférée, est-ce par la loi, est-ce par un conseil de famille? Question vivement controversée, qui donne lieu à trois opinions.

La première enseigne que la tutelle des enfants naturels reconnus est avant tout légale et qu'elle devient ensuite testamentaire ou dative. Pour déférer la tutelle légitime au père naturel ou à la mère à son défaut, on invoque tantôt les textes et l'esprit du Code civil, en s'appuyant sur les articles 158, 159, 383 et 765, tantôt la puissance paternelle, la loi naturelle et les dispositions du droit de la nature. Toulouse, 1er sept. 1809; Grenoble, 21 juill. 1836; Douai, 13 févr. 1844; Cass., 20 avr. 1850, S. V.,

50, I, 702 ; Douai, 22 juill. 1856, S. V., 57, II, 33 ; Poitiers 5 mai 1858 et 1er août 1870, D. P., 71, II, 56 ; Delvincourt, I, p. 103, note 1 ; Magnin, I, n°s 502-504 ; Vazeille, *Du mariage,* II, n°s 478 et suiv.; Marchand, p. 110 ; Loiseau, *Des enfants naturels,* p. 537 ; Cadrès, *eod. verb.,* n°s 80 et suiv.; Cubain, *Droits des femmes,* n° 82.

La deuxième opinion va plus loin : en même temps qu'elle attribue la tutelle légale au père, puis à la mère, elle reconnaît au père le pouvoir de nommer un conseil de tutelle à la mère survivante, et au dernier mourant le droit de choisir un tuteur testamentaire ; en un mot, cette opinion met la tutelle des enfants naturels sur la même ligne que celle des enfants légitimes, si ce n'est qu'il n'y aura point d'ascendants (art. 390, 391, 397, 405 C. civ.); Taulier, II, p. 22.

La troisième opinion n'admet que la tutelle dative, en s'appuyant d'un côté sur l'absence de texte de loi qui confère la tutelle légale aux père et mère naturels, d'un autre côté sur la nécessité de donner un représentant au mineur. Elle combat les inductions que les autres systèmes tirent des articles 158, 159, 383 et 765, en disant que, si la loi eût voulu donner la tutelle légale sur les enfants naturels, elle s'en serait expliquée dans une disposition spéciale, ainsi qu'elle l'a fait dans l'article 390 pour les enfants légitimes. Quelle confiance, dit-on, méritent les père et mère naturels ? N'est-il pas évident que le législateur les tenait en suspicion et qu'il a dû mesurer les droits des parents au degré de confiance qu'ils lui inspiraient ; eh bien ! ce degré est marqué par les textes formels qui leur accordent une puissance paternelle limitée, certains droits successifs et autres ; mais pas un texte ne fait allusion à la tutelle légale. Paris, 9 août 1811 ; rej. 31 août 1815 ; Grenoble, 5 avr. 1819, et rej. 7 juin 1820, S. V., 20, I, 366 ; Agen, 19 févr. 1830, S. V., 32, II, 58 ; Lyon, 11 juin 1856, S. V., 56, II, 526 ; Lyon, 8 mars 1859, S. V., 60, II, 431, D. P., 59, II, 144 ; Rennes, 9 janv. 1867, S. V., 67, II, 135 ; Favard, v° TUTELLE, § 1, n° 5 ; Merlin, *Quest. de dr.,* v° TUTEUR, § 4 ; Duranton, III, n° 431 ; Valette, sur Proudhon, II, p. 290 ; Marcadé, art. 390, n° 2 ; Coin-Delisle, *Encyclop. des juges de paix,* III, p. 55 ; Richefort, *État des familles,* II, n° 275 ; Rolland de Villargues, *Dissertation,* Sirey, 1843, II, 19 ; Fréminville, I, n° 33 ; *Revue critique de la jurisprudence,* I, p. 134 ; Massé et Vergé, I, p. 409, § 207, note 20 ; Demante, *Cours analyt.,* II, n° 138 *bis ;* Girard de Vasson, *Revue critique de législation*, 1857, XI, p. 363 ; Ballot, *Revue pratique de droit français*, 1858, V., p. 179 ; Allemand, *Du mariage*, n° 1169 ; Coulon, *Questions de droit*, n° 152.

6. Je me range à cette troisième opinion, qui n'admet que la tutelle dative, par la raison juridique qu'il ne peut y avoir de tutelle légale que celle qui est donnée positivement par la loi, et qu'aucun texte n'a établi la tutelle des père et mère naturels. Puis, je suis frappé des anomalies qui accompagnent les deux premiers systèmes : 1° en fait, il pourrait y avoir dans la tutelle légale des enfants naturels deux tuteurs légaux successifs, le père et la mère survivante, tandis qu'il n'y a jamais qu'un seul tuteur légal, le survivant, dans la tutelle des enfants légitimes ; 2° si le père tuteur naturel est excusé ou exclu, la mère viendra réclamer la tutelle légale du second degré, au lieu de la tutelle dative qui serait de droit commun pour les enfants légitimes selon l'article 405 ; 3° en cas de disparition du survivant des père et mère légitimes, l'article 142 veut que le conseil de famille nomme un ascendant surveillant ou bien un tuteur provisoire ; comment appliquer cette disposition à l'enfant naturel, qui n'a jamais d'ascendant? et l'on comprend que le père naturel sera souvent éloigné ou absent ; que fera-t-on alors? il faudra nécessairement constituer une tutelle dative.

7. Il va sans dire que le conseil de famille est libre de choisir pour tuteur à l'enfant naturel le père ou la mère qui l'a reconnu (celle-ci même du vivant du père). Mais peut-il le nommer avant qu'il ait accompli sa vingt et unième année? — Il est vrai que l'article 442 du Code civil reconnaît au survivant des père et mère, quoique mineur, la capacité d'être tuteur et membre du conseil de famille de son enfant, cela par fiction en considération du mariage ; mais les fictions ne peuvent être étendues d'un cas à un autre, et certes la paternité, non plus que la maternité naturelle, n'a pas droit à une telle faveur. D'où j'ai conclu un instant que, pour devenir tuteur, le père ou la mère devrait être âgé d'au moins vingt et une années, opinion que j'ai fini par écarter en considérant que le père ou la mère, quoique mineur, n'en a pas moins la puissance paternelle, qui est plus forte que la tutelle.

8- N'admettant que la tutelle déférée par la famille, nous ne reconnaissons au père ni à la mère le droit de choisir un tuteur testamentaire à leur enfant naturel ; Ducaurroy, Bonnier et Roustain, t. I, n° 385 ; Massé et Vergé, t. I, p. 412, § 209, note 12.

V. *Tutelle testamentaire*, n° 30. L'opinion contraire est professée par les partisans de la tutelle légitime; trib. Seine, 19 mai 1868; Magnin, I, n° 465 ; Taulier, II, p. 23 ; Dalloz, v° MINORITÉ, n° 696. A notre avis, le choix qui aurait été fait ne serait qu'une recommandation que le conseil de famille pourrait ratifier en nommant l'individu choisi, de même qu'il aurait pleine faculté de nommer un autre tuteur, même la mère du vivant du père.

9. On demande si la mère naturelle qui veut se marier après avoir été nommée tutrice dative, est tenue de convoquer préalablement le conseil de famille à peine de perdre la tutelle? Cette question serait toute naturelle dans l'opinion qui fait de la mère une tutrice légale, tandis qu'elle se résout négativement d'elle-même dans l'opinion qui n'admet que la tutelle dative. *Contra*, rej. 31 août 1845 ; Demolombe, n° 387.—J'ajouterai, pour rassurer ceux dont ce mariage diminuerait la confiance, que le conseil de famille aura la faculté de nommer un autre tuteur à la place de la mère, en vertu de son plein pouvoir, sans même qu'il existe de cause d'excuse ou d'exclusion. — V. *Tutelle dative*, n° 20.

10. *Curateur au ventre*. Lorsqu'une femme non mariée se trouvant enceinte, il advient un intérêt pécuniaire à l'enfant conçu, le conseil de famille doit-il prendre quelque mesure? Par argument de l'article 393 du Code civil, j'estime qu'il y a lieu de nommer un curateur au ventre, sauf à constituer une tutelle dative et une subrogée tutelle à la naissance de l'enfant. — V. *Curatelle au ventre*.

11. *Conseil de famille*. Suivant une pratique qui paraît constante et générale, le conseil de famille s'assemble devant le juge de paix de la mère, ou plutôt du père qui a reconnu l'enfant naturel, ou bien de l'hospice ou de la personne qui l'a recueilli ; Marcadé, sur l'art. 108 ; Massé et Vergé, I, p. 123, note 8.

12. Il fonctionne conformément aux règles tracées pour les enfants légitimes. Il n'y a de modification que pour sa composition : ordinairement « les enfants nés hors mariage n'ont d'autres parents que leurs père et mère, et n'ont point de famille »; rej. 3 sept. 1806 et 3 juin 1820 ; ils peuvent encore avoir des frères, des beaux-frères naturels (art. 766) ; de là obligation de les convoquer à l'assemblée (le père et la mère majeurs ou non). Hors de là on ne pourra y appeler que « des citoyens connus pour avoir eu des relations habituelles d'amitié avec le père ou la mère du mineur » ; Douai, 22 juill. 1856; Valette, sur Proudhon, I, p. 399.

Le juge de paix aura même la faculté de les choisir en dehors de la commune ; Ducaurroy, Bonnier et Roustain, I, nᵒˢ 586, 587. V. rej. 7 juin 1820.

13. *Émancipation* On est d'accord pour appliquer aux enfants naturels, légalement reconnus, les principes formulés par le Code civil pour l'émancipation des enfants légitimes ; de sorte que l'émancipation peut leur être conférée : 1º tacitement, à tout âge, par le mariage ; 2º expressément, à quinze ans, par le père, à son défaut par la mère ; 3º et à dix-huit ans par le conseil de famille (art. 73, 144, 383, 477, 478) ; Limoges, 2 janv. 1821 ; Toullier, II, nº 1287 ; Duranton, III, nº 657 ; Valette, *Explic. somm.*, p. 585 ; Loiseau, *Enfants naturels*, p. 545 ; Chardon, II, nº 180 ; Massé et Vergé, I, p. 451, note 10 ; Demolombe, VIII, nº 373. *Contra*, Rolland de Villargues, *Enfants naturels*, nº 302. — V. *Émancipation*, nº 24 ; *Révocation de l'émancipation.*

14. *Mariage.* Pour le mariage de l'enfant naturel reconnu, V. *Mariage*, nᵒˢ 10 et 11.

ENFANT NATUREL NON RECONNU. 1. Lorsqu'il n'a pas été admis dans un hospice, s'il est besoin de lui donner un tuteur, il sera nommé par un conseil de famille composé de voisins ou d'amis. De même pour lui choisir un subrogé tuteur ou bien pour l'émanciper.

2. Il « ne pourra, avant l'âge de vingt-un ans révolus, se ma-« rier qu'après avoir obtenu le consentement d'un tuteur *ad hoc* « qui lui sera nommé » (art. 159) par le conseil de famille, ou bien de son tuteur général spécialement autorisé à cet effet.

ENFANT ADULTÉRIN. 1. Celui qui est né de père et de mère non mariés ensemble, mais dont l'un (ou bien tous deux) est marié avec un autre. Quoique le Code prohibe la reconnaissance des enfants nés d'un commerce adultérin (art. 335), leur existence légale peut néanmoins résulter d'une décision judiciaire. « La loi ne leur accorde que des aliments » (art. 762 ; *rappr.* 763, 764).

2. Cette parenté n'engendre ni puissance paternelle, ni administration légale, ni tutelle légale ; puis elle ne donne aucun droit acquis au père ou à la mère d'être membre du conseil de famille de l'enfant et réciproquement.

3. La tutelle d'un enfant adultérin doit être réglée comme celle des enfants sans parents connus, par un conseil de famille composé d'amis et de voisins ; Dalloz, nº 700. Il en est de même du

mariage et du contrat de mariage. — V. *Mariage*, nᵒˢ 10 et 11.

ENFANT INCESTUEUX. 1. Celui qui est né de père et de mère non mariés ensemble et auxquels la loi interdit le mariage entre eux à cause de leur parenté ou alliance (art. 161-164). Bien que la reconnaissance n'en soit pas permise, la preuve de cette filiation pourra résulter d'une décision judiciaire. Il n'a droit qu'à des aliments (art. 762, 763, 764).

2. Privé de parents devant la loi, sa tutelle sera régie comme nous venons de le dire pour l'enfant adultérin, de même que son mariage et le contrat de mariage.

ENFANTS TROUVÉS, ABANDONNÉS OU ORPHELINS ADMIS DANS LES HOSPICES.

Commission administra-   Emancipation, 5, 6.   Reconnaissance, 10.
   tive, 2, 3, 4.   Historique, 1.   Tutelle officieuse, 9.
Conseil de tutelle, 2.   Mariage, 8.   Tuteur, 2, 3.
Curateur, 7.

1. Dans les premiers temps de la monarchie française les enfants abandonnés ne furent pas traités évangéliquement. Leur sort s'adoucit peu à peu sous l'influence bienfaisante du christianisme ; et au dix-septième siècle l'ardente charité de saint Vincent de Paul fonda l'hospice des Enfants trouvés. Puis, à la fin du dix-huitième siècle, vint la loi du 15 pluv. an XIII, qui fut suivie du décret du 19 janv. 1811, deux règlements qui régissent encore aujourd'hui la tutelle des enfants abandonnés.

2. *Tutelle.* « Les enfants admis dans les hospices, à quelque « titre et sous quelque dénomination que ce soit, seront sous la « tutelle de la commission administrative de ces maisons, les-« quelles désigneront un de leurs membres pour remplir, le cas « advenant, les fonctions de tuteur ; les autres formeront le con-« seil de tutelle » (art. 1ᵉʳ, L. 15 pluv. an XIII).

3. Si un enfant sort de l'hospice pour travailler dans un lieu éloigné, la commission de cet hospice peut, par un acte administratif, déférer subsidiairement la tutelle à la commission administrative de l'hospice du lieu le plus voisin de la résidence actuelle de l'enfant, de manière à rendre la surveillance plus facile et plus sûre (art. 2, L. 15 pluv. an XIII), sans que la commission administrative du premier hospice perde la tutelle ; Bordeaux, 28 nov. 1833.

4. La commission administrative est chargée de veiller à tout

ce qui concerne la personne des enfants, leur éducation, leur instruction, leur profession.

5. *Émancipation*. L'article 4 de la loi du 15 pluviôse dispose que : « Les commissions des hospices jouiront, relativement à « l'émancipation des mineurs qui sont sous leur tutelle, des droits « attribués aux pères et mères par le Code civil ». D'où il suit que l'enfant peut être émancipé dès l'âge de quinze ans (art. 477) ; Locré, *Légis. civ.*, VII, p. 297.

6. « La déclaration d'émancipation sera faite, sur l'avis des « membres de la commission administrative, par celui d'entre « eux qui aura été désigné tuteur et qui seul sera tenu de compa- « raître, à cet effet, devant le juge de paix. L'acte d'émancipation « sera délivré sans autres frais que ceux d'enregistrement et de « papier timbré » (art. 4, L. 15 pluv.).

7. *Curateur*. Le receveur de l'hospice remplit les fonctions de curateur à l'enfant émancipé (art. 5).

8. *Mariage*. La commission administrative, qui est un conseil de famille permanent, a le pouvoir de consentir au mariage de l'enfant mineur admis dans l'hospice, de discuter les conventions matrimoniales, et d'autoriser spécialement un tuteur *ad hoc* ou bien un autre administrateur à assister ce mineur à la réalisation de ces actes, absolument comme il est prescrit pour le mariage d'un enfant légitime qui, n'ayant plus ni père, ni mère, ni ascendants, est placé en tutelle (art. 159 C. civ.). — V. *Mariage*.

9. *Tutelle officieuse*. L'enfant admis dans un hospice cesse d'être sous la tutelle des administrateurs lorsque, âgé de moins de quinze ans, il est adopté officieusement par un tiers du consentement des administrateurs dudit hospice ou de la municipalité du lieu de sa résidence (art. 361-364).

10. *Reconnaissance de l'enfant*. Il a été jugé que la tutelle des administrateurs d'un hospice cesse *de plano* dès que les parents de l'enfant se présentent, parents légitimes, parents l'ayant déjà reconnu, ou parents qui le reconnaissent ; Colmar, 5 avr. 1838.

ENFANTS (PLURALITÉ D'). — V. *Dispenses de la tutelle*, n°ˢ 53-62.

ENGAGEMENT MILITAIRE. 1. « Pour contracter un enga- « gement volontaire, « l'engagé doit », s'il entre dans l'armée de « mer, « avoir seize ans accomplis ; » et, s'il entre dans l'armée de terre, « avoir dix-huit ans accomplis ». Et encore il ne lui suffit pas d'avoir atteint cet âge pour contracter l'engagement par sa seule volonté : « s'il a moins de vingt ans, il doit justifier du consente-« ment de ses père et mère ou tuteur. Ce dernier doit être auto-« risé par une délibération du conseil de famille » (L. 27 juill. 1872, art. 46).

2. L'âge est le même pour un mineur émancipé, à la condition, au-dessous de vingt ans, de rapporter le consentement de son père ou de sa mère, ou bien l'autorisation du conseil de famille.

ENGAGEMENT RELIGIEUX. 1. « Les congrégations hospi-« talières auront des noviciats, en se conformant aux règles éta-« blies à ce sujet par leurs statuts » (art. 6, Décr. du 18 févr. 1809, « *relatif aux congrégations ou maisons hospitalières de femmes*). — « Les élèves ou novices ne pourront contracter des vœux si elles « n'ont seize ans accomplis. Les vœux des novices âgées de moins « de vingt-un ans ne pourront être reçus que pour un an. Les no-« vices seront tenues de présenter les consentements demandés « pour contracter mariage par les articles 148, 149, 150, 159 et 160 « du Code civil (art. 7, même décr.). — A l'âge de vingt-un ans, « les novices pourront s'engager pour cinq ans » (art. 8).

2. D'après ce décret, une mineure, en tutelle ou non, émanci-pée ou non émancipée, ne peut pas entrer dans une congrégation hospitalière sans le consentement de son père, de sa mère, d'un aïeul ou d'une aïeule ; en cas de mort ou d'empêchement, il ap-partient au conseil de famille de donner le consentement à la jeune fille légitime mineure; tandis que la jeune fille naturelle, privée de son père et de sa mère, aurait besoin d'un tuteur *ad hoc.*

3. Sur la composition du conseil de famille et l'empêchement des père, mère ou ascendants, — V. le mot *Mariage.*

ÉTANGS. — V. *Vente de taillis, étangs, récoltes.*

ÉTATS DE SITUATION. 1. « Tout tuteur, autre que le père « et la mère, peut être tenu, même durant la tutelle, de remettre « au subrogé tuteur des états de situation de sa gestion, aux épo-« ques que le conseil de famille aurait jugé à propos de fixer, sans « néanmoins que le tuteur puisse être astreint à en fournir plus « d'un chaque année.—Ces états de situation seront rédigés et re-« mis, sans frais, sur papier non timbré, et sans aucune formalité « de justice » (art. 470). — C'est-à-dire que le conseil de famille a la faculté de prendre une telle délibération, soit à l'ouverture, soit au cours de la tutelle.

2. Indépendamment des états périodiques à remettre, il est permis au conseil de famille, à toute époque, de décider qu'un état général de situation de la tutelle lui sera remis.

3. Le tuteur d'un interdit pourra être tenu de fournir des états de situation, de même que le tuteur du mineur.

4. La dispense exceptionnelle de l'article 470, en faveur des père et mère, s'étend non seulement aux états de situation périodiques, mais encore à l'état général. Elle profite même à la mère remariée qui aurait été nommée tutrice dative.

ÉTRANGERS EN FRANCE.

Charge publique, 1, 2, 5, 6.	Consuls, 13, 14.	Législations étrangères, 11.
Conseil de famille, 13, 14.	Droit naturel, 7-10.	Traités internationaux, 13, 14.
	Droits civils, 12.	
	Historique, 3, 4.	

1. Les étrangers (*aubains*) peuvent-ils être tuteurs, subrogés tuteurs, curateurs, membres du conseil de famille d'un Français? Telle est la question qui se lie à celle de savoir si l'institution de la tutelle appartient au droit public, au droit civil ou bien au droit naturel et des gens.

2. Nous voyons écrit dans tous les traités, nous entendons constamment répéter que la tutelle est une charge publique. Est-ce bien exact? La question est controversée; donc il y a lieu de l'examiner. La loi commande ainsi qu'elle veut; mais aussi elle s'inspire de la raison et de la nature des choses, autant qu'elle peut y pénétrer. Il ne tenait qu'au législateur de proclamer hautement la tutelle une charge publique; l'a-t-il fait? Les auteurs et les arrêts qui le soutiennent, en s'inspirant des anciennes traditions, s'appuient principalement sur l'article 1370 du Code civil, qui ne permet pas de refuser une tutelle quand elle vous est déférée; mais combien parmi ceux-là mêmes le disent avec réserve, en répétant ailleurs que la tutelle est une mission « presque publique », Demolombe, *De la minorité*, VII, n° 470. Quoi qu'il en soit, il y a controverse.

3. Consultons encore le droit romain. D'abord, le jurisconsulte Servius définit la tutelle « vis ac potestas in capite libero, ad tuendum eum qui propter ætatem suam sponte se defendere nequit, jure *civili* data ac permissa » (L. 1 pr. *De tut.*, Dig.); et la loi 16 ajoute : « Tutela plerumque *virile* officium est », c'est une fonction donnée ou permise par le droit *civil;* c'est un office le plus souvent *viril.* Ce que la loi 18 explique en disant : « Fœminæ tu-

tores dari non possunt, quia id munus *masculorum* est, nisi a principe filiorum tutelam specialiter postulent. » Jusqu'alors les femmes ne pouvaient être tutrices, à moins d'une concession spéciale en faveur de la mère. Je fouille dans le Digeste sans y découvrir l'expression *publicum munus;* mais je trouve, au titre *De divers. regul. jur.*, la loi 2, ainsi conçue : « Fœminæ ab omnibus officiis *civilibus* vel *publicis* remotæ sunt ; et ideo nec judices esse possunt, nec magistratum gerere, nec postulare, nec pro alio intervenire, nec procuratorem existere. » Cette loi ne dit pas : « nec tutelam gerere » ; et Godefroy, dans sa paraphrase, traduit « officiis civilibus » par « functionibus virilibus », fonctions viriles ; et « vel *publicis* » par « honoribus et muneribus publicis » , fonctions et honneurs publics. Ce sont les *Institutes* de Justinien, tit. *De excus. tut.*, pr., qui nous enseignent pour la première fois que la tutelle est une charge publique : « A tutela vel cura potest excusari, exemplo cæterorum munerum ; nam et tutelam et curam PLACUIT *publicum* munus esse. » On est tombé d'accord, « PLACUIT » ; c'est-à-dire qu'il y avait eu controverse. Ce qui le prouve, c'est la loi 6, § 15, *De excusat.*, Dig. : « Tutela non est *Reipublicæ* munus nec quod ad impensam pertinet, sed *civile*. » — Quelle conclusion tirer de là ? C'est qu'à Rome les jurisconsultes n'étaient pas d'accord sur cette question, et qu'elle fut tranchée par Justinien, qui, en qualifiant définitivement la tutelle fonction publique, oubliait bien un peu la maxime de droit : « plus in re quam verbis. » Du reste, cette qualification, ce caractère pouvait s'expliquer chez un peuple si jaloux des droits de famille et de cité.

4. Dans notre ancienne jurisprudence, on ne contestait pas ce caractère de la tutelle. Merlin, qui rappelle les principes de l'ancienne législation, met parmi les conditions de capacité des tuteurs « qu'on soit habile à exercer les charges publiques », *Répertoire*, vº TUTELLE, sect. III, nº 2. — Sous l'empire des lois modernes on suit assez généralement cette tradition. « La tutelle est une charge publique, disait l'orateur du Tribunat, mais c'est aussi et d'abord une charge de famille. Ce sera donc un cas légitime de dispense que celui d'un étranger (c'est-à-dire d'un non parent) qui refusera d'accepter une tutelle, parce qu'il y aura sur les lieux ou dans les environs un parent ou un allié capable de la gérer. » V. Locré, *Législ. civ.*, VII, p. 277. Elle est l'exercice d'un droit civique, répète-t-on sous une autre forme. Puis la majorité

des tribunaux et des auteurs, partant du même principe, en déduisent la conséquence que les étrangers ne peuvent être ni tuteurs, ni subrogés tuteurs, ni membres d'un conseil de famille, s'ils n'ont pas en France la jouissance des droits civils ou bien s'ils ne sont pas autorisés à y établir leur domicile. Bastia, 5 juin 1838, S. V., 38, II, 439 ; Taulier, *Théorie du Code civil*, II, p. 48 ; Demolombe, *Tr. de la public. des lois en général*, I, nᵒˢ 245 et suiv. ; Massé et Vergé, I, p. 82, § 61, note 8 ; Dalloz, vᵒ MINORITÉ, nᵒ 321 ; Soloman, *Condition des étrangers*, p. 52.

5. « La tutelle est en même temps une charge publique et une charge de famille, dit M. Marchand, *Code de la minorité*, p. 151 ; c'est une véritable magistrature, et peut-être la plus importante de toutes ; pourquoi donc la donneriez-vous à l'homme qui n'est tenu ni de connaître ni d'observer vos lois ? » — « Le régime des tutelles, dit à son tour M. Demolombe, *De la minorité*, VII, nᵒ 30, intéresse au plus haut degré la société tout entière, car il a pour objet l'état des personnes, le gouvernement des familles et la conservation de leurs patrimoines. C'est donc, sous ces rapports, une institution de droit public, et nous aurons plus tard à déduire de ce principe des conséquences fort importantes. » — Sous ces rapports je suis d'accord avec MM. Demolombe et Marchand : la tutelle ressemble à toutes les institutions nationales, au mariage, à l'adoption, à l'émancipation, etc. ; mais cela fait-il qu'elle soit une charge publique ?

6. Au fond, dans la véritable acception du mot, j'avoue que j'ai peine à comprendre comment la tutelle est une *fonction publique*, c'est-à-dire comment le tuteur concourt à la gestion de la chose publique, comment il tient ses pouvoirs de l'Etat, de la Nation. Sans doute la tutelle intéresse la République, de même que toutes les institutions et les lois réglementaires ; mais elle est instituée dans l'intérêt privé de l'impubère ; aussi un arrêt de rejet, du 20 juillet 1842, a-t-il dit que « les tutelles ne tiennent à l'ordre public qu'en ce qui concerne l'intérêt du mineur ou de l'interdit » ; considérant vague, auquel on ajoute ordinairement, avec l'article 1370, que les tuteurs « ne peuvent refuser la fonction qui leur est déférée ». — Et M. Dalloz aîné dit, dans son *Répertoire de jurisprudence*, vᵒ MINORITÉ, nᵒ 58 : « La loi romaine définissait la tutelle une charge publique, « *munus publicum* ». Cela était inexact, en ce que la tutelle ne s'exerce que dans un intérêt particulier ; mais l'expression était juste, entendue en ce sens que la tu

telle est une charge créée dans l'intérêt général, à laquelle il n'est pas permis de se soustraire, à moins qu'on ne se trouve dans les cas d'incapacité ou d'excuse prévus par la loi. »

7. Les graves autorités qui enseignent que la tutelle est une charge publique ou quasi publique, en déduisent la conséquence qu'en principe les étrangers ne peuvent participer à son organisation. Mais cette doctrine est loin d'être acceptée à l'unanimité, et nous avons à exposer la doctrine contraire, qui soutient que la tutelle appartient au droit naturel, qu'elle peut être dévolue même aux étrangers qui n'ont pas été admis à la jouissance des droits civils en France.

8. La tutelle, dit-on, est si peu une fonction publique aujourd'hui, que la mère et l'aïeule veuve font nécessairement partie du conseil de famille de leur enfant, qu'elles peuvent être tutrices (ou subrogées tutrices), de même que l'épouse de l'interdit (art. 390, 407, 442, 507 C. civ.). C'est bien plutôt une charge naturelle ; son institution tient au droit de la nature et des gens, parce qu'elle se retrouve partout sous une forme ou sous une autre, parce que, chez tous les peuples civilisés, l'impubère a un protecteur qui lui est assuré par la loi, les règlements ou les coutumes. Aujourd'hui, d'ailleurs, la constitution de la famille a beaucoup perdu de son caractère politique, et la tutelle est avant tout un devoir de famille basé sur l'affection et le sang. C'est, ajoute-t-on, c'est en ce sens que l'a décidé la Cour de cassation par un arrêt de rejet, du 16 février 1875 : « Attendu que la tutelle et la subrogée tutelle déférées aux ascendants dérivent, comme la puissance paternelle, du droit naturel de protection et de surveillance qui leur appartiennent sur leurs enfants et descendants; qu'on ne trouve dans nos lois aucune disposition qui exclut de ces charges de famille les père et mère ou autres ascendants étrangers. » V. *Annales des justices de paix*, 1875, p. 151.

9. De là on conclut, avec la jurisprudence nouvelle, qu'un étranger, admis ou non à la jouissance des droits civils en France, est admissible à la tutelle, à la subrogée tutelle, à la curatelle et aux conseils de famille, pourvu qu'il réunisse les conditions d'aptitude générale ; Paris, 21 mars 1862, S. V., 62, II, 411; Trib. de Briey, 24 janv. 1878 ; de Versailles, 1er mai 1879; *Annales des justices de paix*, 1879, p. 315 et 318 ; Paris, 3e ch., 21 août, 1879. *Conf.* Demangeat, *Condition des étrangers*, p. 365 ; Laurent, *Principes de droit civil*, I, no 445 ; Mourlon, I, p. 84,

note 2 (6ᵉ édit.) ; Guilbon (brochure), *De la qualité d'étrangers considérée au point de vue des conseils de famille, de la tutelle et de l'émancipation.*

10. Pour ma part, je ne vois dans la tutelle ni une charge publique ni une charge purement naturelle ; je crois bien qu'elle appartient au droit civil, au droit de la cité, ou plutôt qu'elle relève des droits civiques ou de famille, c'est-à-dire qu'elle est tout à la fois une charge et un avantage de la qualité de citoyen, un privilège et un droit exclusif de ceux qui sont membres de la grande famille française, à l'exclusion des individus qui n'en font point partie; Colmar, 25 juill. 1817, Sirey, 1818, II, 250 ; Paris, 21 mars 1861, D. P. 61, II, 73.

11. Si nous parcourons les législations des peuples voisins sur ce sujet, qu'y trouvons-nous ? En Autriche, la loi n'admet aucune de nos tutelles ; une personne, privée de son père et incapable de gérer elle-même ses affaires, est placée sous la protection de l'Etat et reçoit un tuteur nommé par le tribunal. On procède à peu près de même en Allemagne. Il est aisé de comprendre que, sous ce régime, la tutelle est une institution purement civile, qui ne se confie qu'aux nationaux. En Angleterre, les étrangers jouissant des droits civils peuvent être tuteurs et choisis en cette qualité.

12. Au résumé, pour conclure et répondre à la question proposée, je dirai avec M. de Fréminville, *Traité de la minorité*, t. I, nº 146 : — « Le droit d'être tuteur est évidemment une émanation de l'exercice des droits civils ; or, aux termes de l'article 8 du Code civil, il faut être Français pour jouir des droits civils. » M. de Fréminville ajoute : « La jouissance de ces mêmes droits attribuée aux étrangers par l'article 13 du même code étant subordonnée à leur résidence en France, elle n'est que précaire et, par cela même, elle ne saurait servir de base au titre et au pouvoir du tuteur. » — Malgré cette dernière proposition, je suis d'avis, avec la majorité des auteurs et des arrêts, que les étrangers qui ont la jouissance des droits civils en France peuvent être tuteurs, subrogés tuteurs, curateurs, membres du conseil de famille d'un Français, sinon ils manquent de l'aptitude nécessaire pour remplir ces diverses fonctions et ils doivent être écartés.

13. Quant à la tutelle, à la curatelle ou à l'émancipation des étrangers qui habitent le territoire de la République française, il appartient au consul du pays de l'organiser suivant les lois de sa

nation ; elle ne peut l'être par un juge de paix français, à moins qu'il n'y soit autorisé par un traité international ou par la législation étrangère. V. rej. 19 juin 1878, *Annales des justices de paix*, 1879, p. 83. — V. *infra*, n° 14.

14. Cependant il faut mettre cette règle d'accord avec la maxime de droit *locus regit actum*. Si, par exemple, un mineur étranger recueille en France une succession conjointement avec des héritiers français, que le partage ou la licitation soit demandée, qu'il faille nommer un tuteur *ad hoc* ou un subrogé tuteur *ad hoc* pour la régularité de la procédure judiciaire, peut-être pourra-t-on recourir au juge de paix de la résidence et composer un conseil de famille pour la circonstance, sans pour cela porter atteinte à l'autorité consulaire, seule compétente en principe.

EXCLUSION DE LA TUTELLE ET DE LA SUBROGÉE TUTELLE. L'exclusion s'applique au tuteur légitime et au tuteur testamentaire qui ne sont pas encore entrés en exercice, tandis que la destitution atteint tous les tuteurs en exercice sans exception. Puis les mêmes causes d'exclusion empêchent toujours d'être nommé subrogé tuteur. Du reste les causes d'exclusion sont identiquement les mêmes que celles de destitution. — V. *Destitution de la tutelle ; Destitution de la subrogée tutelle.*

EXCLUSION DU CONSEIL DE FAMILLE. Les causes d'exclusion du conseil de famille sont les mêmes que celles d'exclusion de la tutelle (art. 442-445). — V. *Destitution de la tutelle ; Incapacité d'être membre d'un conseil de famille.*

EXCUSES DE LA TUTELLE. — V. *Dispenses de la tutelle.*

EXCUSES DE LA SUBROGÉE TUTELLE. — V. *Dispenses de la subrogée tutelle.*

EXCUSES D'ÊTRE MEMBRE DU CONSEIL DE FAMILLE. — V. *Dispenses d'être membre du conseil de famille.*

EXÉCUTION PROVISOIRE. — V. *Destitution de la tutelle,* n° 29.

F.

FIN DE LA TUTELLE. 1. La tutelle du mineur prend fin, autrement dit s'éteint complètement par sa majorité, sa mort ou son émancipation. Mais dans ce dernier cas le mineur retombera en tutelle si l'émancipation vient à être révoquée. — V. *Révocation de l'émancipation.*

2. La tutelle de l'interdit finit par sa mort et par la mainlevée de l'interdiction. Une deuxième interdiction donnerait lieu à une procédure et à une tutelle nouvelles. — V. *Interdiction judiciaire; Composition du conseil de famille de l'interdit judiciaire.*

3. Mais la tutelle peut devenir vacante sans prendre fin; c'est ce qui arrive quand le tuteur vient à mourir avant la majorité, l'émancipation ou la mort du pupille, ou bien quand il est excusé, exclu ou destitué; alors l'incapable passe sous un autre tuteur, qui lui est donné tantôt par le survivant des père et mère, tantôt par la loi, tantôt par le conseil de famille. — V. *Tutelle testamentaire; Tutelle des ascendants; Tutelle dative judiciaire.*

FIN DE L'ÉMANCIPATION. Ses effets cessent par la mort et par la majorité. Elle finit en outre par la révocation, qui fait rentrer le mineur en tutelle. — V. *Révocation de l'émancipation.*

FIN DE LA CURATELLE. Elle finit par les mêmes causes qui font cesser l'émancipation.

FIN DU CONSEIL JUDICIAIRE. Ses fonctions s'éteignent non seulement par la mort de l'individu qui y est soumis, mais encore par la mainlevée prononcée par le tribunal. — V. *Conseil judiciaire,* no 4.

FONCTIONS PUBLIQUES. — V. *Dispenses de la tutelle,* nos 6, 11, 13, 25.

FRÈRES. 1. *Germains :* enfants nés du même père et de la même mère mariés ensemble.

2. *Consanguins :* enfants nés en mariage du même père, mais ayant une mère différente.

3. *Utérins :* enfants nés de mariage, ayant la même mère et un père différent.

4. Cette confraternité engendre des droits et des devoirs en ce qui touche la tutelle, la subrogée tutelle, la curatelle et les assemblées de famille. — V. *Composition du conseil de famille du mineur,* nos 6-16; *de l'interdit,* nos 3-8; *du subrogé tuteur,* nos 15-24.

FUTAIES. — V. *Vente de bois de haut jet.*

G.

GRACE. 1. Faveur accordée par le souverain, qui fait remise de la peine en maintenant les autres effets de la condamnation; Dalloz, *Répert.,* vo AMNISTIE, nos 9-10, et vo GRACE, no 1.

2. La grâce ne fait point cesser les incapacités légales attachées à la condamnation, Dalloz, v° GRACE, n° 47 ; le gracié reste affecté de la privation des droits qui a été la conséquence de sa condamnation, par exemple de l'exercice de la puissance paternelle, de la capacité d'être tuteur, subrogé tuteur, curateur, membre d'un conseil de famille. — V. *Amnistie ; Réhabilitation.*

H.

HOMOLOGATION.

1. Confirmation donnée à une délibération du conseil de famille par le tribunal de première instance.

2. Le tribunal saisi d'une demande en homologation a un pouvoir de contrôle et de surveillance, mais non un pouvoir de juridiction qui lui permette d'infirmer et de réformer. Il ne peut que rejeter la demande s'il ne la confirme pas purement et simplement; Demolombe. VII, n° 749.

3. Lorsque le tribunal refuse d'homologuer une délibération, il n'a pas besoin de la réformer, pas plus qu'il n'en a le pouvoir ; rej. 9 févr. 1863 ; *contra*, Bertin, *Ch. du conseil*, I, n° 543 ; à la vérité, elle reste sans force parce qu'elle manque d'une condition exigée par la loi. Le tribunal ne peut pas davantage substituer d'autres mesures ou ordonner un autre acte que celui délibéré par la famille, car alors il n'y aurait plus la double garantie de la délibération et de l'homologation. C'est au conseil de famille à prendre une nouvelle délibération, s'il le juge convenable.

4. De là ressort la conséquence qu'une délibération de famille, bien qu'homologuée, n'est pas à l'abri du recours en justice de la part de ceux qui s'en plaignent en demandant qu'elle soit considérée comme non avenue à leur égard.

5. C'est par application de ces principes qu'il a été décidé qu'un jugement d'homologation constitue un acte pur et simple de surveillance judiciaire qui ne donne pas à la délibération le caractère de la chose jugée; que, par suite, les parties avec

lesquelles un mineur est en instance peuvent critiquer la délibération portant nomination du tuteur ou du curateur, bien qu'elle ait été homologuée en justice; rej. 17 déc. 1849. V. rej. 4 mai 1846.

6. En principe les délibérations du conseil de famille n'ont pas besoin d'être homologuées; c'est exceptionnellement que la loi les soumet à cette formalité, cela quand il s'agit pour le mineur ou l'interdit: 1° d'*emprunt*; 2° d'*hypothèque*; 3° de la *vente des immeubles* (art. 457, 458 C. civ.); 4° de *partage* ou de *licitation* (art. 982, 984 C. proc.); 5° de *transaction* (art. 467 C. civ.); 6° du *mariage* d'un enfant de l'interdit (art. 571); 7° de la *destitution du tuteur ou du subrogé tuteur* (art. 448); 8° de la *vente des meubles incorporels*; 9° de la *conversion des titres au porteur;* 10° d'*emploi des capitaux* (L. 17-28 fév. 1880). V. ces dix mots.

7. En dehors de ces dix sortes d'actes et de quelques autres, l'homologation serait surabondante; de même que l'homologation jointe à une délibération ne suffirait pas pour valider un acte interdit par la loi, par exemple un *compromis*, une *donation*. V. ces deux mots.

8. Enfin l'homologation, de même que la délibération, ayant pour but d'habiliter le tuteur, doit précéder la réalisation de l'acte (art. 461); Paris, 19 janv. 1810; cass., 12 mars 1839; Dalloz, v° MINORITÉ, n° 563; Demolombe, VII, n° 749. Mais une opinion admet que le conseil de famille et le tribunal ont le pouvoir de valider un acte fait sans autorisation homologuée préalablement; cass., 12 mars 1839; Demolombe et Dalloz, *loc. cit.;* opinion qui me paraît erronée. Seulement j'estime qu'ils peuvent, par une délibération homologuée, autoriser le tuteur à ratifier l'acte irrégulier.

HOSPICES. — V. *Enfants trouvés, abandonnés ou orphelins admis dans les hospices; Conversion des titres au porteur en titres nominatifs*, n° 14; *Emploi des capitaux*, n°ˢ 14, 15; *Vente des meubles incorporels.*

HYPOTHÈQUE. — V. *Emprunts ; Inscription hypothécaire.*

I.

IMMEUBLES ET MEUBLES. 1. La nature elle-même a divisé les choses en mobiles et immobiles; et, bien que les jurisconsultes romains n'aient pas consacré cette distinction par un titre particulier, ils ne pouvaient pas ne point la reconnaître; mais ils donnaient plus spécialement aux *res immobiles* la qualification de *res soli*, *res quæ solo continentur*, et ils appelaient les autres choses *res mobiles seu moventes* (L. 151, *De rei vind.*; L. 93, *De verb. sign.*, Dig.). Cette distinction, qui trouve naturellement sa place dans toute législation, est écrite dans notre Code civil : « Tous les biens sont meubles ou immeubles », dit l'article 516. Ce qui revient à dire que tous les droits sont mobiliers ou immobiliers, selon qu'ils ont pour objet un bien meuble ou un bien immeuble. Il est de principe, en effet, que la nature mobilière ou immobilière d'un droit s'apprécie par la nature « de l'objet auquel il s'applique » (art. 526, 529 C. civ), sans en considérer l'origine, la cause ni l'importance. Ainsi un droit est mobilier quand le prétendant peut demander un meuble ; un droit est immobilier quand le prétendant peut demander un immeuble.

2. «Les biens sont immeubles ou par leur nature, ou par leur « destination, ou par l'objet auquel ils s'appliquent» (art. 517 C. civ.), ou par la détermination de la loi (Décr. 16 mars 1801 et 16 janv. 1808; L. 21 avr. 1810 et 23 mars 1855). — Or, quatre classes, qui les renferment individuellement tous, savoir: 1° le sol avec tout ce qui y adhère réellement (constructions, plantations et accessoires) et aussi avec les objets qui y sont attachés par la loi (art. 517 et suiv.); 2° les mines exploitées en vertu d'un acte de concession du gouvernement, lesquelles constituent une propriété immobilière distincte de la surface (L. 21 avr. 1810, art. 19); 3° la redevance formant le prix de la concession d'une mine, redevance réunie à la propriété de la surface (art. 6, 7, 18); 4° les inscriptions de rente sur le Grand-Livre de la dette publique, quand elles ont été immobilisées dans les cas spéciaux prévus par la loi ; Merlin, v° INSCRIPTION SUR LE GRAND-LIVRE, §5; 5° les actions immobilisées de la Banque de France (Décr. 16 janv. 1808, art. 7); 6° les actions immobilisées des Canaux d'Orléans et du Loing (Décr. 16 mars 1801) ; 7° l'usufruit de ces divers immeubles (art. 578, C. civ.); 8° l'usage et l'habitation des biens qui en sont susceptibles (art. 625-636); 9° la servitude réelle sur un fonds au profit d'un autre fonds appartenant à autrui (art. 637); 10° et aussi quelques autres droits réels dont nous parlerons sous la rubrique *Vente des immeubles* (L. 23 mars 1855).

INCAPACITÉ D'ÊTRE TUTEUR OU SUBROGÉ TUTEUR.

1. La tutelle est avant tout une charge établie dans l'intérêt du mineur. Elle est aussi un droit pour celui qui a cette charge : « On ne peut pas en priver un individu malgré lui et sans connaissance de cause », disait Meslé, *Des minorités*, t. I, part. 1, ch. 10, n° 24. Mais cette charge et ce droit peuvent être paralysés par des causes d'incapacité, d'exclusion ou de destitution.

2. A la différence de la destitution et de l'exclusion, qui supposent l'indignité, atteignent la considération du tuteur ou du subrogé tuteur, l'incapacité ne fait que montrer sa faiblesse intellectuelle ou morale ou bien son inexpérience. Elle est une cause d'éloignement de toute espèce de tutelle, et elle peut être invoquée avant comme après l'entrée en fonctions.

3. En principe, celui qui a la capacité d'être tuteur peut être subrogé tuteur ; réciproquement, celui qui est incapable d'être tuteur ne saurait être subrogé tuteur; et il y a une grande analogie avec la capacité ou l'*incapacité d'être membre d'un conseil de famille*; V. ce mot. — D'après l'article 442 : « Ne peuvent être « tuteurs, ni membres des conseils de famille : 1° les mineurs, « excepté le père et la mère; 2° les interdits; 3° les femmes, « autres que la mère et les ascendantes; 4° tous ceux qui ont ou « dont les père et mère ont avec le mineur un procès dans lequel « l'état de ce mineur, sa fortune ou une partie notable de ses « biens sont compromis. »

4. *Les mineurs.* En principe la loi ne les admet pas à être tuteurs, eux qu'elle soumet à une tutelle jusqu'à leur émancipation ou leur majorité. — Quant au mineur émancipé, il est compris dans la prohibition absolue de l'article 442, confirmée par l'exception unique, qui admet à la tutelle de ses enfants la mère ou le père survivant, toujours émancipé par le mariage.

5. *Le père et la mère.* Malgré les termes généraux de notre article 442, il est difficile de comprendre que l'émancipation par mariage ait conféré au survivant encore mineur des pouvoirs plus étendus sur les biens de ses enfants que sur ses biens propres. Aussi j'adopte l'avis qui exige l'assistance de son curateur dans

tous les actes qui réclameraient cette assistance s'ils étaient faits pour lui-même, et non le concours du subrogé tuteur du pupille, dont la mission est spécialement déterminée, s'agissant ici de réhabiliter le père ou la mère ; Marcadé, sur l'article 442 ; Massé et Vergé, I, p. 409, § 207, note 21 ; *contra*, Duranton, III, n° 502 ; Valette, sur Proudhon, II, p. 343 ; Taulier, II, p. 49 ; Demolombe, VII, n° 465.

6. Mais, quand il aura besoin de l'autorisation du conseil de famille, comme elle lui est nécessaire en tant que tuteur et non en tant que mineur émancipé, il devra la demander à la famille du pupille ; Massé et Vergé, *eod. loc.* ; Demolombe, n° 466 ; Dalloz, n° 349.

7. *Les interdits judiciaires.* C'est-à-dire ceux qu'un jugement du tribunal a placés sous une tutelle, en les déclarant incapables de gérer leurs propres affaires pour cause d'imbécillité, de démence ou de fureur (art. 489 et suiv.) ; et les *interdits légaux*, c'est-à-dire les individus placés en état d'interdiction par l'effet de certaine condamnation criminelle, qui les exclut de toute tutelle comme indignes (art. 29, 34 C. pén.).

8. Cette incapacité d'être tuteur s'étend-elle à celui qui a été pourvu d'un conseil judiciaire ? — Quelques auteurs, faisant une distinction, ne reconnaissent incapable que l'individu pourvu d'un conseil judiciaire pour cause de faiblesse d'esprit, tandis qu'ils admettent comme capable celui qui a été déclaré prodigue ; Duranton, III, n° 503. D'autres assimilent complètement à l'interdit l'individu pourvu d'un conseil judiciaire pour une cause quelconque ; Delvincourt, t. I, p. 114, note 7 ; Taulier, t. II, p. 50. — Sans méconnaître ce que ces deux opinions offrent de délicat, je réponds avec la jurisprudence qu'en droit strict les incapacités étant de droit étroit, tout individu placé en conseil judiciaire est admissible à la tutelle ; rej. 21 nov. 1848, S. V., 48, I, 677. Mais la question se présentera bien plus en fait qu'en droit, et il appartiendra au conseil de famille de décider si l'individu est ou non apte à gérer une tutelle ; il aura toujours la ressource de prononcer l'exclusion s'il reconnaît l'incapacité, conformément à l'article 444.

9. La différence n'est pas grande entre l'individu soumis à un conseil judiciaire pour incapacité d'esprit et un individu dont les facultés intellectuelles sont dérangées sans que la justice l'ait déclaré par jugement. Aussi, pour ce dernier comme pour le pre-

mier, j'estime que le conseil de famille pourra toujours prononcer l'exclusion, à moins que cet individu lui-même ne fasse agréer une excuse.

10. *Les femmes.* Règle générale, toute personne du sexe féminin, fille, femme ou veuve, est frappée d'incapacité légale d'être tutrice. L'article 442 n'excepte que « la mère et les ascendantes » ; c'est-à-dire la mère qui est tutrice légale de ses enfants légitimes et peut aussi devenir leur tutrice dative, V. *Mère remariée,* n°° 1 à 21 ; et les ascendantes qui ne sont jamais tutrices légitimes, mais peuvent être nommées tutrices testamentaires ou datives de leurs petits-enfants mineurs ; Marcadé, sur l'article 402 ; V. *infra,* n° 12.

11. Les ascendantes peuvent-elles être tutrices quand elles sont en puissance maritale, c'est-à-dire mariées ou remariées ? — L'article 396, prévoyant le cas où le conseil de famille conservera la tutelle à la mère qui se remarie, veut qu'il lui donne nécessairement le second mari pour cotuteur ; et il n'est venu à la pensée d'aucun interprète que cette double tutelle pourrait s'établir sans l'accord des deux époux, alors qu'il s'agit pour la mère de ses enfants. De là et du principe de l'autorité maritale, je déduis la conséquence qu'à plus forte raison une ascendante ne pourra pas être tutrice testamentaire ou dative de ses petits-enfants si le second mari lui refuse son consentement. Mais il faut aller plus loin et décider, avec le sentiment à peu près unanime et la pratique constante, que l'ascendante qui a son premier mari ne peut pas être tutrice même avec son autorisation ; cela ressort de deux dispositions combinées ensemble, de l'article 442 qui la suppose veuve puisque son mari serait tuteur légitime s'il vivait encore, et de l'article 408 qui n'admet que les « veuves d'ascendants » à prendre part au conseil de famille. Dans cette matière, l'incapacité des femmes est la règle, et l'interprétation ne doit pas étendre les exceptions. V. Demolombe, VII, n° 472 ; Dalloz, n° 351.

12. Mais l'article 442, 3°, ne dit pas assez en n'exceptant de la règle que la mère et les ascendantes, il faut encore excepter de l'incapacité l'épouse, c'est-à-dire la femme de l'interdit, qui peut être nommée tutrice dative de son mari et appelée à son conseil de famille en qualité de membre consultatif (art. 495, 507).

13. *Existence d'un procès.* L'article 442 déclare encore incapables « ceux qui ont ou dont les père et mère ont avec le mineur

« un procès dans lequel l'état de ce mineur, sa fortune ou une
« partie notable de ses biens sont compromis ». Quoique ces
termes semblent indiquer à la lettre l'existence d'un procès au
moment où la tutelle est déférée, Pau, 21 janv. 1823, Nîmes,
2 mars 1848, D. P. 48, II, 58, Lyon, 24 févr. 1859, S. V., 59,
II, 655, il ne faut pas dire d'une manière absolue que l'on ne
pourra pas écarter comme incapable un individu qui aura avec
le mineur une contestation imminente, un procès prêt à naître,
mais pas encore né; il est évident que la loi laisse sur ce point
beaucoup au pouvoir discrétionnaire du conseil de famille, sauf
à attaquer la délibération devant le tribunal, s'il y a désaccord.

14. Spécialement il ne faut pas considérer comme procès dans
le sens de l'article 442 une instance en compte, liquidation, partage ou licitation, d'autant plus que, pour suivre cette instance,
il est d'usage dans la pratique de faire représenter le mineur par
le subrogé tuteur principal, auquel le conseil de famille adjoint
un *subrogé tuteur* ad hoc. — V. ce mot.

15. Parce que les incapacités sont de droit étroit, le conseil de
famille aura également l'appréciation des questions qui pourront
s'élever quand un procès existera entre le mineur et l'enfant ou
le conjoint du tuteur, ou bien entre le tuteur et le père ou la
mère du mineur. Alors un grand nombre d'auteurs étendent
l'article 442 à ces cas par analogie de raison; Delvincourt, I, p. 107,
note 2; Duranton, III, n° 505; Taulier, II, p. 50; Fréminville, I,
n° 143. Cependant il est difficile de croire que ces hypothèses
aient échappé à l'attention du législateur, et le plus sûr est de
décider, avec le principe, qu'il n'y a pas là une cause absolue
d'incapacité ou d'exclusion; Marcadé, II, sur l'article 442, n° 4;
Massé et Verger, I, p. 393, § 201, n° 23; Demante, II, n° 193 *bis*,
II. Dans ces circonstances, il y aura d'ailleurs toujours un
moyen de parer aux inconvénients qui pourraient résulter de la
nomination ou du maintien du tuteur, en chargeant le subrogé
tuteur de diriger le procès, si le conseil de famille reconnaît qu'en
fait il y a même indirectement une assez grave opposition d'intérêts entre le mineur et le tuteur; Dalloz, n° 353.

16. En principe, les actes de tutelle faits par un tuteur incapable ne sont pas valables, si ce n'est dans la mesure de ce
dont ils ont profité au pupille; Massé et Vergé, I, p. 418, § 212,
note 13.

INCAPACITÉ D'ÊTRE MEMBRE D'UN CONSEIL DE FAMILLE.

1. L'article 442 dispose que les mêmes causes d'incapacité qui empêchent d'être tuteur empêchent aussi d'être membre d'un conseil de famille ; il semble donc qu'il suffirait, pour en faire l'application, de se reporter au mot : *Incapacité d'être tuteur;* néanmoins, nous avons besoin d'entrer dans quelques détails particuliers aux membres des conseils.

2. Ne peuvent être membres d'un conseil de famille « les mineurs », lors même qu'ils sont émancipés ; — excepté « le père ou la mère », dit l'article 442 ; ce qui signifie qu'au prédécès de l'un d'eux, l'autre, même en âge de minorité, devient capable d'être membre du conseil de famille des enfants nés du mariage.

3. « Les interdits » judiciaires ne peuvent être membres d'un conseil de famille, non plus que les interdits légalement (art. 442 C. civ.) ; c'est-à-dire les individus, hommes et femmes, qui ont été déclarés incapables d'exercer les droits civiques par la justice civile (art. 489, 509 C. civ.), ou bien par la justice répressive (art. 29, 34, 42 C. pén.). V. *infra*, n° 10.

4. *Quid* des individus pourvus d'un conseil judiciaire? Une opinion les admet sans distinguer quelle est la cause d'incapacité, rej. 21 nov. 1848, D. P. 48, I, 230 ; Massé et Vergé, I, p. 392, § 201, note 21 ; Dalloz, n° 367 ; tandis qu'une autre opinion les écarte toujours, Chardou, n° 440 ; et une troisième opinion n'admet que l'individu pourvu d'un conseil judicaire pour prodigalité, en écartant celui qui l'est pour faiblesse d'esprit. J'incline vers cette dernière opinion, en reconnaissant au juge de paix le pouvoir d'apprécier si, en fait, l'individu offre les garanties de capacité suffisante, sauf le recours en justice ouvert contre la délibération. — V. *Incapacité d'être tuteur*, n° 8.

5. Ne peuvent être membres d'un conseil de famille « les femmes, autres que la mère et les ascendantes » (art. 442). C'est-à-dire qu'en règle générale les femmes sont écartées des conseils de famille. Par exception, la mère devenue veuve fait nécessaire-

ment partie du conseil des enfants nés de son mariage. Autre exception, les ascendantes devenues veuves sont aussi membres nécessaires dans les assemblées qui concernent leurs petits-enfants mineurs et petits-enfants dont l'interdiction est demandée (art. 442 3°). Troisième exception, l'epouse peut faire partie de l'assemblée consultative qui précédera l'interdiction de son mari (art. 495).

6. De même encore l'article 442 écarte des conseils de famille tous « ceux qui ont ou dont les père et mère ont, avec le mineur, « un procès dans lequel l'état de ce mineur, sa fortune ou une « partie notable de ses biens sont compromis ». Règle impérative qui écarte tout plaideur, même le frère du pupille ; Aix, 3 février 1832.

7. Ces quatre causes d'incapacité légale sont limitatives ; il faut bien se garder de les étendre par analogie d'un cas à un autre ; Massé et Vergé, p. 393, note 23 ; Marcadé, art. 442 ; *contra*, Duranton, III, n° 503. Les questions d'exclusion des assemblées de famille ressemblent de près aux questions d'exclusion de la tutelle ; elles sont toutes subordonnées à la décision du conseil de famille, sauf le droit de recourir au tribunal civil (art. 447, 448).

8. A la vérité, aucun texte ne dispose que celui qui, sans être en procès notable avec le mineur, a cependant un intérêt contraire dans la question soumise au conseil, doit être écarté. Mais les articles 320, 435 et 495 supposent l'existence de cette règle, conforme au principe qui veut qu'on ne soit pas juge dans sa propre cause. Aussi, dès que cet intérêt contraire a quelque importance, le mieux est que l'intéressé, fût-il un frère ou un ascendant, s'abstienne, ou bien que le juge de paix le récuse, afin de prévenir toute cause d'annulation de la délibération ; rej. 3 mai 1842, S. V., 42, I, 493 ; Massé et Vergé, I, p. 393, note 25 ; Dalloz, n° 368.

9. L'instance en compte, liquidation et partage de succession ou communauté entre le mineur et quelque parent n'est pas un procès, dans le sens de l'article 442, qui rende ce parent incapable de faire partie du conseil de famille réuni pour s'occuper de ce partage ; Paris, 5 oct. 1809 ; Dalloz, n° 374.

10. « Tout individu qui aura été exclu ou destitué d'une tutelle « ne pourra être membre d'un conseil de famille » (art. 445). Ce qui s'applique de plein droit et nécessairement : 1° à l'individu qui a été condamné à une peine afflictive et infamante ou seulement infamante (art 443 C. civ., 28 et 34 C. pén.) ; il est en état

d'interdiction légale ; 2° à celui qui a été privé, par un jugement correctionnel, du droit « de vote et de suffrage dans les délibérations de famille» (art. 42 et 43 C. pén. — V. *supra*, n° 3.

11. Quant à l'inconduite notoire et à la mauvaise gestion, à parler correctement, elles n'opèrent point par elles-mêmes directement, mais indirectement ; ce ne sont pas elles qui privent du droit de faire partie d'un conseil de famille, c'est la destitution d'une tutelle quelconque prononcée par une délibération de famille, qui a déjà constaté la gravité de la cause d'exclusion. Cela résulte clairement des termes de l'article 445. Par conséquent toute allégation d'inconduite ou de mauvaise gestion qui se produirait dans l'assemblée devrait être écartée du conseil de famille, tant qu'on n'apporterait pas la preuve authentique d'une destitution ou d'une exclusion antérieure, la loi n'admettant ni inquisition, ni enquête. Besançon, 26 août 1808 ; Fréminville, t. I, p. 93 ; Zachariæ, Massé et Vergé, t. I, p. 393, notes 24, 26 ; Demante, t. II, n° 196 *bis* 1 ; Ducaurroy, Bonnier et Roustain, I, n° 636.

12. Les causes d'exclusion énumérées dans les articles 442 à 445 sont les seules admissibles ; de telle sorte que les parents et alliés ne peuvent être écartés du conseil de famille pour aucune autre cause ; Cass., 13 oct. 1807, Sirey, 7, I, 473 ; Cass., 15 janv. 1811 ; Paris, 15 juin 1857, *J. du Pal.*, 1857, p. 1029 ; Toullier, II, n° 1171 ; Chardon, III, n° 306 ; Aubry et Rau, I, p. 373, 374.

13. Ainsi, un fils peut faire partie du conseil de famille appelé à décider si son père sera exclu ou destitué de la tutelle de ses enfants mineurs, bien qu'il soit convenable qu'il se retire ; rej. 16 déc. 1829, D. P. 30, I, 8.

14. Celui qui a provoqué la destitution d'un tuteur peut valablement voter au conseil de famille, s'il réunit d'ailleurs les conditions générales voulues, rej. 12 mai 1830 ; ainsi du juge de paix et du subrogé tuteur, Rennes, 14 févr. 1810, S., 12, II, 424 ; Rouen, 17 nov. 1810 ; Toullier, II, n° 1135 ; Magnin, I, n° 418.

15. En principe, celui qui, selon le droit commun, est membre d'un conseil de famille, continue à en faire partie lorsqu'il devient tuteur ou subrogé tuteur, à moins d'une exception de la loi, telle que celle qui n'admet pas le tuteur à voter pour la nomination du subrogé tuteur ; rej. 3 sept. 1806 ; Demolombe, n° 549.

16. Spécialement, la participation du subrogé tuteur à la délibération qui nomme un subrogé tuteur *ad hoc*, à raison d'oppo-

sition d'intérêts entre lui et le pupille, ne vicie pas cette délibération. V. Grenoble, 11 janv. 1864, *J. du Pal.*, 1864, p. 1164.

17. Celui qui renonce volontairement à la tutelle ou à la subrogée tutelle ne reste pas moins capable de faire partie du conseil de famille ; Besançon, 26 août 1808 ; Dalloz, n° 369 ; de même celui qui s'est démis. — V. *Démission de tutelle.*

18. La mère, qui, à la veille de se remarier, convoque le conseil de famille sur le point de savoir si la tutelle lui sera conservée, ne doit pas prendre part à une délibération qui va statuer sur le degré de confiance qu'elle inspire ; elle peut seulement être appelée dans l'assemblée pour y donner des explications ; *argum.* Aix, 9 mai 1846.

19. Lorsque la mère, à la veille de se remarier, a été maintenue dans la tutelle légale, personne ne lui conteste le droit d'être membre des conseils de famille futurs. Mais on controverse quand elle a perdu cette tutelle : d'un côté on l'écarte du conseil, ainsi que son nouvel époux, en disant qu'elle « est en état de suspicion légale », Aix, 9 mai 1846 ; Dalloz, n° 367 ; d'un autre côté on l'admet de même que son mari en répondant qu'elle n'est ni destituée ni exclue ; Bruxelles, 30 mai 1810 ; Massé et Vergé, I, p. 393, § 201, note 24 ; Demante, II, n° 196 *bis*, III. Je me range à cette dernière opinion, à raison de ce que la mère n'aura plus dans la question d'intérêt opposé à celui de ses enfants ; et je me demande ce qui adviendrait en adoptant la première opinion, dans le cas où, ayant perdu la tutelle légale, la mère aurait ensuite été nommée tutrice dative par le conseil de famille.

20. Le failli conserve, malgré sa faillite, la capacité d'être membre d'un conseil de famille ; Bruxelles, 14 août 1833, S. V., 34, II, 683 ; Delvincourt, I, p. 115, note 1 ; Pardessus, *Droit commercial*, V, n° 1117 ; *contra*, Chardon, n° 440. V. *supra*, n° 11.

21. Celui qui se plaindrait d'avoir été exclu de la composition d'un conseil de famille, est recevable à saisir les tribunaux de son action, et peut l'intenter, soit contre le juge de paix qui a présidé, soit contre le tuteur, le subrogé tuteur et les membres qui ont délibéré ; Dalloz, n° 375.

22. En cas d'annulation d'une délibération, les membres qui y ont pris part doivent, en principe, être appelés au nouveau conseil et délibérer sur le même objet ; le tribunal n'a point le pouvoir d'en exclure quelques-uns, quoiqu'ils aient émis leur

avis une première fois; Paris, 7 flor. an XIII et 27 janv. 1820;
Cass., 13 oct. 1807; Toullier, II, n° 1169; Fréminville, I, n° 94.

INCONDUITE NOTOIRE. — V. *Destitution et exclusion de
la tutelle*, n°ˢ 6-8, 11, 12.

INFIDÉLITÉ. — V. *Destitution et exclusion de la tutelle*, n°ˢ 6, 10.

INFIRMITÉS. — V. *Dispenses de la tutelle*, n°ˢ 39-41; *Interdiction judiciaire*, n° 6.

INSCRIPTION HYPOTHÉCAIRE.

Avis de famille, 2, 3.	Interdit, 5.	Restriction d'hypothèque,
Crédit foncier, 4-6.	Mineur, 1.	2, 3.
Femme mariée, 7-12.	Mineur émancipé, 6.	

1. *Du mineur.* La loi confère au mineur non émancipé une hypothèque générale sur tous les immeubles du tuteur (art. 2121).
Mais le conseil de famille peut, dans une délibération, même au
début de la tutelle, exprimer l'avis qu'il ne soit « pris d'inscription
« que sur certains immeubles » (art. 2141). Dans ce cas, « le tu-
« teur et le subrogé tuteur ne seront tenus de requérir inscription
« que sur les immeubles indiqués » (art. 2142).

2. « Lorsque l'hypothèque n'aura pas été restreinte par l'acte
« de nomination du tuteur, celui-ci pourra, dans le cas où l'hypo-
« thèque générale sur les immeubles excéderait notoirement les
« sûretés nécessaires pour sa gestion, demander que cette hypo-
« thèque soit restreinte aux immeubles suffisants pour opérer une
« pleine garantie en faveur du mineur. La demande sera formée
« contre le subrogé tuteur, et elle devra être précédée d'un avis
« de famille » (art. 2143). Elle sera portée devant le tribunal d'arrondissement, qui d'ailleurs ne sera pas lié par l'avis favorable ou
défavorable; Persil, *Régime hypoth.*, art. 2143, n° 3; *contra*,
Tarrible, *Répertoire*, v° INSCRIPTION, p. 211.

3. Le texte de l'article 2143 ne parle que de l'hypothèque sur
les biens du tuteur nommé par le conseil de famille; que décider en ce qui concerne les autres tuteurs? Tant que cette hypothèque est entière, c'est-à-dire générale, elle se trouve dans une
position identique à celle qui grève le tuteur datif, et elle doit être
traitée de la même manière; la restriction peut en être demandée conformément à l'article 2143.

4. Lorsqu'un tuteur emprunte du Crédit foncier de France, un
extrait de l'acte constitutif d'hypothèque doit être signifié « au su-
« brogé tuteur et au juge de paix du lieu dans lequel la tutelle
« s'est ouverte. — Dans la quinzaine de la signification, le juge

« de paix convoque le conseil de famille en présence du subrogé
« tuteur. — Ce conseil délibère sur la question de savoir si l'in-
« scription (de l'hypothèque légale du mineur) doit être prise. Si
« la délibération est affirmative, l'hypothèque est inscrite par le
« subrogé tuteur sous sa responsabilité, par les parents ou amis
« du mineur, ou par le juge de paix, dans le délai de quinzaine de
« la délibération » (L. 10 juin 1853, art. 23). — « La purge est
« opérée par le défaut d'inscription dans les délais fixés par les
« articles précédents. — Elle confère à la Société de crédit foncier
« la priorité sur les hypothèques légales » (art. 25).

5. *De l'interdit.* La situation étant la même que pour le mineur
en tutelle, il faut procéder de la même manière.

6. *Du mineur émancipé.* La loi du 10 juin 1853, art. 19, dispose
que « la signification d'un extrait de l'acte constitutif d'hypo-
« thèque au profit de la Société de crédit foncier doit être faite...
« au mineur émancipé et à son curateur » ; mais cette loi n'appelle pas l'intervention du conseil de famille pour délibérer s'il y
a lieu de prendre au nom de l'émancipé l'inscription de son hypothèque légale, dont les causes ne seraient pas encore éteintes
contre l'ex-tuteur.

7. *De la femme mariée.* La loi confère à la femme une hypothèque générale sur les biens de son mari (art. 2121). Elle permet aux futurs époux, tous deux majeurs, de convenir, dans le
contrat de mariage, « qu'il ne sera pris d'inscription que sur un
ou certains immeubles du mari », ce qui affranchit les autres
biens (art. 2140). Massé et Vergé, sur Zachariæ, V, p. 163,
§ 796, note 14.

8. « Pourra pareillement le mari, du consentement de sa femme,
« et après avoir pris l'avis des quatre plus proches parents d'icelle
« réunis en assemblée de famille, demander que l'hypothèque gé-
« nérale sur tous ses immeubles, pour raison de sa dot, des reprises
« et conventions matrimoniales, soit restreinte aux immeubles
« suffisants pour la conservation entière des droits de la femme »
(art. 2144). Cette assemblée de famille se tient sous la présidence
du juge de paix du domicile du mari.

9. Ainsi, le tribunal ne pourrait plus restreindre l'hypothèque
de la femme qui aurait subi une première restriction dans le contrat de mariage ou par jugement.

10. Le consentement de la femme est indispensable ; rej. 9 déc.
1824 et 13 févr. 1834; Rouen, 27 avril 1844; Persil, art. 2144, n° 2;

Troplong, II, n° 641 ; *contra*, Paris, 16 juill. 1813 et 25 avr. 1823 ; Nancy, 26 août 1825 ; Duranton, XX, n° 208 ; d'Hauthuille, *Révision du rég. hyp.*, p. 281. Elle ne peut le donner qu'à l'âge de majorité ; si elle est mineure, le mari doit attendre ; Duranton, XX, n° 67 ; *contra*, Persil, sur l'article 2144, n° 4.

11. Ce consentement est indivisible ; la restriction ne peut être prononcée qu'aux conditions sous lesquelles la femme a consenti et sur lesquelles la famille a été appelée à émettre son avis ; Cass., 2 juin 1862 ; Agen, 18 mars 1863.

12. En un mot, pour bien entrer dans l'esprit de la loi, l'adhésion de la femme à la demande en restriction d'hypothèque doit précéder l'avis du conseil de famille, et être formulée au plus tard en tête du procès-verbal de la réunion ; l'assemblée a du reste la faculté d'appeler la femme et le mari à donner des explications.

INTERDICTION JUDICIAIRE.

1. *Origine.* Dans son acception générale, le mot *interdiction* indique l'état d'une personne qui est privée de l'exercice de ses droits civils. — Cet état résulte soit d'une condamnation criminelle, soit d'un jugement civil ; d'où la distinction entre l'*interdiction légale*, V. ce mot, et l'*interdiction judiciaire*. Occupons-nous ici de cette dernière.

2. L'interdiction judiciaire est une mesure fort grave, qui paralyse complètement la capacité de la personne, en même temps que, en fait, elle lui enlève presque toujours sa liberté individuelle, et qu'elle la blesse dans son amour-propre. Les juges ne devront donc la prononcer qu'autant qu'elle sera tout à fait nécessaire et pour les seules causes déterminées par la loi. — Quelles sont ces causes ?

3. A Rome on n'interdisait que le prodigue, en lui donnant un curateur ; L. 1, *De curat. furios.*, Dig. Dans notre ancienne jurisprudence, au contraire, on appliquait l'interdiction non seulement aux prodigues, mais encore aux individus auxquels l'infirmité ou le dérangement de leur raison ne permettait pas de se gouverner eux-mêmes, et l'on nommait aux uns et aux autres un curateur ; Meslé, *Des minorités*, partie II, ch. xiii.

4. *Causes d'interdiction.* Aujourd'hui, d'après le Code civil, « le majeur qui est dans un état habituel d'imbécillité, de démence « ou de fureur, doit être interdit même lorsque cet état présente « des intervalles lucides » (art. 489). Interprète de la loi, il n'entre pas ici dans notre mission d'examiner si cette classification est complète devant la critique de la science moderne. — Toujours est-il que l'imbécillité est l'absence d'idées ou l'idiotisme à l'état permanent sans intervalles ; la démence est le désordre ou dérèglement des idées à l'état continu ou intermittent ; la fureur est la démence avec des accès violents à l'état discontinu. V. Locré, *Législ. civ.*, VII, p. 389, 390.

5. La gravité de cette mesure commande de se renfermer dans les limites de l'article 489. Ainsi l'imbécillité, la démence et la fureur sont les seules causes légales d'interdiction, et il faut que cet état de maladie soit habituel, c'est-à-dire assez fréquent pour être l'état ordinaire de l'individu qui en est atteint, se répétant ordinairement, même avec des intervalles lucides. D'où il suit que, pour donner lieu à l'interdiction, il ne suffit pas qu'un individu éprouve des accès passagers de dérangement d'esprit, de même qu'il n'est pas nécessaire que la maladie mentale soit permanente.

6. Partant de là, il est incontestable qu'une infirmité ou une maladie physique, quelque grave, quelque durable qu'elle soit (surdité, mutisme, cécité, même de naissance, épilepsie ou autre) ne peut seule donner lieu à l'interdiction ; Rouen, 18 mai 1842. — Mais on controverse vivement sur le point de savoir si l'article 489 atteint la manie ou la monomanie, qui n'est qu'une folie partielle. Ne faut-il pas, en laissant le côté scientifique de cette question aux médecins aliénistes, décider que le côté pratique dépendra du caractère et du degré de la maladie, du point de savoir si le malade « est atteint d'une faiblesse d'esprit qui le rend incapable d'une volonté libre qui lui soit propre », en d'autres termes s'il « est incapable de se gouverner lui-même ». V. rej. 6 déc. 1831,

D. P. 31, I, 368. — Ainsi, l'ivresse habituelle ne rentre pas dans les causes d'interdiction ; Rouen, 18 janv. 1865.

7. Au résumé, la question de savoir si un individu est dans un état habituel d'imbécillité, de démence ou de fureur qui, d'après l'article 489, rend l'interdiction nécessaire, est une question de fait soumise au jugement des tribunaux et des cours d'appel, qui prononcent comme un jury, sauf le droit et le devoir que la Cour de cassation a d'apprécier la conséquence légale des faits déclarés constants et l'application de la loi à ces faits; rej. 6 déc. 1831.

8. *Mineur et majeur.* Un mineur peut-il être interdit ? — Non, dit-on, en invoquant : 1° la suppression d'un projet d'article du Code qui admettait l'interdiction du mineur émancipé, et qui re-jetait celle du mineur non émancipé ; Fenet, II, p. 96 ; 2° le texte de l'article 489 qui limite l'interdiction au majeur ; 3° le défaut d'intérêt apparent à interdire le mineur, qui déjà est en tutelle ou qui peut y rentrer par la révocation de son émancipation. — Oui, réplique-t-on, car le mineur en tutelle ou en curatelle peut tes-ter et se marier, tandis que l'interdit n'a pas cette capacité ; puis l'émancipation n'est ni toujours ni facilement révocable. — On a conclu généralement que, tandis que le majeur en état d'aliénation mentale *doit* être interdit, le mineur émancipé ou non *peut* l'être quand cette mesure est jugée nécessaire ; Bruxelles, 17 déc. 1850, *J. du Pal.*, 1851, I, p. 320 ; Bourges, 22 déc. 1862, S. V., 63, II, 132 ; Duranton, III, n° 716 ; Proudhon, II, p. 518 ; Marcadé, II, art. 489, I ; Massé et Vergé, I, p. 463, § 233, note 2 ; Demante, II, n° 262 *bis*, III ; Demolombe, VIII, n° 442. — En vérité, la con-troverse n'était pas soutenable devant les articles 174 et 175, qui admettent le tuteur ou curateur, autorisé par le conseil de famille, à former opposition au mariage du mineur, privé de père, mère et d'ascendants, lorsque cette « opposition est fondée sur l'état de démence du futur époux », cela à la charge par le tuteur ou cu-rateur « *de provoquer l'interdiction* et d'y faire statuer dans le délai qui sera fixé par le jugement ». Dijon, 24 avr. 1830.

9. *Qui peut provoquer l'interdiction ?* Ce droit paraît reposer tout à la fois sur l'affection présumée et sur le droit éventuel de succession : « Tout parent, dit l'article 490, est recevable à pro-« voquer l'interdiction de son parent. Il en est de même d'un époux « à l'égard de l'autre. » — Et l'article 491 ajoute : « Dans le cas de « fureur, si l'interdiction n'est provoquée ni par l'époux ni par « les parents, elle *doit* l'être par le procureur de la République,

« qui, dans les cas d'imbécillité ou de démence, *peut* aussi la pro-
« voquer contre un individu qui n'a ni époux, ni épouse, ni pa-
« rents connus. » — C'est un devoir pour le procureur, une faculté
pour les parents et l'époux, Dalloz, v° INTERDICTION, n° 47 ; même
pour l'époux séparé de corps ; Duranton, III, n° 720 ; Le Senne,
Traité de la séparation de corps, n° 424.

10. On est généralement d'accord que ces deux dispositions sont
restrictives, que, sauf la disposition exceptionnelle de l'article 175,
personne autre n'a ce droit, — pas même les alliés ; Paris, 23 mai
1835, S. V., 35, II, 342 ; Demante, I, n° 263 *bis*, II ; Demolombe,
VIII, n° 468 ; Massé et Vergé, I, p. 464, § 234, note 2 ; *contra*, Pi-
geau, *Procédure civile*, II, p. 485 ; Delvincourt, I, p. 130, note 3.

11. Notons qu'en suivant à la lettre l'article 489, le malade
« doit » être interdit lorsqu'il est idiot, dément ou furieux, sans
que la loi fasse de distinction. En prenant cet ordre comme absolu, on ne pourrait se dispenser de faire interdire un individu
atteint de l'une de ces trois infirmités ; mais le législateur a compris tout ce qu'il y aurait de pénible pour la famille à rendre cette
mesure strictement obligatoire dans tous les cas, et il a tempéré la
rigueur de sa disposition générale par l'article 491, en n'imposant
au procureur de la République le devoir de poursuivre d'office
l'interdiction que « dans le cas de fureur », parce qu'alors il s'agit
d'une mesure de sûreté, d'ordre public.

12. *Procédure de l'interdiction.* La demande est dirigée directement contre le malade même ; c'est lui qui est partie et défendeur (art. 496 et 501 C. civ.) ; Demolombe, VIII, n° 481. Et, en
vue d'éclairer le plus possible les juges sur la situation, la procédure est soumise à des conditions particulières, qui sont déterminées tant par le Code civil que par le Code de procédure.

13. Aux termes de l'article 492 du Code civil : « Toute demande
« d'interdiction sera portée devant le tribunal de première in-
« stance ». — C'est-à-dire devant le tribunal civil d'arrondissement du domicile du défendeur et non de sa résidence ; Cass.,
23 juin 1840, S. V., 40, I, 959 ; Demolombe, VIII, n° 482 ; Carré
et Chauveau, quest. 3913. V. rej. 24 déc. 1838, S. V., 39, I, 49.

14. Cette demande est dispensée du préliminaire de conciliation (art. 49 C. pr.). — « Dans toute poursuite d'interdiction les
« faits d'imbécillité, de démence ou de fureur, seront énoncés en la
« requête présentée au président du tribunal ; on y joindra les
« pièces justificatives, et l'on indiquera les témoins » (art. 890

C. pr.). — « Le président du tribunal ordonnera la communica-
« tion de la requête au ministère public, et commettra un juge
« pour faire rapport à jour indiqué » (art. 891). — *Rappr.* rej.
23 mai 1860, S. V., 60, I, 958 ; Le Senne, *Traité de la séparation de corps*, nᵒˢ 281-289.

15. *Avis du conseil de famille.* « Sur le rapport du juge
« et les conclusions du ministère public, le tribunal ordonnera
« que le conseil de famille, formé selon le mode déterminé par
« le Code civil, section IV du chapitre II, au titre *De la minorité*,
« *de la tutelle et de l'émancipation*, donnera son avis sur l'état
« de la personne dont l'interdiction est demandée » (art. 892).
— V. *Composition du conseil de famille de l'interdit judiciaire.*

16. Malgré les termes impératifs de cette disposition, il n'est
pas douteux que le tribunal pourra *de plano* rejeter la requête
sans demander l'avis de la famille, par exemple, quand les faits
articulés ne sont pas pertinents, ou bien quand ils sont démentis
par d'autres faits reconnus constants ; rej. 13 janv. 1864 ; Demolombe, VIII, nᵒ 502. *Contra*, Orléans, 26 févr. 1819 ; Chardon,
III, nᵒ 217. — V. *Conseil judiciaire.*

17. *Instruction.* Mais, si le tribunal estime qu'il y a lieu de
suivre sur la requête, le premier acte d'instruction qu'il doit nécessairement ordonner est la convocation du conseil de famille à
l'effet de donner son avis sur l'état mental de la personne dont
l'interdiction est demandée. — Ce conseil doit être convoqué et
composé conformément aux règles générales tracées pour la tutelle des mineurs, Aix, 19 mars 1835 ; c'est-à-dire devant
le juge de paix du domicile du malade et non devant le président du tribunal en la chambre du conseil ; *contra*, Paris,
15 mai 1813. — V. les deux mots *Composition* et *Convocation du conseil de famille.* — Alors la gravité du sujet doit
exciter au plus haut degré la sollicitude et l'attention du
juge de paix. Ici plus que jamais il doit convoquer, avant tout,
les parents et alliés domiciliés dans le rayon légal, et il agira
prudemment en appelant même ceux domiciliés au delà. Quand
il convoquera des amis, il ne devra pas perdre de vue qu'ils ne
sont aptes à faire partie du conseil que sous la double condition,
de domicile dans la commune et de relations habituelles d'amitié,
prescrite par l'article 409 ; rej. 19 août 1850, S. V., 50, I, 644.
En un mot, à part les exceptions formellement prévues par la loi

et que nous allons signaler, il faut observer strictement les règles du droit commun.

17 *bis*. Rien ne s'oppose à ce que le conseil de famille interroge le malade soit en l'appelant dans son sein, soit chez lui, de même que chacun des membres convoqués a la faculté de l'interroger et de le visiter. Nous savons d'ailleurs que les juges de paix ont coutume de se transporter individuellement auprès du malade ; ce qui est le moyen le plus sûr de s'éclaircr sur son état, tout en tenant compte du certificat des médecins qu'on est dans l'usage de présenter au conseil. — Cela indépendamment de l'interrogatoire que le tribunal doit adresser au malade (art. 496).

17 *ter*. C'est bien faire et faire assez que de se conformer à un texte de loi non équivoque ; il suffit donc que l'assemblée délibérante exprime son avis sur l'état mental de la personne ; Paris, 25 févr. 1814, *J. du Pal.*, 1814, p. 124 ; Chauveau, sur Carré, quest. 3016. Mais il ne lui est pas défendu de développer son opinion en ajoutant qu'il y a lieu ou non de poursuivre l'interdiction ; rej. 5 avr. 1864, S. V., 65, I, 158. Je suis même d'avis que le juge de paix ne pourra pas refuser de consigner cette déclaration dans le procès-verbal si l'un des membres le lui demande. Et en tous cas ce procès-verbal devra mentionner distinctement les avis, s'il n'y a pas unanimité (art. 883 C. pr.).

18. *Administrateur provisoire*. « Après le premier interroga-« toire le tribunal commettra, s'il y a lieu, un administrateur « provisoire pour prendre soin de la personne et des biens du « défendeur » (art. 497 C. civ.). — Cette nomination est donc facultative et laissée à l'appréciation du tribunal. Quand il en commettra un, ses pouvoirs se borneront, comme l'indique sa qualification, à prendre soin de la personne et des biens du défendeur, à faire des actes de pure conservation ; pour aller au delà il aurait besoin d'une autorisation spéciale de la justice, sans intervention du conseil de famille ; Magnin, I, n° 852.

19. *Interdiction*. Puis la procédure suivra son cours, et un jugement rendu « à l'audience publique, les parties entendues ou appelées », prononcera l'interdiction ou bien nommera un conseil judiciaire, sans l'avis duquel le malade ne pourra faire certains actes déterminés (art. 498, 499).

20. « Tout arrêt ou jugement portant interdiction, ou nomi-« nation d'un conseil, sera, à la diligence des demandeurs, levé, « signifié à partie et inscrit, dans les dix jours, sur les tableaux

« qui doivent être affichés dans la salle de l'auditoire et dans les
« études des notaires de l'arrondissement » (art. 501). — Mais
l'inobservation de cette disposition n'aurait pas pour effet de dé-
truire ou d'ajourner les effets du jugement d'interdiction ; Turin,
4 janv. 1812; Montpellier, 1ᵉʳ juill. 1840, S. V., 40, II, 314 ;
contra, Toullier, II, n° 1384 ; Maleville, sur l'article 501.

21. « L'interdiction ou la nomination d'un conseil aura son
« effet du jour du jugement. Tous actes passés postérieurement
« par l'interdit, ou sans l'assistance du conseil, seront nuls de
« droit » (art. 502). — Notez que l'effet de ce jugement ne re-
monte pas au jour de la demande par exception à la règle générale.

22. Le jugement, quel qu'il soit, est sujet à appel. « L'appel
« interjeté par celui dont l'interdiction aura été prononcée sera
« dirigé contre le provoquant. L'appel interjeté par le provoquant,
« ou par un des membres de l'assemblée, le sera contre celui
« dont l'interdiction aura été provoquée » (art. 894 C. pr.).

23. *Effets de l'interdiction.* Il est inutile de faire observer que
l'interdiction judiciaire n'enlève pas à l'interdit la jouissance des
droits civils, elle ne lui en ôte que l'exercice. Mais pourquoi le
priver de l'exercice de droits qui continuent d'être siens? Le bon
sens répond : C'est dans l'intérêt privé de l'individu, dans l'intérêt
de la famille et dans l'intérêt de l'ordre public, parce que l'aliéné
est hors d'état de gérer ses biens et de se gouverner lui-même.

24. *Nomination d'un tuteur et d'un subrogé tuteur.* « S'il n'y a
« pas d'appel du jugement d'interdiction, ou s'il est confirmé sur
« l'appel, il sera pourvu à la nomination d'un tuteur et d'un su-
« brogé tuteur à l'interdit, suivant les règles prescrites au titre
« *Des avis de parents* » (art. 895 C. pr.). Cette nomination mettra
fin à la mission de l'administrateur provisoire. — V. *Composition
du conseil de famille de l'interdit judiciaire.*

25. « S'il n'y a pas d'appel », dit cet article 895 ; mais est-ce
que le conseil de famille peut être régulièrement et utilement
convoqué aussitôt après le prononcé du jugement d'interdiction,
même avant la signification, même pendant les délais accordés
pour appeler ? Tel n'est pas, évidemment, l'esprit de cette disposition, qui a entendu se référer au droit commun ; or, d'après le
droit commun, le jugement doit être signifié à l'interdit et à son
avoué pour faire courir contre lui le délai d'appel ordinaire, et
en tous cas le jugement ne peut pas être exécuté pendant la hui-

taine de sa date (art. 147, 443, 450 C. pr.). De là nous concluons que la nomination tant du tuteur que du subrogé tuteur serait annulable si elle avait lieu avant la huitaine franche depuis la date du jugement, et avant la signification de ce jugement ou bien après l'appel interjeté ; Cass., 13 oct. 1807, Sirey, 7, I, 473; rej. 24 déc. 1838, S. V. 39, I, 43; Merlin, *Répert.*, v° INTERDICTION, § 5, n° 3 ; Duranton, III, n° 739 ; Taulier, II, p. 112, 113. Il en serait de même de la nomination faite après l'appel interjeté régulièrement (art. 457). En définitive, la tutelle de l'interdit ne doit être organisée qu'après la huitaine du jugement, après sa signification et avant l'appel; Demante, II, n° 277 *bis*, I et II ; Massé et Vergé, I, p. 467, § 235, note 2. En cas d'appel, il ne peut y être procédé qu'après la signification de l'arrêt confirmatif; Aubry et Rau, I, p. 518.

26. Aux termes de l'article 509, « l'interdit est assimilé au « mineur pour sa personne et pour ses biens ; les lois sur la tu-« telle des mineurs s'appliquent à la tutelle des interdits » ; — avec quelques différences notables qui résultent de dispositions spéciales, que le Code civil lui-même a édictées, et dont nous allons rendre compte.

27. D'abord, à la différence de la tutelle des mineurs, qui peut être naturelle, légitime, testamentaire ou dative, la règle générale est la tutelle dative pour les interdits, c'est-à-dire conférée par le conseil de famille (*argum.* art. 405, 505, 506) ; Locré, *Législ. civ.*, VII, p. 346.

28. « Toutefois, dit M. Demolombe, t. VIII, n° 561, dans le cas exceptionnel où un mineur serait interdit, il n'y aurait pas lieu, tant que durerait sa minorité, de nommer un second tuteur (Proudhon, t. II, p. 566), et s'il était sous la tutelle légitime du survivant de ses père et mère ou de l'un de ses ascendants, la tutelle à l'interdiction se trouverait elle-même ainsi en quelque sorte indirectement légitime. » MM. Massé et Vergé, t. I, p. 468, note 6, admettent cette tutelle confirmée sur le mineur, et ils en donnent pour raison que « sa qualité d'interdit est absorbée par celle de mineur ; mais, lorsqu'il atteint sa majorité, la tutelle légitime prend fin, et il doit être alors pourvu d'un tuteur par le conseil de famille. » Pour ma part je ne saurais comprendre cette survie de la tutelle légitime, ou bien il me faudrait admettre la tutelle testamentaire ; pourquoi ne pas admettre aussi bien la survie de la tutelle dative, si le mineur interdit y était soumis?

J'appelle dans tous les cas l'organisation d'une nouvelle tutelle par le conseil de famille conformément à l'article 505.

29. Par conséquent, le père, la mère, les ascendants mâles et les ascendantes veuves ne sont pas de droit tuteurs de leur descendant interdit, ils peuvent être nommés par le conseil de famille ; Metz, 16 févr. 1812 ; Poitiers, 23 févr. 1825, D. P. 25, II, 140 ; Dissert., *Recueil* de Sirey, 1812, 2, III ; Marcadé, sur l'article 506 ; Demolombe, VIII, n° 502. Il en est de même de la subrogée tutelle (art. 446).

30. On est d'accord qu'il n'y a jamais lieu à tutelle testamentaire d'un interdit ; observ. du Tribunat sur l'article 505 ; Cass. 11 mars 1812 ; Paris, 1er mai 1813, Sirey, 13, II, 193 ; Duranton, III, n° 751 ; Marcadé, art. 506 ; Zachariæ, Massé et Vergé, I, p. 468, § 235, note 4 ; Aubry et Rau, I, p. 519. — Pour appuyer cette opinion unanime on a coutume de dire que le père ou la mère ne peut déléguer un pouvoir qu'il n'a pas, en faisant ainsi allusion à la pensée que le survivant délègue la tutelle légale quand il choisit un tuteur testamentaire à son enfant mineur, tandis qu'il ne peut plus faire cette délégation quand il meurt après avoir perdu la tutelle. Mais en réalité il ne délègue rien, il use d'un pouvoir que lui confère un texte de loi, et s'il vient à être privé de ce pouvoir, c'est parce que la tutelle dative s'ouvre en même temps qu'il perd la tutelle légale pour une cause quelconque. V. *Tutelle testamentaire*, n°ˢ 16 et 17. Ici, au contraire, pour la tutelle de l'interdit, le père ou la mère, tuteur datif ou non tuteur, n'a pas capacité de choisir un tuteur par testament, parce qu'aucun texte de loi ne lui octroie ce droit.

31. La situation particulière des époux au regard l'un de l'autre a fait introduire une exception au principe de l'exclusion de la tutelle légale ; l'article 506 du Code civil dispose que « le mari est de droit tuteur de sa femme interdite », comme si cette tutelle légitime était un mode d'exercice de l'autorité maritale (art. 213), sans distinguer si le mari est majeur ou mineur ; Magnin, I, n 828 ; Dalloz, v° INTERDICTION, n° 161.

32. La réciproque n'a pas été admise en faveur de la femme ; elle ne sera pas tutrice de droit de son mari. Mais le Code a introduit une nouvelle dérogation à la règle générale de l'article 442 qui déclare les femmes incapables d'être tutrices, en disposant que « la femme pourra être nommée tutrice de son mari interdit » (art. 507). C'est là une simple faculté pour le conseil de

famille, qui d'ailleurs n'aura pas besoin d'en déduire la cause s'il écarte la femme. Cass., 27 nov. 1816; Orléans, 9 août 1817, Sirey, 1817, II, 422; Duranton, III, n° 752; Magnin, I, n° 866; Chardon, t. II, n° 37; Demante, t. II, n° 279 *bis* I; Marcadé, sur l'art. 507.

33. L'article 507 doit-il être entendu en ce sens que la femme pourrait, malgré la séparation de corps, être nommée tutrice de son mari interdit? En fait, le plus souvent le conseil de famille évitera de la nommer; mais je ne vois pas que la loi renferme de prohibition, à moins qu'il n'y ait dans la situation et dans les causes de la séparation des motifs d'incapacité ou d'exclusion. V. Demolombe, VIII, n° 571.

34. Le conseil de famille pourra-t-il la choisir pour subrogée tutrice de son mari interdit? Non, puisqu'en règle générale une femme est incapable de remplir cette fonction, d'après l'article 442, et que l'article 507, en permettant de nommer la femme tutrice principale, ne déroge pas à la prohibition en ce qui touche la subrogée tutelle.

35. Quant au mari, que l'article 506 proclame de droit tuteur de sa femme interdite, bien qu'il répugne de l'admettre à ce titre quand il y a séparation de corps, il faut reconnaître que ce texte est absolu. Néanmoins, on est généralement d'accord qu'alors il ne devient pas tuteur de droit, parce qu'il n'a plus la confiance de la loi, — avec faculté au conseil de le nommer; Dijon, 18 mars 1857; rej. 25 nov. 1857, S. V., 58, I, 289; Aubry et Rau, I, p. 519; Massé et Vergé, I, p. 468, note 5; Demolombe, VIII, n°s 568, 569. — V. Le Senne, *Traité de la séparation de corps*, n° 424.

36. Suivant le droit commun un mari peut être nommé subrogé tuteur de sa femme interdite, si en fait il n'y a pas d'empêchement. — V. *Subrogé tuteur principal*, n° 14.

37. Aucune disposition ne défend de déférer la tutelle à celui qui a provoqué l'interdiction ou bien à un enfant de l'interdit. Au contraire, l'article 508 suppose que l'enfant pourra être nommé tuteur de son père ou de sa mère; Demolombe, n° 572; de même pour la subrogée tutelle; Metz, 24 brum. an XII; Dalloz, n° 166.

38. *Excuses, Exclusion et durée de la tutelle*. Il faut appliquer à la tutelle de l'interdit, quelle qu'elle soit, tout ce que nous avons dit de la tutelle des mineurs sur les causes *d'incapacité, d'excuse, d'exclusion* ou de *destitution*; — V. ces quatre mots; — en te-

nant compte de la disposition de l'article 508, ainsi conçu :
« Nul, à l'exception des époux, des ascendants et descendants,
« ne sera tenu de conserver la tutelle au-delà de dix ans. A l'ex-
« piration de ce délai, le tuteur pourra demander et devra obtenir
« son remplacement. »

39. *Excuses, exclusion et durée de la subrogée tutelle.* La loi
n'en a pas limité la durée, qui reste dans le droit commun. Et il
faut en dire autant des causes de dispense ou d'exclusion.

40. *Cessation de l'interdiction.* « L'interdiction cesse avec les
« causes qui l'ont déterminée ; néanmoins la mainlevée ne sera
« prononcée qu'en observant les formalités prescrites pour parve-
« nir à l'interdiction, et l'interdit ne pourra reprendre l'exercice
« de ses droits qu'après le jugement de mainlevée » (art. 512).
C'est-à-dire qu'il faudra suivre une procédure parallèle à celle
qui est prescrite pour arriver à l'interdiction, devant le même
tribunal qui l'a prononcée ; et le conseil de famille, toujours le
même, présidé par le même juge de paix, pourra être appelé à
donner son avis sur l'état mental de l'interdit, conformément à
ce qui est expliqué sous les n°s 15, 16-17 *ter*, *supra*, et sous notre
rubrique *Composition du conseil de famille de l'interdit judiciaire.*

INTERDICTION LÉGALE.

1. *Tutelle de l'interdit.* « La condamnation à la peine des tra-
« vaux forcés à temps, de la détention, de la réclusion ou du ban-
« nissement, emportera la dégradation civique. La dégradation
« sera encourue du jour où la condamnation sera devenue irré-
« vocable, et, en cas de condamnation par contumace, du jour de
« l'exécution par effigie » (art. 28 C. pén.).

2. « Quiconque aura été condamné à la peine des travaux for-
« cés à temps, de la détention ou de la réclusion, sera, de plus,
« pendant la durée de sa peine, en état d'interdiction légale ; il
« lui sera nommé un tuteur pour gérer et administrer ses biens,
« dans les formes prescrites pour les nominations des tuteurs et
« subrogés tuteurs aux interdits » (art. 29 C. pén.). — Donc il
faudra aussi lui donner un subrogé tuteur (art. 420 C. civ.).

3. En abolissant la mort civile, qui résultait de la condamnation
aux travaux forcés à perpétuité ou à la déportation, la loi du 31 mai

1854, art. 2, déclare que : « Les condamnations à des peines afflic-
« tives perpétuelles emportent la dégradation civique et l'inter-
« diction légale établies par les articles 28, 29 et 31 du Code pé-
« nal ». De sorte que, sous la législation actuelle, un conseil de
famille est appelé à nommer un tuteur et un subrogé tuteur à l'interdit, homme ou femme, majeur ou mineur.

4. *Tutelle des enfants de l'interdit légal.* Le mariage n'étant
point dissous par l'interdiction légale du mari, il n'y a pas lieu à
la tutelle légale de la mère sur les enfants mineurs, non plus qu'à
la tutelle dative. Mais la mère prend l'administration légale de
leurs personnes et de leurs biens, ainsi qu'il arrive en cas de disparition du père pendant le mariage, suivant l'article 141. —
V. *Disparition des père et mère ; Administrateur légal.*

5. Quand le père, ayant survécu à sa femme, vient à être constitué en état d'interdiction légale, il se trouve déchu de la tutelle
légitime de ses enfants, qui seront désormais soumis à la tutelle dative. Que, si, au contraire, sa femme meurt depuis qu'il est tombé
en état d'interdiction, il est indigne et incapable d'exercer la tutelle légitime de ses enfants, il en est exclu, et il y a également
lieu de recourir au conseil de la famille de ceux-ci pour le choix
d'un tuteur datif. — V. *Tutelle des père et mère,* nᵒˢ 12 et 13.

6. Jusqu'ici nous avons parlé de la dégradation civique qui est
la conséquence des condamnations à une peine afflictive et infamante. Mais la dégradation civique peut être prononcée comme
peine principale (art. 35), et alors, dans cet état tristement miséra-
ble, voici quelle est la position du condamné au regard de ses enfants, d'après l'article 34 du Code pénal : « La dégradation civique
« consiste » notamment « dans l'incapacité de faire partie d'aucun
« conseil de famille, et d'être tuteur, curateur, subrogé tuteur ou
« conseil judiciaire, si ce n'est de ses propres enfants et sur l'avis
« conforme de la famille. »

7. Ainsi, le père ou la mère survivant, condamné à la dégradation civique comme peine principale, se trouve déchu ou destitué de la tutelle légitime déjà ouverte sur les enfants du mariage.
Si la tutelle s'ouvre, depuis la condamnation, par la mort de l'un
des père et mère, le dégradé en est exclu. Dans l'un et l'autre cas
le conseil de famille doit organiser la tutelle dative, et il peut
nommer le condamné tuteur s'il l'en juge digne. — Chose remarquable, la loi ne dit nulle part que la dégradation civique détruit
la puissance paternelle.

8. Enfin, tant qu'un condamné est en état d'interdiction légale, soumis à une tutelle personnelle, il est par là incapable et indigne d'exercer la tutelle sur ses enfants. Mais qu'arrive-t-il après qu'il a subi sa peine, par exemple les travaux forcés à temps ? Alors ap.. paraît la dégradation civique, conséquence de cette peine, qui sommeillait, et qui lui survit parce que la dégradation civique une fois encourue est perpétuelle (et ne peut être effacée que par l'amnistie ou la réhabilitation); le condamné se trouve déchu, destitué ou exclu de la tutelle de ses enfants, à moins que le conseil de famille ne l'en juge digne, ainsi que nous venons de l'expliquer sous les numéros 6 et 7, *supra*.

INTERRUPTION DE PRESCRIPTION. 1. Le tuteur doit non seulement empêcher la prescription de courir, mais encore faire les actes nécessaires pour interrompre les prescriptions commencées, cela sous sa responsabilité ; Pau, 19 août 1850, D. P. 51, II, 5 ; Massé et Vergé, I, p. 434, § 221, note 3 ; Valette, *Explic. somm.*, p. 274.

2. Pour interrompre la prescription en matière immobilière, il faut faire citer l'adversaire devant le tribunal; et à cet effet il est indispensable que le tuteur obtienne préalablement l'autorisation du conseil de famille, sinon l'adversaire pourrait exciper de la nullité pour défaut de forme, en conformité des articles 464, 2244-2247 du Code civil. *Contra*, Demolombe, VII, n° 687.

3. Il suffira au mineur émancipé d'être assisté de son curateur (art. 482).

INVENTAIRE. — V. *Scellés.*

L.

LICITATION. 1. *Pour le mineur non émancipé.* La licitation, c'est-à-dire la vente aux enchères entre copropriétaires (cohéritiers ou cosociétaires), a une analogie complète avec le partage ; elle en a tous les caractères, tous les effets ; elle fait aussi cesser l'indivision. Dès qu'il y a un mineur intéressé, elle doit être faite en justice, aux enchères publiques. — V. *Partage.*

2. Elle est assujettie aux mêmes formalités que la vente ordinaire d'un immeuble dont le mineur est seul propriétaire. Quand c'est le mineur qui provoque la licitation, il faut au tuteur l'autorisation du conseil de famille avec homologation, adjudication

aux enchères publiques et accomplissement des formalités prescrites par les articles 457 et 458 du Code civil.—V. *Partage*, n° 4.

3. « Les formalités exigées par les articles 457 et 458, pour « l'aliénation des biens du mineur, ne s'appliquent point au cas « où un jugement aurait ordonné la licitation sur la provocation « d'un copropriétaire par indivis. — Seulement, et en ce cas, la lici- « tation ne pourra se faire que dans la forme prescrite par l'ar- « ticle précédent ; les étrangers y seront nécessairement admis » (art. 460). — C'est-à-dire que, le mineur étant défendeur à la demande, le tuteur n'a pas besoin de l'autorisation de la famille, pourvu que la licitation se fasse publiquement et en justice, conformément à l'article 460.

4. *Pour l'interdit.* Il faut appliquer les mêmes règles (art. 509).

5. *Pour le mineur émancipé.* Soit pour intenter une demande en licitation, soit pour y défendre, il lui suffira de l'action en justice (art. 838) et de l'assistance de son curateur, sans avoir besoin de l'autorisation du conseil de famille (art. 482) ; Bordeaux, 25 janv. 1826 ; Paris, 8 mai 1848 ; Dalloz, v° MINORITÉ, n°ˢ 825, 826.

LOYERS D'AVANCE. 1. En principe, il n'est pas permis au tuteur de stipuler que les loyers ou fermages seront payables avant l'échéance. Il doit s'abstenir d'en recevoir par anticipation, si ce n'est pour se conformer aux usages locaux, ainsi qu'il arrive quelquefois pour les locations faites aux commerçants et aux industriels ; Limoges, 28 janv. 1824 ; Poitiers, 2 juill. 1845, D. P. 46, II, 128 ; Fréminville, I, n° 537.

2. Ces paiements anticipés ayant pour résultat de jeter de l'incertitude sur la valeur de l'immeuble, de diminuer cette valeur et de détourner les revenus de leur destination naturelle, il y a lieu de décider que le tuteur aura besoin d'une autorisation du conseil de famille homologuée par justice pour donner quittance « d'une somme équivalente à trois années de loyers ou fermages non échus » (*argum.*, art. 2, L. 23 mars 1855).

3. Il en sera de même pour céder pareille somme de trois années de loyers ou fermages non échus (*ibid.*). V. Le Senne, *Comm.* de cette loi, n° 53. — V. *Vente des meubles incorporels.*

4. Ces règles s'appliquent aussi bien au tuteur de l'interdit qu'à celui du mineur.

5. Elles sont même applicables aux mineurs émancipés.

M.

MAINLEVÉE DE L'INTERDICTION. V. *Interdiction judiciaire*, n° 40; *Révocation de l'émancipation*, n° 12.

MAINLEVÉE D'INSCRIPTION HYPOTHÉCAIRE. 1. Il va sans dire qu'en recevant le remboursement des créances ou des rentes, le tuteur, par voie de conséquence, donne valablement mainlevée des inscriptions hypothécaires ou privilégiées, qui ne sont qu'un accessoire. Mais lorsqu'il ne reçoit rien, il n'a pouvoir de consentir la mainlevée ou la limitation d'une inscription qu'en vertu d'une autorisation homologuée, par le motif qu'il y a un abandon gratuit dans un tel acte (et même que cet abandon du droit hypothécaire a un caractère immobilier, selon la doctrine de feu Valette, notre illustre maître); rej. 22 juin 1818; Cass., 18 juill. 1843; Grenier, *Des hypothèques*, II, n° 521 ; Troplong, *Des hypothèques*, X, n° 738 *bis*; Massé et Vergé, I, p. 436, § 221, note 13. *Contra*, Tarrible, *Répertoire de jurisprudence*, v° RADIATION DES HYPOTHÈQUES, p. 83, n° 2. D'ailleurs, en fait, le conservateur du bureau des hypothèques refuserait d'opérer la radiation, si la délibération n'était homologuée, en s'appuyant sur les circulaires des ministres de la justice et des finances des 29 frimaire et 14 nivôse an XIII.

2. En conformité du même principe, le tuteur ne pourrait, sans une autorisation homologuée, abandonner les garanties hypothécaires ou autres pour recevoir d'autres garanties en échange; Magnin, II, n° 1095. *Contra*, Demolombe, VII, n° 678.

3. Il en serait de même du mineur émancipé.

MAJORITÉ; MAJEUR. 1. Se dit de l'âge où l'on est capable des actes de la vie civile.

2. «La majorité est fixée à l'âge de vingt-un ans accomplis; à « cet âge on est capable de tous les actes de la vie civile, sauf la « restriction portée au titre *Du mariage* » (art. 488) ; ajoutons : sauf aussi la restriction portée au titre *De l'adoption* (art. 346).

3. A quel moment exact les vingt-un ans sont-ils réputés accomplis? Dans le silence du Code, trois avis sont en controverse. —Au premier moment du premier jour de la vingt-deuxième année, d'après une opinion, de manière qu'une personne née le 1er janvier 1870 à midi serait majeure à minuit le 31 décembre 1890; Delaporte, *Pandect. franc.*, t. II, p. 209, art. 57. — Suivant une

autre opinion, il faut que le vingt-deuxième jour tout entier soit écoulé, de sorte que la personne serait majeure le 1er janvier 1891 à minuit seulement ; Delisle, *Traité de l'interpr. jurid.*, I, p. 670, § 117 ; Demante, II, n° 135 *bis ;* Pothier, *Des don.*, ch. III, art. 2. — Une troisième opinion enseigne que la majorité se compte d'heure à heure *a momento in momentum*, et non de jour à jour, de manière que la personne sera majeure le 1er janvier 1891 à midi (L. 3, § 3, *De min. vigint.*, Dig.) ; Marcadé, II, art. 388, n°3 ; Valette, sur Proudhon, II, p. 446 ; Fréminville, I, n° 3 ; Demolombe, VIII, n° 407.

4. Cette dernière décision me paraît d'autant plus exacte aujourd'hui, que l'article 57 du Code civil veut que l'heure de la naissance soit consignée dans l'acte de l'état civil.

5. Si en fait l'acte de l'état civil ne faisait pas mention de l'heure de la naissance, la majorité ne serait acquise qu'à l'expiration du jour anniversaire ; Demolombe, VIII, n° 408 ; Delisle, Fréminville et Marcadé, *loc. cit.*

6. Mais à quel moment deviendra majeur l'enfant né le 29 février? Il est de règle que le jour bissextile, qui fait nombre dans les délais de jours, ne compte pas dans les délais d'années, et se confond avec le jour qui précède (L. 3, § 3, *De min. vigint.*); L. 24 sept. 1793, art. 101, et 8 déc. 1794. D'où la conséquence que, quelles que soient les heures de naissance dans la journée du 29 février, cette journée ne se retrouvant pas dans le vingt-unième anniversaire, tous les enfants nés dans ce jour bissextile acquièrent en même temps leur majorité à l'expiration du mois de février de la vingt-unième année.

MANDAT ; MANDATAIRE. — V. *Délibération du conseil de famille*, n°s 8-13.

MARIAGE.

Ascendants, 1, 2, 7.	Donation, 12-18.	Mère, 1-7.
Conseil de famille, 1-3, 5, 8, 10-15, 22.	Dot, 12-18.	Mineur, 1-6, 22.
	Enfant d'interdit, 12, 13.	Mineur émancipé, 7, 8.
Conseil judiciaire, 21.	Enfant naturel, 10, 11, 14, 15.	Opposition, 5, 6.
Contrat de mariage, 3, 4, 7, 11.	Hypothèque légale, 4.	Père, 1-7.
Curateur, 9.	Interdit judiciaire, 19.	Tuteur, 2, 6.
Démence, 6.	Interdit légal, 20.	Tuteur *ad hoc*, 10.

1. *Mariage de l'enfant légitime mineur non émancipé.* Le titre de tuteur ne confère en aucun cas le pouvoir de consentir au mariage du pupille. Ce pouvoir appartient, en vertu de la puissance paternelle, au père, à la mère, ou aux ascendants légitimes, tant qu'il en

reste un, lors même qu'il n'est pas tuteur. « S'il n'y a ni père, ni
« mère, ni aïeuls, ni aïeules, ou s'ils se trouvent tous dans l'impos-
« sibilité de manifester leur volonté, les fils ou filles mineurs de
« vingt-un ans ne peuvent contracter mariage sans le consente-
« ment du conseil de famille » (art. 160).

2. Il appartient donc au conseil de famille, à lui seul, de consentir au mariage du mineur dont les père, mère, ascendants et
ascendantes n'existent plus ou ne peuvent manifester leur volonté. Alors le conseil délibère en la forme ordinaire ; et, quand le
résultat du vote est affirmatif, il autorise soit le tuteur, soit
une autre personne, à assister le mineur à la célébration du mariage et à réitérer son consentement devant l'officier de l'état
civil. V. *infra*, n° 22.

3. Il appartient au même conseil de famille de discuter, d'a-
dopter ou de rejeter les conventions matrimoniales (régime, dot,
apports, donations) qui sont destinées à former le contrat de mariage du mineur. Par application de l'article 1398 du Code et selon un usage constant qui fait loi, ces conventions doivent être
transcrites littéralement tout au long à côté du consentement
au mariage, en même temps que le conseil autorise le tuteur ou
une autre personne à assister le mineur pour la réalisation du
contrat devant notaires. — Je dis que ces deux questions du mariage et du contrat notarié doivent être votées par le même conseil de famille, parce qu'elles sont indivisibles et déterminantes
l'une de l'autre ; ce qui n'empêche pas que le conseil puisse consentir au mariage sans adopter les clauses d'un contrat notarié.
— Dans ce dernier cas, le mineur serait marié sous le régime de la
communauté légale, de même que si le conseil n'avait pas été appelé à délibérer sur ce point. V. *Annales des justices de paix*,
année 1879, p. 237.

4. Mais le conseil ne peut pas aller jusqu'à consentir que, dans
le contrat de mariage du *mineur*, l'hypothèque légale de la femme
soit restreinte à certains immeubles déterminés ; l'article 2140
veut que cette hypothèque soit générale, tandis qu'il permet aux
futurs époux *majeurs* de la limiter ; Troplong, t. II, n° 637 *bis*;
Zachariæ, Massé et Vergé, t. V, p. 163, § 796, texte et note 37 ;
Duranton, II, n° 116. — V. *Inscription hypothécaire*, n° 7.

5. Il arrive quelquefois que le conseil de famille n'accorde pas
au mineur qui n'a plus ni père, ni mère, ni ascendants, le consentement nécessaire pour se marier, et que cependant ce mineur

persiste dans son intention ; en ce cas le tuteur pourra convoquer le conseil à l'effet d'être autorisé à former opposition à la célé-bration de ce mariage, autrement il n'aurait pas qualité pour le faire (art. 175).

6. Toujours à défaut d'ascendants, le tuteur, autorisé par dé-libération du conseil de famille, pourra également former opposi-tion au mariage du mineur en la fondant sur l'état de démence. « Cette opposition, dont le tribunal pourra prononcer mainlevée « pure et simple, ne sera jamais reçue qu'à la charge, par l'oppo-« sant, de provoquer l'interdiction et d'y faire statuer dans le dé-« lai qui sera fixé par le jugement» (art. 174, 175).

7. *Mariage de l'enfant légitime mineur émancipé*. Quand il a encore père ou mère, ou ascendant, il lui suffit de son assistance pour la célébration du mariage et la rédaction du contrat notarié (art. 160, 1398).

8. Quand il n'a plus aucun de ces proches parents, il lui faut pour se marier une délibération du conseil de famille qui auto-rise le curateur ou autre personne à assister l'émancipé devant l'officier de l'état civil, et aussi devant le notaire si l'on a dé-battu les conventions matrimoniales, absolument comme pour le mineur non émancipé (art. 160, 1398).

9. A défaut d'ascendant, le curateur ne pourra former opposi-tion au mariage de l'émancipé qu'en vertu d'une autorisation du conseil de famille, et seulement dans les deux mêmes cas que pour le mineur non émancipé (art. 174, 175).

10. *Mariage de l'enfant naturel reconnu ou non reconnu.* « L'en-« fant naturel qui n'a point été reconnu et celui qui, après l'avoir « été, a perdu ses père et mère, ou dont les père et mère ne peu-« vent manifester leur volonté, ne pourra, avant l'âge de vingt-« un ans révolus, se marier qu'après avoir obtenu le consente-« ment d'un tuteur *ad hoc* qui lui sera nommé » (art. 159). *D'un tuteur ad hoc*, à moins que le conseil de famille n'ait autorisé *spécialement* le tuteur ordinaire, s'il y en a un, à donner ce con-sentement ; Zachariæ, Massé et Vergé, I, p. 212, § 127, texte et notes 37 et 38. — V. *Enfants trouvés*, n° 8.

11. Quant aux conventions matrimoniales, elles ne peuvent être réalisées devant notaires qu'après avoir été adoptées par le même conseil de famille et avec l'assistance d'un tuteur ou cura-teur *ad hoc* autorisé à cet effet. V. *supra*, n°ˢ 2-4.

12. *Mariage d'un enfant de l'interdit.* « Lorsqu'il sera question

« du mariage de l'enfant d'un interdit, la dot, ou l'avancement
« d'hoirie, et les autres conventions matrimoniales, seront réglés
« par un avis du conseil de famille, homologué par le tribunal
« sur les conclusions du procureur de la République » (art. 511).
La loi ne distinguant pas ici entre l'enfant majeur et l'enfant mineur, la famille de l'interdit devra être consultée toutes les fois
qu'il s'agira de doter pour mariage à un âge quelconque. — V. *Pouvoirs du conseil de famille et du tuteur touchant la personne et les
biens de l'interdit*, n°° 18, 19.

13. Que décider pour le mariage des petits-enfants ? L'article 511
ne doit pas être étendu au-delà de ses termes textuels ; Duranton,
t. III, n° 766. Il faut l'entendre dans un sens large et l'appliquer
aux petits-enfants quand ils sont présomptifs héritiers à réserve,
réplique M. Demolombe, t. VIII, n° 586. Pourquoi cette distinction et ne pas appliquer cette disposition à tous les descendants,
avec MM. Massé et Vergé, I, p. 470, § 235, note 13, Nîmes, 3 janvier 1811 ?

14. Nous appliquerions l'article 511 pour l'établissement par
mariage d'un enfant naturel reconnu avant l'interdiction (*argum.*
art. 761); Demolombe, VIII, n° 587.

15. On interprète généralement l'article 511 en ce sens qu'il
permet au conseil de famille de l'interdit de faire, pour l'établissement de ses enfants et petits-enfants, ce que lui-même ferait
s'il avait sa raison, cela même après le mariage contracté ; Amiens,
6 août 1824 ; Bordeaux, 6 juin 1842 ; Marcadé, II, art. 511 ; Valette, sur Proudhon, II, p. 552 ; Duvergier, sur Toullier, II, n° 1342,
note *a;* Massé et Vergé, I, p. 470, note 14 ; Demante, II, n° 283 *bis*, I ;
Demolombe, n° 588.

16. D'après l'article 511, le caractère de la donation faite à l'enfant de l'interdit est un « avancement d'hoirie », avec ses conséquences ordinaires ; Demante, II, n° 283 *bis*, II ; le conseil de famille ne pourrait donc pas faire cet avancement à titre de préciput ;
le mot seul le dit ; Duranton, t. III, n° 763 ; Demolombe, t. VIII,
n° 589.

17. L'article 511, conçu en termes absolus, appelle cependant
des distinctions. Je ne le vois réellement applicable que dans le
cas d'interdiction du père et de la mère ou bien du père seul ; que,
si la mère seule est interdite, il suffit de la capacité du père pour
régler la dot et les conventions matrimoniales, à moins qu'il ne
s'agisse de doter l'enfant avec des biens maternels.

18. Le même article 511 dispose que « les autres conventions matrimoniales seront réglées par le conseil de famille » ; est-ce à dire que le conseil de famille discutera toujours et nécessairement les clauses du contrat de mariage, conformément à l'article 1398 ? Non, assurément, car, si l'enfant de l'interdit est majeur, il a pleine capacité de régler à son gré ses conventions matrimoniales, et alors le conseil de famille ne peut que se faire communiquer à l'avance le projet de contrat, émettre son avis, et faire dépendre l'avancement d'hoirie de l'adoption ou du rejet de tel régime, en donnant une autorisation en ce sens à la personne qui sera chargée de réaliser cette donation conditionnelle. Si, au contraire, l'enfant est mineur, il a besoin de l'assistance des personnes dont le consentement sera nécessaire à la validité de son mariage et de ses conventions matrimoniales, selon le droit commun.

19. *Mariage de l'interdit judiciaire.* L'interdit pour cause de démence peut-il contracter mariage ? — Oui, répondent Despeisses, I, p. 246 ; Demolombe, III, nᵒˢ 127 et 128. Non, disent Pothier, *Du mariage*, nᵒ 92 ; Delvincourt, I, p. 55, note 1 ; Proudhon, *État des personnes*, p. 375 et 437 ; Massé et Vergé, I, p. 463, § 233, note 2 ; Toullier, I, nᵒ 502 ; Duranton, II, nᵒ 27 ; Merlin, *Quest. de droit,* vᵒ MARIAGE, § 12 ; Demante, nᵒ 146 ; Vazeille, I, nᵒ 88 ; Pezzani, nᵒˢ 150 et suiv. — Je me range à cette dernière opinion, en considérant que, d'après l'article 146, « il n'y a pas de mariage lors-« qu'il n'y a point de consentement » ; que l'interdit pour démence est frappé d'incapacité absolue qui l'empêche légalement de consentir. *Conf.* Paris, 18 mai 1810.

20. *Mariage de l'interdit légal.* Mais il en est autrement de celui qui, par l'effet d'une condamnation à une peine infamante, est en état d'interdiction légale d'après l'article 29 du Code pénal. Cette interdiction, qui ne touche pas à la capacité de consentir, mais à l'administration des biens, n'a aucune influence sur la validité du mariage ; Massé et Vergé, I, p. 170, § 110, note 7. Il peut donc se marier *proprio motu ;* mais je suis d'avis que, pour rédiger un contrat pécuniaire, le conseil de famille devrait être consulté, discuter les conventions matrimoniales, et autoriser un de ses membres à l'assister devant le notaire, autrement il serait soumis au régime de la communauté légale.

21. *Mariage de l'individu soumis à un conseil judiciaire.* Il peut valablement contracter mariage, même sans le consentement de

son conseil ; Nancy, 3 déc. 1838 ; Caen, 19 mars 1839, D. P. 39, II, 169 ; Duranton, III, n° 35 ; seulement, il a besoin de son assistance pour la rédaction des conventions matrimoniales devant le notaire (art. 499, 513).

22. *Conseil de famille.* Comment sera-t-il organisé ? Quand le père ou la mère légitime est mort, le conseil de famille doit être composé conformément aux règles de la tutelle ; de même s'il n'y a plus de père, mère ni ascendants. Mais si, par évènement, sans que la tutelle soit ouverte, père, mère et ascendants encore vivants « se trouvent tous dans l'impossibilité de manifester leur volonté » (par absence, interdiction judiciaire ou légale), le germe du conseil de famille n'étant pas ouvert, comment satisfaire au vœu de l'article 160, qui dispose qu'alors « les fils ou filles mineurs de « vingt-un ans ne peuvent contracter mariage sans le consente- « ment du conseil de famille » ? Pour n'avoir pas été traitée, la question n'en existe pas moins, et je n'hésite pas à la résoudre en disant qu'il y a là une exception à la règle qui n'admet pas de conseil de famille pendant la durée du mariage.

MÈRE LÉGITIME. Pendant la durée du mariage il n'y a pas de tutelle d'un enfant en tant que mineur ; par conséquent pas de conseil de famille auquel puisse être appelée la mère, non plus que le père. Mais que décider si le père émancipe l'enfant en minorité, ou bien si l'on demande en justice l'interdiction d'un enfant majeur ou mineur, un administrateur provisoire à un aliéné, un conseil judiciaire pour prodigalité, ou bien s'il y a désaveu de paternité, tous actes qui appellent la réunion d'une assemblée de famille pour nommer un curateur ou un tuteur ou pour émettre un avis ? Le conseil devant être composé de ligne paternelle et de ligne maternelle, la mère en fera nécessairement partie comme parente la plus proche, à moins de cause de récusation. — V. *Composition du conseil de famille de l'interdit,* n°s 3-5.

MÈRE VEUVE. 1. Après la mort de son mari la mère est libre d'accepter ou de refuser la tutelle légale de ses enfants. En outre, elle est membre nécessaire du conseil de famille, quand même elle aurait refusé ou perdu la tutelle légale. V. *Tutelle des père et mère.* — De même en cas d'interdiction de son enfant mineur ou majeur (art 426, 494).

2. Elle pourrait être nommée subrogée tutrice de ses enfants (art. 426, 442).

3. En outre, elle a le pouvoir d'émanciper ses enfants âgés de

quinze ans, et elle peut être nommée curatrice. — V. *Emancipation*, n° 11 ; *Curateur à l'émancipation*, n° 4.

MÈRE NATURELLE. 1. La mère qui a reconnu légalement son enfant naturel doit être appelée, comme membre délibérant, dans le conseil de famille convoqué à l'effet de nommer un tuteur datif à cet enfant mineur. — V. *Enfant naturel reconnu*, n° 12.

2. Elle peut aussi être nommée tutrice dative soit pendant l'existence, soit après la mort du père qui a reconnu l'enfant ; V. *Enfant naturel reconnu*, n° 7; ou bien subrogée tutrice (art. 426, 442).

3. Elle a aussi qualité pour faire partie du conseil de famille, soit comme membre consultant, soit comme membre délibérant, en cas d'interdiction de son enfant naturel reconnu, de nomination de conseil judiciaire ou d'administrateur provisoire. — V. *Composition du conseil de famille de l'interdit judiciaire*, n°s 3, 5.

MÈRE REMARIÉE.

Conseil de famille, 1, 3, 4, 11, 12, 15, 20, 21. Cotuteur, 1, 4-7, 14-18. Délibération, 8, 21. Mari (second), 1, 4-7, 11. Mère, 10, 13, 14, 18, 20, 21. Puissance paternelle, 10. Tutelle conservée, 4, 6. Tutelle non conservée, 9, 21. Tuteur datif, 11, 12, 14, 19, 20.

1. « Si la mère tutrice veut se remarier, elle devra, avant l'acte « de mariage, convoquer le conseil de famille, qui décidera si la « tutelle doit lui être conservée. — A défaut de cette convocation, « elle perdra la tutelle de plein droit ; et son nouveau mari sera « solidairement responsable de toutes les suites de la tutelle qu'elle « aura indûment conservée » (art. 395). — « Lorsque le conseil « de famille, dûment convoqué, conservera la tutelle à la mère, « il lui donnera nécessairement pour cotuteur le second mari, « qui deviendra solidairement responsable avec sa femme de la « gestion postérieure au mariage » (art. 396).

2. Ce qui ressort clairement de ces deux articles, c'est que les rédacteurs du Code civil ont vu les secondes noces d'un œil défavorable quand il y a des enfants du premier lit. Assurément ce sentiment s'explique par la crainte de l'influence pernicieuse du second mari sur la mère ; néanmoins, il n'est pas certain que le législateur actuel maintint ces dispositions telles quelles s'il était appelé à les revoir. Quoi qu'il en soit, et sans appeler cette revision, je constate, pour l'intelligence de notre sujet, que la loi tient en suspicion la mère et le nouvel époux.

3. D'après ces dispositions, la mère tutrice qui veut se remarier

va se trouver dans l'une des situations suivantes : 1° elle convoque d'avance le conseil de famille, qui lui conserve la tutelle ; 2° ou bien le conseil convoqué lui ôte la tutelle ; 3° ou bien elle perd la tutelle faute de convocation préalable. Ce sont trois hypothèses, trois situations, qui produisent des résultats différents.

4. *Première hypothèse.* Le conseil de famille, convoqué avant la célébration du second mariage, délibère que la tutelle est conservée à la mère ; et en même temps il lui donne nécessairement pour cotuteur son nouveau mari (art. 396). La mère et son futur mari doivent ne point faire partie du conseil de famille.

5. Cette annexe de la cotutelle à la tutelle principale conservée est si intime, que par ce mot *nécessairement* le législateur fait entendre que, si le conseil conserve la tutelle à la mère remariée, il n'a pas le pouvoir d'ôter au second mari la qualité de cotuteur et par conséquent l'administration de la tutelle. Chardon, *Puissance tutélaire*, III, n°ˢ 453, 454 ; Magnin, n° 453 ; Dalloz, v° MɪɴᴏʀɪᴛÉ, n° 101.

6. Et cette volonté de la loi est telle, que, si par inadvertance la délibération ne mentionnait pas la nomination du second mari, il ne faudrait pas moins le considérer comme cotuteur nommé tacitement ; Demolombe, VII, n° 134.

7. Mais, à la différence de la mère, qui peut être tutrice malgré sa minorité, j'estime que, pour devenir cotuteur, le second mari doit être majeur et réunir les qualités d'aptitude requises par le droit commun ; si donc il manque de l'une de ces qualités, le conseil de famille sera obligé d'écarter la mère ; car la loi tient bien moins à ce qu'elle garde la tutelle qu'elle n'exige la cotutelle du mari. *Contra*, Zachariæ, I, p. 417, note 3.

8. Notons ici que la délibération doit porter la preuve qu'elle a été prise en vue du projet de second mariage. Il a même été jugé que tous les membres doivent être convoqués régulièrement et avertis de ce projet dans la cédule signifiée ; Montpellier, 9 prair. an XIII. Mais évidemment il suffit que les membres aient délibéré en connaissance de cause, lors même qu'ils ont été convoqués amiablement.

9. *Deuxième hypothèse.* Le conseil de famille, convoqué avant le mariage, délibère que la tutelle n'est pas conservée à la mère (*argum.* art. 396). Appréciateur souverain des circonstances, il peut prendre cette résolution lors même qu'il n'existe pas de causes graves contre la mère et que l'intérêt des enfants ne

réclame pas impérieusement cette mesure. *Contra,* Agen, 24 déc. 1860, D. P. 61, II, 20. — Et comme il ne s'agit là ni de destitution ni d'exclusion, la décision du conseil n'a pas besoin d'être motivée.

10. Alors la mère privée de la tutelle et de l'administration des biens ne conserve pas moins la puissance paternelle avec les droits qui en découlent. Ce n'est que dans des cas exceptionnels, où il y aurait à craindre pour la direction morale de l'éducation, qu'elle peut en être privée partiellement ou entièrement. En un tel cas il appartient, non au conseil de famille, mais aux tribunaux, de régler et de concilier les droits respectifs de la mère et du nouveau tuteur quant à la surveillance des enfants et aux relations de famille; Lyon, 5 avr. 1827 ; Paris, 9 mars 1854 ; Caen, 19 mai 1854 ; D. P. 55, II, 247 ; *J. Pal.* 55, I, 215 ; Magnin, n° 442. — V. *Emancipation,* n⁰ˢ 11, 12.

11. La mère ayant perdu la tutelle, le conseil procède immédiatement au choix d'un tuteur datif ordinaire. Et il peut nommer le futur mari seul; Merlin, *Répertoire,* v° Tutelle, sect. III, n° 3 ; Locré, *Esprit du Code civil,* sur l'art. 397 ; pourvu qu'il satisfasse à toutes les conditions d'âge et autres exigées par la loi. Bien entendu que la mère et son fiancé ne prennent point part à cette délibération.

12. *Troisième hypothèse.* Dans le cas, trop fréquent, où une mère se remarie sans avoir demandé son maintien dans la tutelle de ses enfants, elle perd cette tutelle (art. 395) ; et il importe que le juge de paix convoque au plus tôt, soit d'office, soit sur réquisition, le conseil de famille à l'effet de choisir un tuteur, sans y appeler ni la mère qui est « en état de suspicion légale », ni le second mari ; Aix, 7 mars 1846, D. P. 46, II, 171 ; *conf.* Delvincourt, t. I, p. 277, note 8 ; Dalloz, n° 367. Alors le conseil peut encore nommer la mère pour tutrice dative, car elle n'a été ni exclue, ni destituée, mais seulement déchue de la tutelle légale ; Fenet, X, p. 574 ; Pau, 30 juill. 1807 ; Metz, 20 avr. 1820; Paris, 24 juin 1856, D. P. 57, II, 10 ; Duranton, III, n° 427; Magnin, n⁰ˢ 433, 486 ; Marcadé, II, art. 396. V. *infra* n° 14.

13. La mère nommée tutrice dative dans ces conditions peut-elle refuser la tutelle ? Non, répond M. Demolombe, VII, n° 444. — Je ne saurais partager cette opinion ; j'estime que la mère est libre de ne pas accepter. Pour le décider ainsi je considère qu'en autorisant la mère à refuser la tutelle légitime, le législateur a

eu égard au sexe, à son inexpérience des affaires, à la résistance qui se produisit contre le projet d'admettre les femmes à la tutelle, toutes considérations qui militent dans notre question ; je considère également que, si la famille voulait nommer tutrice dative une mère qui en fait aurait refusé la tutelle légale, bien évidemment elle ne serait pas obligée d'accepter contre son gré. Mais elle pourra toujours être nommée subrogée tutrice et obligée d'accepter. — V. *Tutelle des père et mère*, n° **7** *bis*.

14. En fait on voit souvent, après la célébration du nouveau mariage, le conseil de famille nommer tutrice une mère que la loi a privée de la tutelle légale par suite de sa négligence. Mais alors est-ce que le second mari doit nécessairement être nommé cotuteur? — Il est d'usage à peu près constant que le conseil le nomme après s'être assuré qu'il est majeur et qu'il réunit les autres conditions d'aptitude, autrement la tutelle et la cotutelle sont écartées. — Sans être juridique, cet usage est devenu si fréquent, il s'est si fortement implanté dans les mœurs de la famille, qu'il y aurait inconvénient à le combattre. Aussi, en adoptant cette pratique, j'estime que l'adjonction du second mari est une nécessité ; autrement la mère pourrait par collusion priver ses enfants de la garantie exigée par l'article 396, et soustraire son nouvel époux à la responsabilité de la cotutelle, en se remariant sans consulter préalablement le conseil de famille, ou bien le conseil serait porté à ne pas nommer la mère seule. *Contra*, Marcadé, II, art. 442, n° 3.

15. La tutelle et la cotutelle sont attachées ensemble par un lien tellement indivisible, que tout évènement qui met fin à l'une met fin à l'autre ; ainsi de l'excuse, de l'exclusion, de la destitution de la femme ou du mari ; Bruxelles, 18 juill. 1810 ; Bourges, 28 janv. 1857 ; Rouen ; 25 juin 1857 ; S. V. 57, II, 508, 58, II, 408 ; Chardon, n° 26 ; Delvincourt, I, p. 106, note 1 ; Laurent, V, n° 114. Dans ces divers cas il y a lieu de réunir le conseil de famille à l'effet de choisir un tuteur.

16. Par application de ce principe absolu, la mort ou l'interdiction, soit de la femme, soit du mari, efface en même temps les deux tutelles ; Valette, *Explic. somm. C. civ.*, p. 229. Or, je rejette l'opinion de M. Demolombe, VII, n° 138, d'après laquelle « il faut excepter le cas de décès du nouveau mari, qui, loin de produire l'extinction de la tutelle de la mère, lui rend, au contraire, sa primitive indépendance ». J'estime que le conseil de

famille, en maintenant la tutelle à la mère, n'avait eu confiance
en elle qu'à la considération de la responsabilité du second mari:
du moment où cette garantie disparaît, il importe que le conseil
montre s'il a toujours la même confiance; il peut le faire en la
nommant de nouveau tutrice dative, la loi ne s'y oppose pas.
V. Laurent, t. V, n° 114.

17. Si c'est la cotutelle qui s'efface en entraînant la tutelle de
la mère, celle-ci, majeure ou mineure, pourra encore être nommée tutrice dative, mais seulement après la mort de son mari,
qui fera disparaître la nécessité de la cotutelle.

18. Bien que la séparation de corps ne suffise pas pour faire
perdre la tutelle et la cotutelle, si par suite le conseil de famille
venait à prononcer la destitution contre l'un ou l'autre époux,
les deux tutelles cesseraient d'exister simultanément, et il faudrait y pourvoir par le choix d'un tuteur datif. V. Bruxelles,
18 juin 1810; Chardon, III, n° 26; Dalloz, n° 104; Le Senne,
Traité de la séparation de corps, n° 453.

19. Enfin, en supposant que la mère remariée n'ait été, ni maintenue dans la tutelle primitive, ni investie de la tutelle dative, et
que son nouvel époux vienne à mourir avant elle, le conseil de
famille pourra la nommer tutrice dative; Demolombe, t. VII,
n° 141.

20. Il nous reste à examiner cette question vivement controversée : lorsque le conseil de famille convoqué avant le mariage
conserve la tutelle à la mère (*supra*, n° 4), reste-t-elle tutrice légale ou devient-elle tutrice dative?

Des arrêts et des auteurs décident qu'elle est désormais tutrice dative; Rouen, 4 août 1827; Angers, 14 déc. 1830; Fréminville, I, p. 170; Laurent, IV, n° 386; *Codes annotés* de Sirey
et Gilbert, n° 3, sur l'article 395. Et, à l'appui de cette opinion,
l'on peut rappeler que, lors de la discussion sur le point fondamental de savoir si la mère survivante serait de plein droit
tutrice de ses enfants légitimes, on adopta l'affirmative par la
crainte que « l'exclusion de la mère ne diminuât dans les enfants le respect qu'ils lui doivent » , et « par la considération qu'elle
recueille à son profit les revenus de ses enfants mineurs et qu'ainsi,
en administrant leurs biens, elle administre en quelque sorte sa
propre chose » ; Locré, *Législ. civ.*, VII, p. 168. Or, en se remariant, la mère perd les revenus des biens de ses enfants; et, en
fait, elle ne gagne ni dans leur respect ni dans leur affection. Elle

perd assurément dans la confiance de la loi, qui lui enlève le droit
de choisir un tuteur, ou qui n'admet ce choix que confirmé par
le conseil de famille. De si graves considérations ne suffisent-elles
pas pour faire décider que, de légitime qu'elle était à l'origine, la
tutelle conservée à la mère remariée devient dative ? Tel est aussi
l'avis que Locré a exprimé en ces termes dans son *Esprit du Code
civil*, t. VI, p. 34, n° 2 : « Il était indispensable de donner pour
cotuteur à la mère le mari sous la puissance duquel elle va passer ;
c'était le seul moyen de concilier la gestion de la tutelle avec les
dispositions qui veulent que la femme ne puisse agir que sous la
direction du mari. — Cette réflexion prouve la sagesse de l'article 395. Les enfants, en effet, changent réellement de tuteur
dans le cas de convol : leur mère n'est plus tutrice que de nom ;
c'est le beau-père qui, dans le fait, gère la tutelle. Dès lors la famille devait être appelée à décider si ce nouveau tuteur convenait
aux mineurs. Il y a plus : le mari ne pouvait devenir tuteur que
par l'autorité de la famille ; car, du moment qu'il n'y a plus, dans
le fait, de tutelle naturelle, parce que ce n'est pas la personne à
qui elle est déférée qui administre, la tutelle devient dative, et
c'est à la famille à la conférer ».

L'opinion contraire ne manque pas de partisans : Bruxelles,
18 juill. 1810 ; Magnin, I, n° 455 ; Demante, *Cours analytique*,
II, n° 145 *bis;* Marcadé, II, art. 396 ; Demolombe, VII, n° 132 ;
Dalloz, v° MINORITÉ, n° 99. La mère n'a pas cessé d'être tutrice
légale, dit-on, puisque le conseil de famille, consulté avant le second mariage, a décidé que la tutelle lui est « conservée », en se
servant de l'expression consacrée par les articles 395 et 396, ou
bien a déclaré, en termes synonymes, la maintenir dans cette tutelle ; ce qui équivaut à dire que la mère reste tutrice légale.

Après avoir longtemps hésité, j'adopte cette dernière opinion,
et sans m'appesantir sur le texte de la loi, qui ne me paraît pas
équivoque, voici les raisons qui me décident. Grammaticalement
parlant, on ne conserve que ce qui existe ; en faisant un changement sensible, on ne conserve pas, on transforme, on convertit ;
or, suivant la première opinion, la tutelle légitime est convertie
en tutelle dative, et l'on voit les conséquences de cette conversion :
1° la mère passe de la première dans la quatrième catégorie des
tutelles ; 2° dès lors elle doit une première reddition de compte
de tutelle, en attendant la deuxième ; 3° ce changement peut bien
avoir quelque influence sur l'hypothèque légale qui grève la tu-

trice ; 4° le conseil de tutelle, si le père en a imposé un, se trouve supprimé, le pupille est ainsi privé d'une garantie notable, et la conversion tourne contre lui. Croit-on qu'en présence de ces résultats, surtout du dernier, la famille, convoquée avant le mariage, aura toute liberté d'option ; n'aimera-t-elle pas mieux nommer un autre tuteur, qui recevra le compte de tutelle de la mère? En adoptant au contraire le deuxième système, qui conserve la mère tutrice légale avec le conseil de tutelle et les autres garanties, la famille sera plus disposée à la maintenir dans l'état primitif. Puis, à quoi bon avoir édicté que la mère conservée dans la tutelle ne serait plus qu'une tutrice dative, puisqu'elle peut toujours le devenir, même quand elle a perdu la première à défaut de convocation préalable ou après convocation, ainsi que nous venons de le voir, *supra*, n° 12 ? Où serait la différence entre les deux tutrices datives ? Uniquement dans le droit pour la première de choisir à ses enfants du premier lit un tuteur testamentaire, qui aurait besoin de la confirmation du conseil de famille, tandis que la deuxième n'aurait pas ce droit (art. 399 et 400). Enfin, rapprochez l'expression de l'article 399, « lorsque la mère remariée et *non maintenue* dans la tutelle », et de l'article 400, « lorsque la mère remariée et *maintenue* dans la tutelle », expression qui se réfère au mot « *conservée* », de l'article 495, expression non équivoque qui signifie *tenue en même état* ou *conservée dans le même état ;* puis concluez.

21. Du reste, si le conseil de famille est tout à fait disposé à amoindrir les pouvoirs de la mère qui va se remarier, il peut commencer par décider qu'elle n'est pas maintenue dans la tutelle légale ; puis, *après* la célébration du mariage, qui seule donne effet à la première délibération, il en prendra une seconde qui nommera la mère tutrice dative avec son mari cotuteur, en restreignant leurs pouvoirs dans une certaine mesure. V. Chardon, III, n° 25 ; Rouen, 8 août 1827 ; Grenoble, 21 juin 1855, et, sur pourvoi, Cass., 5 mai 1856 ; D. P. 30, II, 11, et 56, I, 241 ; *contra*, Magnin, I, n° 455 ; Fréminville, I, n° 57; Caen, 30 décembre 1845, D. P. 46, IV, 501.

MEUBLES ET IMMEUBLES. 1. Ainsi que nous l'avons dit au mot *Immeubles et meubles*, la nature a divisé les choses en mobiles et immobiles ; et cette distinction est inscrite à chaque page de nos lois, notamment dans notre Code civil : « Tous les biens « sont meubles ou immeubles », dit l'article 516.

2. L'article 527 ajoute : « Les biens sont meubles par leur na-
« ture ou par la détermination de la loi ». Ce que la doctrine et
la jurisprudence ont exactement traduit par *meubles corporels* et
meubles incorporels. Expliquons ces deux mots.

MEUBLES CORPORELS. « Sont meubles par leur nature les
« corps qui peuvent se transporter d'un lieu à un autre, soit
« qu'ils se meuvent par eux-mêmes, comme les animaux, soit
« qu'ils ne puissent changer de place que par l'effet d'une force
« étrangère, comme les choses inanimées » (art. 528 C. civ.).
— V. *Vente des meubles corporels.*

MEUBLES INCORPORELS. 1. « Sont meubles par la déter-
« mination de la loi les obligations et actions qui ont pour objet
« des sommes exigibles ou des effets mobiliers, les actions ou in-
« térêts dans les compagnies de finance, de commerce ou d'in-
« dustrie, encore que des immeubles dépendant de ces entreprises
« appartiennent aux compagnies. Ces actions ou intérêts sont ré-
« putés meubles à l'égard de chaque associé seulement, tant
« que dure la société. — Sont aussi meubles par la détermina-
« tion de la loi les rentes perpétuelles ou viagères, soit sur l'Etat,
« soit sur des particuliers » (art. 529).

2. Mais cette énumération du Code ne donne qu'une idée im-
parfaite de l'ensemble des meubles incorporels ; il importe d'y
suppléer à l'aide de la jurisprudence et des auteurs. Pour cela nous
ne pouvons mieux faire que de rapporter ici la nomenclature
donnée par MM. Aubry et Rau dans leur traité intitulé : *Cours
de droit civil français*, t. II, p. 27. — Suivant ces éminents
jurisconsultes les *meubles incorporels* comprennent : 1° les droits
réels de propriété et d'usufruit portant sur des choses mobilières ;
2° les créances ayant pour objet le paiement d'une somme d'argent, ou de toute autre chose mobilière, même celles dont le capital est inexigible, c'est-à-dire les rentes viagères ou perpétuelles dues par l'Etat ou par des particuliers ; il en est ainsi,
bien que ces créances ou rentes se trouvent garanties par un privilège immobilier ou par une hypothèque ; 3° les droits correspondant à des obligations de faire ou de ne pas faire, et notamment le droit, pour le propriétaire d'un fonds, de l'obligation d'y
élever des constructions contractée à son profit par un tiers ;
4° les droits personnels de jouissance, même portant sur des
immeubles, tels que celui des fermiers ou locataires ; 5° les
actions ou intérêts dans les sociétés de commerce proprement

dites, ainsi que dans celles qui, quoique ayant pour objet des opérations civiles, sont organisées et fonctionnent sous une forme commerciale et constituent des personnes morales. Il en est ainsi alors même que des immeubles se trouvent compris dans l'actif social. Ces immeubles conservent, il est vrai, le caractère immobilier relativement à l'être moral de la société et des créanciers ; mais le droit éventuel de chaque actionnaire ou associé sur ces immeubles n'en constitue pas moins, tant qu'ils sont dans la société, un droit mobilier ; 6° les offices ou, pour parler plus exactement, la valeur pécuniaire du droit qui appartient aux officiers ministériels, dénommés dans l'article 91 de la loi du 28 avril 1816, de présenter un successeur et de stipuler un prix de cession pour la transmission de l'office ; 7° les droits de propriété littéraire ou artistique et ceux qui se trouvent attachés aux brevets d'invention et aux marques de fabrique ; 8° les droits de péage concédés, sur des ponts dépendant du domaine public, aux entrepreneurs ou constructeurs de ces ponts ; 9° toutes les actions qui ont pour objet l'exercice ou la réalisation d'un droit mobilier, alors même qu'elles tendraient à la délivrance d'un immeuble réclamée en vertu d'un droit simplement personnel de jouissance.

3. Les actions qui auraient en même temps pour objet des meubles et des immeubles seraient en partie mobilières et en partie immobilières. Telle est l'action en délivrance d'une maison vendue avec les meubles qui s'y trouvent.

MILITAIRE ABSENT. — V. *Curateur aux militaires absents et à tous autres citoyens attachés au service des armées de la République.*

MINES. 1. « Les mines ne peuvent être exploitées qu'en vertu « d'un acte de concession délibéré en conseil d'Etat » (art. 5, L. 21 avr. 1810). — « Cet acte règle les droits des propriétaires « de la surface sur le produit des mines concédées » (art. 6). — « Il donne la propriété perpétuelle de la mine, laquelle est dès « lors disponible et transmissible comme tous autres biens et dont « on ne peut être exproprié que dans les cas et selon les formes « prescrits pour les autres propriétés, conformément au Code « civil et au Code de procédure civile. Toutefois une mine ne peut « être vendue par lots ou partagée sans une autorisation préa- « lable du gouvernement donnée dans les mêmes formes que la con- « cession » (art. 7). — « Les mines sont immeubles. — Sont aussi

«immeubles les bâtiments, machines, puits, galeries et autres
« travaux établis à demeure, conformément à l'article 524 du Code
« civil. — Sont aussi immeubles par destination les chevaux,
« agrès, outils et ustensiles servant à l'exploitation.... » (art. 8).

2. « La valeur des droits résultant, en faveur du propriétaire,
« de la surface en vertu de l'article 6 de la présente loi.demeu-
« rera réunie à ladite surface, et sera affectée avec elle aux hypo-
« thèques prises par les créanciers du propriétaire » (art. 18).

3. « Du moment où une mine sera concédée, même au pro-
« priétaire de la surface, cette propriété sera distinguée de celle
« de la surface, et désormais considérée comme propriété nou-
« velle, sur laquelle de nouvelles hypothèques pourront être
« assises sans préjudice de celles qui auraient été ou seraient
« prises sur la surface ou la redevance. Si la concession est faite
« au propriétaire de la surface, ladite redevance sera évaluée
« pour l'exécution dudit article » (L. 21 avr. 1810, art. 19).
— D'où il résulte que, si un mineur a en même temps la surface
et la concession de la mine, le tuteur devra se conformer aux
formalités relatives à la *vente des immeubles*, soit pour vendre les
deux propriétés ensemble, soit pour les vendre séparément.

4. En combinant ensemble les trois dispositions qui précèdent,
on reconnaît que toute concession de mine faite par le gouvernement modifie légalement le droit de propriété foncière ; d'une
part, elle divise le fonds en deux immeubles distincts, la surface
et le sous-sol ; d'autre part, en diminuant la valeur vénale de la
surface, la concession crée une redevance équivalente, qui rétablit
l'équilibre en venant se réunir à ladite surface, sans pouvoir en
être séparée. — V. Le Senne, *De la propriété avec ses démembre-
ments*, nᵒˢ 413, 414.

5. Voilà donc désormais deux immeubles distincts, la surface et
le sous-sol ; c'est-à-dire deux droits de propriété qui ont leur existence propre, qui peuvent être vendus, aliénés séparément, le
sous-sol seul, la surface avec la redevance ; et, si l'une de ces propriétés ou toutes deux appartiennent à un mineur, le tuteur devra,
pour les vendre ou aliéner, remplir les formalités prescrites par la
loi pour la *vente des immeubles*. V. ce mot.

MINEUR COMMERÇANT. 1. Le concours de quatre conditions est indispensable pour qu'un mineur puisse être commerçant ou même faire des actes de commerce isolés ; il faut : 1° qu'il
soit émancipé expressément, ou bien tacitement par le mariage ;

2° qu'il ait dix-huit ans révolus ; 3° qu'il « ait été préalablement
« autorisé par son père, ou par sa mère en cas de décès, interdic-
« tion ou absence du père, ou, à défaut du père et de la mère, par
« une délibération du conseil de famille, homologuée par le tri-
« bunal civil » ; 4° que l'acte d'autorisation ait été « enregistré et
« affiché au tribunal de commerce du lieu où le mineur veut éta-
« blir son domicile » (art. 2, 3 Com.).

2. Selon l'usage, cette autorisation se donne dans l'acte et à la
suite de l'émancipation expresse devant le juge de paix ; mais elle
pourrait être donnée devant notaire ou devant le greffier du tribunal de commerce ; Pardessus, *Droit comm.*, n° 57 ; Fréminville,
Des minorités, II, n° 994.

3. Cette dangereuse autorisation vient ordinairement d'un père
imprudent ou intéressé. Il est bien rare qu'un conseil de famille
veuille assumer sur lui les chances d'une pareille responsabilité.
Pour en limiter les dangers, il est prudent de spécifier la nature
du commerce autorisé, car cette spécification, si elle ne suffit pas,
en droit, pour empêcher le mineur d'entreprendre une autre branche de commerce, pourra le retenir en fait ; Caen, 11 août 1828 ;
Massé, *Droit comm.*, n°ˢ 1040, 1041.

4. « Le mineur émancipé qui fait un commerce est réputé ma-
« jeur pour les faits relatifs à ce commerce » (art. 487 C. civ.). Il
peut donc « engager et hypothéquer » ses immeubles sans être assisté ; mais il ne peut les « aliéner » qu'en « suivant les formalités
« prescrites par les articles 457 et suivants du Code civil » (art. 6
Com.), c'est-à-dire en vertu d'une délibération du conseil de famille, homologuée par le tribunal. — V. *Retrait de l'autorisation
au mineur de faire le commerce ; Continuation de commerce ; Vente
des meubles incorporels.*

MINISTÈRE PUBLIC. 1. Fonction qui consiste à surveiller,
requérir et maintenir, au nom du chef du gouvernement, l'exécution des lois, arrêtés et règlements, des arrêts et jugements, etc...
On désigne aussi sous cette dénomination le magistrat qui remplit
les fonctions du ministère public à l'audience, celui qui porte la
parole pour requérir l'application de la loi, et qu'on appelle « organe du ministère public ». — V. *Procureur de la République.*

2. L'organe du ministère public doit donner ses conclusions
dans toutes les instances en homologation ou en recours contre
les délibérations du conseil de famille ; de même dans les instances qui tendent à interdiction, à nomination d'un administrateur

provisoire ou d'un conseil judiciaire, ou bien à leur mainlevée.

MINORITÉ ; MINEUR. Mot technique indiquant l'état de l'individu de l'un ou de l'autre sexe qui n'a pas encore atteint l'âge de vingt-un ans accomplis (art. 388). Il est incapable d'exercer ses droits civils, à moins d'être émancipé, et il y a lieu d'organiser un pouvoir pour le protéger et le représenter ; ce représentant se nomme *administrateur légal* quand le mineur a encore son père et sa mère, *tuteur* quand il a perdu l'un des deux, *curateur* quand il est émancipé. V. ces trois mots.

N.

NON-PUBLICITÉ. — *Délibération du conseil de famille*, nᵒˢ 4, 5, 6.

O.

OBJET DE LA DÉLIBÉRATION DU CONSEIL DE FAMILLE. Il arrive quelquefois que celui qui provoque la réunion de famille demande qu'il soit délibéré sur un acte futile, élémentaire, ou bien étranger à la compétence du conseil, ou bien encore sur une série d'objets dont la multiplicité peut entraîner confusion ; que peut faire le juge de paix ? Demander qu'il lui soit présenté une requête formulée par écrit, ou même dresser directement procès-verbal de la réquisition orale, y exposer les différents chefs proposés, et rendre une ordonnance de rejet des points non admis, en précisant ceux retenus pour être soumis à la délibération du conseil, sauf le droit du requérant de se pourvoir contre cette ordonnance. — V. *Convocation du conseil de famille*, nᵒˢ 8, 23, 26.

OBLIGATIONS FINANCIÈRES, COMMERCIALES OU INDUSTRIELLES. — V. *Vente des meubles incorporels*.

OFFICE MINISTÉRIEL. — V. *Vente des meubles incorporels*.

OPPOSITION A MARIAGE. — V. *Mariage*, nᵒˢ 5, 6.

P.

PARENTÉ ; PARENTS. 1. La parenté est la relation légale qui existe entre deux personnes descendant l'une de l'autre ou bien d'un auteur commun. Il y a la parenté légitime, la parenté adoptive, la parenté naturelle reconnue et la parenté adultérine. Les parents sont les membres d'une même parenté.

2. Suivant la loi de la nature, un enfant a pour parents son père, sa mère, ses enfants et descendants, ses frères et sœurs et leurs descendants, tous les ascendants et ascendantes de ses père et mère.

3. Pour ce qui concerne la tutelle et les conseils de famille, la loi s'occupe principalement des parents légitimes nés du mariage (art. 389, 1419 C. civ.); et alors elle les divise en paternels et maternels. Elle s'occupe peu des parents adoptifs (art. 361-370) et des parents de l'enfant naturel reconnu (art. 334-342). L'enfant naturel non reconnu n'a pas de parents aux yeux de la loi. L'enfant adultérin ne peut avoir que son père et sa mère (art. 335, 762-764).

4. En considérant la parenté légitime, la loi range les parents en deux lignes, paternelle et maternelle. La ligne paternelle comprend tous les parents du père du mineur, et la ligne maternelle tous les parents de sa mère.

5. Un mineur né de légitime mariage a pour parents paternels : 1° son père ; 2° ses enfants et leurs descendants par légitime mariage ; 3° ses frères et sœurs, nés du même père en légitime mariage, et leurs descendants légitimes ; 4° tous les ascendants et ascendantes légitimes de son père ; 5° les oncles et tantes, neveux et nièces, cousins et cousines légitimes de son père.

6. Il a pour parents maternels : 1° sa mère ; 2° ses enfants et autres descendants par légitime mariage ; 3° ses frères et sœurs, nés de la même mère en légitime mariage, et leurs descendants légitimes ; 4° tous les ascendants et ascendantes légitimes de sa mère ; 5° les oncles et tantes, neveux et nièces, cousins et cousines légitimes de sa mère.

7. Lorsque le mineur et ses frères et sœurs descendent du même père et de la même mère mariés ensemble, on les qualifie de *frères germains*. Lorsqu'ils descendent de deux mariages successifs contractés par le père, on les appelle *consanguins*. On les nomme *utérins* s'ils descendent d'une mère mariée deux fois.

8. La parenté, légitime surtout, crée des charges et confère des droits réciproques aux parents du mineur ou de l'interdit, en ce qui touche la tutelle. — V. *Composition du conseil de famille du mineur; — de l'interdit judiciaire; — de l'interdit légal; — Subrogé tuteur principal; — Curateur à l'émancipation.*

PARTAGE.

1. *Pour le mineur non émancipé.* Après l'article 464, qui exige que le tuteur soit autorisé avant d'introduire une action immobilière, l'article 465 dispose que : « La même autorisation « sera nécessaire au tuteur pour provoquer un partage ; mais il « pourra sans cette autorisation répondre à une demande en par- « tage dirigée contre le mineur » (*rappr.* l'article 840) ; Demolombe, VII, n° 681. — V. *Licitation.*

2. L'article 465 ne distingue pas si les biens indivis sont meubles ou immeubles, ni quelle est la cause de l'indivision, succession, communauté, société ; dans tous les cas le tuteur a besoin d'autorisation pour provoquer le partage, — lors même que tous les biens à partager seraient mobiliers ; Paris, 13 pluv. an XII, Sirey, 1804, II, 100 ; Chabot, *Des successions*, sur l'article 817, n° 2 ; Demolombe, VII, n°s 682, 720 ; Massé et Vergé, I, p. 443, note 9 ; Demante, II, n° 226 *bis*, II ; Marcadé sur l'article 465 ; — lors même que des parties majeures ont le même intérêt que le mineur ; Orléans, 19 juin 1829.

3. Mais pourquoi le tuteur peut-il défendre à une action en partage sans y être autorisé spécialement, tandis qu'il a besoin d'autorisation pour l'introduire ? Parce que nul n'est contraint à demeurer dans l'indivision, que le partage peut être toujours provoqué (art. 815), et que le conseil de famille ne pourrait pas refuser au tuteur l'autorisation de défendre à la demande intentée contre le pupille. De cette manière le législateur est resté *sibi constans*, fidèle à la règle générale posée dans l'article 464 en matière immobilière.

4. « S'il y a plusieurs mineurs qui aient des intérêts opposés « dans le partage, il doit leur être donné à chacun un tuteur « spécial et particulier » (art. 838 C. civ.), qui est nommé par le conseil de famille (art. 968 C. pr.).

5. « Pour obtenir à l'égard du mineur tout l'effet qu'il aurait « entre majeurs, le partage devra être fait en justice », et les lots tirés au sort. Ainsi le veut l'article 466, qui indique pour cela plusieurs formalités à observer, lesquelles ont été complétées par les articles 966 et suivants du Code de procédure. « Tout

« autre partage ne sera considérée que comme provisionnel »
(art. 466), c'est-à-dire comme partage de jouissance ; Massé et
Vergé, I, p. 439, note 41. — V. *Transfert de rente sur l'Etat.*

6. *Pour l'interdit.* Les mêmes règles lui sont communes
(art. 509).

7. *Pour le mineur émancipé.* Pourvu que le partage soit fait en
justice, il suffit à l'émancipé de l'assistance de son curateur,
sans autorisation du conseil de famille (art. 482, 838) ; Bordeaux,
25 janv. 1826 ; Paris, 8 mai 1848 ; Dalloz, v° MINORITÉ, n°ˢ 825,
826).

**PARTAGE ENTRE-VIFS FAIT PAR PÈRE, MÈRE OU
AUTRE ASCENDANT, ENTRE LEURS DESCENDANTS.**
« Les partages faits entre-vifs ne pourront avoir pour objet que
« les biens présents » (art. 1076); par conséquent un partage de
cette nature renferme une donation qui est toujours à titre particulier. Pour l'acceptation ou la répudiation au nom du mineur
et de l'interdit. — V. *Acceptation de donation ou legs.*

PAYEMENT DES DETTES. 1. L'inventaire une fois terminé,
le premier soin du tuteur doit être de payer les dettes légitimes
bien établies, tant qu'il a des fonds. C'est surtout un devoir impé-
rieux quand il s'agit d'arrêter le cours des intérêts contre le mineur. En cas de négligence il serait responsable ; Duranton, III,
n° 556.

2. Si le tuteur est créancier du mineur, il doit se payer sans intervention du conseil de famille, quand la dette est échue ; Rennes,
28 avr. 1830 ; Toulouse, 21 juin 1832. Quand il n'a pas somme
suffisante, sa créance continue à produire des intérêts comme par
le passé.

3. Mais la créance du tuteur commencera-t-elle de plein droit
à en produire du jour de l'échéance si elle n'en produisait pas
jusqu'alors ? — Non, dit Fréminville, t. I, n° 254, se fondant sur
l'article 1153, qui veut une demande judiciaire pour faire courir
les intérêts. Oui, dit Delvincourt, t. I, p. 118, note 7, en s'appuyant
sur les articles 474, 1473 et 2001, qui les font courir de plein droit
entre personnes qui ne peuvent ou ne doivent former de demande
en justice l'une contre l'autre. — Pour ma part, je crois que, sans
avoir recours à la justice, il suffira de consulter le conseil de famille, qui décidera si les intérêts seront servis au tuteur, ou bien
s'il convient de recourir à un emprunt ou à une aliénation pour
le remboursement ; Demolombe, VII, n° 658.

4. Telle serait aussi la voie à employer pour faire produire des intérêts aux avances utilement faites par le tuteur pour les affaires du pupille.

PÊCHE DES ÉTANGS. — V. *Vente de taillis.*

PEINE AFFLICTIVE OU INFAMANTE. — V. *Destitution et exclusion de la tutelle*, nos 2-5 ; *Dégradation civique; Interdiction légale.*

POUVOIRS DU CONSEIL DE FAMILLE ET DU TUTEUR TOUCHANT LA PERSONNE DU MINEUR NON ÉMANCIPÉ.

Conseil de famille, 8, 9.   Mère, 4, 5.   Puissance patern., 4,7-9.
Domicile du mineur, 2.   Mère remariée, 9, 10.   Religion, 12.
Éducation, 4-8.   Père, 4, 5, 8.   Tribunal civil, 11.
Garde, 3-5, 8.   Profession, 6-8.   Tuteur, 5, 7, 8.

1. La législation française ne renferme qu'un petit nombre de dispositions se rapportant à la personne du mineur, touchant son éducation, sa conduite, son mariage, son émancipation, son engagement dans des vœux religieux.

2. L'article 108 du Code civil commence par disposer que « le « mineur non émancipé aura son domicile chez ses père et mère « ou tuteur ». —V. *infra*, n° 10. — V. *Question d'État.*

3. «Le tuteur prendra soin de la personne du mineur », dit l'article 450 du Code civil. Oui, sans doute, en principe le tuteur est chargé de veiller à la garde du pupille ; mais cette disposition, conçue en termes absolus, a besoin d'être limitée et combinée avec les dispositions sur la puissance paternelle. — V. *Administration du tuteur en général.*

4. Aux termes des articles 372, 373, 381 et 384, malgré l'ouverture de la tutelle, l'enfant reste jusqu'à sa majorité ou son émancipation sous l'autorité du survivant de ses père et mère lors même qu'il n'est pas tuteur. Alors la puissance paternelle, qui est plus forte et plus étendue que la tutelle, conserve le droit et le devoir de veiller sur la personne du mineur, de surveiller sa conduite, de diriger son éducation et son instruction sans immixtion du conseil de famille, tant que le survivant n'est pas déchu de cette puissance ; Zachariæ, Massé et Vergé, I, p. 432, § 220, texte et note 3. De sorte que le survivant lui-même, quand il est resté tuteur légitime ou devenu tuteur datif, gouverne l'enfant en vertu de l'autorité paternelle et non du pouvoir tutélaire ; Dalloz, n° 393.

5. En conformité de ces principes il faut reconnaître que, sui-

vant l'article 450, le tuteur n'est chargé en cette qualité de prendre soin de la personne du mineur qu'après la mort du père et de la mère ou bien quand le survivant n'exerce plus la puissance paternelle. Alors c'est lui qui doit pourvoir à son éducation, à son entretien, à son instruction, à son établissement, en un mot l'élever ou le faire élever selon sa condition, sa fortune, et le mettre à même de pouvoir vivre en travaillant ; rej. 8 août 1815, Sirey, 15, I, 321 ; Aubry et Rau, I, p. 433 et 434.

6. Est-ce à dire que le tuteur soit l'arbitre souverain de toutes les questions qui se rattachent à la personne du mineur, à son instruction, à sa position, à sa religion ?

Magnin, *Des minorités,* t. I, n° 607, enseigne que l'article 450 accorde au tuteur seul le droit de diriger l'éducation du mineur; il argumente *a contrario* de l'article 468, qui n'oblige le tuteur à en référer au conseil de famille que pour la question de correction (sans parler du mariage ni de l'engagement militaire), et il conclut que le seul droit de la famille est de destituer le tuteur si en fait il manque à ses devoirs touchant l'éducation et la direction du pupille. *Conf.* Turin, 9 déc. 1808, Sirey, *Collect. nouv.*; Caen, 30 déc. 1845, D. P. 46, IV, 501 ; Fréminville, II, n° 805 ; Laurent, *Principes de droit civil*, V, n° 2. — Mais cette opinion est à peu près unanimement repoussée par la doctrine et la jurisprudence modernes; rejet, 8 août 1815 ; Toullier, t. II, n°s 1183 et 1184; Duranton, t. III, n°s 528-530; Marchand, *De la minorité*, p. 264 ; Valette, sur Proudhon, II, p. 355 ; Zachariæ, Massé et Vergé, p. 431, §219, texte, et p. 432, note 3 ; Dalloz, v° MINORITÉ, n° 396 ; Demolombe, VII, n° 535. Ces autorités s'appuient, d'un côté sur l'article 454 du Code civil qui veut que, lors de l'entrée en exercice de toute tutelle, autre que celle des père et mère, le conseil de famille règle par aperçu « la dépense « annuelle du mineur ainsi que celle d'administration de ses « biens », d'un autre côté sur la tradition ancienne, tit. *Ubi pupill. educ.*, Dig., Meslé, part. I, chap. IX, n° 27, et chap. XI, n° 55, Merlin, *Répertoire*, v° EDUCATION, § 1, n° 5. — Développons un peu cette grave question.

M. Demolombe, *Traité de la minorité*, t. VII, n° 144, fait ce raisonnement : — « On ne peut pas déroger aux lois qui intéressent l'ordre public (art. 6) ; or, la tutelle a certainement ce caractère. C'est la loi elle-même, en effet, qui a fondé le mécanisme de la tutelle ; elle en a organisé le gouvernement, elle en a dési-

gné les fonctionnaires et a souverainement réglé leurs attributions
en faisant à chacun d'eux sa part de devoirs et d'autorité. Tout
cela, tout cet ensemble de dispositions forme l'organisation constitutionnelle et, pour ainsi dire, la charte de la tutelle ; donc il
n'est pas permis de la changer ou de la modifier dans aucune
de ses parties. Le conseil de famille ne pourrait pas changer le
mode de nomination des tuteurs; il ne peut pas davantage changer
leurs attributions. Le principe est absolument le même.... Notre
conclusion, dit M. Demolombe, est donc qu'en principe le conseil
de famille n'a pas le droit de modifier les conditions d'administration du tuteur, même qu'il nomme directement, du tuteur
datif ». — Il cite à l'appui : Riom, 18 avr. 1809 ; Toulouse, 2 juill.
1821 ; Caen, 30 déc. 1845 ; Sirey-Villeneuve, 1812, II, 288,
1822, II, 10, 1846, II, 621. — Et le savant professeur ajoute,
sous le numéro 145 : « Cette conclusion est encore plus vraie et
plus facile à justifier en ce qui concerne le tuteur légitime, qui
tient non seulement ses pouvoirs d'administration, mais son titre
même, directement de la loi (Toulouse, 2 juill. 1821). »

MM. Massé et Vergé, sur Zachariæ, t. I, p. 429, § 219, note 23,
repoussent en ces termes la théorie de M. Demolombe : « selon
cet auteur, les règles qui organisent l'administration de la tutelle
sont d'ordre public, et il n'est pas permis d'y déroger. Il faut,
nous le croyons, distinguer entre les règles constitutives de la tutelle et les règles secondaires qui ne touchent qu'à la manière
d'administrer. Une règle constitutive de l'administration de la
tutelle est celle qui oblige le tuteur à faire inventaire, et nous
avons vu, *sup.* not. 7, qu'il ne peut en être dispensé. Mais, ajoutent
ces honorables jurisconsultes (pour exemple), la règle qui prescrit
au tuteur de vendre les meubles inventoriés est une règle secondaire, établie dans l'intérêt présumé du mineur; tellement
secondaire que le tuteur peut être dispensé par le conseil de famille de vendre tout ou partie des meubles, et que le tuteur usufruitier en est dispensé par la loi ». *Conf.* rej. 20 juin 1843, S. V.,
43, I, 651 ; Limoges, 28 févr. 1846, D. P. 46, II, 153.

7. Je me range à cette dernière opinion, en considérant que la
tutelle, qui tient par essence à l'ordre public quant à son organisation, n'y est attachée que secondairement sous le rapport de
l'administration du tuteur ; en d'autres termes, le pouvoir tutélaire ne tient à l'ordre public que par la nature de sa constitution ;
et je suis d'avis que les autorités qui créent ce pouvoir ou le sur-

veillent ont le droit de surveiller son action et de la modifier au gré de l'intérêt du pupille, eu égard aux circonstances particulières. — De là je conclus qu'il appartient au conseil de famille de prendre des délibérations qui tendent à accroître les garanties du mineur, en allégeant la responsabilité du tuteur, sans altérer le caractère de la tutelle et sans diminuer la puissance paternelle.

8. Appliquant cette théorie à la tutelle dative, je vois qu'il a été jugé, à bon droit, que l'administration des biens et la garde ou éducation du pupille peuvent être divisées, tellement que son éducation peut même être enlevée au tuteur par le conseil de famille, « attendu que sous l'empire du Code civil, comme sous l'ancienne législation, dont il n'a fait qu'adopter les bases, la tutelle n'est instituée que dans l'intérêt du mineur, et que, s'il s'élève quelque doute sur ce qui est le plus avantageux au mineur, la loi permet de recourir au magistrat, qui consulte la famille et prononce ensuite selon sa conscience et ses lumières; » rej. 8 août 1815. V. les autorités *pour* et *contre* citées sous le numéro 5, *supra*.

9. En fait, cette question d'éducation et de garde du pupille se présente surtout dans le cas où une mère convole à secondes noces. Alors apparaît la puissance paternelle, qui n'est pas détruite quand même la mère perd la tutelle, ni lorsqu'elle l'a refusée dès l'origine; Zachariæ, t. I, p. 432 et 433, § 220, texte. Et comme la garde et l'éducation sont des attributs de cette puissance, il n'appartient pas à la famille d'en priver la mère; si elle le fait, sa délibération tombe sous le contrôle immédiat du tribunal civil; le conseil peut seulement être consulté et donner son avis sur la question. V. Taulier, *Théorie du Code civil*, II, p. 57; Demolombe, VII, n° 534 *bis;* Massé et Vergé, I, p. 432, note 4.

10. Il a été jugé en ce sens : — 1° que la mère privée par convol de la tutelle légale n'a perdu ni la garde ni la direction de l'éducation de son enfant ; Poitiers, 15 févr. 1811, Sirey, 1811, II, 211; *conf.* Magnin, t. I, n° 439 ; Zachariæ, Massé et Vergé, t. I, p. 433, § 220, texte et note 4 ; Merlin, *Répertoire*, v° EDUCATION, §1, n° 4 ; *contra*, Colmar, 29 août 1822 ; — 2° que, même destituée de la tutelle légale pour avoir convolé sans convoquer le conseil de famille, la mère ne perd pas de plein droit la garde de ses enfants; Caen, 19 mai 1854, S. V. 54, II, 713; *conf.* Zachariæ, Massé et Vergé, *eod. loc.;* — 3° que ce n'est que dans

des cas exceptionnels, où il y aurait à craindre pour la direction
morale de leur éducation, que la mère qui a perdu la tutelle
peut être totalement privée de cette direction : *Salus liberorum
suprema lex esto ;* Paris, 9 mars 1854, D. P. 55, II, 247.

11. Dans ces divers cas et autres analogues il appartient aux tribunaux de régler et de concilier les droits respectifs de la mère et du nouveau tuteur en ce qui touche la surveillance des enfants et les relations de famille. C'est là un point qui ressort de l'ensemble des
décisions rendues en cette matière et de l'opinion des auteurs;
Bastia, 31 août 1826; Lyon, 5 avr. 1827; Paris, 9 mars 1854.

12. Quand les parents sont de religion différente, les enfants
doivent être élevés dans la religion du père. Il n'appartient ni au
tuteur, ni au conseil de famille de les élever dans une autre
religion que celle où ils sont nés; Massé et Vergé, I, p. 432, § 220,
note 1. Spécialement le conseil doit respecter la volonté paternelle clairement manifestée sur ce point; Colmar, 19 nov. 1857,
S. V. 58, II, 81; Aubry et Rau, t. I, p. 434, note 5 ; pourvu que
cette volonté s'accorde avec la religion du père ou de la mère. —
V. *Question d'Etat   Reconnaissance d'enfant naturel.*

**POUVOIRS DU CONSEIL DE FAMILLE ET DU TUTEUR
TOUCHANT LES BIENS DU MINEUR NON ÉMANCIPÉ.**

1. En droit romain, le pupille agissait lui-même *sub auctoritate
tutoris,* c'est-à-dire qu'il accomplissait les actes ou bien pronon-
çait les paroles, presque toujours inconsciemment, tandis que
son tuteur suppléait à la faiblesse de son intelligence en l'assis-
tant. Par ce moyen, tout à la fois fictif et réel, l'impubère était légalement capable de faire sa condition meilleure, mais incapable de
faire sa condition pire; en d'autres termes, il pouvait augmenter
sa fortune, mais non la diminuer.

2. La jurisprudence française avait de bonne heure adopté
d'autres principes, en faisant du tuteur un représentant actif, le
mandataire du pupille, et en excluant celui-ci de l'accomplissement des actes ; puis ce système fut maintenu par les lois inter-
médiaires. C'est ce même système que le Code civil a consacré
dans les articles 450 et suivants et 1124. Mais à la lecture de ces
textes rapprochés les uns des autres, on reconnaît qu'aucune vue
d'ensemble n'a présidé à l'organisation des pouvoirs du tuteur,
que le législateur a procédé pour chaque article sans trait d'union ;
de sorte que l'interprète réussit difficilement à se former un corps
de doctrine sur ce sujet.

3. En tête des jurisconsultes qui se sont livrés avec le plus de
soin à cette laborieuse étude, se place **M.** Demolombe, qui ré-
sume son opinion, t. VII, n° 650, en disant : « il résulte de toute
l'économie du Code civil que le tuteur ne peut pas contracter valablement, à l'égard des tiers, des obligations personnelles lorsque
ces obligatons sont évidemment de nature à entamer les capitaux
du mineur, le fonds même et la substance de son patrimoine. »
Cette proposition paraît à M. Demolombe « fondée soit sur les articles 454, 455, 456, qui affectent, très sagement sans doute, les
revenus et même, autant que possible, une partie seulement des
revenus, aux dépenses que le tuteur peut faire et aux obligations
personnelles qu'il peut contracter pour l'administration, soit sur
l'article 457, qui ne permet pas au tuteur seul d'emprunter. » Et
ce savant professeur ajoute pour conclure : « Les obligations personnelles qui, par leur cause, par leur caractère, et d'après l'u-
sage général, doivent être acquittées sur les revenus, ces obligations là sont valablement contractées par le tuteur à l'égard des
tiers ; et dès qu'elles sont valablement contractées, les tiers peuvent les faire exécuter, non pas seulement sur la portion de revenus allouée au tuteur par le conseil de famille pour dépenses
d'administration, non seulement sur tous les revenus, mais
même sur tous les biens meubles et immeubles du mineur. »
— Cette thèse me paraît exacte au fond et réfléchir la pensée des
rédacteurs du Code, seulement elle a le grave inconvénient d'obliger les tiers et même le tuteur à reconnaître la limite qui sépare
les actes d'administration des actes de disposition, distinction difficile à préciser, encore plus difficile à saisir.

4. En rapprochant l'article 450 des articles 457 à 468, on incline bien à décider que le tuteur a plein pouvoir de faire seul
tous les actes pour lesquels un texte précis n'exige pas l'accomplissement de formalités particulières, mais alors on arrive à des
résultats si dangereux pour la fortune du mineur, que je ne
saurais m'y arrêter. Je vais essayer de proposer une autre théorie.

D'abord l'article 450 dispose que : « Le tuteur prendra soin de
« la personne du mineur et le représentera dans tous les actes civils.»
— *Prendra soin de la personne du mineur*, c'est-à-dire l'élèvera,
l'entretiendra, le fera instruire selon sa condition et sa fortune.
— *Et le représentera dans tous les actes civils ;* est-ce à dire que le
tuteur a le pouvoir de faire à sa guise tous les actes qui intéres-
seront le mineur ? Non assurément, car il a quelquefois besoin

d'autorisation spéciale, accompagnée ou non de formalités ; cette disposition signifie que *le mineur n'agira pas,* que le tuteur est son mandataire général, qu'il le représentera dans tous les actes l'intéressant, qu'il fera tous les actes civils à sa place et en son nom.

Et développant cette disposition générale, l'article 450 ajoute : « Il administrera ses biens en bon père de famille et répondra des « dommages-intérêts qui pourraient résulter d'une mauvaise ges- « tion. » C'est-à-dire que le tuteur a mandat une fois pour toutes, qu'il tient de sa qualité les pouvoirs les plus étendus pour faire seul tous les actes qui rentrent dans une administration sage et éclairée.—Et puis les autres actes qui les fera ? Toujours le tuteur, conformément à l'article 450. Mais il en est quelques-uns qui, vu leur importance, ont décidé le législateur à lui imposer des con- ditions : c'est d'abord l'article 457, qui dispose que le tuteur « ne « peut emprunter pour le mineur, ni aliéner ou hypothéquer « ses biens immeubles, sans y être autorisé par un conseil de « famille. » C'est ensuite l'article 461 qui veut que le tuteur ne puisse « accepter ni répudier une succession échue au mineur « sans une autorisation préalable du conseil de famille », ni autre- ment « que sous bénéfice d'inventaire ». D'autres dispositions (art. 464-467) soumettent encore le tuteur à des formalités spé- ciales, les actions judiciaires, les partages, les transactions, etc. — Mais il est des actes dont le régime de la tutelle ne parle point, par exemple, une donation des biens du mineur ; dira-t-on que cet acte, n'étant pas soumis textuellement à quelque formalité spéciale, rentre dans les pleins pouvoirs du tuteur ? Cela ne se comprendrait pas en présence de l'article 463 qui ne permet au tuteur d'*accepter* une donation faite au mineur « qu'avec l'auto- risation du conseil de famille » ; et de là j'induis qu'il lui faut au moins cette autorisation pour *faire* une donation.

Pour résumer mon opinion, je dis en présence des textes : le tuteur est un mandataire qui tient de son titre une fois pour toutes les pouvoirs d'administrer sans avoir besoin d'autorisation spé- ciale, et j'entends par actes d'administration tous ceux qui sont *indispensables* à la gestion usuelle des biens pupillaires. Quant aux autres actes, quelques-uns sont réglementés et soumis à l'auto- risation du conseil de famille, et quelques autres à des formalités spéciales. En dehors de cette réglementation le tuteur, de même que tout mandataire, ne pourra ni obliger le pupille, ni engager ses biens, sans une autorisation et parfois sans formalités judiciaires, selon que l'acte aura de l'analogie avec ceux spécifiés par le Code. — Telle est la règle qui me servira de guide dans l'examen des nombreuses questions que nous rencontrerons. — V. *Administration du tuteur en général; Action mobilière; Action immobilière; Conversion des titres au porteur; Conversion des titres nominatifs; Emploi des capitaux; Emprunts; Licitation; Partage; Transaction; Transfert; Vente des meubles corporels; Vente des meubles incorporels; Vente des immeubles.*

5. Notons ici qu'il existe une grande analogie entre le tuteur actuel en France et l'ancien curateur à Rome, entre le tuteur à Rome et le curateur actuel en France; de sorte que les rôles ont été renversés. En effet, le tuteur français représente le pupille et agit à sa place dans tous les actes, de même que le curateur romain représentait l'impubère et agissait pour lui, mais seulement pour une opération déterminée, *ad certam causam;* puis le curateur français assiste dans tous les actes l'émancipé, qui agit toujours en personne, de même que le tuteur romain assistait l'impubère agissant personnellement. — V. *Administration du tuteur en général,* n°ˢ 2, 4; *Curateur à l'émancipation,* n° 11; *Tutelle en général,* n°ˢ 2, 23.

POUVOIRS DU CONSEIL DE FAMILLE ET DU MINEUR ÉMANCIPÉ TOUCHANT SA PERSONNE ET SES BIENS.

Actes d'administration, 5, 7.	Emploi, 7, 9.	Remboursements, 7-9.
Action immobilière, 8.	Enrôlement militaire, 4.	Réparations, 6.
Adoption, 4.	Licitation, 12.	Résidence, 1.
Conseil de famille, 12, 13.	Mariage, 4.	Revenus, 7.
Domicile, 1.	Partage, 12.	Vente de meubles, 10.
Donation, 9.	Profession, 3.	Vœux religieux, 4.
	Puissance paternelle, 2.	

1. On croit généralement que l'émancipation rend le mineur capable de faire toutes sortes d'actes comme s'il était majeur. La vérité est que, désormais, en la forme il agira lui-même personnellement, mais au fond il est loin d'avoir une capacité légale absolue. Il y a des actes qu'il fait seul, de même qu'un majeur; d'autres qu'il ne peut faire qu'avec l'assistance d'un curateur; d'autres qu'avec le curateur et l'autorisation du conseil de famille; enfin certains actes sont réglés par des dispositions spéciales.

2. *Pouvoirs quant à la personne.* L'émancipation amoindrit singulièrement la puissance paternelle; toujours elle efface la tutelle. Désormais le mineur a un domicile personnel (art. 108); seul et

sans assistance il choisit à volonté le lieu de sa résidence, loue
une habitation ; il peut, seul, tenir et monter maison, la nantir et
la meubler, faire des achats ; sous ce rapport il est réputé majeur,
sauf réduction en cas d'excès (art. 484, 2°), V. Cass., 1er août
1860 ; Troplong, *Du louage*, I, n° 147.

3. Il a pleine liberté de se conduire à son gré, d'employer son
temps comme il le veut, de travailler ou ne rien faire, louer ses
services, choisir une profession, un état, excepté celui de commerçant, qui exige des conditions particulières.—V. *Mineur commerçant*.

4. Aussi sans assistance il dispose de sa personne comme il
l'entend ; — excepté : 1° qu'il ne peut se marier « sans le consentement du conseil de famille », s'il n'y a ni père, ni mère, ni
aïeuls, ni aïeules, ou s'ils se trouvent tous dans l'impossibilité de
manifester leur volonté (art. 160) ; 2° ni être adopté en aucun
cas, même avec le consentement de la famille (art. 346) ; 3° ni
contracter des vœux dans une congrégation hospitalière religieuse
sans le consentement de son père ou de sa mère, ou d'un aïeul à
leur défaut, ou bien du conseil de famille (Décr. 18 févr. 1809,
art. 7) ; 4° ni contracter un engagement volontaire dans l'armée
de terre ou de mer, s'il a moins de vingt ans révolus, sans le consentement du conseil de famille s'il est privé de son père, de sa
mère et d'ascendants (L. 27 juill. 1872, art. 46). — V. *Question
d'Etat*.

5. *Pouvoirs quant aux biens.* La règle est que l'émancipé fait
seul, sans être assisté du curateur, « tous les actes qui ne sont
que de pure administration », suivant les termes de l'article 481,
expression qui annonce que cette disposition doit être interprétée
restrictivement (art. 484).— V. *Baux et renouvellements*, nᵒˢ 7, 8 ;
Vente de taillis.

6. Il peut faire à ses biens toutes réparations d'entretien,
même des travaux d'amélioration dont l'importance ne dépasse
pas les limites de l'administration, sauf réduction en cas d'excès.
A plus forte raison fera-t-il utilement seul des actes conservatoires, apposition ou levée de scellés, réquisition d'inventaire,
saisies-arrêts ou autres (art. 910 C. pr.).

7. « Il recevra ses revenus, en donnera décharge » (art. 481) ;
cela, seul et contre sa quittance, au fur et à mesure des échéances.
— Mais s'il s'agit de revenus à échoir, il aura besoin, pour
les recevoir, de l'assistance du curateur, qui devra alors en

surveiller l'emploi quand il s'agira d'une anticipation quelque
peu importante; Poitiers, 5 mars 1823 ; Fréminville, II, n° 1047 ;
Massé et Vergé, I, p. 477, note 3 ; Troplong, *Du louage*, I, n° 145 ;
sans qu'il soit besoin de l'intervention du conseil de famille,
Demolombe, VIII, n° 274 ; *contra*, Troplong, *eod. loc.*

8. En effet, l'article 482 dit textuellement que le mineur émancipé « ne pourra intenter une action immobilière ni y défendre,
« même recevoir et donner décharge d'un capital mobilier, sans
« l'assistance de son curateur, qui, au dernier cas, surveillera
« l'emploi du capital reçu ». Ce qui en principe général oblige le
mineur émancipé à faire emploi ; et les débiteurs sont bien libé-
rés lors même que l'emploi ne serait pas effectué, pourvu qu'ils
aient payé en présence et avec l'assistance du curateur ; Demo
lombe, VIII, n°ˢ 300-303. — V. *Emploi des capitaux*, n° 13.

9. L'émancipé ayant la capacité de recevoir « un capital mobilier » avec l'assistance du curateur, il peut de même recevoir le
rachat ou remboursement des rentes sur particuliers ou sur
l'Etat. Mais, si ces rentes sur l'Etat ont été immobilisées conformément au décret du 1ᵉʳ mars 1808, art. 3, l'émancipé ne
pourra, quel qu'en soit le chiffre, recevoir le remboursement
qu'avec l'autorisation du conseil de famille et l'observation des
formes légales prescrites par l'article 484 du Code civil.

10. Avec la même assistance il vendra régulièrement de gré à
gré ou bien aux enchères ses meubles corporels, dont le prix
devra généralement être employé sous la surveillance du curateur (*argum.* art. 482, 805 C. civ.) ; sauf l'observation des règles
relatives à la vente des meubles qui dépendent d'une succession
bénéficiaire. — V. *Vente des meubles incorporels.*

11. « Le mineur émancipé pourra accepter (une donation) avec
« l'assistance de son curateur », dit l'article 935. Cette disposition doit être entendue d'une donation à titre particulier, — et
étendue au legs particulier. — Mais elle ne s'applique ni à la donation, ni au legs universel ou à titre universel ; ces libéralités
constituant des droits héréditaires, elles ne pourraient être acceptées par l'émancipé, assisté du curateur, autrement que sous
bénéfice d'inventaire et avec l'autorisation du conseil de famille,
qui aurait à délibérer s'il y a lieu de les accepter ou de les répudier, conformément aux articles 461 et 484, de même qu'une
succession dévolue par la loi ; Grenoble, 6 déc. 1852 ; Douai,
30 mai 1856 ; Demolombe, VII, n° 703, VIII, n° 324 ; Dalloz,

v° MINORITÉ, n° 839. — V. *Acceptation de donation ou legs*.

12. Il suffira au mineur émancipé, assisté de son curateur, d'une autorisation du conseil de famille non homologuée pour introduire une demande en licitation ou en partage ou pour y défendre. — V. *Licitation*, n° 5; *Partage*.

13. En dehors des actes qu'il fait seul, de ceux pour lesquels l'assistance du curateur est suffisante, de l'emploi des capitaux, de la vente des meubles corporels, du partage et de la licitation, tous actes que nous venons d'énumérer, on peut poser comme règle générale que le mineur émancipé a besoin à la fois de l'assistance de son curateur et de l'autorisation du conseil de famille pour tous les actes dans lesquels le tuteur d'un mineur non émancipé en a besoin; Dalloz, n° 833; il doit aussi « observer les formes prescrites au mineur non émancipé » (art. 484). Et dans le doute il faut demander cette autorisation en remplissant les autres formalités, par exemple l'homologation, plutôt que de passer outre; Valette, *Explic. somm.*, p. 323; Ducaurroy, Bonnier et Roustain, I, n° 693. — V. *Action immobilière; Conversion des titres au porteur; Conversion des titres nominatifs; Transaction; Transfert; Vente des meubles incorporels; Vente des immeubles*.

POUVOIRS DU CONSEIL DE FAMILLE ET DU TUTEUR TOUCHANT LA PERSONNE ET LES BIENS DE L'INTERDIT.

Administrateur provisoire, 7.	Femme; 8-18.	Puissance maritale, 7, 12, 14, 17, 18.
Communauté de biens, 15, 16, 17, 20.	Garde des enfants, 11, 18.	Puissance paternelle, 10, 11, 17, 18.
Conseil de famille, 4, 5, 9, 13, 14, 16.	Gestion, 13-15.	Revenus, 3, 5.
Domicile, 2-4.	Inventaire, 6.	Soins, 2-4, 9.
Enfants, 10, 11, 18, 19.	Maison de santé, 3, 4, 9.	Tribunal, 16, 21.
	Mari, 8-15.	
	Mission du tuteur, 1.	

1. D'après l'article 509 : « L'interdit est assimilé au mineur « pour sa personne et pour ses biens, les lois sur la tutelle des « mineurs s'appliqueront à la tutelle des interdits. » Et l'article 1124 ajoute que les interdits sont « incapables de contracter ». Aussi n'est-ce pas l'interdit qui agit, c'est le tuteur, son mandataire légal, qui le représente dans tous les actes civils et qui a le double devoir de prendre soin de sa personne et de ses biens (art. 450). — V. *Question d'Etat*.

2. La première conséquence à déduire de cette règle, c'est que le domicile du tuteur devient le domicile de l'interdit (art. 108). Mais ce principe est-il absolu? Je le crois fermement en m'ap-

puyant sur la distinction qui existe entre la résidence et le domicile, entre le fait et le droit. — Ainsi, une femme mariée est-elle interdite, elle conserve sa résidence et son domicile chez son mari devenu son tuteur légal (art. 108, §§ 1 et 2). Que, si elle passe en la tutelle d'un étranger, elle aura son domicile chez lui, tandis que le mari sera fondé à la garder dans la maison conjugale, à moins que le conseil de famille n'en décide autrement. — Lorsque le mari est frappé d'interdiction et a son épouse pour tutrice dative, leur domicile reste commun ; Duranton, I, n° 366 ; Massé et Vergé, I, p. 123, § 89, note 7 ; tandis que leur domicile est chez le tuteur du mari quand c'est un étranger ; Duranton, t. I, n° 371 ; Massé et Vergé, *eod. loc.*

3. La situation intellectuelle et physique de l'interdit appelle tout particulièrement la sollicitude et les soins non seulement du tuteur et du subrogé tuteur, mais encore du conseil de famille. « Les « revenus d'un interdit doivent être essentiellement employés à « adoucir son sort et à accélérer sa guérison. Selon les caractères « de sa maladie et l'état de sa fortune, le conseil de famille pourra « arrêter qu'il sera traité dans son domicile ou qu'il sera placé « dans une maison de santé, et même dans un hospice » (art. 510).

4. Il appartient donc au conseil de famille, quel que soit le tuteur, étranger, mari ou femme, de faire traiter l'interdit dans son habitation, dans une maison privée ou dans un établissement sanitaire. Ce droit, en même temps un devoir, n'a pas été modifié par la loi du 30 juin 1838, qui, dans l'article 8, confère au tuteur de l'interdit la faculté de former une demande d'admission dans un établissement public d'aliénés, ce que l'on interprète en ce sens que le tuteur ne devra provoquer l'admission qu'après y avoir été autorisé par le conseil de famille ; Dalloz, v° INTERDICTION, n° 171. Et sans aucun doute le conseil de famille pourra toujours décider que l'interdit sortira d'un établissement public ou privé pour être soigné ailleurs ; Rennes, 24 mai 1817.

5. Il appartient également au conseil de famille de régler l'emploi des revenus de l'interdit, eu égard à la gravité de sa maladie, à l'importance de sa fortune, à sa position sociale, au nombre de ses enfants (art. 454 et 509). — Il pourrait même appliquer les capitaux en cas d'insuffisance des revnus ; Demolombe, VIII, n° 581 ; Taulier, II, p. 122.

6. Le tuteur, mari, femme ou étranger, est tenu de faire dres-

ser un inventaire en présence du subrogé tuteur, à peine de destitution (art. 451, 509).

7. « L'administrateur provisoire, nommé en exécution de l'ar-
« ticle 497 du Code civil, cessera ses fonctions et rendra compte
« au tuteur s'il ne l'est pas lui-même » (art. 895 C. pr. *Rapp.*,
art. 505 C. civ.). — Alors, si l'administrateur provisoire devient
tuteur, son compte ne sera rendu qu'avec celui de la tutelle ; Demolombe, VIII, n° 583 ; à moins de nommer un tuteur *ad hoc* à
l'effet de recevoir ce compte immédiatement ; ce qui est laissé à
l'appréciation du conseil de famille.

8. *Le mari tuteur légal de sa femme interdite.* Il conserve les
droits résultant de la puissance maritale et des conventions matrimoniales, un peu modifiées par l'état d'interdiction de sa
femme, notamment en ce qui concerne sa personne. Sur ce point
il y a unanimité.

9. « C'est ainsi, dit M. Demolombe, t. VIII, n° 592, qu'il
peut déterminer le lieu de la résidence de sa femme, si elle sera
soignée près de lui dans sa demeure, ou placée dans une maison de santé. Cette proposition, ajoute l'honorable écrivain,
malgré la dissidence de M. Chardon (*Puiss. tut.*, n° 219), nous
paraît très exacte. » Et cette opinion est adoptée par MM. Dalloz, v° INTERDICTION, n° 176, Massé et Vergé, t. I, p. 470, note 12.
— J'avoue que je ne saurais adopter cette solution : je suis d'avis
que, même le mari étant tuteur de sa femme, il appartient à son
conseil de famille, à lui seul, conformément à l'article 510, de
déterminer le lieu où elle sera traitée ; et pour cela je m'appuie :
1° sur le texte et le rapprochement des articles 509 et 510, qui
sont généraux et ne distinguent pas ; 2° sur le texte de l'article 507 qui, rapproché de l'article 506, établit une distinction
entre le mari et la femme au désavantage de celle-ci touchant
l'administration des biens ; d'où je conclus que, pour notre question, le législateur aurait fait une distinction formelle, si telle
avait été son intention ; 3° je m'appuie sur les considérations in-
hérentes à la situation relative de deux époux, sur les sentiments
d'humanité qui ont dicté l'article 510, qui n'ont visé qu'à la guérison du malade, qui, sous ce rapport, n'ont pas vu de différence
entre une épouse et un étranger, et qui ont compris que, dans une
position si cruelle, le plus sûr refuge sera la famille. Et puis
enfin croit-on que la famille éloignera la femme de son mari sans
qu'il y ait de graves raisons ?

10. Le mari conserve également entière l'autorité paternelle sur les enfants du mariage, sans que le conseil de famille ait à en connaître.

11. *La femme tutrice de son mari.* L'interdiction du mari n'éteint point sa puissance paternelle, dont l'exercice passe à la mère tutrice, qui aura la garde et la surveillance des enfants telles qu'elles lui appartiendraient après la mort ou la déclaration d'absence du père (art. 141-143, 373); Dalloz, n° 188.

12. Le mari interdit ne conserve pas moins la puissance maritale, dont il ne peut faire usage ; Dalloz, n° 179. Mais le soin et la surveillance de sa personne appartiennent à sa femme, qui, n'ayant que les pouvoirs conférés par la tutelle, est astreinte aux instructions et aux arrêtés du conseil de famille.

13. L'article 507 dispose tout particulièrement que : « en ce « cas, le conseil de famille réglera la forme et les conditions de « l'administration, sauf le recours devant les tribunaux de la « part de la femme qui se croirait lésée par l'arrêté de la fa- « mille ».

14. La rédaction de cette disposition fut modifiée lors du projet du Code. On l'a «généralisée dans l'article 507, dit Locré, *Esprit du Code civil,* de manière qu'il devienne évident que le conseil de famille demeure autorisé à régler toutes les difficultés que l'interdiction du mari peut faire naître ». — Malgré la généralité de ces termes, je n'hésite pas à décider que le conseil de famille devra s'abstenir de prendre un arrêté qui déroge aux conventions matrimoniales et à l'autorité maritale. Hors de là son pouvoir réglementaire s'étend à toutes les parties de l'administration, qui est ici confiée à la femme tutrice ; et ce pouvoir peut être diminué, mais non augmenté par le conseil; Demolombe, VIII, n° 807.

15. Dans le sens de l'article 507, j'entends par *administration* la gestion des biens et affaires du mari, de la femme ou de la communauté, celle en un mot qu'exerçait le mari en état de capacité; c'est à celle là que s'applique l'article. Mais évidemment le législateur n'a pas voulu, ou bien il l'aurait dit nettement, déroger à la puissance paternelle de la mère, il a maintenu intacte son autorité naturelle et légitime sur ses enfants, sur leur éducation, comme si le père était absent ou décédé (art. 141-143, 373). Aussi je ne comprends pas qu'on répète en chœur qu'il appartient au conseil de famille de régler par aperçu la dépense du *ménage,*

la dépense des enfants et celle de l'interdit, et je crois être dans le vrai avec l'esprit de l'article 454.

16. Quant aux pouvoirs qui dépassent les bornes de l'administration, par qui la femme sera-t-elle autorisée à les faire ? Par le tribunal pour ses biens propres (art. 222); par le conseil de famille pour les biens du mari ou de la communauté (art. 450, 468, 509). V. Duranton, III, n° 754; Demolombe, VIII, n° 599.

17. *Etranger tuteur de l'interdit mari ou femme.* Alors c'est une tutelle soumise aux règles ordinaires, avec cela de particulier que, s'il s'agit de l'interdiction de la femme, le mari conserve ses droits de puissance paternelle, d'autorité maritale et de chef de la communauté; que, s'il s'agit de l'interdiction du mari, l'exercice de l'autorité paternelle passe à la femme. V. Demolombe, VIII, n° 616; Dalloz, n°ˢ 179, 183.

18. L'autorité maritale continuant d'appartenir au mari interdit, moins l'exercice, qui ne passe nullement au tuteur, mais à la femme, celle-ci doit néanmoins recourir à la justice quand elle a besoin d'une autorisation personnelle (art. 222). A elle seule encore de régler la direction du ménage, la dépense des enfants et leur éducation; Cass. 27 nov. 1816, et, sur renvoi, Orléans, 9 août 1817 ; Dalloz, n° 188.

19. Quant aux biens des enfants dont le père est interdit, l'administration appartient à la mère, non comme leur tutrice, car elle ne l'est pas, mais comme administratrice légale en vertu de la puissance paternelle qu'elle exerce provisoirement ; *contra,* Duranton, t. III, n° 754; Demolombe, t. VIII, n° 618. — V. *Administrateur légal,* n° 9.

20. Mais c'est le tuteur du mari qui prend l'administration de la communauté et de tout ce qui y touche; Orléans, 9 août 1819 ; Rennes, 3 févr. 1819; Dalloz, n° 182 ; Demolombe, t. VIII, n° 613. *Contra,* Bruxelles, 11 flor. an XIII.

21. *Règle générale,* en cas de désaccord entre la mère, le tuteur ou le conseil de famille sur l'étendue de leurs droits respectifs, le différend serait vidé par le tribunal d'arrondissement.

PRÉSOMPTION D'ABSENCE DES PÈRE ET MÈRE. — V. *Disparition des père et mère ; Emancipation,* n° 9.

PROCUREUR DE LA RÉPUBLIQUE. 1. Il n'a jamais le droit de requérir un juge de paix de convoquer le conseil de famille, il peut seulement lui signaler la cause qui donne lieu à convocation. V. *Convocation du conseil de famille,* n° 13. — Puis il a le devoir de provoquer l'interdiction judiciaire d'une personne atteinte de fureur, si elle n'est provoquée ni par l'époux ni par les parents ; de même qu'il en a la faculté contre un individu atteint d'imbécillité ou de démence qui n'a ni époux, ni épouse, ni parents connus (art. 491 C. civ.).

2. « Sur la demande de l'intéressé, de l'un de ses parents, de « l'époux ou de l'épouse, d'un ami, ou sur la provocation d'office « du procureur de la République, le tribunal pourra nommer, « en chambre du conseil, par jugement non susceptible d'appel, « en outre de l'administrateur provisoire, un curateur à la per- « sonne de tout individu non interdit placé dans un établissement « d'aliénés, lequel devra veiller : 1° à ce que ses revenus soient « employés à adoucir son sort et à accélérer sa guérison ; 2° à ce « que ledit individu soit rendu au libre exercice de ses droits « aussitôt que sa situation le permettra. Ce curateur ne pourra « pas être choisi parmi les héritiers présomptifs de la personne « placée dans un établissement d'aliénés » (L. du 30 juin 1838, art. 38). — V. *Administrateur provisoire nommé avant toute demande en interdiction.*

PROROGATION DE DÉLAI. Pas de difficulté, selon nous, que le tuteur a la faculté de proroger le délai d'exigibilité d'une créance, c'est-à-dire d'en retarder l'échéance, mais à la condition de n'en pas diminuer les garanties ; Demolombe, t. VII, n° 667 ; *contra*, Fréminville, t. I, n° 264.

PROTUTEUR.

Administrateurs particu- liers, 1.	Conseil, 5, 6, 10, 13.	Père survivant, 9.
	Interdit, 14.	Protuteur, 2, 3, 7, 11, 12.
Colonies, 2-6.	Mère survivante, 9.	Tutelle principale, 8-12.

1. D'après l'article 454 du Code civil, le conseil de famille peut décider que « le tuteur est autorisé à s'aider, dans sa gestion, « d'un ou plusieurs administrateurs particuliers, salariés, et gé- « rant sous sa responsabilité ».

2. L'article 417 va plus loin ; il dit textuellement : « Quand le « mineur, domicilié en France, possédera des biens dans les co- « lonies ou réciproquement, l'administration spéciale de ces biens « sera donnée à un protuteur ». — Cette disposition vient de notre ancienne législation, qui, à l'instar du droit romain, avait adopté le système des protutelles à cause des nombreuses colonies de la France. V. Déclar. roy. des 15 déc. 1721 et 1er févr. 1743.

3. Il ne suffirait point, pour qu'il y eût lieu de nommer un

protuteur, que le mineur domicilié en France possédât des biens d'outre-mer, par exemple en Corse ou bien à Oléron. Ces mots *biens d'outre-mer*, qui étaient dans le projet, ont été remplacés à dessein par *biens des colonies*, Locré, *Législ. civ.*, VII, p. 201 et 220; il faudrait, en outre, que leur éloignement ou leur importance en rendît l'administration très difficile au tuteur principal.

4. On est d'accord que l'article 417 n'a voulu parler que des colonies françaises. Néanmoins, je suis d'avis qu'un protuteur pourrait être nommé si le mineur avait dans les colonies étrangères éloignées des biens par trop difficiles à gérer; Taulier, II, p. 34; Dalloz, v° Minorité, n° 283.

5. Malgré la formule impérative de l'article 417, le conseil de famille est souverain juge de la question de savoir s'il y a ou non nécessité de nommer un protuteur, selon les circonstances, la nature et l'importance des biens situés dans les colonies françaises ou étrangères; Demolombe, VII, n°ˢ 199, 218; Dalloz, n° 278. *Contra*, Massé et Vergé, I, p. 384, § 196, note 2.

6. Le protuteur sera nommé par le même conseil de famille que le tuteur principal, c'est-à-dire par le conseil, convoqué en France si le mineur était domicilié en France au moment de l'ouverture de la tutelle, ou dans le cas contraire par le conseil réuni dans les colonies; Disc. au Cons. d'État, 29 vend. an XI; Magnin, t. I, n° 494; Dalloz, n° 280. Valette, sur Proudhon, t. II, p. 318, est d'avis que tout devra « dépendre des circonstances ».

7. Pourra-t-on choisir pour protuteur une personne domiciliée en France? La pensée essentielle de l'article 417 tout entier paraît être que le protuteur devra habiter les lieux mêmes où sont situés les biens dont la gestion lui sera confiée; Marchand, p. 179, n° 50; Demolombe, VIII, n° 219. Néanmoins, la loi gardant le silence, je suis d'avis qu'il serait régulièrement pris en France; Magnin, t. I, n° 495. — Du reste, il doit réunir les mêmes qualités et conditions que le tuteur principal.

8. Bien que placée sous le titre: *De la tutelle déférée par le conseil de famille*, nul doute que cette disposition ne soit applicable à toutes les tutelles, en ce sens que, si, ayant des biens à administrer dans les colonies, un tuteur testamentaire ou un tuteur légitime réclamait la nomination d'un protuteur, le conseil devrait faire droit à cette demande; Demolombe, t. VII, n°ˢ 202 et 203. V. conf. Déclar. roy. 1ᵉʳ févr. 1743. *Contra*, Toullier, II, n° 1123.

9. En outre, je reconnais au dernier mourant des père et mère la faculté de nommer un protuteur, soit en même temps qu'il choisit un tuteur en la forme testamentaire, soit même seul et séparément; Demolombe, VII, n° 207.

10. Mais je n'admets pas que le conseil de famille impose un protuteur au tuteur légitime, dont l'autorité doit être respectée à raison de sa source; Marcadé, II, art. 417; Dalloz, n° 279; Massé et Vergé, t. I, p. 384, § 196, note 2; *contra*, Demolombe, t. VII, n° 202; ni au tuteur testamentaire; *contra*, Massé et Vergé, *eod. loc.*; Demolombe, n° 203.

11. Dans tous les cas, le tuteur et le protuteur seront indépendants et non responsables l'un envers l'autre pour leur mission respective (art. 417).

12. A parler exactement, il y aura alors deux tutelles distinctes plutôt qu'une seule tutelle partagée. D'où je conclus que le conseil de famille devra aussi nommer un subrogé tuteur à la protutelle. — V. *Subrogé tuteur principal,* n° 3.

13. Malgré cela, il n'y aura toujours qu'un seul conseil de famille, comme pouvoir consultatif et délibératif chargé de surveiller les actes des deux tutelles, le même qui aura nommé le protuteur et le prosubrogé tuteur; Dalloz, n° 282.

14. Sans aucun doute un protuteur peut être nommé à l'interdit aussi bien qu'au mineur.

PUISSANCE PATERNELLE. 1. La puissance paternelle est le pouvoir sur la personne d'un enfant mineur, accordé par la loi, soit au père, soit à la mère, soit aux ascendants, soit au conseil de famille.

2. Ce pouvoir attribue à celui qui en est investi le droit: 1° d'émanciper le mineur (art. 477, 478 C. civ.); 2° de consentir à son mariage (art. 148-160); 3° de l'autoriser à s'engager dans les ordres hospitaliers (décr. 18 févr. 1809); 4° à contracter un engagement militaire (L. 27 juill. 1872, art. 46); 5° le droit de correction (art. 375 et suiv. C. civ.). — V. *Emancipation; Engagement militaire; Engagement religieux; Droit de correction; Enfant naturel,* n° 13; *Mariage,* n°˙ 1-10.

3. Celui qui exerce la puissance paternelle est souverain maître de donner ou de refuser son consentement à l'acte qui libérera le mineur de son autorité: il ne relève que de sa conscience et de sa volonté, sans que les tribunaux puissent en connaître à moins d'une disposition exceptionnelle.

4. Est-ce à dire que l'acte qui constate cette volonté, tel que le consentement à mariage, le procès-verbal d'émancipation ou de délibération, n'est pas sujet au contrôle de la justice? Une opinion le soutient; Bordeaux, 14 juill. 1878; Aubry et Rau, I, p. 543; Valette, *Explic. somm.*, p. 308; Demolombe, VIII, n° 215; tandis qu'une autre doctrine soutient le contraire, Bordeaux, 7 janv. 1852; Toulouse, 22 févr. 1854; S. V. 52, II, 276; 54, II, 197; Massé et Vergé, I, p. 451, § 227, note 11. — Cette controverse demande une explication pour être bien comprise. Il est vrai que tous les actes de la puissance paternelle sont à l'abri du recours en justice en ce qui touche le consentement donné, qui est l'expression de la volonté souveraine du père, de la mère ou du conseil de famille. On ne pourra donc scruter ni discuter devant la justice le mobile qui a dicté le consentement au mariage, lors même qu'il serait désavantageux pour le mineur, car le mariage est irrévocable dans son ensemble. On ne pourra pas davantage attaquer l'émancipation tacite qui résulte de ce mariage ; et de là je déduis la conséquence que l'émancipation expresse est également inattaquable quant au consentement donné par le père, la mère ou la famille, quelque désavantageux que soit cet acte pour le mineur. Telle est, on peut le croire, la pensée de M. Taulier, t. II, p. 89, quand il dit : « Le conseil de famille me paraît hériter des pouvoirs de la mère, comme celle-ci a hérité des pouvoirs du père. Je vois aussi dans la pensée de la loi une succession hiérarchique où chacun exerce à son tour une souveraineté absolue ». Mais, à un autre point de vue, le mariage et l'émancipation peuvent être attaqués, soit en la forme, soit au fond, par exemple parce qu'un intéressé prétendra que la délibération n'est pas régulière ou bien que le mineur n'a pas l'âge requis pour être émancipé. — V. *Recours contre les délibérations de famille*, n° 17.

5. La puissance paternelle est amoindrie plus ou moins par la majorité, l'émancipation ou le mariage du mineur (art. 372); par un engagement religieux ou un enrôlement militaire (décr. 18 févr. 1809, L. 27 juill. 1872); par la mort du père et de la mère. Elle ne s'éteint tout à fait qu'après la mort du père, de la mère et des ascendants, alors que l'enfant a accompli vingt-cinq ans ou au moins vingt-un ans (art. 160, 346 C. civ.).

6. La dégradation civique entraîne la déchéance de la puissance paternelle. V. art 335 C. pén. — V. *Destitution et exclusion de la tutelle*, n°s 2-5.

Q.

QUESTION D'ÉTAT. 1. Je n'en connais pas de plus important. Il n'appartient au mineur ni d'agir ni de défendre en justice dans une question qui intéresse son état civil ; le tuteur seul a ce droit. Il semble même qu'il puisse intenter librement cette action en présence du silence du Code ; *argum.* Caen, 21 mars 1861 ; Massé et Vergé, I, p. 442, note 7. Mais, vu la gravité d'une telle question qui domine les intérêts pécuniaires du pupille, le tuteur devrait en référer au conseil de famille, qui aurait la faculté de lui donner ou refuser l'autorisation ; Demolombe, VII, n° 694 ; et j'estime que la délibération devrait être soumise à l'homologation du tribunal. — M. Laurent, *Principes de droit civil*, V, n° 82, est d'avis que ces actions ne peuvent être exercées que par le mineur personnellement.

2. Il en est de même pour une question d'état qui intéresse un interdit.

3. Quant au mineur émancipé, c'est à lui à répondre à une action de cette nature ou bien à l'intenter, toujours avec l'assistance de son curateur et une autorisation du conseil de famille homologuée. V. Zachariæ, Massé et Vergé, I, p. 480, texte (édit. 1854).

R.

RÉCAPITULATION DES ATTRIBUTIONS DU CONSEIL DE FAMILLE. — V., à la fin, *Tableau récapitulatif des attributions du conseil de famille.*

RÉCLAMATION DE TUTELLE. — V. *Dispenses de la tutelle,* n°ˢ 23-28, 64.

RÉCLUSION. —V. *Droit de correction ; Destitution et exclusion de la tutelle,* n°ˢ 2-5.

RÉCOLTES. — V. *Vente de taillis, étangs, récoltes.*

RECONNAISSANCE D'ENFANT NATUREL. 1. Un mineur peut-il reconnaître son enfant naturel? Malpel, *Revue de législation,* IV, p. 43, enseigne que la reconnaissance, valable par une fille mineure, est nulle faite par un garçon. Hormis cet écrivain, tous les auteurs et les tribunaux adoptent l'affirmative à l'unanimité sans aucune distinction de sexe, sans intervention

du tuteur ni du conseil de famille ; *agnoscit obligationem natura-
lem eamque sanctissimam ;* Toullier, II, n° 962 ; Bruxelles, 4 févr.
1811 ; rej. 22 juin 1813. Et la Cour de cassation a affirmé la
même opinion par un deuxième arrêt de rejet du 4 nov. 1835 :
« attendu que, d'après l'article 1310, le mineur n'est point restituable contre les obligations résultant de son délit ou de son
quasi-délit ; que le père qui reconnaît son enfant ne fait que ré-
parer sa faute, et qu'en ce cas l'aveu du mineur ne pourrait
donner ouverture à une action en restitution ».

2. Il peut même le reconnaître avant la naissance ; Metz,
19 août 1824. On controverse seulement sur le point de savoir
quel âge doit avoir le mineur pour que sa reconnaissance soit
valable. Suivant MM. Massé et Vergé, t. I, p. 319, note 5, c'est
l'âge fixé par le Code pour le mariage. Suivant Loiseau, *Des enfants naturels*, p. 481, il suffit que le mineur ait atteint l'âge de
puberté, fixé par le droit romain à quatorze ans pour les mâles et à
douze ans pour les filles. Nous pensons qu'en effet c'est à la puberté,
mais à la puberté qui n'a pas d'âge préfix, qui varie selon le tempérament des individus, de sorte qu'en cas de contestation il appartiendra aux juges d'apprécier si en fait le mineur était ou non pubère, si
la reconnaissance est bien le fruit de sa libre volonté, si elle doit
être validée ; Rouen, 10 mars 1815 ; Douai, 17 mars 1840, S. V.
40, II, 235 ; Favard, v° RECONNAISSANCE, sect. I, § 1.

3. Le mineur émancipé a la capacité de reconnaître son enfant
naturel sans l'assistance du curateur ; Zachariæ, I, p. 319, texte.

RECOURS CONTRE LES DÉLIBÉRATIONS DU CONSEIL DE FAMILLE.

1. *Actes susceptibles de recours.* Il n'appartient à personne de
critiquer la manière dont un conseil de famille a été composé,
avant que cette assemblée ait accompli un acte dans les limites
de sa compétence. Le tribunal de première instance ne peut être
appelé à apprécier cette composition qu'à l'occasion d'une délibé-

ration émanée du conseil. De même l'appréciation d'une protestation faite avant toute délibération sur la régularité de sa convocation ou sur toute autre difficulté, rentre exclusivement dans les attributions gracieuses du juge de paix, sauf recours ultérieur au tribunal civil. Si cependant il s'élève une question d'état, ce magistrat doit renvoyer immédiatement devant les juges compétents et dresser un procès-verbal d'ajournement.

2. *Moyens de recours.* Le Code civil avait établi un moyen pour attaquer les délibérations du conseil de famille qui rejettent les excuses proposées soit par un tuteur, soit par un subrogé tuteur, ou bien qui prononcent son exclusion ou sa destitution (art. 426, 440, 448, 449). C'est le Code de procédure qui a généralisé et organisé ce mode de recours (art. 883 à 889); Duranton, III, n° 475. — Toute délibération est donc attaquable soit en la forme pour inobservation des règles relatives à la composition, à la convocation et au mode de délibération du conseil, soit au fond quand la délibération est de nature à porter préjudice au mineur, au tuteur, au subrogé tuteur, au curateur ou à un tiers.

3. *Causes de recours en général.* Mais dans quels cas l'inobservation des règles doit-elle faire considérer le conseil comme irrégulièrement formé et entraîner la nullité de ses délibérations? Nos codes sont muets sur ce point. Dira-t-on que jamais il n'y aura nullité parce qu'un texte de loi ne l'a pas prononcée? Il y a des vices qui affectent évidemment l'existence légale du conseil : est-ce qu'il y aurait conseil de famille dans une assemblée composée de deux membres ou bien sans juge de paix? Soutiendrat-on, au contraire, que toujours la nullité devra être prononcée quelle que soit l'irrégularité, par exemple lorsqu'un parent du quatrième degré aura été appelé au lieu d'un parent du troisième? La raison juridique et le bon sens repoussent positivement ces deux solutions extrêmes. — V. *infra*, n°s 4, 5, 6.

4. La loi « n'a point attaché la peine de nullité à l'inobservation de quelques formalités peu importantes en cette matière », Cass., 10 août 1815, « l'intérêt des mineurs étant la seule chose à considérer », Colmar, 14 févr. 1840. Le législateur a mieux aimé s'en rapporter à la sagesse et au sens juridique des magistrats ; il leur a confié le soin d'apprécier en fait le caractère plus ou moins grave de l'irrégularité signalée pour valider ou annuler la délibération ; Riom, 25 nov. 1828 ; rej. 30 avr. 1834.

5. Mais quelles seront alors les considérations propres à guider

les juges ? Ils devront examiner avant tout si la règle violée est une condition substantielle de l'existence d'un conseil de famille. En considérant comme essentielles : 1° la présence du juge de paix président et sa participation à la délibération ; 2° la convocation de tous les membres nécessaires, sans exception, Lyon, 13 mars 1845, et Grenoble, 18 déc. 1845 ; 3° la convocation d'au moins six membres et le concours des trois quarts au moins des membres convoqués officiellement, Demolombe, VII, n° 329 ; 4° pas plus de six membres, hors le cas de membres nécessaires, Bourges, 2 fruct. an XIII ; Amiens, 11 fruct. an XIII ; Fréminville, I, n° 85 ; 5° la répartition correcte en deux lignes paternelle et maternelle, Liège, 4 janv. 1811 ; 6° le vote de tous, y compris le juge de paix, ou bien la constatation du refus de ceux qui s'abstiennent ; 7° la signature des membres ou bien la mention qu'ils ne peuvent ou ne veulent signer ; je n'hésiterais pas à annuler une délibération prise au mépris de l'une de ces conditions. V. Dalloz, v° Minorité, n°ˢ 246 et 404.

6. En dehors de ces causes de nullité absolue, je regarde comme un principe certain que les irrégularités commises sans dol ni fraude dans la composition du conseil n'emportent pas nécessairement nullité de la délibération : les juges devront considérer si l'irrégularité a été commise à dessein ou par erreur, puis rechercher si les intérêts du mineur en ont souffert ou peuvent en souffrir. Tel est le système qui a prévalu dans la doctrine et la jurisprudence ; rej. 3 avr. 1838, 4 nov. 1874, 20 janv. 1875 ; Cass. 26 janv. 1848 et 19 août 1850 ; Bordeaux, 9 juin 1863 ; S. V. 38, I, 368 ; 48, I, 177 ; 50, I, 644 ; 64, II, 9 ; D. P. 75, I, 214 ; 76, I, 28 et 29 ; Valette, sur Proudhon, II, p. 328 ; Marchand, p. 134, n° 15 ; Massé et Vergé, I, p. 400, § 204, note 3.

7. La nullité d'une délibération étant d'ordre public, elle ne peut être couverte par l'acquiescement des parties ; Colmar, 27 avr. 1813 ; Angers, 29 mars 1821 ; Sirey, 1814, II, 48, 21.

8. Si un conseil de famille a été présidé par le juge de paix du domicile actuel du mineur, au lieu de l'être par celui du domicile de l'ouverture de la tutelle, je ne verrais pas là nécessairement une cause d'annulation de la délibération, alors que les intérêts du mineur n'en souffriraient pas ; Nancy, 28 juill. 1865, S. V. 66, II, 227 ; *contra*, Turin, 13 mai 1811, Sirey, *collect. nouv.* — V. *Convocation du conseil de famille*, n°ˢ 1-5.

9. Si tous les parents et alliés nécessaires n'ont pas été appelés

au conseil de famille, le tribunal, souverain appréciateur des circonstances, n'hésitera pas à invalider la délibération lorsqu'il reconnaîtra que l'omission a été calculée à dessein de nuire aux intérêts du mineur; Lyon, 13 mars 1845, D. P. 46, II, 186.

10. La Cour de cassation a décidé qu'il n'y a pas nullité : 1° si les parents sont d'un âge tellement avancé qu'ils puissent être dans l'impossibilité de se rendre au conseil; rej. 3 mai 1842; 2° s'ils ont un intérêt direct à l'objet de la délibération ; *ibid.*; 3° que l'omission volontaire de l'aïeule peut ne pas être considérée comme une cause de nullité s'il est constaté en fait qu'elle n'était, ni à raison de sa situation morale, ni à cause de sa santé, en état de participer à une délibération. V. Cass., 15 mai 1873.

11. A plus forte raison, une délibération n'est pas nulle par cela seul qu'on n'y a pas appelé des parents plus proches en degré ou domiciliés dans la distance légale ; rej. 30 avr. 1834; Rennes, 2 févr. 1835 ; Aix, 7 mars 1846; *contra*, Rouen, 7 avr. 1827; pourvu que l'erreur ou l'omission ne soit pas intentionnelle ou nuisible aux intérêts du pupille; Orléans, 14 nov. 1850.

12. Mais un arrêt de la Cour de Liège, du 4 janv. 1811, annula une délibération prise par un conseil de famille composé de quatre parents paternels et de deux parents maternels, par le motif que la disposition de l'article 407 « renferme une forme essentielle et constitutive du conseil de famille, dans lequel l'influence des deux lignes doit être égale pour l'avantage du mineur ».

12 *bis*. Les tribunaux et les cours ont une grande disposition à annuler les délibérations auxquelles ont participé des amis pris en dehors du lieu du domicile de l'ouverture de la tutelle, ou bien des amis quand on pouvait prendre des parents domiciliés dans le rayon de deux myriamètres ; Cass., 19 août 1850 ; Lyon, 14 juill. 1853; Chambéry, 13 janv. 1879; V. *Annales des justices de paix*, 1851, p. 35, 1854, p. 191, et 1879. p. 345.

13 *Quid* si le conseil de famille était composé de membres en nombre insuffisant ? Moins de six membres, la délibération serait radicalement nulle; Demolombe, VII, n° 329. De même quand il y a plus de six membres, s'ils ne sont pas tous necessaires ; Bourges, 2 fruct. an XIII ; Amiens, 11 fruct. an XIII.

14. Si, dans la rédaction du procès-verbal, un *lapsus calami* avait interverti les lignes en inscrivant trois membres maternels sous la dénomination de côté paternel, et trois paternels sous la

dénomination de côté maternel, la délibération ne serait pas moins valable, pourvu que l'on eût observé les règles relatives à la composition du conseil et au vote. Ce serait le cas d'appliquer la maxime de droit : *Plus in re quam verbis.*

15. *Recours contre les nominations de tuteur, subrogé tuteur ou curateur.* On est d'accord que les délibérations peuvent aussi être attaquées au fond, pour préjudice porté aux intérêts du mineur quand elles ont pour objet l'administration de ses biens. Mais la question est controversée quand il s'agit des délibérations qui nomment un tuteur, un subrogé tuteur ou un curateur.

16. M. Demolombe, t. VII, n° 336, soutient que ces sortes d'actes sont inattaquables, et voici textuellement la raison qu'il en donne : « c'est au conseil de famille lui-même que la loi confie le droit de nommer, dans certains cas, le tuteur ; ce droit lui est propre, de même que le droit de nommer un tuteur testamentaire est propre au dernier mourant des père et mère ; or, la nomination faite par le dernier mourant des père et mère, ne pourrait pas, bien entendu, être déférée à la revision du tribunal ; donc il en est ainsi de la nomination faite par le conseil de famille, qui, encore une fois, exerce alors la même attribution ».

Tel est l'argument fondamental de M. Demolombe. Or, je commence par déclarer qu'à mes yeux cet argument est inexact, que le point de départ pèche par la base. Selon moi, la nomination d'un tuteur faite par le dernier mourant des père et mère n'est point à l'abri de toute atteinte. On ne peut contester que l'acte testamentaire ne soit attaquable devant le tribunal pour vice de forme, et qu'alors son annulation n'entraîne la nullité de la nomination. J'estime que cet acte peut également être déféré au tribunal pour incapacité, soit du testateur, soit du tuteur, pour interdiction de l'un, pour minorité de l'autre. Et même, sans être déférée directement à la justice, cette nomination pourra toujours être discutée dans un conseil de famille, soit pour irrégularité en la forme de l'acte testamentaire, soit pour incapacité légale du tuteur nommé. Si alors le conseil choisit un autre tuteur, il faudra se conformer à sa délibération ou bien la déférer au tribunal civil, qui appréciera souverainement les motifs du nouveau choix et par conséquent la validité ou la nullité de la nomination testamentaire.

N'est-ce pas là ce que M. Demolombe reconnaît lui-même

implicitement, quand, avant d'exposer son dilemme, il commence
par dire : « Nous supposons, bien entendu, qu'il n'est présenté
soit contre l'individu nommé tuteur (datif), soit par lui-même,
aucune cause légale d'incapacité ou d'excuse. Il est clair, en effet,
que s'il s'agissait d'une délibération qui aurait rejeté l'excuse
présentée par le tuteur ou le subrogé tuteur, ou qui aurait nommé
une personne incapable d'être tutrice, il est clair, disons-nous,
que cette délibération pourrait être attaquée (art. 440, 442 et.
suiv.) »?

17. *Recours contre l'acte d'émancipation.* On a élevé la question
de savoir si l'acte d'émancipation consenti par le père, la mère
ou le conseil de famille, est sujet à recours en justice. Nous avons
examiné la question au mot *Puissance paternelle,* n° 4 ; nous avons
soutenu que cet acte, expression d'une volonté souveraine, est inattaquable quant au mobile et à ses conséquences, mais qu'il peut être
discuté en la forme et au fond sous les autres rapports. N'est-ce pas
là ce qu'a reconnu un arrêt de la Cour de Bordeaux du 7 janvier
1852, motivé sur ce que « le droit que la loi donne au père, et
après son décès à la mère, d'émanciper leurs enfants mineurs est
un attribut de la puissance paternelle, et s'exerce en général sans
contrôle, le législateur s'en remettant à leur prudence et à leur
affection » ? Mais le même arrêt s'est éloigné de ce principe et a
évidemment commis une erreur de doctrine en faisant défense
au juge de paix d'accepter la déclaration d'émancipation proposée par la mère : la Cour devait confirmer le jugement de première instance qui avait fait mainlevée d'une opposition à cette
émancipation et renvoyer devant le même juge de paix.

18. *Recours contre les délibérations relatives au maintien de la
mère remariée ou à la confirmation d'un tuteur testamentaire de
son choix.* Elles peuvent être attaquées ; Rouen, 25 nov. 1868,
S. V. 69, II, 48 ; *contra,* Montpellier, 13 juin 1866, S. V. 67, II,
114 ; Demolombe, VII, n°ˢ 140, 167.

18 *bis. Recours contre la destitution et l'exclusion du tuteur ou du
subrogé tuteur.* Nous avons vu, au mot *Destitution et exclusion de
la tutelle,* n°ˢ 24-28, comment le Code a organisé tout spécialement en faveur des tuteurs et des subrogés tuteurs un moyen de
recourir en justice contre cette mesure prononcée par le conseil
de famille ; ce qui n'empêche pas que la délibération puisse être
attaquée, en outre, par tous ceux auxquels le recours est ouvert
contre les délibérations en général. V. *infra,* n°ˢ 20-28, 31, 32.

19. *Au résumé*, je conclus que toute délibération, quel qu'en soit l'objet, peut être attaquée devant le tribunal civil ; rej. 1er févr. 1825 ; Agen, 24 déc. 1860, D. P. 25, I, 108, et 61, II, 182 ; Dijon, 14 mai 1862, S. V. 62, II, 449 ; Merlin, *Répert.*, v° TUTELLE, sect. II, § 3, art. 3, n° 7 ; Delvincourt, I, p. 108, note 3 ; *contra*, Grenoble, 18 janv. 1854 ; Montpellier, 13 juin 1866, S. V. 55, II, 737, et 67, II, 114 ; Chardon, *Puiss. tutél.*, III, n°⁸ 356, 375 ; Massé et Vergé, I, p. 401, § 204, note 6.

20. *A qui le recours en justice ?* « Le tuteur, subrogé tuteur ou « curateur, même les membres de l'assemblée, pourront se pourvoir « contre les membres qui auront été d'avis de la délibération sans « qu'il soit nécessaire d'appeler en conciliation » (art. 883 C. pr.).

21. L'article 883 suppose que la délibération n'a pas été prise à l'unanimité, et qu'elle sera attaquée par les membres de la minorité. Est-ce à dire que ceux qui ont voté pour la résolution adoptée ne seront pas recevables à l'attaquer ? L'opinion qui leur refuse ce recours ne peut s'appuyer que sur un argument *a contrario ;* Delvincourt, I, p. 108, note 3. Mais ici moins que jamais l'argument n'a de force ; il s'efface devant le principe que les tutelles sont d'ordre public, et devant la règle générale qui permet d'attaquer un acte que l'on prétend n'avoir consenti que par erreur ou par suprise. Aussi la jurisprudence admet-elle que l'accès du tribunal civil leur est ouvert même après qu'ils ont acquiescé à la délibération attaquée ; Lyon, 15 févr. 1812 ; Colmar, 27 avr. 1813, Sirey, 1814, II, 48.

22. En adoptant cette dernière opinion, je repousse le moyen proposé comme remède par M. Demolombe, t. VII, n° 338, lequel consiste à « requérir du juge de paix une nouvelle convocation du conseil de famille, pour lui communiquer les renseignements nouveaux ou les nouvelles observations qui, depuis que la délibération a été prise, ont modifié leur sentiment. Et alors, si le conseil de famille persiste dans cette délibération ou même refuse de rouvrir la discussion, le membre qui aura requis cette convocation se trouvera de la minorité et pourra suivre le mode de procédure tracé par l'art. 883 (comp. Massé et Vergé, sur Zachariæ, t. I, p. 401) ». — Je ne vois dans ce moyen qu'un expédient inadmissible, et, de plus, impuissant à produire le résultat désiré, puisqu'on obtiendrait ainsi une deuxième délibération, également susceptible d'être attaquée devant le tribunal ; de là confusion ! Je comprends, jusqu'à un certain point, un

expédient de la part d'un juge, qui est obligé de juger et assez promptement, à peine de déni de justice; mais je ne l'admets pas chez un jurisconsulte, qui a toujours le temps d'explorer le champ du droit.

23. Ont aussi qualité pour attaquer la délibération les parents et alliés qui, n'ayant pas été membres du conseil de famille, prétendraient qu'on devait les y appeler ; Colmar, 14 févr. 1840, D. P. 41, II, 185 ; Dijon, 13 janv. 1856.

24. Il faut reconnaître le même droit à un tiers qui se plaint que la délibération lèse, menace ou compromet ses intérêts; Demolombe, VII, n° 341. *Contra*, Riom, 10 juill. 1846.

25. Le mineur ne serait pas recevable à attaquer une délibération qui est prise précisément parce qu'il n'a pas l'exercice des droits civils ; Demolombe, VII, n° 340. *Contra*, Delvincourt, I, p. 108, note 3.

26. Le ministère public serait aussi sans qualité pour requérir d'office la nullité d'une délibération ; Orléans, 23 févr. 1837.

27. Que décider quant au juge de paix ? Il ne « concourt à la délibération que comme officier public, non comme investi par la loi du pouvoir de juger » ; il « ne fait que partie du conseil de famille, dont il a seulement la présidence, avec voix prépondérante en cas de partage » ; Rennes, 31 août 1818. En réalité le juge de paix est « membre-né » du conseil de famille ; Bordeaux, 21 juill. 1808 ; membre dans le sens de l'article 883 du Code de procédure ; et je n'hésite pas à lui reconnaître le droit d'attaquer la délibération qu'il a présidée ; autrement qu'adviendrait-il s'il a été seul de son avis ? V. *infra*, n° 30.

28. Au résumé, les délibérations peuvent être attaquées par le tuteur, le subrogé tuteur, le curateur, un membre qui y a délibéré, un parent non convoqué, un tiers intéressé, n'importe qu'il se plaigne de la forme ou du fond, lors même qu'elles ont été prises à l'unanimité, ou qu'elles ne sont pas sujettes à homologation ; Zachariæ, I, p. 402, § 204; Bioche, v° CONSEIL DE FAMILLE, n° 57 ; Bruxelles, 26 juill. 1831 ; Colmar, 19 nov. 1857; Agen, 24 déc. 1860. *Contra*, Angers, 11 nov. 1875.

29. *Contre qui le recours en justice ?* L'action en nullité doit être formée contre les membres qui ont été d'avis de la délibération, dit l'article 883 du Code de procédure.

30. Le juge de paix peut aussi être mis en cause. Mais on s'accorde unanimement à décider qu'ayant agi comme magistrat, il

doit être poursuivi par la voie de la prise à partie ; Cass., 29 juillet 1812 ; Carré et Chauveau, quest. 2998 ; Dalloz. nº 257. C'est une opinion que je ne saurais admettre. Le juge de paix est membre du conseil de famille ; il préside une assemblée dans laquelle il délibère ; il n'exerce pas de juridiction, et c'est contre ceux qui ont mission de juger que la prise à partie a été organisée (art. 505-516 C. pr.). Or, je conclus qu'il doit être actionné directement selon le droit commun, et par les mêmes raisons que je lui ai reconnu le droit direct de demander la nullité. V. *supra*, nº 27.

31. L'article 448 du Code civil dispose que « le tuteur exclu ou « destitué peut lui-même, en ce cas, assigner le subrogé tuteur « pour se faire déclarer maintenu en la tutelle ». De là est née la question de savoir si cette disposition spéciale a été abrogée par la disposition générale de l'article 883 du Code de procédure, et si l'action en nullité ne doit pas être intentée contre les membres qui ont été d'avis de la délibération. — Oui, répond Toullier, II, nº 1178 ; non, disent d'autres interprètes, l'action ne peut être dirigée que contre le subrogé tuteur ; Rolland de Villargues, vº CONSEIL DE FAMILLE, nº 28 ; Nîmes, 8 juill. 1834. Une troisième opinion laisse au tuteur le droit d'actionner le subrogé tuteur ou bien les membres ; Proudhon, t. II, p. 349 ; Chardon, p. 34. — Je me range à ce dernier avis, d'autant plus volontiers que l'article 448 est conçu en termes facultatifs, qu'il ne défend pas d'actionner les membres du conseil. V. *supra*, nº 18 *bis*.

32. De même, pour le subrogé tuteur exclu ou destitué demandant son maintien, je lui accorderais l'action à son choix contre les membres ou contre le tuteur, bien qu'il soit défendu à celui-ci de voter pour la destitution (art. 426), à la différence du subrogé tuteur, qui peut voter sur la demande en destitution du tuteur (art. 446). *Rappr*. Bruxelles, 3 févr. 1827.

33. *Délai pour recourir*. La loi n'ayant pas fixé de délai pour se pourvoir contre les délibérations de famille, on ne saurait étendre à ce cas la disposition de l'article 439, 2ᵉ al., accordée au tuteur et au subrogé tuteur pour faire valoir leurs dispenses ; Demolombe, nº 456. Mais en fait l'incertitude ne pourra être de longue durée, surtout du côté du tuteur ou du subrogé tuteur, par la raison que, si les excuses sont rejetées, il faudra qu'il réclame ou bien qu'il entre en fonctions.

34. *Procédure et jugement sur le recours*. Le tribunal compétent

est celui dans l'arrondissement duquel le conseil de famille a été tenu ; Demolombe, n° 347. Il est saisi de l'action comme juge en premier ressort, la présidence du juge de paix à la délibération ne constituant pas un degré de juridiction ; Rennes, 31 août 1818.

35. Il n'y a pas lieu au préliminaire de conciliation. La cause est jugée sommairement (art. 883, 884 C. pr.), et même comme affaire urgente s'il s'agit de l'exclusion ou de la destitution du tuteur (art. 449 C. civ.).

36. Le jugement est sujet à appel (art. 889) et aussi à opposition, en suivant les formes et les délais du droit commun (art. 149 et suiv. C. pr.).

37. Ajoutons que les délibérations du conseil de famille peuvent être attaquées incidemment dans les cas où elles sont soumises à l'homologation du tribunal (art. 888).

38. Tout cela est vrai des *délibérations* proprement dites qui renferment une décision à exécuter, telles que la destitution d'un tuteur, une autorisation d'emprunter. Mais les *avis* de famille qui ne font qu'exprimer une opinion, donner un conseil, n'étant pas de la nature des délibérations, je ne vois pas qu'on puisse les attaquer utilement ; Paris, 22 mars 1824.

39. *Effets du jugement sur le recours.* Lorsqu'il annule une nomination de tuteur, subrogé tuteur ou curateur, le tribunal n'a pas le pouvoir de faire un autre choix, il doit renvoyer au conseil de famille ; Cass. 27 nov. 1816, Sirey, 1817, I, 33. De même dans tous les cas d'annulation d'une délibération, quel qu'en soit l'objet.

40. Il ne peut pas davantage, sans motif de récusation justifié contre le premier juge de paix, déléguer à un autre la mission de présider le nouveau conseil de famille. Et les membres qui ont fait partie du premier conseil doivent être admis à délibérer au nouveau. Cass. 13. oct. 1807 ; Paris, 27 janv. 1820.

RECOUVREMENTS. 1. Par argument *a contrario* de l'article 464, le tuteur n'a pas besoin d'autorisation pour exercer les actions mobilières du pupille. Ce droit dérive logiquement de l'obligation où il est de suivre le recouvrement des créances échues, à peine de répondre de sa négligence ; rej. 28 nov. 1842, S. V. 43, I, 343 ; Dalloz, v° MINORITÉ, n° 452 ; Demolombe, VII, n°ˢ 661-663. Aussi a-t-il plein pouvoir de recevoir seul tout ce qui est dû au mineur, non seulement les intérêts, fruits et autres revenus, mais encore les capitaux, sans excepter le remboursement des rentes; *ibid., ibid.;* Fréminville, I, n° 258; — à moins que ce pouvoir n'ait été modifié par une délibération de famille.

2. Mais est-ce que les pouvoirs que le tuteur tient de la loi peuvent être modifiés? Déjà en examinant cette question sous la rubrique, *Pouvoirs du conseil de famille et du tuteur touchant la personne du mineur non émancipé*, n°ˢ 5 à 10, nous avons conclu qu'il appartient au conseil de famille de prendre des délibérations qui tendent à accroître les garanties du pupille en allégeant la responsabilité du tuteur, sans altérer le caractère de la tutelle et sans diminuer la puissance paternelle. Notre doctrine s'appuie sûrement : 1° sur la finale de l'article 457 du Code civil qui veut que le conseil de famille, en autorisant une vente d'immeubles, indique « toutes les conditions qu'il jugera utiles » ; 2° sur la loi du 3 mai 1841, art. 13, qui, en permettant au tribunal civil d'autoriser le tuteur à aliéner les biens du mineur expropriés pour utilité publique, dispose que le tribunal « ordonne les mesures « de conservation ou de remploi qu'il juge nécessaires » ; 3° sur un arrêt de la Cour de cassation du 20 juin 1843 rendu en ce sens, S. V. 43, I, 651.

3. Conformément à cette doctrine, un conseil de famille a pu délibérer qu'un tuteur ne toucherait ni placerait les deniers pupillaires sans le consentement du subrogé tuteur; rej. 20 juill. 1842, S. V. 42, I, 587. *Contra*, Riom, 18 avr. 1809, Sirey, 1812, II, 288. Du reste ce point ne saurait plus faire question depuis la promulgation de la loi du 17-28 février 1880, qui recommande au conseil de famille de « prescrire les mesures qu'il jugera utiles » quand il autorisera la vente des meubles incorporels appartenant à un mineur ou interdit, et qui veut que le tuteur fasse emploi de tous les capitaux sous la surveillance du subrogé tuteur. — V. *Emploi des capitaux*.

RECTIFICATION DES ACTES DE L'ÉTAT CIVIL. 1. «Celui « qui voudra faire ordonner la rectification d'un acte de l'état ci « vil présentera requête au président du tribunal de première « instance » (art. 855 C. pr.).

2. « Il y sera statué sur rapport et sur les conclusions du mi « nistère public. Les juges ordonneront, s'ils l'estiment conve « nable, que les parties intéressées seront appelées et que le « conseil de famille sera préalablement convoqué » (art. 856).

RÉCUSATION.

Alliés, 5.   Juge de paix, 2-4.   Président du conseil de
Amis, 5.   Membres du conseil, 5.   famille, 3, 4.
Définition, 1.   Parents, 5.

1. « La récusation est une exception par laquelle une partie re-fuse d'avoir pour juges un ou plusieurs membres du tribunal saisi du procès ». Telle est la définition donnée par Dalloz aîné, *Répert.*, v° RÉCUSATION, n° 1.

2. Oui assurément, le titre IX : *De la récusation des juges de paix* », au Code de procédure civile, a été édicté en vue d'écarter un juge de paix tenant l'audience. Mais il n'est pas sûr que, dans la pensée du législateur, ce titre soit applicable au président du conseil de famille; je crois même que les articles 44 à 47 ne concernent que la compétence litigieuse. Cependant MM. Magnin, *Des minorités*, t. I, n° 338, Jay, *Conseils de famille*, n° 62, et Dalloz, v° MINORITÉ, n° 235, professent que le président d'un conseil de famille est récusable selon ces mêmes règles.

3. Je suis bien d'avis que le juge de paix pourra quelquefois être écarté, qu'il devra même s'abstenir d'office, dans certaines circonstances; et je suis disposé à appliquer avec tempérament l'article 44 comme raison écrite et non comme loi.

4. Mais le président d'un conseil de famille est si peu assimilable à un juge jugeant, qu'il lui est permis de connaître deux fois de la même cause, ou bien d'une cause dans laquelle il a déjà exprimé son opinion. Ainsi, encore bien qu'une première délibération soit annulée, c'est toujours devant le même juge de paix que la nouvelle délibération doit être prise; Magnin, n° 325; Zachariæ, Massé et Vergé, I, p. 389, § 201, texte et note 3. — V. *Recours contre les délibérations du conseil de famille*, n° 40.

5. Rien de plus simple d'ailleurs et de plus convenable qu'un juge de paix s'abstienne spontanément de présider une assemblée de famille quand il y a une apparence de raison plausible; alors il sera remplacé de plein droit par l'un de ses suppléants.

6 Quant à la question de récusation des membres appelés à faire partie d'une assemblée de famille, elle se confondra toujours avec la question de savoir si une personne est incapable, si elle est frappée d'exclusion, ou bien si elle ne réunit par les conditions de parenté, d'alliance, d'amitié, ou autres du droit commun. Néanmoins il sera quelquefois convenable qu'un parent, sans être

exclu par la loi, se retire volontairement, par exemple un fils sur
la demande en destitution de tutelle de sa mère. — V. *Exclusion
du conseil de famille.*

RÉDUCTION D'HYPOTHÈQUE LÉGALE. — V. *Inscription
hypothécaire ; Restriction d'hypothèque légale.*

RÉFÉRÉ. 1. « C'est le recours devant un juge pour faire statuer
provisoirement dans les cas d'urgence ou sur les difficultés relatives à l'exécution des jugements ou actes exécutoires ». Dalloz,
vᵒ RÉFÉRÉ, nᵒ 1 (art. 806-811 C. pr.).

2. Le Code de procédure précise plusieurs circonstances dans
lesquelles il renvoie directement en référé : telles sont les difficultés en matière de scellés et inventaire (art. 921, 922, 944).
Aucune disposition ne parlant de référé en matière de tutelle,
curatelle ou interdiction, doit-on conclure de ce silence que cette
juridiction exceptionnelle n'existe pas pour les conseils de famille ?

3. Je connais des collègues, doués du meilleur esprit, qui, partisans du référé, renvoient volontiers devant le président du tribunal d'arrondissement dès qu'ils rencontrent une difficulté qui
ne leur semble pas de leur compétence. Cette marche est-elle régulière ? Je ne le crois pas ; et voici ma doctrine. Quand il s'agit
d'un désaccord de fait tel que le refus par un parent, convoqué officiellement, de prendre part à une assemblée, il appartient au juge
de paix seul de vider le différend et de procéder à la délibération,
sauf ensuite le droit de recours contre cet arrêté devant le tribunaˡ
civil. S'agit-il d'un point de droit, par exemple d'une question
de parenté, de nationalité, de domicile de la tutelle, de siège du
conseil de famille, si le juge de paix n'est pas assez rassuré pour
trancher le doute et procéder à la délibération, il ne peut que
dresser procès-verbal et rendre une ordonnance de renvoi devant
l'autorité compétente, qui est le tribunal civil statuant en matière ordinaire. Mais ce magistrat ne doit jamais déclarer dans
ses ordonnances qu'il se transportera devant le juge des référés
pour faire décider la question. Le législateur avait de bonnes
raisons pour renvoyer en référé les difficultés relatives aux
scellés et aux inventaires, qui ne sont que des mesures conservatoires n'engageant jamais le fond, tandis qu'il s'est bien gardé de
renvoyer devant cette juridiction les incidents relatifs aux conseils
de famille, dont la solution préjuge et engage toujours le fond.
— V. *Composition du conseil de famille du mineur*, nᵒ 41.

REFUS DE LA TUTELLE. 1. La mère survivante peut refuser d'accepter la tutelle légale de ses enfants sans motiver son refus, sans invoquer de cause de dispense légale ; **V.** *Tutelle des père et mère*, nº 7. Elle a aussi la faculté de ne pas accepter la tutelle de ses enfants du premier lit, que le conseil de famille voudrait lui déférer après qu'elle a perdu la tutelle légitime faute de l'avoir convoqué avant son nouveau mariage ; **V.** *Mère remariée*, nº 13. Aucun autre tuteur, homme ou femme, ne peut « refuser la fonction » qui lui est déférée (art. 1370 C. civ.), à moins de faire agréer une cause de dispense par le conseil de famille; **V.** *Dispenses de la tutelle*.

2. Mais quelle serait la sanction du refus d'un tuteur qui s'obstinerait à ne pas prendre la gestion de la tutelle ? Voici la marche que je propose, la croyant parfaitement juridique. Le subrogé tuteur, une fois nommé, mettrait le tuteur en demeure d'accepter et d'administrer dans un délai déterminé. En cas de résistance, le tuteur serait actionné judiciairement en destitution pour infidélité ou incapacité (art. 444). Il pourrait également être attaqué en dommages-intérêts soit devant le tribunal d'arrondissement, soit devant le juge de paix, suivant le chiffre de la demande. Dans tous les cas, l'action devra être dirigée à la diligence du subrogé tuteur ordinaire, prenant momentanément les fonctions de tuteur, en même temps qu'un subrogé tuteur *ad hoc* sera nommé par le conseil de famille pour la circonstance (art. 420, 421 C. civ., 444 C. pr.); **V.** *Subrogé tuteur* ad hoc, nᵒˢ 31, 33, 35. Puis après la clôture de cet incident le conseil de famille avisera s'il y a lieu.

RÉHABILITATION. 1. La réhabilitation est un acte de justice du souverain, à la différence de la grâce, qui est un acte de commisération. Elle ne peut intervenir qu'après que le condamné a subi sa peine, à la différence de la grâce, qui peut être accordée avant (art. 619 I. crim.).

2. « La réhabilitation fera cesser pour l'avenir, dans la personne « du condamné, toutes les incapacités qui résultaient de la con- « damnation » (art. 633 I. crim.).

3. Ainsi, l'effet de la réhabilitation est de relever le condamné de toutes les incapacités soit politiques, soit civiles, que le condamné a encourues; de sorte que le père réhabilité recouvre la puissance paternelle s'il l'avait perdue ; **V.** *Dégradation civique.* De plus, si sa femme vient à mourir après sa réhabilitation, il aura la tutelle légale des enfants du mariage. Si sa femme était décédée avant la condamnation, il ne recouvrera pas la tutelle légale dont il a été déchu pour indignité; de même qu'il ne pourra pas reprendre cette tutelle dont il a été exclu quand elle s'est ouverte par la mort de son épouse arrivée entre la condamnation et la réhabilitation; dans ces deux derniers cas la tutelle dative s'est ouverte pour ne se fermer qu'à la majorité ou à l'émancipation du pupille; en un mot, la tutelle légitime du père survivant s'est éteinte une fois pour toutes, et il n'y a plus de place que pour une nomination par le conseil de famille, qui du reste aura la faculté de choisir le père réhabilité.—V. *Tutelle en général,* n° 34; *Tutelle des père et mère,* n°ˢ 12, 17; *Tutelle dative,* n° 7.

RÉINTÉGRATION DANS LA TUTELLE. — V. *Dispenses de la tutelle,* n°ˢ 23-25, 64.

RELIGION. — V. *Pouvoirs du conseil de famille et du tuteur touchant la personne du mineur non émancipé,* n° 12.

RÉMÉRÉ. 1. Lorsqu'un mineur possède un droit de réméré à titre d'acheteur d'un immeuble, le tuteur a-t-il besoin d'une autorisation homologuée pour signer l'acte de réalisation de ce réméré dans le délai légal? Non, parce que cet acte n'est pas translatif de propriété. Le pacte de réméré n'est pas autre chose qu'une clause résolutoire expresse, de même nature que la clause de résolution pour défaut de paiement du prix; l'effet de la résolution ou du réméré accompli est de remettre les choses au même état que si la vente n'avait pas eu lieu, c'est-à-dire de faire considérer le vendeur comme n'ayant jamais été dessaisi de la propriété et l'acheteur comme n'en ayant jamais été investi; par conséquent l'acheteur (ici le mineur) qui n'avait rien de l'immeuble ne transmet rien au vendeur (art. 1659-1662, 1664, 1673 C. civ.). V. Le Senne, *Comment.* L. du 23 mars 1855, n° 8. —V. *Action en réméré.*

2. Mais le tuteur ne pourrait proroger le délai fixé à l'origine pour l'exercice du réméré par le motif que le premier délai, limité à cinq années au plus, est fatal et rend le mineur « propriétaire irrévocable » (art. 1659-1662), que conséquemment une prorogation équivaut à une promesse de revente, et qu'il ne peut vendre qu'aux enchères publiques et avec l'accomplissement des autres formalités légales. V. Cass. 18 mai 1813.

RENONCIATION A SUCCESSION. — V. *Acceptation ou répudiation de succession.*

RENONCIATION A DONATION OU LEGS. — V. *Acceptation de donation ou legs.*

RENONCIATION A COMMUNAUTÉ CONJUGALE. —
V. *Acceptation ou répudiation de communauté conjugale.*

RENTES SUR L'ÉTAT. — V. *Transfert des rentes sur
l'Etat.*

**RÉPARATIONS D'ENTRETIEN ; GROSSES RÉPARA-
TIONS. 1.** Le tuteur doit faire aux biens toutes réparations d'entretien ; Dalloz, n° 484.

2. Quant aux grosses réparations, un traité entre un architecte,
maçon, charpentier ou autre et le tuteur seul, oblige-t-il le mineur
vis-à-vis ces entrepreneurs? — Ici l'on sort de l'administration ordinaire, il faut l'autorisation du conseil de famille, disent MM. Massé
et Vergé, I, p. 434, note 5, Taulier, II, p. 60, Duranton, III, n° 559,
Fréminville, I, n° 522. Cette autorisation n'est pas nécessaire,
dit Chardon, III, n° 395. — Sans adopter ni écarter complètement
l'une ou l'autre opinion, je distingue. S'agit-il de grosses réparations indispensables, qu'on en fasse constater l'état préalablement, et le tuteur pourra les faire exécuter sans recourir au conseil de famille en obligeant directement le mineur. V. Paris,
12 vent. an XI. Mais il a besoin de l'autorisation du conseil quand
il est question de grosses réparations qui ne sont pas indispensables. V. Demolombe, VII, n° 649, 650, 651.

RESCISION POUR CAUSE DE LÉSION. 1. *Des actes du mineur
non émancipé.* Nous avons reconnu que le mineur est frappé d'incapacité ; qu'il n'agit pas, que son tuteur gère et agit à sa place. Mais
cette incapacité n'est que relative ; il ne faudrait pas croire que la loi
frappe toujours de nullité radicale les actes faits par cet incapable
lui-même ; la rigueur du droit est mitigée par une autre règle:
minor restituitur non tanquam minor sed tanquam læsus. Eh bien !
appliquons cette maxime et disons que le mineur est restituable
non comme mineur, mais en tant que lésé. Si donc un acte accompli par lui ne lui est pas préjudiciable, ou bien ne lui cause
qu'un faible dommage, il devra être exécuté (art. 1305). En tous
cas il appartient au tribunal civil de connaître de la question de
nullité, et non au conseil de famille, qui ne pourrait qu'être appelé à émettre un avis. — V. *Action en rescision de vente d'immeuble pour lésion de plus de sept douzièmes.*

2. *Des actes du mineur émancipé.* Le même adage de droit serait
applicable aux actes que l'émancipé aurait faits seul alors qu'il

avait besoin de l'assistance de son curateur ou d'une autorisation qui lui a manqué.

3. *Des actes de l'interdit.* Il en serait absolument de même que pour ceux du mineur non émancipé (*argum.* art. 484).

RESPONSABILITÉ. 1. *Des membres du conseil de famille.* Le Code civil n'ayant pas reproduit le projet (art. 74 et 76) qui déclarait responsables envers le mineur les parents qui avaient concouru à la nomination d'un tuteur insolvable, si ce tuteur avait mal géré, ainsi que les membres d'un conseil de famille qui, convoqués à la requête du subrogé tuteur pour changer le tuteur, n'avaient pas fait droit à sa demande, nous devons en induire que le législateur s'en est référé au droit commun. D'où il résulte que les membres d'un conseil de famille ne sont pas en général res- ponsables de leurs avis ni de leurs votes donnés consciencieu- sement ; qu'ils ne pourraient être actionnés en dommages-inté- rêts qu'autant qu'ils auraient commis un dol ou une faute lourde témoignant de connivence, incurie ou indifférence inexcusable de leur part. Locré, *Législ. civ.*, VII, p. 240 ; Merlin, *Répertoire*, vᵒ TU- TELLE, sect. II, § 5, nᵒ 4 ; Duranton, III, nᵒ 473 ; Zachariæ, I, p. 494, § 205, note 2 ; Laurent, V, nᵒ 181 ; Marchand, p. 198, nᵒ 66.

2. *Du juge de paix président.* Malgré l'influence prépondérante qui lui appartient avec la direction des conseils de famille, le juge de paix n'encourt aucune responsabilité, si ce n'est pour faute lourde.

3. *Du tuteur.* C'est un mandataire légal, général et gratuit, dont la responsabilité est limitée, mais il répond des suites de ses fautes lourdes ; pour alléger cette responsabilité, pour la conjurer, il a la ressource des bons conseils et peut demander à la famille des autorisations, quelquefois des avis dans les circonstances difficiles et importantes.

4. *Du subrogé tuteur.* « Le subrogé tuteur ne remplacera pas « de plein droit le tuteur, lorsque la tutelle deviendra vacante « ou qu'elle sera abandonnée par absence ; mais il devra, en ce « cas, sous peine de dommages-intérêts qui peuvent en ré- « sulter pour le mineur, provoquer la nomination d'un nouveau « tuteur » (art. 424), en convoquant à cet effet le conseil de fa- mille.

5. En outre, le subrogé tuteur doit obliger le tuteur à faire in- ventaire dans les délais de la loi, sinon il « est solidairement tenu

« avec lui de toutes les condamnations qui peuvent être pro-
« noncées au profit des mineurs » (art. 1442).

6. Il est encore « tenu » sous sa « responsabilité personnelle, et
« sous peine de tous dommages-intérêts, de veiller à ce que les
« inscriptions soient prises sans délai sur les biens du tuteur,
« pour raison de sa gestion, même de faire faire lesdites in-
« scriptions » (art. 2137).

7. La loi nouvelle, du 17-28 février 1880, charge positivement
le subrogé tuteur de surveiller, et même de provoquer la conversion ou la vente des titres au porteur et l'emploi des capitaux du
mineur et de l'interdit; et l'infraction de cette surveillance pourrait engager directement la responsabilité du subrogé tuteur.
— V. *Conversion des titres au porteur en titres nominatifs; Vente
des meubles incorporels; Emploi des capitaux.*

8. En dehors de ces cas spécialement prévus par la loi, le subrogé tuteur n'est pas responsable, à moins qu'il n'ait commis un
dol ou une faute assez lourde pour entraîner contre lui l'application du droit commun, suivant les articles 1382 et 1383; Duranton, III, n° 522; Fréminville, I, n° 161; Chardon, III, n°ˢ 560,
561; Demante, II, n° 174 *bis;* Demolombe, VII, n° 391.

9. *Du curateur.* Obligé de surveiller l'emploi des capitaux en-
caissés par le mineur émancipé avec son assistance, il répond du
défaut d'emploi, il ne répond pas de la qualité de l'emploi fait
avec les précautions ordinaires. Il ne serait point responsable
d'un acte fait avec son assistance, bien qu'il se résumât en perte
pour l'émancipé.

10. *Du conseil judiciaire.* Ne devant que son concours con-
sciencieux à celui qu'il assiste, il n'est passible d'aucune responsabilité.

RESTRICTION D'HYPOTHÈQUE LÉGALE. C'est-à-dire limitation de l'inscription *à prendre.* Nous avons traité cette question au mot *Inscription hypothécaire*, néanmoins je crois devoir
insister sur un point essentiel. En présence de l'article 1370 qui
ne permet point de refuser la tutelle, il importe d'alléger la
charge de l'hypothèque légale qui s'étend à tous les biens;
pourvu qu'on maintienne cette hypothèque sur une quantité
d'immeubles largement suffisante pour la garantie du mineur, le
conseil de famille pourra, dans une délibération *au début* de la
tutelle, exprimer l'avis qu'il ne soit pris d'inscription que sur
certains immeubles déterminés (art. 2141). Cette précaution suf-

fira quelquefois pour décider un tuteur qui ferait difficulté d'accepter la tutelle. — La situation est analogue et une limitation semblable pourrait être délibérée quant aux biens d'un mari et du tuteur d'un interdit.

RETRAIT SUCCESSORAL. 1. Un tuteur peut-il exercer le retrait successoral autorisé par l'article 841? Des auteurs l'engagent à se faire autoriser par le conseil de famille ; Rolland de Villargues, *Répertoire*, vᵒ TUTELLE, nᵒ 219 ; Augier, *Encyclop. des juges de paix*, vᵒ TUTELLE, sect. VII, § 2, art. 3, nᵒ 5. Au contraire, M. Benoit, *Retrait successoral*, nᵒ 19, enseigne que le tuteur n'a pas besoin d'autorisation, parce qu'il use d'une exception à laquelle le cessionnaire se condamne immédiatement ; *conf.* Grenoble, 16 août 1858, S. V. 59, II, 289. Cela pour le retrait exercé d'accord et sans opposition du cessionnaire.

2. Puis, dans la prévision d'un litige, M. Benoit ajoute : « Si le cessionnaire refuse le remboursement du prix de sa cession et qu'il veuille contester, qu'il prétende, par exemple, qu'il est successible et qu'il ne peut pas être écarté du partage, dans ce cas il faut distinguer : ou le cessionnaire intente lui-même le procès pour faire reconnaître sa qualité et être admis au partage des biens de la succession ; ou c'est le tuteur qui provoque lui-même le partage. Dans le premier cas, le tuteur répond à une action ; il est contraint d'ester en justice pour le mineur, il n'a donc pas besoin de l'autorisation du conseil de famille. Dans le second cas, le tuteur, ne pouvant pas provoquer le partage au nom du mineur sans y être autorisé, sera obligé de remplir cette formalité. » — V. le mot *Partage*.

3. Mais est-il bien sûr qu'un acte de cette nature puisse être exercé au nom du mineur? — Qu'est, en effet, le retrait successoral? Un acte par lequel un cohéritier écarte du partage un non-successible du défunt auquel un cohéritier a cédé son droit héréditaire. Par conséquent, si le cédant et le mineur sont seuls cohéritiers, le retrait exercé au nom de celui-ci réunit dans ses mains tous les biens héréditaires en entier, il équivaut à une licitation ; si, au contraire, il y a plus de deux cohéritiers, le retrait successoral rend le mineur héritier pour une quotité plus forte en laissant subsister l'indivision. Mais là n'est pas le point épineux de notre question ; le voici : — Quel est au fond le caractère du retrait successoral exercé au nom du mineur? C'est un acte d'achat, qui, sans rien changer à sa qualité d'héritier sous bénéfice d'in-

ventaire pour une quotité, tend à le rendre héritier pur et simple pour une autre quotité ; il ne faut pas s'y tromper, car cela est incontestable ; or, un pareil acte est-il permis par la loi ? Je ne le crois pas en présence des articles 461 et 776. Mais, en admettant qu'il soit légal, je conclus qu'il faudrait au tuteur une autorisation du conseil de famille non homologuée pour valider une opération aussi hasardeuse, qui roule d'ailleurs sur des valeurs mobilières et immobilières. — V. *Action immobilière*, nᵒˢ 1-3.

4. Il faut décider de même pour le mineur émancipé, qui, lui aussi, ne peut être héritier que sous bénéfice d'inventaire.

RETRAIT LITIGIEUX. 1. Le tuteur peut-il exercer le retrait litigieux autorisé par l'article 1699 ? — Des auteurs lui conseillent de recourir au conseil de famille ; Augier, *Encyclopédie des juges de paix*, vᵒ TUTELLE, sect. VII, § 2, art. 3, nᵒ 5 ; *conf.* Demolombe, VII, nᵒ 678 ; Rolland de Villargues, vᵒ TUTELLE, nᵒ 219. D'autres sont d'avis opposé ; Benoit, *Retrait successoral*, nᵒ 19 ; Chardon, III, nᵒ 404. — Ces deux opinions me semblent manquer d'exactitude. En exerçant ce retrait, le tuteur éteindra une contestation déjà née ou un procès prêt à naître contre le mineur (art. 1700). Cet acte équivaut donc à un acquiescement ; d'où je conclus que le tuteur a besoin d'autorisation spéciale quand le droit litigieux est immobilier et non quand il est mobilier. — V. *Action immobilière*, nᵒ 5 ; *Action mobilière*, nᵒ 5.

2. Je déciderais de même pour le mineur émancipé.

RETRAIT DE L'AUTORISATION AU MINEUR DE FAIRE LE COMMERCE. 1. Nul doute que ce retrait peut s'exercer tant que le mineur n'est pas encore commerçant. — Mais, quand il l'est devenu effectivement, peut-on le priver de la capacité légale de continuer ? Question théorique s'il en fut jamais, nullement pratique, à ce point qu'elle ne s'est peut-être jamais présentée devant les tribunaux. Quoi qu'il en soit, on est généralement d'accord que l'autorisation peut lui être retirée ; Delvincourt, I, p. 127, note 3 ; Demante, II, nᵒ 258, III ; Demolombe, VIII, nᵒ 352.

2. Mais il y a controverse sur le point de savoir de quelle manière cette autorisation de commercer pourra être retirée. — Il est bien entendu que les parents ni la famille ne pourront révoquer l'autorisation selon leur caprice ou leur volonté, qu'on ne doit pas user de cette mesure sans raisons majeures et sans sauvegarder les droits acquis aux tiers. — Un grand nombre d'auteurs ensei-

gnent que l'autorisation ne peut pas être retirée directement et isolément, que ce retrait ne peut résulter que de la révocation de l'émancipation même; Pardessus, *Cours de dr. comm.*, I, n° 58; Devilleneuve et Massé, *Dict. du content. comm.*, v° MINEUR, n° 6; Nouguier, *Des trib. de comm.*, I, p. 249; Massé, *le Droit comm.*, II, n° 1042; Massé et Vergé, I, p. 482, note 8. Cette opinion a l'inconvénient de ne pas protéger le mineur marié, dont l'émancipation est irrévocable. — M. Alauzet, *Code de comm.*, t. I, n°ˢ 54 et 55, est d'avis que, si l'émancipation vient à être révoquée, le mineur cesse d'être commerçant par voie de conséquence; qu'en outre l'autorisation peut être retirée directement sans révoquer l'émancipation. — M. Demolombe, t. VIII, n° 355, pense aussi que l'autorisation « pourrait être retirée directement et isolément au mineur émancipé, et que la marche à suivre consisterait à demander au tribunal civil de prononcer cette révocation ». — J'admets en tous points l'opinion de M. Alauzet : je pense que le mineur ne reste pas commerçant s'il cesse d'être émancipé, mais qu'il peut rester émancipé et cesser d'être commerçant.

3. Pour la procédure, la révocation doit être faite par celui qui aurait le pouvoir de donner actuellement l'autorisation, et confirmée par une décision judiciaire déclarant que le mineur ne sera plus commerçant à l'avenir.

4. On s'accorde d'ailleurs à reconnaître que la révocation de l'émancipation ou de l'autorisation et le jugement confirmatif doivent être rendus publics dans les mêmes formes que l'autorisation elle-même. Ce n'est qu'à partir de ce moment que le retrait produira effet à l'égard des tiers.

RÉVOCATION DE L'ÉMANCIPATION DU MINEUR.

1. *Causes de révocation* Aux termes de l'article 484 : « A l'é- « gard des obligations qu'il aurait contractées par voie d'achats « ou autrement, elles seront réductibles en cas d'excès : les tri- « bunaux prendront, à ce sujet, en considération la fortune du « mineur, la bonne ou mauvaise foi des personnes qui auront « contracté avec lui, l'utilité ou l'inutilité des dépenses. » — Et

l'article 485 ajoute que : « Tout mineur émancipé dont les enga-
« gements auraient été réduits en vertu de l'article précédent,
« pourra être privé du bénéfice de l'émancipation.» — Malgré la
rédaction littérale de ces deux articles, les auteurs sont généralement d'accord que, sans exiger un jugement qui réduise effectivement les engagements du mineur, il suffit qu'une décision judiciaire les ait considérés comme réductibles en les déclarant excessifs ; Demante, t. II, n° 250 *bis*, II ; Marcadé, t. II, art. 485, n° 1;
Massé et Vergé, t. I, p. 481, § 243, note 1; Demolombe, t. VIII,
n° 346. *Contra*, Laurent, t. V, n° 240.

2. Quelques auteurs, allant plus loin, voient une cause de révocation dans les habitudes de désordre et de débauche de l'é-
mancipé, lors même qu'il ne contracterait pas d'engagements excessifs; Massé et Vergé, note 2 ; Demolombe, VIII, n° 357. — C'est
oublier que l'émancipation est d'ordre public, qu'elle confère au
mineur une majorité relative, dont il ne peut être privé sans une
disposition formelle de la loi, que toujours la révocation jette une
certaine perturbation dans la société; Laurent, V, n° 239. — Nouvelle preuve du danger qu'il y a d'émanciper un mineur.

3. Peut-on retirer l'émancipation au mineur marié ? Delvincourt, t. I, p. 126, n° 10, admet la révocation de l'émancipation
du mineur marié ou non marié. Une deuxième opinion décide
que l'émancipation peut être retirée au mineur devenu veuf sans
enfant, mais non avec enfant; Marcadé, t. II, art. 485, n° 1; Taulier, t. II, p. 95; Demante, t. II, n° 256 *bis*, III. Suivant une troisième opinion, que nous adoptons, l'émancipation ne saurait en
aucun cas être retirée au mineur qui est ou a été marié ; Cass.,
21 févr., 1821; Toullier, t. II, n° 1303 ; Vazeille, *Du mariage*, t. II,
n° 465 ; Fréminville, II, n° 1079 ; Valette, *Explic. somm.*, p. 591;
Demolombe, VIII, n° 351; Zachariæ, t. I, p. 182, texte et note 7;
Ducaurroy, Bonnier et Roustain, I, n° 696; Dalloz, v° Minorité,
n° 848.

4. *Formes de la révocation.* Comment procéder pour constater
judiciairement que les engagements sont excessifs ? Il n'y a que
l'émancipé qui puisse intenter l'action, disent MM. Aubry et
Rau, I, p. 557, qui ne sont pas arrêtés par la considération que,
cette action tendant finalement à la révocation de son émancipation, le mineur refusera d'introduire la demande. Mais, devant
cette entrave, la jurisprudence est entrée dans une voie qui me
paraît juridique : un arrêt de la Cour de Paris, du 19 mai 1838, a

décidé que, pour obtenir la révocation, il suffit que le père prouve, sur la demande par lui formée contre son fils assisté du curateur, que l'engagement est excessif, sans avoir besoin de mettre en cause les créanciers sujets à réduction.

5. L'article 485 dispose que l'émancipation sera retirée au mineur « en suivant les mêmes formes que celles qui auront eu « lieu pour la lui conférer ». C'est-à-dire que la révocation doit se faire dans les formes par lesquelles l'émancipation pourrait actuellement se conférer, et par la personne qui aurait le droit de la consentir ; de sorte que le mineur émancipé par son père ou par sa mère serait, à leur défaut, privé du bénéfice de l'émancipation par une délibération du conseil de famille ; Duranton, III, n° 675 ; Massé et Vergé, p. 481, note 3.

6. Cette révocation s'opérera toujours devant le même juge de paix qui a reçu l'émancipation, soit par une déclaration que fera le père, la mère ou l'ascendant, soit par une délibération du conseil de famille, motivée sur la décision judiciaire qui a déclaré réductibles les engagements du mineur.

7. Le mineur pourra se pourvoir en justice contre la délibération qui lui aura retiré l'émancipation, soit quant à la forme, soit quant au fond, s'il prétend, par exemple, ne pas avoir contracté d'engagements excessifs ; Dalloz, n° 853.

8. *Effets de la révocation.* « Dès le jour où l'émancipation aura « été révoquée, le mineur rentrera en tutelle et y restera jusqu'à « sa majorité accomplie » (art. 486). — Le mineur rentrera *en tutelle*, ajoutons *et en puissance paternelle* selon qu'il y aura lieu ; Demolombe, VIII, n° 360.—Par conséquent la curatelle s'éteindra.

9. Le père pendant le mariage, et après sa dissolution le survivant des père et mère, recouvre donc sur la personne de l'enfant tous les attributs de la puissance paternelle, c'est-à-dire : les droits de garde et de correction ; Demolombe, VIII, n° 361 ; la jouissance légale de ses biens, étant obligé désormais de nourrir et entretenir le mineur, qui n'a plus de maison à lui, Proudhon et Valette, t. II, p. 445 ; Valette, *Explic. somm.*, p. 592 ; Massé et Vergé, t. I, p. 481, § 243, note 5 ; Laurent, t. V, n° 244 ; *contra*, Demante, t. II, n° 257 *bis*, I ; Toullier, t. II, n° 1303 ; et autres droits.

10. Si le mariage des père et mère dure encore, il est évident que, malgré le texte absolu de l'article 486, l'émancipé ne tombe

pas en tutelle, il rentre sous la puissance de son père, comme nous venons de le dire, ou bien de sa mère si le père est empêché de l'exercer ; il ne tombe ou retombe en tutelle que si le mariage s'est dissous depuis ou avant l'acte d'émancipation.

11. En effet, lorsque le mariage s'est dissous *depuis* l'émancipation, la révocation ouvre pour la première fois la tutelle au profit du survivant des père et mère, des ascendants ou bien de l'élu du conseil de famille ; en suivant le droit commun ; Demolombe, VIII, n° 363. Je crois même fermement que le « dernier mourant » pouvait nommer un tuteur testamentaire en prévision de cette révocation postérieure à son décès, conformément à l'article 397 du Code civil. — V. *Infra*, n° 13 ; et *Tutelle testamentaire*, n° 17.

12. Mais que décider lorsque, le mariage des père et mère s'étant dissous *avant* l'émancipation, le mineur se trouvait soumis à une tutelle qui s'est éteinte par cette émancipation ? Tout le monde admet que la révocation fait rentrer le mineur en tutelle ; seulement on controverse sur le point de savoir si c'est une tutelle nouvelle, ou bien si l'ancienne revit. — Une opinion enseigne que l'ancienne tutelle revit, et que les agents primitifs doivent reprendre leurs fonctions, sans distinction entre le tuteur légitime, le tuteur testamentaire ou le tuteur datif. V. Taulier, *Théorie du Code civil*, II, p. 96 ; Valette, *Explic. somm.*, p. 337. — Une autre opinion y voit une tutelle nouvelle, qui ne saurait être déférée par le conseil de famille. V. Boileux, *Code civil*, sur l'article 486. — Une troisième opinion, plus généralement professée, distingue, en disant que, si la première tutelle était dative ou testamentaire, il appartient au conseil de famille de nommer un nouveau tuteur, l'émancipation ayant irrévocablement dégagé le premier, dont les pouvoirs ne sauraient revivre que par une réélection, tandis que, si la tutelle était légale, le père, la mère ou l'ascendant reprend les fonctions à lui déférées par la loi, parce que la vocation de la loi revit alors. V. Toullier, t. II, n° 1303 ; Marchand, p. 400 ; Magnin, I, p. 783 ; Duranton, III, n° 676 ; Demolombe, t. VIII, n°ˢ 364-366 ; Zachariæ, Massé et Vergé, t. I, p. 481, texte et note 5. — Lequel de ces systèmes adopter ?

Nous savons que l'émancipation a pour effet d'affranchir le mineur de la tutelle ; en d'autres termes, elle éteint la tutelle, mais sous la condition que l'émancipation ne sera pas révoquée ;

en d'autres termes, la tutelle sommeille pour se réveiller si l'émancipation vient à être révoquée ; l'une et l'autre sont conditionnelles : *cessante causa, cessat effectus.* De là je conclus que la révocation fait revivre l'ancienne tutelle, légitime, testamentaire ou dative, avec ses auxiliaires et toutes ses conséquences, sans distinction. De sorte que les fonctions tutélaires doivent être reprises par le tuteur primitif ; que, si cet ancien tuteur est mort ou devenu incapable, sa fonction doit être déférée à un nouveau tuteur, testamentaire, ou ascendant, ou datif, conformément au droit commun. Alors l'ancien subrogé tuteur revit aussi, ou bien le conseil de famille en nomme un autre ; et ce conseil, resté le même, se réunira toujours devant le juge de paix du domicile originaire de la tutelle.

Je vois ici la plus grande analogie entre la situation du mineur dont l'émancipation est révoquée et la situation du *mineur* dont l'interdiction vient à être levée : ce dernier tombe ou retombe également en tutelle, légitime, testamentaire ou dative, de même qu'il rentre en puissance paternelle, suivant les distinctions précédentes. — V. *Interdiction judiciaire*, n° 8.

On m'objectera que j'ai adopté une opinion différente, au mot *Interdiction judiciaire*, n° 28, en décidant que le père ou la mère ne reste pas tuteur légitime de son enfant au moment où on l'interdit. Je répondrai que cela n'implique pas contradiction, la situation étant tout autre. L'objection pourrait me frapper si la tutelle légitime dérivait de la puissance paternelle, tandis qu'en réalité elle est donnée par la loi. V. *Tutelle en général*, n° 8 ; *Tutelle des père et mère*, n°ˢ 1-6. Notons, en effet, que, si le *mineur* est interdit durant le mariage de ses père et mère, il ne cesse pas d'être en puissance paternelle, et cependant le conseil de famille est nécessairement appelé à lui nommer un tuteur datif, à moins que l'on n'aille jusqu'à décider que, dans ce cas même, le père devient tuteur légal de l'interdit ; or, comment puiser cette solution dans l'article 505 sans se heurter contre l'article 390 ! — V. *Interdiction judiciaire*, n°ˢ 8, 24, 27-29.

13. Le mineur pourrait, même immédiatrment après la révocation, se trouver placé sous la tutelle testamentaire, cela dans le cas où le survivant de ses père et mère serait mort pendant l'émancipation, par la raison que, en principe, le dernier mourant, lors même qu'il n'est point tuteur légal, a le droit de choisir un tuteur par testament, pourvu que la tutelle dative ne soit

pas ouverte de son vivant. — V. *Tutelle testamentaire*, n° 17.

14. Le mineur, ainsi rentré en tutelle ou en puissance paternelle, y restera sans pouvoir en sortir par une nouvelle émancipation expresse; mais la disposition de l'article 486 n'empêcherait pas l'émancipation tacite qui résulterait d'un mariage postérieur; Dalloz, v° Minorité, n° 852 ; Demante, II, n° 257 *bis*, III ; Valette, *Explic. somm.*, p. 337.

15. Le mineur redevenant complètement incapable, il est prudent de donner quelque publicité à son changement d'état dans l'intérêt de lui-même et du public.

16. *Recours contre la révocation.* Nous admettons le mineur personnellement à se pourvoir en justice contre la déclaration ou la délibération qui le fait rentrer en tutelle ou en puissance paternelle. Delvincourt, I, p. 126, note 10 ; Dalloz, n° 853 ; Massé et Vergé, p. 481, note 4. — V. *Recours contre les délibérations du conseil de famille.*

S.

SCELLÉS ET INVENTAIRE. 1. Aussitôt qu'un tuteur existe, la loi place à côté de lui un subrogé tuteur et un conseil de famille. « Dans toute tutelle, il y aura un subrogé tuteur nommé « par le conseil de famille », dit l'article 420. — Et à cet effet, dans les trois tutelles des père et mère, des ascendants, ou testamentaires, la loi veut qu'avant d'entrer en fonctions le tuteur convoque la famille. « S'il s'est ingéré dans la question avant « d'avoir rempli cette formalité, le conseil de famille, convoqué, « soit sur la réquisition des parents, créanciers ou autres parties « intéressées, soit d'office par le juge de paix, pourra, s'il y a eu « dol de la part du tuteur, lui retirer la tutelle, sans préjudice « des indemnités dues au mineur » (art. 421). — « Dans les « autres tutelles, la nomination du subrogé tuteur aura lieu im- « médiatement après celle du tuteur » (art. 422); c'est-à-dire quand la tutelle sera dative.

2. « Dans les dix jours qui suivront sa nomination dûment « connue de lui, le tuteur requerra la levée des scellés, s'ils ont « été apposés, et fera procéder immédiatement à l'inventaire des « biens du mineur, en présence du subrogé tuteur » (art. 451). — Ce qui suppose qu'une succession ou une libéralité vient d'échoir au pupille, *quod cum plerumque fit.*

3. A la différence des scellés, qui peuvent ne pas être apposés (art. 911, 1°, C. pr.), et qui en fait le sont rarement, surtout dans les campagnes, l'inventaire est essentiel et inévitable aux yeux de la loi (art. 451 C. civ.) ; c'est une mesure imposée rigoureusement à tous les tuteurs sans en excepter le survivant des père et mère; Demolombe, VII, n° 547 ; tellement qu'il n'appartient pas au conseil de famille de l'en dispenser ; Locré, *Législ. civ.*, VII, p. 225 ; *Encyclopédie des juges de paix*, v° TUTELLE, sect. VII, § 2, n° 3 ; Chardon, III, n° 463 ; Massé et Vergé, I, p. 427, § 217, note 7; Demante, *Cours analytique*, t. II, n° 208 *bis*, I ; Dalloz, v° MINORITÉ, n° 410.

4. L'inventaire est rédigé par notaires; mais, à mon avis, lorsque la succession se composera de quelques meubles sans valeur, il suffira que le juge de paix, assisté du greffier, dresse en forme d'apposition de scellés un procès-verbal descriptif et estimatif équivalant à un procès-verbal de carence. V. Fréminville, I, n° 216.

5. L'inventaire est, sans contredit, une des mesures les plus importantes, en ce sens qu'il servira de base à l'administration tutélaire et à la reddition du compte de tutelle. Le subrogé tuteur est le contradicteur obligé du tuteur dans les inventaires; il n'a pas de rôle plus pressant; il doit le remplir sous sa responsabilité (art. 1442), et faire toutes les diligences nécessaires pour contraindre un tuteur récalcitrant, quel qu'il soit, à remplir cette formalité. En cas de résistance de celui-ci après une mise en demeure, le subrogé tuteur pourrait faire convoquer le conseil de famille à l'effet de délibérer sur le parti à prendre et voir s'il n'y a pas lieu de remplacer le tuteur pour incapacité ou infidélité ; Toullier, t. II, n° 1195.

SECONDES NOCES. 1. Le père veuf qui se remarie conserve la tutelle légale des enfants de son premier mariage, sans altération, et sans avoir besoin de demander la confirmation de son pouvoir au conseil de famille (*argum.* art. 386).

2. Au contraire, lorsque la mère, devenue veuve, vient à se remarier, elle perd la tutelle légale de ses enfants du premier lit, si préalablement elle ne lui a pas été conservée par le conseil de famille. — V. *Mère remariée*, n° 12.

3. Mais alors la tutelle dative peut encore lui être déférée par le conseil de famille, de même que la subrogée tutelle. — V. *Mère remariée*, n°ˢ 12 et suiv.

SÉPARATION DE BIENS. — V. *Action en séparation de biens*.

SÉPARATION DE CORPS. — V. *Action en séparation de corps*.

SERMENT PROFESSIONNEL DES TUTEURS ET DES SUBROGÉS TUTEURS. Dans notre ancienne jurisprudence, de même que dans le droit romain, le tuteur prêtait serment devant le magistrat avant d'entrer en fonctions (L. ult., § 4, *De admin. tut.*, Cod.) ; Meslé, *Des minorités*, partie I, chap. VIII, n° 2. — La loi du 24 août 1790, art. 2, tit. III, avait maintenu cette législation, en disposant que le juge de paix pourrait recevoir, dans tous les cas, le serment des tuteurs et curateurs. — Et l'usage de la prestation de serment par le tuteur (même par le subrogé tuteur qui remplace aujourd'hui l'ancien curateur) s'est conservé dans quelques localités en considérant ce texte de loi comme non abrogé par une autre disposition ; Audiffret, *Encyclopédie des juges de paix*, t. V, v° SERMENT, n° 3. Mais on est généralement d'accord que le Code civil, en réorganisant la tutelle, forme sur ce sujet un corps de loi tout spécial, qui a effacé l'obligation du serment en abrogeant virtuellemement l'article 2 de la loi de 1790 ; Demolombe, VII, n° 527 ; Dalloz, v° MINORITÉ, n° 295. — V. *Administration du tuteur en général*.

SERMENT DU TUTEUR AU NOM DU PUPILLE. 1. Le serment peut-il être déféré au tuteur par les tiers ou bien aux tiers par le tuteur, pour en faire dépendre la décision de la cause pendante en justice ? Le serment décisoire ne pouvant « être dé- « féré que sur un fait personnel à la partie à laquelle on le défère » (art. 1359 C. civ.), il est évident que l'adversaire ne peut pas prendre à serment un tuteur sur un fait ou sur un acte personnel à l'auteur du mineur ou même au mineur. V. Bourges, 26 avr. 1831 ; Bordeaux, 24 juin 1859, S. V. 60, II, 277 ; Demolombe, VII, n°ˢ 690-693.

2. En ce qui concerne l'adversaire, je distingue entre l'action mobilière et l'action immobilière. Pour celle-ci, le tuteur a besoin de l'autorisation du conseil de famille pour déférer le serment (*argum.* art. 464). Pour les actions mobilières, je suis d'avis que le tuteur peut sans autorisation lui déférer le serment sur un fait personnel commun à l'auteur du mineur et à cet adversaire, quoique celui-ci soit privé du moyen récursoire de référer ce serment (*argum.* art. 464, 1361, 1362). Et je l'admets éga-

lement à prendre l'adversaire à serment, quand le fait qui en est l'objet n'est point celui de l'auteur du mineur et de l'adversaire, mais est purement personnel à ce dernier (art. 1362). V. Delvincourt, *Code civil*, I, p. 120, note **8**.

3. C'est par exception que, suivant la disposition textuelle de l'article 2275, quand il s'agit d'actions en justice dans lesquelles l'adversaire oppose une prescription de cinq ans ou de moindre durée, « le serment pourra être déféré aux veuves et héritiers, ou « aux tuteurs de ces derniers s'ils sont mineurs, pour qu'ils « aient à déclarer s'ils ne savent pas que la chose soit due ». — V. *Aveu*.

4. Nul doute que le serment décisoire peut être déféré au tuteur sur un fait qui lui est personnel, et référé par lui si ce fait est commun à l'adversaire. V. Bonnier, *Des preuves*, n° 264.

SERVICES PUBLICS. — V. *Dispenses de la tutelle*, n°s 6-28.

SERVITUDE RÉELLE. — V. *Vente des immeubles*, n° 3.

SIÈGE DE LA TUTELLE. — V. *Convocation du conseil de famille*, n°s 1-4.

SUBROGÉ TUTEUR principal.

Aïeule, 25.	Destitution, 30.	Mission, 32-39.
Beaux - frères germains, 15-24.	Dispenses, 30.	Nomination, 2, 7, 8.
	Election, 26-31.	Protutelle, 3.
Cessation de fonctions, 40.	Exclusion, 30.	Qualités requises, 14-25.
Conditions requises, 14-25.	Excuses, 30.	Subrogé tuteur *ad hoc*, 6.
Conseil de famille, 2, 3, 7-11, 26.	Frères germains, 15-24.	Tutelle officieuse, 4.
	Incapacité, 30.	Tuteur à la substitution, 5.
Délai, 8-12.	Mère veuve, 25, 31.	Vacance de la tutelle, 41-43.

1. *Historique*. Cette institution nous vient du droit coutumier. En rappelant que, « d'après d'anciens actes de tutelle », l'usage était à Paris de nommer pour la tutelle plusieurs tuteurs, Meslé, *Traité des minorités*, 1re partie, p. 217, ajoute : « L'usage y est présentement de nommer, outre le tuteur qui doit gérer, un subrogé tuteur, qui n'a pas d'autre fonction que d'assister à l'inventaire pour y servir de contradicteur au tuteur ».

2. Aujourd'hui, le Code civil (art. 420) dispose que : « Dans toute « tutelle il y aura un subrogé tuteur, nommé par le conseil de « famille. Ses fonctions consisteront à agir pour les intérêts du « mineur, lorsqu'ils seront en opposition avec ceux du tuteur ».

3. *Généralités*. Il faut donc un subrogé tuteur non seulement dans la tutelle dative, mais aussi dans la tutelle du survivant des père et mère, dans la tutelle testamentaire, dans la tutelle des

ascendants. De même dans la protutelle ; Massé et Vergé sur Zachariæ, I, p. 415, § 211, note 2 ; parce que le tuteur ordinaire et le protuteur sont indépendants et irresponsables l'un envers l'autre à raison de leur gestion respective ; Dalloz, v° MINORITÉ, n° 286 ; et que le protuteur peut avoir un jour des intérêts opposés à ceux du mineur ; Marcadé, art. 417. *Contra*, Magnin, I, n° 494.

4. De même encore dans la tutelle officieuse, et par le même motif (art. 361-370) ; Massé et Vergé, *eod. loco.*

5. Quant au tuteur à la substitution fidéicommissaire, bien que son rôle ait un caractère tout particulier (art. 1055-1074), j'estime qu'il doit aussi lui être nommé un subrogé tuteur, en vue de l'opposition d'intérêts qui pourra survenir entre lui et les appelés.

6. Ajoutons qu'un subrogé tuteur spécial doit être nommé toutes les fois que, pour cause d'opposition d'intérêts, un tuteur *ad hoc* prend momentanément le rôle du tuteur principal. — V. le mot *Subrogé tuteur ad hoc.*

7. *Mode de nomination.* Le subrogé tuteur est toujours datif, toujours nommé par le conseil de famille (art. 420). Il n'est jamais donné par la loi, et il ne peut pas davantage être choisi par le dernier mourant des père et mère. Cela est vrai même de celui qui, nommé curateur au ventre, devient de plein droit subrogé tuteur à la naissance de l'enfant : il a été choisi par le conseil de famille (art. 393).

8. *Nomination du subrogé tuteur.* Le vœu de la loi est que le tuteur n'entre en fonctions qu'après la nomination du subrogé tuteur. Aussi, pour la tutelle légitime ou testamentaire, le Code civil (art. 421) dispose-t-il que « ce tuteur devra, avant d'entrer « en fonctions, faire convoquer, pour la nomination du subrogé « tuteur, un conseil de famille composé comme il est dit dans la « section IV ».

9. « S'il s'est ingéré dans la gestion avant d'avoir rempli cette « formalité, le conseil de famille, convoqué, soit sur la réquisi- « tion des parents, créanciers ou autres parties intéressées, soit « d'office par le juge de paix, pourra, s'il y a eu dol de la part « du tuteur, lui retirer la tutelle, sans préjudice des indemnités « dues au mineur (art. 421).

10. Lorsque la tutelle est dative, la nomination du subrogé tuteur doit être faite par le conseil de famille « immédiatement après celle du tuteur » (art. 422).

11. Malgré cette injonction de la loi, il faudra bien quelque-

fois renvoyer à un jour prochain la nomination d'un subrogé tuteur au tuteur datif, lorsque l'élection simultanée de ce subrogé tuteur sera rendue impossible, soit par le motif que le tuteur qui vient d'être élu ne doit pas voter pour la nomination du subrogé tuteur (art. 423), soit parce que le conseil de famille n'est plus en nombre pour délibérer (art. 415). Mais en vue de prévenir ce retard, il suffira de convoquer à l'avance un membre supplémentaire, qui au besoin entrera dans le conseil de famille pour le reconstituer. — V. *Délibération du conseil de famille*, n° 18.

12. Ainsi, toutes les fois que le mineur manque de subrogé tuteur, c'est un devoir pour le tuteur de lui en faire nommer un. En cas de retard, il appartient au juge de paix de convoquer le conseil de famille à cet effet, soit d'office, soit sur la réquisition d'un parent ou allié, soit à la diligence d'une personne qui y a intérêt, telle qu'un copartageant ou un colicitant. — V. *Convocation du conseil de famille*, n° 12.

13. Mais le défaut de subrogé tuteur n'engendre qu'une cause de nullité relative, qui peut être invoquée par le mineur, et non par un tiers qui a traité avec le tuteur malgré cette lacune ; rej. 4 juin 1818 ; Dalloz, v° MINORITÉ, n°ˢ 296-298.

14. *Qui peut être subrogé tuteur ?* — Pour devenir subrogé tuteur, il faut : 1° être citoyen français ou au moins jouir des droits civils en France (art. 8-13 C, civ.); 2° être mâle ; excepté la mère légitime ou naturelle et les ascendantes veuves du mineur ou de l'interdit (art. 426, 442, 507); V. *infra*, n° 25 ; 3° être majeur ; excepté le père et la mère légitimes ou naturels du mineur (art. 426, 442) ; 4° n'être pas frappé d'incapacité, d'indignité, d'exclusion ou de destitution (art. 442-449 C. civ.; 34, 42, 43 C. pén.). — Le conseil de famille peut donc nommer subrogé tuteur toute personne qui réunit ces qualités ; en ayant soin de ne pas le prendre dans la ligne à laquelle appartient le tuteur, à moins que l'un des deux ne soit frère germain du mineur, comme nous allons l'expliquer immédiatement.

15. *Concours des deux lignes.* L'article 423 pose, comme règle générale, que le subrogé tuteur sera pris « dans celle des deux « lignes à laquelle le tuteur n'appartiendra point ». D'où il résulte que, si le mineur n'a de parents ou d'alliés que dans une ligne, on ne pourra nommer qu'un étranger pour l'un des deux, tuteur ou subrogé tuteur. Mais la loi n'attache pas la peine de nullité à l'infraction de cette disposition ; Aix, 15 nov. 1843.

16. Est-ce à dire que, si le mineur a des parents ou des alliés dans chacune des deux lignes paternelle et maternelle, le conseil de famille doit nécessairement nommer pour subrogé tuteur un parent ou un allié de la ligne à laquelle n'appartient pas le tuteur, sans pouvoir choisir un étranger? — Bien que la Cour d'appel de Bordeaux l'ait décidé en ce sens par arrêt du 20 août 1811, je suis loin d'adopter cette interprétation, qui n'aboutit à rien moins qu'à paralyser la liberté des votes du conseil de famille, en s'attachant trop à la lettre de la loi, et en créant une dérogation au principe fondamental qui laisse au conseil la plus grande latitude pour le choix du subrogé tuteur comme du tuteur. L'article 423 est prohibitif et non impératif : il n'exige pas que le subrogé tuteur soit pris dans la ligne opposée à celle à laquelle appartient le tuteur, il défend de le prendre dans cette même ligne que le tuteur. D'où je conclus, avec la pratique et la doctrine assez uniformes, que le conseil de famille a pleine liberté de choisir un étranger par préférence au parent ou à l'allié même le plus proche. Aix, 15 nov. 1843, D. P. 45, IV, 513; Valette, sur Proudhon, II, p. 300, note *a;* Marcadé, II, art. 423, n° 1; Massé et Vergé, sur Zachariæ, I, p. 418, § 213, note 2; Demante, II, n°ˢ 173 *bis*, III; Demolombe, VII, n° 368. *Contra*, Marchand, p. 209, note 7.

17. A la règle qui veut que le subrogé tuteur soit pris « dans celle des deux lignes à laquelle le tuteur n'appartiendra point », l'article 423 attache une exception en disant « hors le cas de frères germains ». Comment entendre cette exception? Exige-t-elle que le tuteur et le subrogé tuteur soient tous deux frères germains du mineur; ou bien suffit-il que le mineur soit frère germain de l'un des deux? Ces deux systèmes ont chacun ses partisans, comme nous allons l'expliquer.

18. Pour le premier système on fait remarquer qu'il y a pleine sécurité à confier à deux frères germains du mineur les fonctions de tuteur et de subrogé tuteur, car alors celui-ci est attaché au mineur par un lien trop intime pour se laisser aller à déserter ses intérêts; tandis que cette garantie n'existerait pas, si la fonction de surveillant était confiée à un parent d'un degré plus éloigné. Duranton, III, n° 518; Taulier, II, p. 40; Marcadé, art. 423; Massé et Vergé, I, p. 418, § 213, note 1. — Il faut reconnaître que ce système met notre article 423 en harmonie avec les articles 408, 733 et 752 du Code civil. Telle est

évidemment la raison qui fait qu'on l'applique généralement en ce sens dans la pratique ; et pour ma part je l'avais toujours compris ainsi. Mais voyons l'opinion contraire.

19. Dans l'autre système, qui permet de nommer tuteur un frère germain du mineur, et pour subrogé tuteur un parent quelconque de l'une ou l'autre ligne (et *vice versa*), on dit : 1° le lien de parenté, qui unit au mineur son subrogé tuteur, offre alors une garantie assez puissante pour que la loi ait pu se départir de la règle qui exige que le tuteur et le subrogé tuteur n'appartiennent pas à la même ligne ; 2° on se trouve ainsi dans la lettre du texte, puisque le tuteur (ou le subrogé tuteur) et le mineur sont frères germains ; 3° la solution contraire pourrait être très préjudiciable au mineur, car, s'il n'y avait point d'autre frère germain que le tuteur, le conseil de famille serait *obligé* de choisir le subrogé tuteur parmi les étrangers, contrairement au vœu de la loi qui fait peser cette charge avant tout sur les membres de la famille. Ducaurroy, Bonnier et Roustain, I, n° 622 ; Demolombe, VII, n° 369 ; Marchand, p. 209, n°ˢ 6, 7.

20. J'ai consulté sur cette question le droit ancien, qui est muet, et les travaux préparatoires du Code civil, qui ne donnent aucun éclaircissement ; Maleville, sur l'article 423, dit seulement : « on a eu en vue de prévenir la connivence du tuteur avec le subrogé tuteur. » — Or, je ne vois pas que la connivence soit plus facile entre un frère germain et un oncle ou cousin du mineur qu'entre deux frères germains. Je considère, en outre, que, du moment où le mineur est frère germain du tuteur ou du subrogé tuteur, on reste dans le texte de l'article 423 et d'accord avec l'esprit du Code, qui veut que le conseil de famille choisisse en pleine liberté parmi les parents plutôt que parmi les étrangers. En un mot, j'adopte le deuxième système.

21. De l'avis de M. Demolombe, t. VII, n° 369, l'article 423, qui excepte de la règle des deux lignes le cas de frères germains, « comprend certainement aussi les maris des sœurs germaines (art, 408) ». — J'admettrais cette extension dans le premier système, qui met en corrélation les articles 408 et 423 ; mais je la rejette sans hésiter dans le second système, qui, bien qu'adopté par ce jurisconsulte, ne retient pas cette corrélation.

22. Il ne faut pas étendre l'exception à l'hypothèse où, soit le tuteur, soit le subrogé tuteur, sans être frère germain du mineur, serait néanmoins son parent dans les deux lignes, par exemple

son neveu germain. Ainsi, en supposant ce neveu tuteur, il *faudrait* nommer subrogé tuteur un étranger quand même il y aurait des parents dans les deux lignes ; Demolombe, VII, n° 370 ; cela par le motif que, si un de ces derniers parents, soit paternel, soit maternel, était choisi, il se trouverait pris dans l'*une des deux* lignes auxquelles *appartient* le neveu germain, contrairement à la règle prohibitive de notre article (un parent étant toujours paternel ou maternel, en même temps qu'un germain est tout à la fois l'un et l'autre).

23. En prenant l'article 423 à la lettre, je ne vois pas pourquoi on n'appliquerait point l'exception au cas d'existence de deux frères germains entre eux, qui, par évènement, sont neveux germains du mineur, pourquoi ne nommerait-on pas l'un tuteur et l'autre subrogé tuteur ?

24. La nomination du subrogé tuteur pris dans la même ligne que le tuteur n'est pas nécessairement nulle, lorsqu'elle a été faite de bonne foi et que les intérêts du mineur ne sont pas dès à présent en opposition avec ceux du tuteur ; Douai, 22 juill. 1856, S. V. 57, II, 33.

25. *Mère et aieule veuves.* Situation étrange : il peut arriver que la mère survivante soit tutrice légale de ses enfants en même temps qu'une aïeule paternelle en sera la subrogée tutrice ; ou bien, en sens inverse, que l'aïeule ait été nommée tutrice dative, en même temps que la mère sera nommée subrogée tutrice dative après avoir perdu la tutelle légitime par suite d'un second mariage. La même tutelle confiée à deux femmes. Que nous sommes loin du temps où les femmes étaient elles-mêmes soumises à une tutelle perpétuelle ! Ne vous plaignez plus, mesdames ; montrez que vous savez administrer en bonnes mères de famille.

26. *Election du subrogé tuteur.* « En aucun cas le tuteur ne « votera pour la nomination du subrogé tuteur », dit l'article 423. Ainsi le tuteur n'est pas admis à voter pour le choix du subrogé tuteur, par le motif que, ici plus que jamais, l'intérêt du mineur demande un vote impartial et désintéressé. En cas d'infraction à cette prohibition, la nomination serait entachée d'un vice et annulable. V. Agen, 19 févr. 1830.

27. De cette prohibition de voter on a conclu que, néanmoins, le tuteur doit être maintenu et compté dans le nombre légal des membres du conseil de famille ; Jay, n°ˢ 17 et 18. Je crois, au contraire, que, dans l'espèce, la loi a voulu écarter le tuteur et le

remplacer par un autre membre. V. Carré, *Juridict. des juges de paix*, III, n° 1884.

28. Le même esprit a dicté l'article 422, qui veut que, dans la tutelle dative, la nomination du tuteur *précède* celle du subrogé tuteur, afin que celui-ci ne tienne pas ses pouvoirs d'un membre du conseil qui, après avoir voté pour le subrogé tuteur, serait ensuite appelé à la tutelle. L'infraction à cette disposition serait un vice qui, en affectant les deux délibérations, les rendrait quelquefois annulables. Cette disposition est à remarquer.

29. Tout en se pénétrant de cet esprit de l'article 423, il ne faudrait pas, en généralisant l'idée, écarter d'une manière absolue le vote de toute personne ayant un intérêt dans la délibération à prendre ; le Code n'en parlant pas, nous en conclurons que le vote d'un membre intéressé même directement ne rendrait pas la délibération annulable en l'absence de fraude ou de collusion.

30. L'article 426 rend communes au subrogé tuteur les causes de dispense, d'incapacité, d'exclusion et de destitution qui s'appliquent au tuteur d'après les articles 427 à 449 du Code civil ; et en combinant ensemble ces deux dispositions, c'est à peine si l'on rencontre une exception. Mais il existe, en outre, quelques causes particulières à l'un ou à l'autre.— V. *Dispenses de la tutelle ; Incapacité d'être tuteur ou subrogé tuteur.*

31. Notons ici que la mère survivante, qui est autorisée par l'article 394 à refuser la tutelle légale de ses enfants mineurs, serait alors obligée d'accepter la subrogée tutelle, si elle lui était déférée par le conseil de famille, à moins qu'elle n'eût à opposer une cause d'excuse de droit commun. — V. *Tutelle des père et mère*, n° 7 *bis*.

32. *Mission du subrogé tuteur.* Le principe général est que le subrogé tuteur, agent de surveillance, doit s'abstenir de s'immiscer dans la gestion du tuteur ; Dalloz, v° Minorité, n° 301. Par exception, il doit « agir pour les intérêts du mineur, lorsqu'ils « seront en opposition avec ceux du tuteur » (art. 420). De là son double rôle de surveillant et de contradicteur.

33. Sa mission de surveillant est générale et permanente. Elle lui impose notamment le devoir de faire certains actes conservatoires : de provoquer la rédaction des inventaires qui intéressent le pupille et d'y assister (art. 451 et 1442); de faire inscrire son hypothèque légale sur les biens du tuteur (art. 2137); de convoquer le conseil de famille pour délibérer sur la question de destitution

du tuteur (art. 446) ; de provoquer la nomination d'un nouveau tuteur « lorsque la tutelle deviendra vacante » (art 424) ; de veiller à l'emploi des capitaux du mineur ou de l'interdit ; de veiller aussi à la conversion en titres nominatifs des titres au porteur appartenant auxdits mineur et interdit, si la vente n'en a pas été autorisée (L. 17-28 févr. 1880); etc. — V. *Responsabilité*.

34. En outre, le conseil de famille peut astreindre le tuteur, autre que le père et la mère, à remettre au subrogé tuteur, soit annuellement, soit à des périodes plus longues, des états de situation de sa gestion (art. 470); ce qui alors impose au subrogé tuteur un surcroît de surveillance.

35. Sa mission de contradicteur consiste à prendre momentanément le rôle de tuteur aux lieu et place du tuteur principal, lorsque ce tuteur principal et le mineur ou l'interdit se trouvent l'un envers l'autre dans la position de contractants ou de plaideurs. Dans ce dernier cas, un subrogé tuteur *ad hoc* est indispensable. — V. *Subrogé tuteur* ad hoc, n⁰ˢ 1, 1 *bis*, 2, 2 *bis*.

36. Le subrogé tuteur a le droit d'agir, et, par exemple, de requérir la convocation du conseil de famille toutes les fois qu'il croit les intérêts du pupille en opposition avec ceux du tuteur; Angers, 1ᵉʳ févr. 1838.

37. L'article 446 charge le subrogé tuteur de provoquer la destitution du tuteur quand il y aura lieu ; il ne lui défend pas de voter dans les conseils de famille qui seront convoqués à cette fin ; tandis que l'article 426 défend au tuteur de voter sur la demande en destitution du subrogé tuteur, bien qu'il ne lui soit pas permis de la provoquer. De là je conclus que le vote du subrogé tuteur ne viciera pas la délibération prise sur cette première destitution. Rej. 12 mai 1830, D. P. 30, I, 240; Grenoble, 11 janv. 1864, S. V. 64, II, 49 ; Dalloz, v° MINORITÉ, n° 300.

38. En généralisant la question, le subrogé tuteur doit-il être admis à délibérer dans les conseils de famille concernant la personne ou les biens du pupille? Oui, en l'absence de disposition prohibitive. Aussi, je ne comprends pas bien l'arrêt de la Cour de cassation, du 3 septembre 1807, qui semble poser en principe que le subrogé tuteur ne doit pas prendre part à une délibération, quand elle roule sur une affaire où l'intérêt du mineur se trouve en opposition avec celui du tuteur.

39. Mais j'admets qu'il ne doit pas voter pour la nomination

d'un subrogé tuteur *ad hoc* dans les cas où lui-même devient tuteur *ad hoc*. — V. *Subrogé tuteur* ad hoc, n° 2 *bis*.

40. *Cessation des fonctions du subrogé tuteur*. L'article 425 dispose que « les fonctions du subrogé tuteur cesseront à la même « époque que la tutelle ». Ce qui ne donne lieu à aucun doute quand la tutelle finit par la majorité, l'émancipation ou la mort du mineur. — V. *Fin de la tutelle*.

41. Mais on controverse quand la tutelle devient *vacante* par le décès, la démission, l'excuse ou la destitution du tuteur en exercice.

D'un côté, l'on soutient que la vacance des fonctions du tuteur fait si peu cesser les fonctions du subrogé tuteur, que l'article 424 le considère toujours comme tel en lui imposant le devoir spécial de pourvoir au remplacement du tuteur ; Duranton, III, n° 520; Marcadé, II, art. 425 ; Zachariæ, I, p. 462, § 231 ; Dalloz, n° 318 ; Laurent, *Principes de droit civil*, V, n° 115 ; Valette, sur Proudhon, II, p. 300. — L'opinion contraire répond que le subrogé tuteur n'a plus qu'à faire remplacer le tuteur ; qu'ayant été choisi en considération de la personne de ce tuteur, sa mission cesse en même temps que la sienne ; que son maintien paralyserait la liberté du conseil de famille en l'obligeant à prendre dans la ligne opposée ; Toullier, II, n° 1136.

Tel est l'état de la question, qui ne manque pas d'être difficile. Cependant aucun texte ne dit que le subrogé tuteur survit au tuteur ; et l'on a peine à comprendre qu'il y ait un subrogé tuteur sans un tuteur principal. L'idée dominante du Code n'est-elle pas de nommer le subrogé tuteur après le tuteur quel qu'il soit, légitime, testamentaire ou datif ? En s'occupant exclusivement de ce dernier, l'article 422 dispose que « la nomination du « subrogé tuteur aura lieu immédiatement après celle du tuteur »; et dans notre question il s'agit bien de nommer un tuteur datif. N'était-il pas rationnel que le législateur laissât au conseil de famille, depuis le commencement jusqu'à la fin, la liberté la plus absolue pour le choix du tuteur ? Et que devient cette liberté si le conseil ne peut plus choisir que dans une ligne? Je suis d'avis qu'il faut nommer un subrogé tuteur à chaque changement de tuteur. V. *infra*, n°s 42, 43.

42. Néanmoins, souvent, dans la pratique, on procède à la nomination du nouveau tuteur en le prenant dans la ligne opposée à celle du subrogé tuteur et en regardant celui-ci comme main-

tenu dans ses fonctions primitives. Puis, lorsqu'en fait le conseil nomme pour tuteur, soit le subrogé tuteur, soit quelqu'un de sa ligne, il choisit un nouveau subrogé tuteur dans la ligne opposée ; Nancy, 14 mars 1826 ; Magnin, I, n° 563. N'est-il pas plus logique de procéder en considérant tout d'abord le subrogé tuteur comme ayant cessé ses fonctions, sauf à le renommer s'il n'appartient pas à la ligne du nouveau tuteur ?

43. Du reste, en principe, je reconnais au conseil de famille la faculté de remplacer le subrogé tuteur en exercice dans tous les cas où il croira que, par ses relations avec le tuteur ou pour tout autre motif, il ne convient plus comme surveillant : Valette, sur Proudhon, t. II, p. 301 ; Ducaurroy, Bonnier et Roustain, t. I, n° 623. — V. *Destitution et exclusion de la subrogée tutelle.*

SUBROGÉ TUTEUR *ad hoc.*

Cocontractants, 1, 1 *bis.* Coplaideurs, 1-10. Partage, 2-10.
Conseil de famille, 2 *bis*, Licitation, 2-10. Transaction, 1 *bis.*
   3, 4, 7-10. Opposition d'intérêts, 1. Tuteur *ad hoc*, 1, 3, 5-10.

1. D'après l'article 420, le subrogé tuteur a misssion d'« agir « pour les intérêts du mineur, lorsqu'ils seront en opposition « avec ceux du tuteur » ; c'est-à-dire lorsque le tuteur principal et le mineur se trouvent l'un envers l'autre dans la position de contractants ou de plaideurs. Alors le subrogé tuteur prend accidentellement et momentanément le rôle de tuteur aux lieu et place du tuteur principal, il exerce les pouvoirs de tuteur *ad hoc*, qu'il a reçus d'avance de son titre primitif. Bordeaux, 18 déc. 1855 ; Agen, 26 mai 1864, S. V. II, 64, II, 131 ; Carré et Chauveau, *Lois de la procédure*, sur l'article 968, quest. 2504 *quinquies.*

1 *bis.* Pour exemple, dans le cas où une mère et son fils mineur sont légataires selon le même testament, il ne suffit pas que la mère, tant en son nom que comme tutrice, transige avec les héritiers ; pour la validité de la transaction, il est essentiel que le mineur y soit représenté par son subrogé tuteur ; Amiens, 25 févr. 1837 ; à peine de nullité de la procédure ; Agen, 26 mai 1864.

2. Deuxième exemple. Le père tuteur et son fils mineur étant tous deux intéressés dans la même succession, la licitation doit être poursuivie en justice au nom du père, agissant pour lui-même, contre le fils mineur, représenté par le subrogé tuteur devenu momentanément tuteur *ad hoc* à la place du père ; Rennes, 24 mai 1851. — Mais alors il n'y a plus de subrogé tuteur, et

cependant, d'après l'article 972 du Code de procédure, le subrogé tuteur doit être appelé à la vente par licitation judiciaire : puis, les parties étant en instance, l'article 444 du même Code veut, pour faire courir le délai d'appel, que le jugement soit « signifié tant « au tuteur qu'au subrogé tuteur » ; dès lors nécessité insurmontable de nommer un subrogé tuteur *ad hoc;* Cass., 1ᵉʳ avr. 1833, Sirey, 33, I, 388. — V. *infra*, n° 10.

2 *bis.* Dans le deuxième exemple, le tuteur *ad hoc* appartenant à la ligne maternelle du mineur, le subrogé tuteur *ad hoc* devra être pris dans la ligne paternelle ou bien en dehors du conseil de famille. Et ce conseil devra être reconstitué de manière que le tuteur *ad hoc* ne vote pas pour la nomination du subrogé tuteur *ad hoc*, tandis que celui-ci ne sera pas empêché de voter. *Contra,* Jay, n° 358.

3. Troisième exemple analogue. Le père tuteur, un fils mineur, et un autre fils germain majeur subrogé tuteur, ont tous trois des intérêts opposés, c'est-à-dire différents, dans une même succession. Pour partager ou liciter légalement, il faut nommer un tuteur *ad hoc* à la place du tuteur principal, et un subrogé tuteur *ad hoc* à la place du subrogé tuteur ordinaire, en ayant soin de les prendre chacun dans la ligne opposée ou bien en dehors du conseil, et de composer ce conseil de manière que le tuteur *ad hoc*, nommé le premier, ne vote point pour le choix du subrogé tuteur *ad hoc.*

4. Quatrième exemple. Il faut nommer un subrogé tuteur *ad hoc* quand il y a instance en licitation ou partage entre le subrogé tuteur principal intéressé personnellement, qui alors agit pour son compte personnel, et le mineur, qui continue d'être représenté par son tuteur principal; Grenoble, 15 mars 1822, Sirey, 25, II, 131 ; Carré et Chauveau, *loc. cit.* Alors le subrogé tuteur à remplacer momentanément et le tuteur doivent s'abstenir de voter à la délibération.

5. Cinquième exemple. Lorsque plusieurs mineurs ont « des « intérêts opposés dans le partage, il doit leur être donné à cha- « cun un tuteur spécial et particulier », conformément à la disposition expresse des articles 838 du Code civil et 968 du Code de procédure, et aussi à chacun un subrogé tuteur *ad hoc* selon les articles 444 et 872. Ainsi deux frères étant placés sous la même tutelle, l'un héritier, l'autre tout à la fois héritier et légataire, dans la même succession, le conseil de famille sera nécessaire-

ment appelé à nommer à chacun d'eux un tuteur *ad hoc* et un subrogé tuteur *ad hoc* (c'est-à-dire deux tuteurs et deux subrogés tuteurs *ad hoc*), le tuteur et le subrogé tuteur ordinaires s'effaçant pour la circonstance. — Que si, au contraire, les deux frères co-partageants ou colicitants avaient des intérêts identiques, ils continueraient à être représentés collectivement par leurs tuteur et subrogé tuteur ordinaires; Carré et Chauveau, *loc. cit.*

6. Pour généraliser : — Lorsque le tuteur principal est en instance avec son pupille pour un objet quelconque, le subrogé tuteur ordinaire se trouve investi des fonctions de tuteur *ad hoc* spontanément sans le concours du conseil de famille (*supra*, n°s 1 et 1 *bis*). — Le conseil est appelé à nommer un tuteur *ad hoc* quand il y a instance entre le mineur, d'une part, et, d'autre part, le tuteur et le subrogé tuteur ordinaires, qui tous deux s'effacent momentanément (*supra*, n° 3). — Ce conseil est appelé à nommer un subrogé tuteur *ad hoc*, non seulement lorsque le mineur plaide contre son tuteur et son subrogé tuteur ordinaires (*supra*, n° 3), mais aussi lorsqu'il est en instance contre le tuteur seul (n° 2) ou le subrogé tuteur seul (n° 4) ; — il doit nommer autant de tuteurs et de subrogés tuteurs *ad hoc* distincts qu'il y a de mineurs placés sous la même tutelle ordinaire, lorsque ces mineurs ont des intérêts opposés dans la même instance (n° 5).

7. Le tuteur et le subrogé tuteur *ad hoc* sont toujours datifs, jamais donnés par la loi ni par la voie testamentaire.

8. Les conditions et qualités nécessaires pour devenir tuteur ou subrogé tuteur *ad hoc* sont les mêmes que celles exigées pour le *tuteur principal* ou le *subrogé tuteur principal*. — V. *Tutelle en général*, n°s 35, 36 ; *Subrogé tuteur principal*, n°s 14-25.

9. Telle est la doctrine que j'ai toujours pratiquée, que je crois seule exacte, et que je propose en définitive après mûr examen. La cour de Paris, par arrêt du 11 mars 1843, S. V. 44, II, 153, entrant dans cette voie, a jugé en principe que, quand le subrogé tuteur prend la place du tuteur ordinaire qui se trouve avoir des intérêts contraires à ceux du mineur, il y a lieu de nommer un subrogé tuteur *ad hoc*. Mais à mon avis les tribunaux se trompent lorsqu'ils décident que, en cas de contestation entre un tuteur et son pupille, on doit faire nommer un tuteur *ad hoc*; Angers, 2 août 1822, Sirey, 23, II, 22, ou bien, si l'on ne nomme pas un tuteur spécial, appeler le subrogé tuteur ordinaire dans l'instance ; Grenoble, 10 janv. 1833, Sirey, 33, II, 380.

10. Mais — point essentiel — il ne suffira pas, pour nommer un tuteur ou un subrogé tuteur *ad hoc*, que le besoin s'en fasse sentir en présence d'une succession échue au mineur ou à l'interdit, il faut avant tout que cette hérédité ait été acceptée sous bénéfice d'inventaire par une déclaration au greffe du tribunal et par la rédaction d'un inventaire, comme l'exigent les articles 461, 793, 794 du Code civil. Le juge de paix devra donc écarter la demande, qui lui serait faite, de choisir un subrogé tuteur *ad hoc* en vue d'un partage, au moment même où le conseil de famille nomme un tuteur principal et un subrogé tuteur principal. Et, même après un certain délai depuis l'organisation primitive de la tutelle, il est également du devoir du juge de paix de demander la justification de cette double formalité toutes les fois qu'on se présente pour provoquer une nouvelle délibération relative à la tutelle.

SUBROGÉ TUTEUR à la substitution. — V. *Subrogé tuteur principal*, n° 5 ; *Tuteur à la substitution*, n° 4.

SURVEILLANCE DES ENFANTS. — V. *Disparition des père et mère*, nᵒˢ 1 *bis* à 7 *bis*.

SURVEILLANCE CONFIÉE AUX ASCENDANTS.—V. *Disparition des père et mère*, nᵒˢ 1 *bis* à 7 *bis.*

T.

TRANSACTION. 1. L'article 2044 définit « la transaction » en disant qu'elle « est un contrat par lequel les parties terminent « une contestation née, ou préviennent une contestation à naître. « — Ce contrat doit être rédigé par écrit ».

2. « Le tuteur ne pourra transiger au nom du mineur qu'après « y avoir été autorisé par le conseil de famille, et de l'avis de trois « jurisconsultes désignés par le procureur de la République près « le tribunal de première instance. — La transaction ne sera « valable qu'après qu'elle aura été homologuée par le tribunal de « première instance, après avoir entendu le procureur de la Ré- « publique » (art. 467). *Rappr.* l'article 2045.

3. Le concours de quatre conditions préalables est donc requis pour la validité d'une transaction au nom du mineur, quel que soit l'objet de la contestation, meuble ou immeuble ; Cass., 10 mai 1813 ; Demolombe, t. VII, n° 747 ; Marcadé, sur l'ar-

ticle 457. Mais dans quel ordre doivent-elles être accomplies ? La vérité est que notre article 465 ne s'en explique pas, qu'il laisse toute latitude à l'interprète. Cependant on peut croire que, dans l'intention du législateur, l'avis des trois jurisconsultes précède la délibération du conseil de famille. Quelquefois on commence par la délibération de famille, qui est ensuite mise sous les yeux des jurisconsultes.

4. La dénomination de *jurisconsultes* n'a pas de signification bien caractérisée : elle sert à indiquer toute personne qui a des connaissances en droit, qui est versée dans la science du droit (et le jour n'est pas éloigné où notre société comptera des femmes jurisconsultes). Dans l'espèce qui nous occupe, le procureur de la République fait un choix, et il désigne toujours d'anciens avocats, inscrits depuis dix années au moins au tableau d'un Ordre d'avocats (art. 495 C. pr.). — Ces jurisconsultes n'ont qu'à donner leur avis et la loi n'exige pas qu'il y ait unanimité. L'avis serait-il unanime, qu'il ne lierait pas le conseil de famille, dont le vote reste absolument libre en toutes circonstances. En un mot, la loi laisse pleine liberté d'appréciation des deux côtés. Fréminville, II, n° 753 ; *contra*, Massé et Vergé, I, p. 440, note 46.

5. Il appartient enfin au tribunal d'apprécier la transaction après qu'elle a été réalisée, convertie en contrat ; c'est à lui à l'homologuer ou à la rejeter (art. 465). Mais il n'a pas qualité pour homologuer la délibération.

TRANSFERT DE CRÉANCES ET AUTRES VALEURS.
— V. *Vente des meubles incorporels.*

TRANSFERT DES RENTES SUR L'ÉTAT.

Administrateur légal, 7.	15 *bis*, 17, 18.	16 *bis*.
Administrations hospitalières, 17.	Emploi, 18.	Mineur marié, 12, 13.
	Enfants abandonnés, 17.	Partage, 20, 22.
Agent de change, 11.	Homologation, 9, 10.	Père, 7.
Conseil de famille, 5-10, 12, 17-19.	Interdit, 5-8.	Rente mobilière, 2-20.
	Loi de 1806, 2-4.	Rente immobilisée, 21, 22.
Délibération, 18.	Mère, 7.	Résumé, 19.
Emancipé, 12-14, 15,	Mineur commerçant, 16,	Tuteur, 6-8.

1. D'après leur nature organique, les inscriptions de rente sur l'Etat sont mobilières, appartenant à la catégorie des meubles incorporels. Mais elles peuvent être immobilisées et acquérir le caractère d'immeubles incorporels (Décr. 1er mars 1808, art. 2-5). Nous allons examiner en quelle forme et sous quelles conditions ces valeurs peuvent être transférées. — V. *Vente des meubles incorporels.*

2. *Inscriptions de rente mobilière sur l'Etat.* D'abord, pour les inscriptions de rente cinq pour cent, une disposition postérieure au Code civil avait levé toute difficulté; c'est la loi du 24 mars 1806, qui statuait dans les termes suivants : — « Les tuteurs et curateurs des mineurs ou interdits, qui n'auraient en inscriptions ou promesses d'inscriptions de cinq pour cent consolidé qu'une rente de cinquante francs et au-dessous, en pourront faire le transfert sans qu'il soit besoin d'autorisation spéciale, ni d'affiches, ni de publication, mais seulement d'après le cours constaté du jour, et à la charge d'en compter comme du produit des meubles » (art. 1er). — « Les mineurs émancipés qui n'auraient de même en inscriptions ou promesses d'inscriptions qu'une rente de cinquante francs et au-dessous, pourront également les transférer avec la seule assistance de leurs curateurs, et sans qu'il soit besoin d'avis de parents ou d'aucune autre autorisation » (art. 2). — « Les inscriptions ou promesses d'inscriptions au-dessus de cinquante francs de rente ne pourront être vendues par les tuteurs ou curateurs qu'avec l'autorisation du conseil de famille, et suivant le cours du jour légalement constaté; dans tous les cas la vente pourra s'effectuer sans qu'il soit besoin d'affiches ni de publication» (art. 3).

3. La loi de 1806 eut pour but d'effacer les entraves de la Bourse, où l'on hésitait à reconnaître au tuteur le droit et la capacité de transférer librement les rentes sur l'Etat; V. *Moniteur* de 1806, p. 298 et 340. Mais, chose digne de remarque, le rapporteur, dans les motifs, émit l'opinion que l'article 452 était applicable à tous les meubles du mineur, corporels et incorporels; puis, en partant de cette doctrine erronée, ce fut à titre d'*exception* que l'on proposa de ne pas soumettre le transfert des rentes sur l'Etat à la nécessité des affiches, des publications et des enchères, fort inutiles, disait-on, pour l'aliénation d'objets qui ont cours forcé sur la place.

4. Cette loi du 24 mars 1806 était-elle applicable aux inscriptions de la rente trois, quatre ou quatre et demi pour cent, créée depuis ? Au fond, tous les auteurs étaient d'accord pour l'affirmative. On ne différait que sur le chiffre de la rente; mais la pratique avait fini par se fixer sur ce point. V. Demante, *Cours analyt.*, II, n° 220 *bis* II; Demolombe, VII, n° 592. — Cette loi a été abrogée textuellement par celle du 17-28 janvier 1880, pro-

mulguée à l'*Officiel* le 28, et a été remplacée par les dispositions
des articles 1, 2, 3, 4, 8, 9 et 12 de cette dernière loi, qu'il importe
de rapporter ici en entier, pour faire connaître la législation qui
régit aujourd'hui les transferts de rente mobilière sur l'Etat.
Voici :

5. «Le tuteur ne pourra aliéner, sans y être autorisé préala-
«blement par le conseil de famille, les rentes, actions, parts d'in-
«térêts, obligations et autres meubles incorporels quelconques
«appartenant au mineur ou à l'interdit. —Le conseil de famille,
«en autorisant l'aliénation, prescrira les mesures qu'il jugera
«utiles» (art. 1ᵉʳ); c'est-à-dire un emploi ou autre précaution.

6. Ainsi, désormais, le tuteur d'un mineur ou d'un interdit
aura besoin de l'autorisation du conseil de famille pour vendre
une rente sur l'Etat cinq, quatre et demi, ou trois pour cent,
quelque modique qu'elle soit, appartenant à son pupille; et le
conseil de famille dictera les mesures ou précautions qu'il jugera
utiles, par exemple un mode d'emploi du prix. Cela sans distinction entre un titre au porteur et un titre nominatif. V. *infra*, nº 18.

7. Cette disposition est générale. «Elle s'applique à tous ceux,
sans exception, qui ont la tutelle de mineurs ou d'interdits, et
par conséquent au père ou à la mère survivant». Mais le père
administrateur légal est dispensé de recourir à la famille, en
présence du texte de l'article 1ᵉʳ de notre loi, des autres dispositions, de la discussion et des travaux préparatoires (premier rapport au Sénat). — Ce n'est pas tout.

8. Dans sa généralité l'article 1ᵉʳ de la loi de 1880 embrasse
non seulement les tuteurs entrés en exercice depuis sa promulgation, mais encore ceux qui étaient en fonctions auparavant, de
sorte que l'autorisation du conseil est indispensable aux uns
comme aux autres. Cela n'est pas douteux: les tuteurs entrés en
fonctions «antérieurement à la présente loi seront tenus de s'y
«conformer», dit l'article 9.

9. «Lorsque la valeur des meubles incorporels à aliéner dé-
«passera, d'après l'appréciation du conseil de famille, quinze
«cents francs en capital, la délibération sera soumise à l'homo-
«logation du tribunal, qui statuera en la chambre du conseil, le
«ministère public entendu; le tout sans dérogation à l'ar-
«ticle 883 du Code de procédure. — Dans tous les cas le juge-
«ment rendu sera en dernier ressort» (art. 2). — Bien entendu

que le procès-verbal devra faire mention du chiffre de l'appréciation du conseil. — De même qu'on devra y mentionner l'avis de chacun des membres, toutes les fois que la délibération ne sera pas unanime (art. 883 C. pr.).

10. Quel est le sens de cette disposition: «Dans tous les cas, le jugement rendu sera en dernier ressort»? Il s'agit uniquement du jugement de la chambre du conseil statuant sur la question d'homologation, étant de principe que les décisions de cette nature ne sont pas sujettes à appel; Cass., 10 juin 1874, D. P. 75, I, 309. — Est-ce à dire que la délibération homologuée sera à l'abri de tout recours? Non, elle pourra encore être attaquée devant le tribunal par action directe par la voie ordinaire, comme le prouve le texte précis de notre article 2, qui réserve ici l'application de l'article 883 du Code de procédure conçu en ces termes : « Le tuteur, subrogé tuteur ou curateur, même les « membres de l'assemblée, pourront se pourvoir contre la déli- « bération ; ils formeront leur demande contre les membres qui « auront été d'avis de la délibération, sans qu'il soit besoin « d'appeler en conciliation ». V. *Homologation*, nᵒˢ 3-5. Et le jugement rendu sur le recours sera susceptible d'appel. — V. *Recours contre les délibérations du conseil de famille*, nᵒˢ 36-38.

11. « L'aliénation sera opérée par le ministère d'un agent de « change, toutes les fois que les valeurs seront négociables à la « Bourse, au cours moyen du jour » (art. 3). — Cette disposition, sans obliger le conseil à désigner l'agent de change, lui en laisse la faculté. Mais elle veut que le transfert se fasse « au cours moyen du jour », — et non « à un cours officiellement déterminé », comme le demandaient les deux projets du gouvernement et de la commission du Sénat.

12. « Le mineur émancipé au cours de la tutelle, même assisté « de son curateur, devra observer pour l'aliénation de ses meu- « bles incorporels les formes ci-dessus prescrites à l'égard du mi- « neur non émancipé. — Cette diposition ne s'applique pas au « mineur émancipé par le mariage » (art. 4).

13. D'après cet article, le mineur émancipé par son mariage, contracté au cours de la tutelle, aura pleine capacité, avec la seule assistance du curateur, de transférer ses rentes mobilières sur l'État, quelle qu'en soit la valeur, et d'en recevoir le prix, dont l'emploi devra être surveillé par le curateur (art. 482 C. civ.), sans immixtion ni responsabilité de l'agent de change qui aura

opéré la négociation. Cela à plus forte raison pour le mineur marié avant d'être en tutelle *supra*, n° 7.

14. Au contraire, le mineur émancipé expressément au cours de la tutelle, c'est-à-dire devant un juge de paix, aura besoin de l'autorisation du conseil de famille (avec homologation au-dessus de quinze cents francs) pour transférer une rente sur l'Etat et en toucher le prix, qui devra être employé sous la surveillance du curateur, en dehors de toute immixtion et responsabilité de l'agent de change, à moins que la délibération n'en décide autrement, ainsi que peut le faire le conseil.

15. Mais l'article 4 ne parlant que du mineur émancipé « au cours de la tutelle », quelle sera la situation du mineur émancipé avant toute tutelle par le père du vivant de la mère ? Assurément celui-là ne tombe pas sous la lettre de l'article 4 : il est régi par le droit commun, qui lui permet de transférer librement ses rentes sur l'Etat et d'en toucher le prix, avec l'assistance de son curateur, l'article 12 ayant abrogé formellement la loi du 24 mars 1806, qui exigeait l'autorisation du conseil de famille pour la vente d'une inscription de rente supérieure à cinquante francs appartenant au mineur émancipé, et l'article 4 n'ayant retenu que l'émancipé durant la tutelle. Cette solution ressort nettement de la discussion de la loi nouvelle, des explications données par le rapporteur au Sénat, et du remaniement des deux premiers projets du gouvernement et de la commission, qui astreignaient les mineurs émancipés, sans distinction et sans exception, à la nécessité de recourir à l'autorisation du conseil de famille.

15 *bis*. Bien que l'article 4 ne distingue pas si le mineur a été émancipé avant ou depuis la promulgation de la loi nouvelle, on est porté à croire que l'*émancipé avant* n'a pas besoin de recourir au conseil de famille. Mais on se tromperait en présence de l'article 9, qui dispose que « les tuteurs entrés en fonctions et les « mineurs émancipés antérieurement à la présente loi seront te- « nus de s'y conformer ».

16. L'article 4 ne parle pas du mineur émancipé devenu commerçant; il ne distingue pas, comme il le fait pour l'émancipé par mariage; que faut-il en conclure? A ne consulter que le texte, cette disposition atteint l'émancipé durant la tutelle, quoique devenu commerçant, en l'obligeant à recourir au conseil de famille; et vraisemblablement les agents de la Bourse l'interpréteront en ce sens. Pour ma part, je suis d'avis que le mineur commerçant a

besoin de l'autorisation, et quelquefois de l'homologation, en considérant, d'une part, que, pour « aliéner » ses immeubles, les mêmes formalités lui sont imposées par l'article 6 du Code de commerce; d'autre part, que, selon le texte et l'esprit de la loi de 1880, le législateur a voulu entourer les meubles incorporels de garanties non moins efficaces que celles qui protègent les immeubles d'après le Code. Du reste, on ne saurait garder de doute sur ce point en présence des travaux préparatoires de la loi. En effet, dans le projet de la commission de la Chambre des députés, le paragraphe 2 de l'article 4 était ainsi conçu : « Cette disposition ne s'applique pas au mineur émancipé par le mariage ni au mineur autorisé à faire le commerce; l'un et l'autre pourra aliéner ses meubles incorporels avec la seule assistance de son curateur. » Puis, sur renvoi de la Chambre des députés à la commission, celle-ci fit complètement disparaître le membre de phrase qui concernait le mineur autorisé à faire le commerce, en maintenant toutefois la disposition qui concerne le mineur émancipé par mariage (deuxième rapport au Sénat). V. *infra*, n° 16 *bis*.

16 *bis*. Cette solution, non douteuse en ce qui touche l'individu devenu commerçant depuis la loi nouvelle, pourrait laisser de l'incertitude touchant celui qui l'était déjà auparavant. Néanmoins je crois qu'il doit également recourir au conseil de famille, devant les termes généraux des articles 4 et 9.

17. « Les dispositions de la présente loi sont applicables aux « valeurs mobilières appartenant aux mineurs et aliénés placés « sous la tutelle, soit de l'administration de l'Assistance publique, « soit des administrations hospitalières. — Le conseil de surveil- « lance de l'administration de l'Assistance publique et les com- « misions administratives rempliront à cet effet les fonctions « attribuées au conseil de famille. — Les dispositions de la pré- « sente loi sont également applicables aux administrateurs pro- « visoires des biens des aliénés, nommés en exécution de la loi « du 30 juin 1838 » (art. 8, L. 17-28 févr. 1880). — C'est-à-dire que la loi nouvelle reconnaît à ces administrateurs le pouvoir de vendre à la Bourse les rentes appartenant à cette catégorie d'incapables, moyennant une autorisation du conseil, avec ho-mologation pour une valeur de plus de quinze cents francs. V. L. 15 pluv. an XIII, art. 1er, 10 janv. 1849, art. 10.

18. Un point à noter. Pour éviter toute équivoque, toute diffi-

culté, il importe que la délibération de famille dise clairement si le tuteur est autorisé à recevoir le prix et à en donner quittance, si l'agent de change est chargé ou bien dispensé de faire le remploi. Le conseil pourra aussi indiquer l'agent de son choix. — La même précaution pourra être prise à l'égard du mineur émancipé, surtout lorsque le conseil de famille prescrira des mesures pour l'emploi du prix, ainsi qu'il a le pouvoir de le faire par application de l'article 1er de la loi de 1880, qui a modifié sur ce point l'article 482 du Code civil.

19. Au résumé, aujourd'hui, pour le transfert d'une rente mobilière sur l'Etat, l'autorisation du conseil de famille est indispensable : 1° au tuteur de tout individu interdit judiciairement ou légalement soit depuis, soit avant la loi de 1880 ; 2° à tout tuteur de mineur non émancipé, entré en fonctions avant ou depuis cette loi ; 3° au mineur émancipé par son père, sa mère ou son conseil de famille au cours de la tutelle ; 4° même au mineur, ainsi émancipé expressément et devenu commerçant depuis ou avant la promulgation de cette loi. De sorte qu'il n'y a de dispensés de l'autorisation que le mineur émancipé par mariage et le mineur émancipé avant d'être en tutelle, n'importe qu'ils soient commerçants ou non. Cela sans distinguer si le titre de rente est nominatif ou bien au porteur.

20. Deux héritiers mineurs, ou bien l'un mineur et l'autre majeur, trouvent dans la succession un titre de rente au nom de leur auteur ; veulent-ils le faire immatriculer à leurs deux noms conjointement, ils se feront délivrer un certificat de propriété par un notaire s'il y a titre, par exemple une liquidation, par le juge de paix s'il n'y a pas de titre (L. 28 flor. an VII, art. 6 ; Décr. 11-25 août 1864, art. 12). Mais alors cette rente sera encore indivise, et, si les deux rentiers veulent sortir d'indivision, comme ils ne peuvent, sans rédiger un acte de partage notarié, se faire délivrer un certificat de propriété d'un notaire, et que, d'un autre côté, le juge de paix n'est plus compétent pour en délivrer un, voici la marche usitée et adoptée par le Trésor public et à la Bourse : le conseil de famille autorise le tuteur à vendre la rente entière, sous la condition que la part du prix afférente au mineur sera employée en achat d'une nouvelle rente que l'on inscrira nominativement à son nom, tandis que l'autre portion reviendra au majeur ; puis l'agent de change commis tout spécialement par la délibération doit en surveiller l'exécution. Bien évidemment,

la loi du 17-28 février 1880 ne s'oppose pas à ce mode de partage amiable.

21. *Inscriptions de rente sur l'État immobilisée.* Pour transférer les rentes sur l'État immobilisées, de cinq, quatre et demi ou trois pour cent, quel qu'en soit le chiffre, il faut au tuteur et à l'émancipé assisté de son curateur (l'émancipé marié ou non, commerçant ou non) l'autorisation du conseil de famille, l'homologation et l'accomplissement des autres formalités légales requises pour la *Vente des immeubles;* V. ce mot. Alors on rentre dans le droit commun, sans s'occuper de la loi de 1880. V. décret 1er mars 1808, sur les majorats.

22. Quand une rente immobilisée appartient à deux ou plusieurs personnes dont une mineure, émancipée ou non émancipée, on ne peut sortir d'indivision qu'en observant les formes légales prescrites pour le *Partage* ou la *Licitation* des immeubles. — V. Ces deux mots.

TRANSFERT DES ACTIONS DE LA BANQUE DE FRANCE. 1. Ces valeurs sont mobilières par leur nature; mais (de même que les rentes sur l'État) elles peuvent être immobilisées, ainsi que nous l'expliquerons, *infra,* n° 6.

2. *Actions mobilières.* Un décret du 25 septembre 1813 avait déclaré les dispositions de la loi du 24 mars 1806 applicables aux mineurs ou interdits, propriétaires d'actions ou portions d'actions de la Banque de France, toutes les fois qu'ils n'avaient qu'une action ou un droit dans plusieurs actions n'excédant pas en totalité une action entière. De sorte que les tuteurs et les mineurs émancipés étaient assujettis aux mêmes formalités que pour le transfert des rentes sur l'État. Mais le décret de 1813 et la loi de 1806 ont été abrogés formellement et sont aujourd'hui remplacés par la loi du 17-28 février 1880.

3. D'après cette dernière loi, tout tuteur, légitime, testamentaire ou datif, a besoin d'être autorisé par le conseil de famille pour transférer une action ou une portion quelconque d'action mobilière de la Banque de France, et il faut que cette autorisation soit homologuée par le tribunal quand l'action est d'une valeur supérieure à quinze cents francs suivant l'appréciation de la famille. Puis la vente doit toujours être faite par agent de change, à la Bourse, au cours moyen du jour. — V. *Transfert des rentes sur l'État,* n°s 5 à 11 ; *Vente des meubles incorporels,* n°s 2-4, 6.

4. Les mêmes formalités sont imposées aux mineurs émancipés

expressément, c'est-à-dire par déclaration faite devant le juge de paix, soit avant, soit depuis la loi de 1880, même au mineur devenu commerçant à une époque quelconque. Il n'y a d'exceptés que les mineurs émancipés par mariage, et les mineurs émancipés par le père du vivant de la mère, qui peuvent transférer sans remplir de formalités avec la seule assistance de leur curateur. — V. *Transfert des rentes sur l'Etat*, nᵒˢ 12-16 *bis*; *Vente des meubles incorporels*.

5. Le père légitime, administrateur légal des biens de ses enfants, est dispensé de recourir à ces formalités pendant son mariage, c'est-à-dire tant que la tutelle n'est pas ouverte. — V. *Transfert des rentes sur l'Etat*, nᵒ 7.

6. *Actions immobilisées.* « Les actionnaires qui voudront donner « à leurs actions la qualité d'immeubles, en auront la faculté ; et « dans ce cas ils en feront la déclaration dans la forme prescrite « pour les transferts. — Cette déclaration une fois inscrite sur le « registre, les actions immobilisées resteront soumises au Code « civil et aux lois de privilège et d'hypothèque, comme les pro- « priétés foncières : elles ne pourront être aliénées, et les privi- « lèges et hypothèques être purgés qu'en se conformant au Code « civil et aux lois relatives aux privilèges et hypothèques sur les « propriétés foncières » (Décr. 16 janv. 1808, art. 7). — Cette disposition est toujours en vigueur ; elle n'a pas été modifiée par la loi de 1880. De sorte que le transfert des actions immobilisées de la Banque ne peut être fait par le tuteur du mineur ou de l'interdit, ou bien par l'émancipé, même marié, assisté de son curateur, qu'en vertu d'une autorisation du conseil de famille avec homologation et observation des formes légales prescrites pour la *Vente des immeubles*, quelle qu'en soit la valeur. V. ce mot.

7. Jusqu'alors on avait parfois recours à ce procédé en achetant au nom du mineur ou de l'interdit des actions de la Banque de France, que l'on immobilisait afin de les entourer des garanties offertes par les formalités propres à l'aliénation des immeubles fonciers. Désormais on immobilisera moins, aujourd'hui que, avec la loi de 1880, les formalités et les garanties sont devenues à peu près les mêmes pour la vente des actions, soit mobilières, soit immobilières, appartenant aux mineurs, aux interdits et aux autres incapables (l'immobilisation s'emploie aussi quelquefois pour le remploi des biens dotaux des femmes). V. Décr. 1ᵉʳ mars 1808, art. 2, sur les majorats.

TRANSFERT DES ACTIONS DE LA COMPAGNIE DES CANAUX D'ORLÉANS ET DU LOING.

1. « Les actions de la « compagnie d'Orléans et du Loing, pour leur immobilisation, « leur inaliénabilité, leur disposition et jouissance, sont assimi-« lées en tout aux actions de la Banque de France » (Décr. 16 mars 1810, art. 13). C'est-à-dire qu'en principe ces actions sont mobilières, mais qu'elles peuvent être immobilisées.

2. *Actions mobilières*. Par suite de l'abrogation du décret du 25 septembre 1813, et d'après la loi du 17-28 février 1880, le tuteur, de même que l'émancipé assisté de son curateur, a besoin de l'autorisation du conseil de famille pour transférer les actions mobilières d'Orléans et du Loing, quelle qu'en soit la valeur, faible ou élevée. Il faut en outre que la délibération soit homologuée par le tribunal quand le conseil de famille juge que la valeur dépasse quinze cents francs de principal. Il n'y a d'exception que pour le père administrateur légal des biens de ses enfants mineurs pendant le mariage, pour l'enfant émancipé pendant le mariage de ses père et mère et pour le mineur émancipé par mariage, qui peuvent vendre sans remplir aucune formalité. — V. *Transfert des actions de la Banque de France*, nᵒˢ 3, 4, 5 ; *Vente des meubles incorporels*, nᵒˢ 12 à 17.

3. *Actions immobilisées*. Quand il s'agit de vendre des actions immobilisées, le tuteur, ainsi que l'émancipé même par mariage, a besoin non seulement de l'autorisation du conseil de famille avec homologation, mais encore de l'accomplissement des formalités prescrites pour la *Vente des immeubles*. — V. ce mot et le mot *Transfert des actions de la Banque de France*, nᵒ 6.

TRANSFERT DES ACTIONS ET DES OBLIGATIONS COMMERCIALES, INDUSTRIELLES OU FINANCIÈRES; DES OBLIGATIONS SUR LES VILLES, LES DÉPARTEMENTS ET L'ÉTRANGER.

1. Ces valeurs sont toujours mobilières, lors même qu'elles représentent un intérêt dans une entreprise, une compagnie ou société immobilière, par exemple dans une société fondée pour l'exploitation d'une mine (art. 529 C. civ. et art. 8, L. 21 avr.

1810). Aujourd'hui la vente de ces valeurs est régie par la loi du 17-28 février 1880 (Promulguée le 28 à l'*Officiel*).

2. Désormais, tout tuteur, même le père ou la mère survivant, entré en fonctions avant ou depuis cette loi, aura besoin de l'autorisation du conseil de famille pour vendre, ou pour aliéner à tout autre titre, « les actions, parts d'intérêts, obligations » appartenant au mineur ou à l'interdit; et « le conseil de famille, en « autorisant l'aliénation, prescrira les mesures qu'il jugera utiles», par exemple un mode d'emploi du prix (L. 17-28 févr. 1880, art. 1er et 9).

3. La loi nouvelle ne distingue pas entre les rentes et obligations grosses ou modiques, nominatives ou au porteur; elle exige l'autorisation préalable pour toutes sans exception. Mais, de plus, pour une valeur supérieure à quinze cents francs de capital d'après l'appréciation du conseil de famille, la délibération devra être soumise à l'homologation du tribunal, qui statuera en la chambre du conseil par un jugement en dernier ressort (art. 2).

4. La loi nouvelle n'impose pas au tuteur l'obligation de vendre les actions ou obligations du pupille. En lui laissant le pouvoir de vendre, qu'il tient de son mandat légal d'après le Code civil, elle réglemente ce pouvoir, elle le diminue, elle lui interdit d'en user sans y être préalablement autorisé par le conseil de famille.

5. Cette disposition est générale. « Elle s'applique à tous ceux, sans exception, qui ont la tutelle de mineurs ou d'interdits, et, par conséquent, au père ou à la mère survivants ». Mais le père, administrateur légal des biens de ses enfants mineurs pendant son mariage, est dispensé de recourir à la famille, ainsi qu'il ressort du texte de l'article 1er de notre loi, de ses autres dispositions, de la discussion et des travaux préparatoires. (V. le premier rapport au Sénat.)

6. « Le mineur émancipé au cours de la tutelle, même assisté de « son curateur, devra observer pour l'aliénation de ses meubles « incorporels les formes ci-dessus prescrites à l'égard du mineur « non émancipé. — Cette disposition ne s'applique pas au mineur « émancipé par mariage. » — Tel est le texte de l'article 4. En le rapprochant de la discussion de la loi nouvelle, des explications données par le rapporteur au Sénat, et du remaniement des deux premiers projets, qui astreignaient les mineurs émancipés, sans distinction ni exception, à la nécessité de recourir à l'autorisation

du conseil de famille, on demeure convaincu que, hormis l'émancipé par mariage et l'émancipé avant la tutelle, cette autorisation est indispensable à tout individu émancipé devant le juge de paix, soit avant, soit depuis l'ouverture de la tutelle, lors même qu'il est devenu commerçant (art. 9).

7. Ces dispositions sont également applicables aux actions, parts d'intérêts et obligations appartenant aux mineurs ét aliénés placés sous la tutelle, soit de l'administration de l'Assistance publique, soit des administrations hospitalières, dont le conseil de surveillance et les commissions administratives rempliront à cet effet les fonctions attribuées au conseil de famille (art. 8).

8. Les mêmes dispositions s'appliquent aussi aux administrateurs provisoires des biens des aliénés, nommés en exécution de la loi du 30 juin 1838 (art. 8, L. 1880); c'est-à-dire que ces administrateurs ne peuvent vendre les obligations et actions qui appartiennent à cette catégorie d'incapables sans y être autorisés par le conseil de famille avec homologation au-dessus de quinze cents francs de capital.

9. « L'aliénation sera opérée par le ministère d'un agent de « change, toutes les fois que les valeurs seront négociables à la « Bourse, au cours moyen du jour » (art. 3), — et non « à un cours officiellement déterminé », comme le demandaient les deux projets du gouvernement et de la commission du Sénat. — Le conseil de famille aura la faculté d'indiquer l'agent de change de son choix. — Dans tous les cas, bien que le tuteur ait plein pouvoir de recevoir le prix et d'en donner quittance, il sera prudent de s'en expliquer dans la délibération, en disant si l'agent de change a mission ou non de faire et de surveiller l'emploi. De même pour l'émancipé, dont le pouvoir peut être restreint par la délibération en ce qui touche l'emploi.

10. La loi du 17-28 février 1880, en exigeant l'autorisation du conseil de famille pour aliéner « les rentes, actions, parts d'intérêts, obligations et autres meubles incorporels quelconques appartenant au mineur ou à l'interdit », ne fait pas de distinction entre les valeurs françaises et les valeurs étrangères. De là, il faut conclure que cette loi s'applique également aux unes et aux autres; de même qu'elle est applicable aux valeurs cotées ou non cotées à la Bourse (V. le premier rapport au Sénat).

11. Pour terminer sur les valeurs de Bourse ou de Banque, montrons une hypothèse qui, sans avoir un rapport direct avec

l'aliénation et le transfert, se réfère bien plutôt à la *conversion des titres nominatifs en titres au porteur*, et réciproquement. Le rapporteur de la commission du Sénat (premier rapport) s'exprimait en ces termes : — « On s'est préoccupé d'une certaine éventualité qui se réalise assez souvent : celle du tirage au sort amenant un remboursement. Voici, en effet, ce qui se passe en pareil cas : un tuteur a en main pour le compte de son pupille, entre autres valeurs, un certificat nominatif d'obligations. Par suite d'un tirage au sort, un certain nombre de ces obligations viennent à remboursement; mais, avant de les rembourser, la compagnie commence par les dénaturer et par les mettre au porteur. On a demandé si le tuteur serait à chaque remboursement, par suite du tirage au sort, obligé de réunir le conseil de famille. Cette préoccupation n'a pu venir que d'une ignorance des faits. Le changement dans la nature du titre est, en pareil cas, simplement une mesure d'ordre intérieur qui se rattache aux relations des compagnies avec la régie, et qui a pour objet d'arriver à des statistiques et à des constatations : cette mesure ne concerne que la compagnie. Si le remboursement a lieu sous la forme d'un titre au porteur, le tuteur fera les diligences nécessaires pour le rendre nominatif. Si, au contraire, comme cela arrivera le plus souvent, le remboursement a lieu en espèces, le tuteur fera emploi de ce capital ainsi remboursé. Il n'y a donc pas à se préoccuper de cette éventualité; la conduite du tuteur en cette circonstance spéciale se trouve tracée par le projet de loi. »

TRANSPORT DE RENTES SUR PARTICULIERS. — V. *Vente des meubles incorporels.*

TRANSPORT DE CRÉANCES SUR PARTICULIERS. — V. *Vente des meubles incorporels.*

TRAVAIL. Il arrive trop souvent qu'un conseil de famille, réuni pour nommer un tuteur après la mort du père et de la mère, ne s'occupe pas ou ne délibère pas sur l'avenir de l'orphelin, et cependant ce soin le regarde directement. C'est au conseil à choisir une profession au pupille qui en a besoin; il lui appartient de déterminer le genre d'instruction, d'éducation et d'apprentissage vers lesquels il sera dirigé. Bien plus, quand l'enfant est sous la tutelle du survivant de ses père et mère, il appartient encore à la famille, appelée à nommer un subrogé tuteur, d'émettre son *avis* sur la direction à donner au mineur. Ce point importe non moins essentiellement que la bonne gestion de la fortune. — V. *Pouvoirs* *du conseil de famille et du tuteur du mineur non émancipé*, nᵒˢ 4-8.

TRIBUNAL CIVIL DE PREMIÈRE INSTANCE. En matière de conseils de famille, le tribunal civil statue tantôt en chambre du conseil, tantôt comme juridiction ordinaire. — V. *Homologation ; Recours contre les délibérations du conseil de famille.*

TUTELLE en général.

1. Le mot *tutelle* éveille en nous l'idée complexe de tuteur, de conseil de famille et de subrogé tuteur. Le titre de *Tutelle en général* servira d'introduction à l'étude des quatre espèces de tutelles ordinaires qui sont dans l'ordre du Code civil. Et, bien que l'ancienne législation ait été abrogée, qu'elle n'existe plus comme loi, il ne sera pas inutile de jeter un coup d'œil rétrospectif sur cet ancien droit, pour le consulter comme raison écrite et au point de vue historique.

2. *Droit romain.* Dans les premiers temps de Rome, la tutelle fut établie plutôt comme moyen d'influence que comme protection, ou tout au moins dans l'intérêt commun du pupille et du tuteur; les deux idées de protection et d'avantage marchaient de front, et alors il n'y avait que des tuteurs testamentaires et des tuteurs légitimes. Dans le système des Douze-Tables, en effet, la tutelle et l'hérédité s'appuyaient l'une sur l'autre : tout y était ramené au principe de la perpétuité des biens dans la famille (Gaïus, III, § 117), tempéré par la volonté absolue du *pater familias* (id., II, § 224). Ainsi la tutelle testamentaire tendait vers ce but, en confiant à une personne choisie par le chef l'administration des biens de l'impubère (l'homme âgé de moins de quatorze ans, la femme de moins de douze ans); de même les plus proches agnats, futurs héritiers, avaient intérêt à conserver cette fortune, et la tutelle légitime leur était déférée en l'absence de tutelle testamentaire (L. I, pr. *De legit. tut..*, Dig.). Mais l'idée de protection finit par prévaloir dans les derniers temps de la République romaine : en vue de protéger le pupille vis-à-vis des agnats qui avaient intérêt à obtenir ses biens de bonne heure, le magistrat en con-

fiait le plus souvent l'éducation et la surveillance à la mère ou à
un parent maternel (Tit. *Ubi pupil. educ.*, Cod.), toujours désintéressé, qui n'était pas héritier présomptif; et, pour la plus grande
sûreté de l'impubère, le magistat pouvait toujours le retirer des
mains d'une personne, pour le confier à une autre. Telle fut l'origine d'une troisième tutelle, qui reçut le nom de tutelle dative,
devint une charge pour le tuteur et se donnait principalement à
l'impubère dépourvu de toute autre espèce de tutelle (Gaïus, I,
§ 185). Dès lors la tutelle fut réellement un pouvoir protecteur, fondé
sur la raison naturelle *ad tuendum eum qui propter œtatem suam
sponte se defendere nequit* (L. I, pr. *De tut.*, Dig.). Enfin, le tuteur
avait une double mission, non seulement de gérer les affaires du
pupille, mais encore d'intervenir dans les actes que celui-ci faisait lui-même à l'effet de l'habiliter : *tutores et negotia gerunt et
auctoritatem interponunt* (Ulpien, II, § 25). V. *infra*, n° 6.

3. *Droit français ancien.* Dans les premiers siècles de la monarchie française, et même dans le moyen âge, la majorité com-
mençait à quatorze ans pour les garçons, à douze ans pour les
filles. Puis, lors de la rédaction des Coutumes, on passa d'une
extrémité à une autre, en fixant généralement l'âge de la majorité
à vingt-cinq ans. Mais, au dix-septième siècle, un mouvement
de réforme se produisit, alors que déjà la minorité cessait à vingt
ans dans quelques-unes de nos provinces (le Maine et l'Anjou).
La loi du 20 septembre 1792 fixa à vingt et un ans accomplis le
terme de la minorité, c'est-à-dire le moment où la majorité commence.

4. Quant aux différentes sortes de tutelles, notre ancienne jurisprudence variait. Dans les pays de droit écrit (provinces du
Midi), on suivait la loi romaine ; tandis que, en général, dans les
pays coutumiers, on ne reconnaissait que la tutelle dative conférée par le magistrat, sans admettre la tutelle testamentaire ; telles
la coutume de Normandie et la coutume de Paris. Par exception,
quelques coutumes (Reims, Bourbonnais, Auvergne, Bretagne,
Auxerre) admettaient la tutelle testamentaire ; d'autres une tutelle testamentaire, mais différente de celle du droit romain.
Parmi celles-ci quelques-unes ne la donnaient qu'à la mère ou
au père survivant ; d'autres, comme Orléans, l'accordaient aux
ascendants à défaut ou au refus du survivant des père et mère.
V. Pothier, *Traité des personnes*, 1re partie, tit. VI, sect. IV,
n° 147 ; Loisel, *Instit. coutum.*, L. I, tit. IV, n° 10.

5. *Législation du Code civil.* « La majorité est fixée à vingt-un « ans accomplis » (art. 488). De sorte que tout individu de l'un ou de l'autre sexe qui n'a point atteint cet âge est *mineur* (art. 388), absolument incapable d'exercer les droits civils (à moins d'avoir été émancipé).

6. En France, la tutelle est le pouvoir conféré à un individu, à l'effet de prendre « soin de la personne » et des biens d'un mineur (privé de son père, ou de sa mère, ou de tous deux) et de le représenter « dans tous les actes civils » (art. 450). De sorte que le tuteur n'a point pour mission d'habiliter le mineur, lequel ne peut faire lui-même aucun acte, à la différence du pupille romain, qui les faisait tous avec l'*auctoritas tutoris*. V. *supra*, n° 2.

7. Elle est aussi une charge : — civile, à laquelle on ne peut se soustraire (art. 1370); — personnelle, car elle ne passe point aux héritiers (art. 419); — gratuite, c'est-à-dire non rétribuée pécuniairement (art. 471).

8. Le Code civil, s'occupant des enfants légitimes, a rangé les tutelles sous quatre dénominations :—tutelle des père et mère;—tutelle déférée par le père ou la mère;—tutelle des ascendants;—tutelle déférée par le conseil de famille. — Malgré ce dénombrement, à vrai dire il n'y a que deux sortes de tutelles, légale et dative : la tutelle légale est donnée directement par la loi, tandis que la tutelle dative est conférée indirectement par délégation de la loi. Au fond, toutes ont le même caractère, confèrent les mêmes pouvoirs, imposent les mêmes charges. Toutes reposent sur la confiance : confiance dans le père et la mère, confiance dans les ascendants, confiance dans le conseil de famille, confiance, enfin, dans le juge de paix et les tribunaux.

9. A première vue on est porté à croire que l'ordre textuel adopté par le Code est absolu ; mais en réalité il subit des interversions. Les quatre sections qui organisent séparément les quatre tutelles ordinaires renferment des dispositions qui se relient ensemble comme un tout indivisible ; leur enchaînement offre à l'esprit de telles difficultés, que l'interprète ne parvient pas toujours à les faire concorder avec le raisonnement philosophique. Pour ma part, j'avoue qu'il m'a fallu péniblement lutter avec les textes, surtout avec celui de l'article 405, centre de notre matière, vers lequel convergent les autres dispositions. Quoi qu'il en soit, cet article s'impose; c'est la loi; notre rôle est de nous efforcer de la mettre en évidence; nous y essayerons dans les sections suivantes,

10. Tant que dure le mariage des père et mère légitimes, il n'y a pas lieu à la tutelle de leurs enfants; Massé et Vergé, sur Zachariæ, I, p. 384, § 195, note 4 (édit. 1854). — Écartons l'opinion qui admet une tutelle dative provisoire, lorsque le père et la mère vivants sont tous deux dans l'impossibilité physique ou morale d'exercer la puissance paternelle. V. Aubry et Rau, sur Zachariæ, I, p. 366, note 4 (édit. 1869). V. aussi Demante, *Cours analytique*, II, n° 138 *bis*.

11. Mais, une fois le mariage dissous par la mort de l'un des époux, la tutelle inévitablement commence sur les enfants mineurs déjà nés (art. 390). « La tutelle, dit Berlier, commence au décès du père ou de la mère, car alors, en perdant un de ses protecteurs naturels, le mineur réclame déjà une protection plus spéciale de la loi »; Locré, *Législation civile*, VII, p. 234. Elle ne s'ouvre jamais plus tôt, excepté dans le cas d'interdiction d'un mineur. — V. *Enfant naturel reconnu*, n°ˢ 4-9.

12. La tutelle s'ouvre toujours dans le lieu du domicile du mineur, par conséquent au lieu du domicile qu'a le père à l'époque de la dissolution de son mariage (art. 108, 406 et 407), n'importe lequel des deux époux prédécède, et lors même qu'il y aurait séparation de corps judiciaire entre eux; Demolombe, *Minorité*, VII, n°ˢ 237-239; Magnin, *Tr. des minorités*, I, n°ˢ 71-73; Le Senne, *Tr. de la sépar. de corps*, n° 451. De même la tutelle de l'interdit) s'ouvre dans le lieu de son domicile (art. 406, 494, 509 C. civ..

13. Le siège du domicile de la tutelle une fois fixé restera-t-il immuable pendant toute la minorité ou l'interdiction? Dans l'hypothèse d'un changement de tuteur qui, succédant au précédent, a son domicile ailleurs que celui-ci, je suis d'avis qu'il n'y a point changement du domicile de la tutelle (art. 406 et 407 C. civ.); et je ne saurais m'arrêter à la distinction que l'on a voulu faire de ce chef entre la tutelle dative et la tutelle testamentaire ou légale. *Contra*, Marcadé, II, art. 440, n° 3.

14. La question est plus controversée quand un tuteur change de domicile pendant son exercice. — Suivant une première opinion, tout tuteur, quel qu'il soit, pourrait, en changeant de domicile personnel, changer aussi le domicile de la tutelle; V. rej. 10 août 1825, D. P. 25, I, 405; Magnin, t. I, n°ˢ 75, 76. — Une deuxième opinion reconnaît au tuteur testamentaire ou datif la faculté de transplanter le domicile de la tutelle au lieu où il transfère son propre domicile; mais elle n'admet pas cet effet pour les

tuteurs légitimes ; Marcadé, *loc. eod.*, Massé et Vergé, I, p. 394, § 202, notes 4 et 5. — M. de Fréminville, *Tr. de la minorité*, t. I, n° 98, repousse toujours le changement de domicile de la tutelle ; « que l'on ne perde pas de vue, dit-il, que la nature même des choses s'oppose à une pareille interprétation. Comment les parents les plus proches, membres nécessaires du conseil de famille, pourraient-ils être astreints à se réunir à une distance peut-être considérable de leur domicile ? Les intérêts mêmes du mineur ne seraient-ils pas soumis au danger d'être compromis, si le conseil de famille se réunissait et délibérait dans une localité éloignée du point où des renseignements positifs pourraient être par eux facilement recueillis ? N'est-ce pas dans ce lieu même, où s'élèvent et s'agitent les intérêts du mineur, qu'il importe de faire délibérer le conseil qui doit régler ces intérêts par ses avis ? Il faut donc repousser toute corrélation entre les articles 108 et 406 du Code civil. » — Cette dernière opinion a prévalu dans la jurisprudence, avec d'autant plus de raison, qu'un changement volontaire de domicile du tuteur pourrait être déterminé par des motifs contraires aux intérêts du mineur ; Cass., 23 mars 1819 ; 11 mai 1842 ; rej. 17 déc. 1849 ; S. V., 19, I, 325 ; 42, I, 664 ; 50, I, 299 ; Nancy, 1ᵉʳ juill. 1853 ; Douai, 4 mars 1859 ; S. V., 53, II, 558 ; 59, I, 346 ; Bugnet, sur Pothier, *Introd. aux cout.*, note sur le n° 17 ; Valette, sur Proudhon, *Des personnes*, II, p. 313 ; Demolombe, VII, nᵒˢ 248-250.

15. Cette solution a une importance considérable, à raison de ce que le domicile de la tutelle fixe invariablement le rayon territorial dans lequel devront, avant tout, être pris les membres qui composeront le conseil de famille, le lieu où ils devront s'assembler, le dépôt où l'on trouvera tous les actes relatifs à la tutelle.

16. Peut-il y avoir en même temps plusieurs tuteurs ayant le pouvoir d'administrer la personne et les biens du mineur ?

Le droit romain admettait la pluralité de tuteurs, *plures tutores*, pour un même pupille (L. 24, *De test. tut.*, Dig.) Ainsi la tutelle légitime était déférée, par la loi des Douze Tables, en même temps à tous les agnats mâles, c'est-à-dire aux plus proches en degré et à tous ceux du même degré (L. 9 , *De legit. tut.;* Gaïus, I, § 164). Il en était de même de la tutelle testamentaire donnée par le père comme il le voulait (L. 11, § 4, *De test. tut.*). Et le magistrat pouvait aussi placer le pupille sous la protection de plusieurs tuteurs (L. 23, *De tut. et curat. dat.*, Dig.).

. Mais il était de principe qu'un seul d'entre eux administrât : *Apparet igitur prœtori curœ fuisse ne tutela per plures adminis- tretur. Quippe, etsi pater non destinaverit quis gerere debeat, atta- men id agit ut per unum administretur; sane enim facilius unus tutor et actiones exercet et excipit ne per multos tutela spargatur* (L. 3, § 6, *De administr. et peric. tut.*, Dig.).

Ce que l'ancien droit français, qui lui aussi admettait la plura- lité de tuteurs, a traduit en ces termes : « L'intention de la jus- tice est que la tutelle ne soit pas administrée par plusieurs. Que, si le père n'a pas dit qui gérerait, le juge fait en sorte que l'ad- ministration demeure à un seul; car il est plus commode qu'un seul tuteur intente les actions et défende aux demandes que de disperser la tutelle entre plusieurs; » Meslé, *Traité des minorités*, 1ʳᵉ partie, p. 219. V. Denizart, vᵒ TUTELLE, nᵒ 29.

Cette unité d'administration révélait une tendance à adopter l'unité de tuteur. « Ne sera donné qu'un tuteur au mineur, si faire se peut, » disaient les Arrêtés du président de Lamoignon, art. 16. *Conf.* Arrêtés du Parlement de Rouen, art. 17. Cette tendance a-t-elle été acceptée et réalisée par les rédacteurs de nos codes?

17. Quelques traités de droit répètent que la jurisprudence tend à admettre la pluralité des tuteurs, en se fondant sur le si- lence de la loi, qui ne le défend pas ; mais ces traités ne citent ni jugements ni arrêts, et je n'en ai trouvé aucun qui réponde directement à notre question. V. Dalloz, *Répertoire*, vᵒ MINORITÉ, nᵒ 61. — Cette jurisprudence, entre autres inconvénients, ren- drait la gestion moins homogène, en même temps qu'elle expo- serait les tuteurs à des dissentiments fréquents. Si du moins elle était d'accord avec la loi actuelle; mais non. Le Code civil répète partout : choisir *un* tuteur (art. 402); pourvoir à la nomination d'*un* tuteur (art. 405, 406); remplacer *le* tuteur (424) par *un* nouveau tuteur (425). En cas de concurrence entre deux ascen- dants du mineur, les articles 403 et 404 n'admettent toujours qu'*un* tuteur légitime, au lieu de deux que l'on aurait pu auto- riser pour vider le conflit. — En consultant les travaux prépara- toires, on voit que l'unité de tuteur a été dans la volonté des ré- dacteurs du Code, et la section de législation du Tribunat, en exprimant son vœu sur ce point, a pensé que les « autres dispo- sitions de la loi feront assez connaître qu'un mineur ne peut avoir qu'un seul tuteur dans les départements continentaux de la

France ; » Locré, *Législ. civ.*, VII, p. 220. — « L'essence de la tutelle est d'être donnée à une seule personne (observation de la Cour de cassation, p. 145) », dit encore Locré, *Esprit du C. civ.*, VI, p. 123. — Et Toullier, *Droit civil français*, t. II, n° 1123, dit aussi : « On regarde comme de l'essence de la tutelle d'être donnée à une seule personne. » — Ajoutons que la règle suivant laquelle ce qui n'est pas défendu est permis, vraie pour les intérêts privés, ne doit être admise qu'avec réserve dans la tutelle, dont l'organisation tient à l'ordre public. Si l'on accepte deux tuteurs collectifs, pourquoi pas trois? pourquoi pas quatre? — Quant à la doctrine, — excepté Duranton, *Cours de droit français*, t. III, n° 444, qui reconnaît au dernier mourant des père et mère le droit de nommer plusieurs tuteurs, — les jurisconsultes sont généralement contraires à la pluralité; Delvincourt, *Code civil* (édit. 1819), I, p. 105, note 1 ; Allemand, *Du mariage*, n° 1217 ; Chardon, *Puissance tutélaire*, III, n° 33 ; Demante, *Programme*, I, n° 406 ; Taulier, p. 21 ; Laurent, *Principes de droit civil*, 4, n° 369 ; Marcadé, art. 417 ; Aubry et Rau, I, p. 370, note 7 ; Zachariæ, Massé et Vergé, I, p. 386, § 198, texte et note 3 (édit. 1854) ; Fréminville, I, n° 22 ; Marchand, *Code de la minorité*, p. 179, n° 50 ; Demolombe, *Minorité*, VII, n° 220-223.

18. Pour ma part, je crois fermement que les rédacteurs du Code ont voulu en principe l'unité de tuteur, l'unité d'administration. Je le crois d'autant plus que, ayant prévu l'insuffisance accidentelle du tuteur ordinaire pour un patrimoine fort étendu, en vue de parer à cet inconvénient, l'article 454 dispose que, lors de l'entrée en exercice de toute tutelle, le conseil de famille peut autoriser le tuteur « à s'aider, dans sa gestion, d'un ou plusieurs « administrateurs salariés et gérant sous sa responsabilité; » Dalloz, v° Minorité, n° 61, 62. Puis, je vois une exception au droit commun dans l'article 417, qui permet de donner *un* pro-tuteur, c'est-à-dire un deuxième tuteur, aux enfants possesseurs de biens en France et dans les colonies.

19. Mais que faire si néanmoins deux tuteurs collectifs ont été nommés par le survivant des père et mère à leur enfant unique ou à leurs enfants mineurs? Je n'admets point l'opinion de Duranton, t. III, n° 444, d'après laquelle « ces tuteurs devraient s'accorder sur le choix de l'un d'eux pour administrer, et, s'ils ne pouvaient y parvenir, le conseil de famille délibérerait sur celui qui devrait gérer, à la charge par lui de donner aux autres des

sûretés suffisantes pour sa gestion. » Je rejette également l'opinion de Chardon, t. III, n° 33, qui reconnaît au conseil de famille
le pouvoir de choisir l'un des tuteurs nommés, s'ils ne se concer-
tent pas entre eux pour faire ce choix. Selon moi, dans l'espèce,
il n'appartiendrait qu'au tribunal civil de régler la situation, en
décidant lequel conservera les fonctions et gérera seul à titre de
tuteur; autrement tous seraient responsables et exposés à la soli-
darité (*argum.* art. 1033).

20. Est-ce à dire que deux frères devront n'avoir qu'un seul et
même tuteur? Non assurément, et pour preuve indiscutable : deux
frères *utérins*, de deux lits différents, auront presque toujours
deux tuteurs distincts; car, à la mort de la mère commune, l'enfant du premier mariage sera soumis à l'une des trois tutelles,
testamentaire, légitime des ascendants, ou dative, tandis que
l'enfant du second mariage tombera sous la tutelle légitime de
son père survivant. De même que trois enfants nés de trois lits
se trouveraient placés sous trois tutelles différentes. Ce résultat
est inévitable. De là je déduis la conséquence que la loi ne s'oppose pas à ce que deux ou plusieurs frères *germains* aient aussi
chacun un tuteur différent.

21. *Quid* si le dernier mourant, ayant deux enfants mineurs, a
choisi un tuteur testamentaire à l'un d'eux et pas à l'autre? Étant
admis en principe que deux frères (germains, utérins ou consanguins) peuvent avoir un tuteur distinct, nulle difficulté à exécuter la volonté du testateur : l'élu prendra la tutelle testamentaire
de l'enfant désigné, tandis que l'autre enfant sera placé sous la
tutelle des ascendants ou bien sous la tutelle dative conférée par
le conseil de famille.

22. Dans la même tutelle peut-il y avoir un tuteur à la personne et un tuteur aux biens?

Suivant la législation romaine, qui admettait plusieurs tuteurs,
il arrivait le plus souvent qu'un seul administrait, *tutor onerarius*,
tandis que les autres surveillaient, *tutores honorarii* (L. 3, *De
admin. et peric.*, Dig.).

Cette distinction était suivie dans notre ancien droit français,
ainsi que le rapporte Denizart (qui écrivait au dix-huitième siècle), v° TUTELLE, n°s 30 et 31 : « Outre les tuteurs qu'on nomme
communément aux mineurs de toutes conditions pour diriger la
tutelle, on nomme quelquefois aux mineurs qualifiés d'autres tuteurs qu'on appelle *honoraires*. La fonction de ces tuteurs est de

veiller sur l'administration de ceux qui gèrent et de les conseiller ; et pour les distinguer on appelle ceux qui gèrent tuteurs *onéraires*. »

En s'appuyant sur cette législation, la jurisprudence actuelle reconnaît généralement, soit au père, soit à la mère, soit au conseil de famille, la faculté de confier à un tuteur la direction et l'éducation de la personne du pupille, et à un autre tuteur l'administration des biens ; Paris, 15 messidor an XII ; 21 frimaire an XIII ; Angers, 6 août 1819 ; Rouen, 8 mai 1840 ; Dijon, 14 mai 1862, S. V., 1862, II, 449 ; rej. 14 décembre 1863, D. P., 1864, I, 63. Mais cette jurisprudence est généralement repoussée par les auteurs, en présence de la doctrine qui n'admet pas la pluralité de tuteurs ; Fréminville, I, n° 22 ; Massé et Vergé, I, p. 386, § 198, note 3 ; Demolombe, VII, n° 224 ; Dalloz, n° 59 ; Laurent, IV, n° 369. *Contra*, Zachariæ, I, p. 386, § 198, texte. V. Chardon, III, n°ˢ 33 et 34.

En me rangeant à cette dernière opinion, je suis d'avis que le conseil de famille, de même que le dernier mourant des père et mère, doit s'abstenir de faire une double nomination, il ne peut nommer qu'un même tuteur à la personne et aux biens. Mais il peut dire, comme le ferait le dernier mourant, que l'enfant sera remis et confié à une autre personne, qui en aura l'éducation et la surveillance, à raison de son âge, de sa santé, ou pour toute autre cause, « attendu que, sous l'empire du Code civil, comme sous l'ancienne législation dont il n'a fait qu'adopter les bases, la tutelle n'est instituée que dans l'intérêt du mineur, et que, s'il s'élève quelque doute sur ce qui est le plus avantageux au mineur, la loi permet de recourir au magistrat, qui consulte la famille et prononce ensuite selon sa conscience et ses lumières » ; rej., 8 août 1815. Alors un seul individu réunit en lui le caractère, les pouvoirs et la charge de tuteur, tandis que l'autre n'a que la garde de l'enfant, un dépôt de confiance (*Conf.* Tit. *Ubi pup. educ. debet*, Cod.).

23. La plupart des traités répètent qu'on ne donne point un tuteur pour une chose ou pour une cause déterminée. Cela demande une explication. Le droit romain n'admettait pas de tuteur *certæ autem rèi vel causæ* (Inst. Justin., § 4, *Qui test. tut.*), par la raison que le tuteur était donné à la personne du pupille et non aux biens, *quia personæ, non rei vel causæ, tutor datur* (ibid.) ; mais on donnait un curateur pour une affaire ou pour une cause.

Or, sous le Code civil, où le tuteur se donne tout à la fois aux biens et à la personne, le dicton n'est pas exact ; je vois un tuteur *ad certam causam* dans le tuteur *ad hoc*, que l'on donne au pupille en certaines circonstances. — V. *Subrogé tuteur* ad hoc.

24. La tutelle normale est la tutelle ordinaire ou définitive, celle qui doit durer jusqu'à la majorité, l'émancipation ou la mort du pupille, selon les prévisions de la loi et spécialement de l'article 405 du Code civil. Mais elle n'est pas seule.

25. Il y a aussi la tutelle provisoire, qui, donnée en prévision et dans l'attente du retour du survivant des père et mère tuteur légal, disparu, est destinée à cesser avant la majorité ou l'émancipation du mineur. Le principe de cette tutelle est posé dans l'article 142 du Code civil, qui, en supposant la mère décédée et le père disparu avant ou depuis, dispose que « la surveillance des « enfants sera déférée, par le conseil de famille, aux ascendants « les plus proches, et, à leur défaut, à un tuteur provisoire ». C'est un *ordre* donné à la famille de nommer ce tuteur, qui gardera ses fonctions jusqu'au retour du père tuteur légal, mais qui devra les résigner en cas de mort de celui-ci avant la majorité du pupille ou en cas de déclaration d'absence par justice, pour faire place à un autre tuteur ordinaire, *ou bien qui sera remplacé par un autre tuteur provisoire* si lui-même meurt ou est empêché pendant la minorité du pupille. — Est-ce à dire qu'il ne saurait y avoir de tuteur provisoire en dehors de la prévision de l'article 142 ? La vérité est que la loi n'a pas prévu d'autre hypothèse ; elle n'a *pas ordonné* d'en nommer un dans une autre circonstance ; d'où je conclus qu'il ne peut y avoir de tuteur provisoire proprement dit que dans le cas de disparition du père ou de la mère tuteur légal et uniquement dans cette tutelle. Toutefois, vu la corrélation, ne séparons pas ce point de la question suivante.

26. Un tuteur peut-il être nommé à temps ou sous condition ? La question est épineuse ; elle demande un examen rétrospectif.

A Rome, la condition et le terme dominaient dans la tutelle, comme conséquence de la constitution de la famille. Ainsi, le *pater familias* (qui avait toujours plein pouvoir de tester selon sa volonté) pouvait nommer un ou plusieurs tuteurs pour exercer la tutelle, soit conjointement, soit l'un après l'autre, ou bien l'un à défaut de l'autre, à partir de telle époque, *a certo tempore*, ou jusqu'à un certain temps, *et usque ad certum tempus*, sous condition, *sub conditione*, jusqu'à l'événement d'une condition, *et usque ad conditionem* (L. 89, § 2, *De test. tut.*, Dig.).— Bien plus, la nomination testamentaire d'un mineur était subordonnée à la condition tacite *cum major viginti quinque annis fuerit* (L. 32, § 2, *De test. tut.*) ; celle d'un fou, d'un insensé ou d'un prodigue, à la condition *cum suæ mentis esse cœperit* (L. 11, *De tut.*) ; celle d'un absent pour son retour *si reversus fuerit* (Gaïus, I, § 187). — Dans l'intervalle, un tuteur datif provisoire était choisi par le magistrat, lors même qu'un tuteur légitime se présentait, parce qu'on n'admettait point de tuteur agnatique tant qu'il y avait expectative d'un tuteur testamentaire (L. 11, *De test. tut.*). Le tuteur provisoire cessait ses fonctions à l'évènement de la condition ou du terme qui donnait effet à la tutelle testamentaire (L. 14, §§ 3, 5, *De tut.; L. 11, De test. tut.; L. 9, §§ 2, 3, De tut. et rat.*). Si la condition prévue venait à défaillir, la tutelle légitime passait tout de suite et définitivement aux agnats (L. 6, *De legit. tut.*, Dig.).

Mais le magistrat, qui pouvait ainsi donner une tutelle temporaire ou conditionnelle quand l'effet d'une tutelle testamentaire était suspendu, devait nommer purement et simplement lorsqu'il n'y avait ni tuteur testamentaire ni tuteur agnatique, parce qu'en principe les magistrats ne pouvaient faire de nomination *sub conditione* (L. 6, § 1, *De tut.*, Dig.).

Dans le Bas-Empire, la minorité et l'impuberté, qui étaient jusqu'alors des causes d'excuse temporaire, devinrent des causes d'incapacité, de sorte que l'agnat le plus proche et capable prenait la gestion de la tutelle, sans attendre que le tuteur testamentaire eût atteint sa majorité et sans passer à la tutelle dative (L. 5, *De legit. tut.*, Cod.). Mais on ne voit pas que le droit romain ait proscrit, à aucune époque, les nominations testamentaires conditionnelles ou temporaires.

Quant à la tutelle légitime, l'impubère, le furieux et le sourd-muet en étaient irrévocablement exclus ; alors elle était dévolue aux agnats, pubères et capables, du même degré que l'incapable ; et s'il n'y en avait pas, elle était conférée à un tuteur datif, par la raison qu'il n'y avait jamais dévolution de tutelle agnatique d'un degré au degré inférieur (L. I, § 2, *De legit. tut.*).

Comme on ne connaissait guère en France de tutelles testamentaires, et qu'elles étaient plutôt mixtes, le tuteur nommé par testament ayant presque partout besoin d'être confirmé par le magistrat, on ne pratiquait point ces tutelles conditionnelles ou à jour, ou du moins on les pratiquait fort peu.

Aujourd'hui, presque tous les interprètes du Code civil s'accordent à décider que la tutelle testamentaire peut être donnée à temps ou sous condition, tandis que la tutelle dative doit être pure et simple. Ils admettent ainsi la distinction établie par la loi romaine et suivie en partie dans l'ancien droit français ; Maleville, sur l'article 401 ; Toullier, II, n° 1105 ; Duranton, III, n° 439 ; Chardon, III, n° 31 ; Zachariæ, I, § 198, p. 386, texte et note 1 ; Fréminville, n° 24 ; Dalloz, n° 159.

Suivant M. Demolombe, qui n'admet pas cette distinction, t. VII, n° 227, « la règle est que le tuteur doit être nommé purement et simplement pour gérer la tutelle, immédiatement après sa nomination, jusqu'à la majorité ou l'émancipation du mineur ». *Conf.* Massé et Vergé, I, p. 386, § 198, note 1 ; Laurent, IV, n°ˢ 469 et 470 ; Aubry et Rau, I, p. 412, note 6. Et M. Demolombe ajoute : « Si cette proposition n'est pas formulée dans notre Code par un texte, elle résulte de l'ensemble de toutes ses dispositions (*arg*. des articles 438, 440). Il importe en effet de ne pas multiplier les changements de tuteur, qui sont toujours préjudiciables et dispendieux pour le mineur »; *ibid.*, n°ˢ 228, 229, 230.

Ici encore je suis d'un avis diamétralement opposé. Je n'aperçois pas que les articles 438 et 440 supposent nécessairement que toute tutelle est pure et simple ; et nulle part, dans la loi actuelle, je ne vois de défense d'y attacher un terme ou une condition ; tout au contraire : l'article 142 prescrit au conseil de famille de nommer un tuteur provisoire au mineur, quand son père, tuteur légal, vient à disparaître ; or, qu'est-ce qu'un tuteur provisoire, si ce n'est un tuteur nommé sous condition et à temps ? Où trouver plus clairement la preuve que le temps et la condition ne sont pas contraires à l'essence de la tutelle ?

Si l'on m'oppose un argument *a contrario* tiré de l'article 142, je répondrai que cette disposition renferme un *ordre* dicté pour un cas particulier, et non une permission exceptionnelle dont il faille induire une prohibition pour les autres cas.

Si l'on m'objecte que le droit romain permettait le terme et la condition dans la tutelle testamentaire, tandis qu'il les proscrivait dans la tutelle dative, je ferai observer que cette distinction reposait sur l'organisation des pouvoirs publics, sur le système judiciaire des formules, dont la rédaction n'admettait ni terme ni condition (exprimés) dans les *actus legitimi*, notamment dans la *datio tutoris*, tutelle dative (L. 6, *De tut.; * L. 77, *De regul. jur.*, Dig.). Il est vrai que notre ancienne législation n'avait rejeté ni la distinction, ni la prohibition; mais le Code civil, en abolissant le vieux droit français, a supprimé l'ancienne magistrature; il a institué à sa place les conseils de famille, magistrature nouvelle, sans lui faire la même défense.

Qui ne voit d'ailleurs que la condition et le terme sont dans les lois de la nature? Pour preuve, les dispenses, les excuses, les exclusions, qui obligent à changer de tuteur.

De là je conclus qu'un conseil de famille, appelé à organiser une tutelle, n'excédera point ses pouvoirs en y attachant un terme ou une condition ; je dis même qu'il devra le faire dans certaines circonstances. J'admets également que le dernier mourant des père et mère fasse une nomination testamentaire avec cette modalité ; cela avec les distinctions qui suivent, sous les numéros 27, 28, 29, *infra.*

27. Du principe que nous venons d'adopter avec lui, M. Duranton, t. III, n° 439, conclut à la validité de la tutelle testamentaire qui ne devra durer que jusqu'à un certain temps, et aussi de la tutelle qui ne devra commencer qu'au bout d'un certain temps. — M. Chardon, t. III, n° 32, admet bien également la nomination jusqu'à telle époque ; par exemple, si le testateur avait dit : « Je prie Paul d'accepter et gérer la tutelle de mes enfants, tant que l'emploi qu'il a dans le pays lui sera conservé », ce choix « serait valable, parce que Paul serait investi de la tutelle au décès du testateur, et ne serait remplacé par le conseil de famille que lorsqu'il quitterait le pays. Il n'arriverait dans ce cas que ce qui arrive quand le tuteur testamentaire vient à mourir avant la fin de sa gestion. Le Code civil n'a pas un mot qui ne sympathise parfaitement avec cette disposition ». — Mais M. Chardon ajoute : « Il ne peut pas en être ainsi de la nomination d'un tuteur qui ne pourrait administrer la tutelle qu'au bout d'un certain temps, comme d'un mineur après sa majorité, d'un fou après sa guérison, etc.; à moins que, dans le même acte, le testateur n'ait nommé un premier tuteur, chargé de gérer avant l'avènement du second ». Et, pour appuyer sa définition, l'éminent jurisconsulte pose comme « règle générale que le père de famille peut, en organisant la tutelle de ses enfants, y mettre telles conditions qu'il jugera convenables, pourvu qu'elles n'aient rien de contraire aux lois ni aux bonnes mœurs, et qu'à l'instant

18

de son décès la tutelle se trouve déférée à une personne capable de l'exercer ; mais que, si, à cette époque ou depuis, la tutelle est vacante, elle sera irrévocablement dévolue à celui qui sera choisi par le conseil de famille».

28. Je trouve cette critique exacte sur un point, inexacte sur un autre. Ainsi, d'accord avec M. Chardon, la tutelle temporaire est valablement donnée pour finir avant la majorité du pupille dès qu'elle commence à l'instant du décès du testateur. Je suis également d'accord qu'un tuteur testamentaire ne saurait être nommé utilement pour n' «administrer la tutelle qu'au bout d'un certain temps » ; mais pourquoi cela ? Parce que l'espace entre la mort du testateur et l'avènement de la tutelle testamentaire donnerait ouverture à la tutelle des ascendants qui, elle, ne pouvant être temporaire ni conditionnelle, écarterait à jamais la tutelle testamentaire ; ou bien, à défaut d'ascendants, la lacune appellerait une tutelle dative, qui, elle aussi, exclurait pour toujours la tutelle testamentaire ; V. *Tutelle testamentaire*, n° 17 ; *Tutelle des ascendants*, n° 13. Mais, contrairement à l'opinion de M. Chardon, je n'admets pas de tutelle léguée à partir d'une époque postérieure au décès du testateur, quand bien même elle serait précédée d'une première tutelle testamentaire régulière. Cela par le motif que, si cette première tutelle devenait vacante par excuse, par exclusion ou refus, le conseil de famille devrait nommer immédiatement un autre tuteur en conformité de l'article 405, et que la tutelle dative, une fois dévolue, ferme la porte à toute autre. En un mot, la loi ne permet pas au testateur de choisir deux ou plusieurs tuteurs successifs ou subséquents (non plus qu'elle le permet au conseil de famille). — V. *Tutelle des ascendants*, n°ˢ 6 à 12.

29. Du reste, je trouverais valable une disposition testamentaire qui aurait nommé un second tuteur pour le cas où le premier choisi viendrait à mourir avant le testateur, par le motif que cette substitution vulgaire appellerait le tuteur substitué à gérer à l'instant même du décès du testateur sans intervalle et sans solution de continuité, tandis que j'annulerais une élection faite pour le cas où un premier élu viendrait à mourir ou serait excusé après avoir survécu.

30. Quant à la tutelle dative, le conseil de famille la donne bien jusqu'à une certaine époque ou sous une condition, pourvu qu'elle commence immédiatement. S'il la donnait à partir d'une

époque future, il laisserait le pupille *sans* représentant, sans protecteur, pendant un intervalle ; ce qui n'est pas admissible. Bien plus, le conseil ne devant délibérer qu'en connaissance de cause, il ne pourrait pas d'avance faire une nomination en prévision de la vacance d'une tutelle actuellement exercée ou bien d'un premier choix qu'il fait présentement.

31. Mais alors, me dira-t-on, la tutelle conditionnelle est encore une tutelle provisoire. — Je ne l'appellerai pas de ce nom, par la raison que, si elle a de l'analogie avec la tutelle provisoire de l'article 142, elle en diffère de quelque côté. En effet, de même que celle-ci, elle se donne dans l'attente d'un événement futur et incertain, qui, en se réalisant, fera cesser la tutelle conditionnelle, ou bien elle continuera jusqu'à la majorité du pupille si cet événement ne se réalise pas ; mais, en cas de mort du tuteur conditionnel avant la majorité, on rentre dans le droit commun des tutelles, le conseil de famille fait un choix en connaissance de cause, *sans être obligé de nommer un autre tuteur conditionnel*, tandis qu'*un autre tuteur provisoire doit être nommé* en remplacement du premier qui prédécède, et ainsi successivement jusqu'au retour du père qui a disparu ou jusqu'à la majorité du pupille. — Quant à la tutelle temporaire, elle ressemble moins à la tutelle provisoire : elle est donnée jusqu'à une époque plus ou moins précise, dont l'arrivée la fera toujours cesser sans qu'elle puisse se prolonger.

32. Tel me paraît être aujourd'hui le droit pur. Et je m'empresse d'ajouter, pour rassurer les esprits prompts à s'inquiéter, qu'on a vu quelques bien rares exemples de tuteurs conditionnels ou temporaires nommés par les conseils de famille ; je n'en ai jamais vu choisir par une mère ou un père dernier mourant.

33. Malgré cette doctrine, je ne m'arrête pas moins à un principe éminemment conservateur des intérêts du pupille, c'est-à-dire au maintien d'un tuteur unique, du tuteur en exercice, principe consacré par la jurisprudence, professé par tous les jurisconsultes, accepté à l'unanimité. Ce principe rallie autour de lui l'unité de conseil de famille, l'unité de juge de paix, l'unité de domicile de la tutelle, trois éléments destinés à en assurer le maintien. C'est ce faisceau, vrai dogme de la tutelle organisée par le Code, que l'interprète doit s'efforcer de resserrer quand il se livre à l'examen de quelque controverse. Tel est mon guide, et, dans ma conviction, le meilleur et le plus sûr. V. Demolombe, VII, nᵒˢ 401 et 422 ; Mourlon, sur l'art. 430 ; Jay, nᵒ 95.

34. La tutelle, une fois ouverte, dure sans interruption et ne cesse qu'à la majorité, à l'émancipation, ou à la mort du pupille, par le motif qu'il ne doit pas rester un instant sans défenseur et sans représentant. — Quand la tutelle devient vacante, elle passe à un tuteur d'un ordre plus avancé, et ne peut jamais redescendre à une autre catégorie ni au point de départ, selon la volonté du législateur, qui ressort de la combinaison des articles 397, 402 et 405 du Code civil. — D'où il résulte que les quatre classes de tutelle s'excluent entre elles comme incompatibles dans leur existence, tellement que l'une, déjà ouverte, s'éteint pour toujours aussitôt que l'autre s'ouvre à une époque quelconque, bien que classée après, tellement qu'un tuteur datif une fois nommé ne pourra être remplacé que par un tuteur datif. Cette règle (à laquelle la tutelle provisoire ne fait pas exception) concourt au maintien du tuteur en exercice. *Conf.* Marcadé, II, art. 402, n° 2; Laurent, t. IV, n° 405. — V. *Tutelle des père et mère*, n° 18; *Tutelle testamentaire*, n° 17; *Tutelle des ascendants*, n° 16; *Tutelle dative*.

35. Enfin, pour devenir tuteur, il faut : 1° être citoyen français, ou bien avoir la jouissance des droits civils et résider en France; V. *Etrangers en France;* 2° être mâle, excepté la mère légitime ou naturelle et les ascendantes veuves du mineur ou de l'interdit et l'épouse de l'interdit (art 442, 507 C. civ.) ; V. *Enfant naturel reconnu*, n° 7 ; 3° être majeur, sauf les mêmes exceptions (*ibid.*); 4° n'être pas frappé d'incapacité, d'indignité, d'exclusion ou de destitution (art. 442-449 C. civ.; 34, 42, 43 C. pén.). Toute personne qui réunit ces qualités peut être tuteur, à la condition de ne pas appartenir à la même ligne de parenté que le subrogé tuteur, à moins que l'un des deux ne soit frère germain du mineur ou de l'interdit (art. 423). — V. *Subrogé tuteur principal*, n°ˢ 15-24.

36. Il ne faut pas oublier qu'en principe les immeubles de tout tuteur sont grevés d'hypothèque légale au profit du pupille, en vertu des articles 2121 et 2122 du Code civil. Cette hypothèque est générale et s'étend à tous les biens présents et à venir du tuteur. A raison de cette généralité, qui impose une certaine gêne au crédit et à la liberté des conventions, il sera quelquefois prudent, *dès le début de la tutelle*, de mesurer l'étendue de la garantie actuelle et l'importance approximative du patrimoine du pupille; et si le conseil de famille n'y voit pas de danger, il pourra immédiatement restreindre l'hypothèque légale à certains immeubles qu'il

reconnaîtra suffisants, de manière que tous autres immeubles en seront affranchis. En prenant cette mesure dès l'origine, on préviendra les difficultés qu'on pourrait rencontrer au cours de la tutelle. Dans ce cas, il importera que le subrogé tuteur s'empresse de requérir inscription sur les immeubles indiqués (art 2141, 2142). — V. *Inscription hypothécaire.*

37. Terminons cet exposé de principes en rappelant que les règles tracées par le Code pour la tutelle des mineurs, ont été rendues communes à la tutelle des interdits par les articles 505 et 509.

38. Comme dernière réflexion, notons que si un tuteur légitime ou testamentaire ne remplit pas ses fonctions, il appartient au conseil de famille, en même temps qu'au subrogé tuteur, de le rappeler à son devoir, de provoquer sa destitution pour incapacité ou infidélité si sa négligence va jusqu'à ressembler à un abandon de la tutelle, et de le remplacer par un tuteur datif. Mais que faire lorsque la tutelle dative étant ouverte il y a vacance ? Le subrogé tuteur doit provoquer la nomination d'un tuteur (art. 424), et ce soin reviendrait au conseil de famille et au juge de paix, qui ne sauraient y mettre trop de diligence s'il n'y avait pas de subrogé tuteur ou bien s'il restait indifférent. En un mot, la tutelle ne peut pas rester vacante.

TUTELLE DES PÈRE ET MÈRE (légitime, légale, naturelle).

Abandon, 16.	Femmes, 5.	Réclamation de tutelle, 18.
Absence, 14-17.	Historique, 1, 2, 5.	Refus, 7, 7 *bis*.
Démission, 10.	Incapacité, 12.	Restitution de tutelle, 18.
Destitution, 12.	Indignité, 12.	Résumé, 19.
Disparition, 14-17.	Interdit, 13.	Subrogé tuteur, 7 *bis*, 9.
Dispenses, 17.	Mère, 5-7, 7 *bis*, 9-11.	Tuteur datif, 9, 11-13.
Exclusion, 12.	Ouverture, 3, 4.	Tuteur provisoire, 14, 15,
Excuses, 17.	Perte de la tutelle, 18.	17.

1. Dans la langue juridique des Romains, le mot *legitimus* indique toujours une disposition ou une institution qui dérive de la loi des Douze Tables directement ou indirectement, tandis que le mot *justus* indique une disposition conforme au droit en général. La tutelle légitime, à Rome, était donc celle qui, textuellement ou par analogie, était déférée par les Douze-Tables (L. 5 pr. *De leg. tut.*, Dig.). Il arrivait quelquefois que, de son vivant, un père de famille libérât de sa puissance paternelle son fils, sa fille ou son petit-fils, en employant un moyen solennel qu'on appelait *mancipatio* (émancipation) ; et alors le père mancipateur devenait tu-

teur légitime de cet enfant s'il était impubère (L. 3, § 10, *De legit. tut.;* Gaïus, I, § 166; Inst. Justin., § 8, *De legit. adgn. success.*).

2. « Dans une grande partie de la France, toute tutelle était dative, c'est-à-dire donnée par le juge, d'après le choix fait par la famille assemblée. — Dans d'autres parties du territoire, et plus spécialement dans les pays de droit écrit, on admettait la tutelle légitime et la tutelle testamentaire : ainsi le père avait de droit la tutelle de son fils, et l'ascendant la tutelle du petit-fils, si le père n'avait, par son testament, désigné un autre tuteur. » — Le Code civil « a adopté ce deuxième système comme plus conforme au vœu de la nature, et comme honorant davantage ce qu'il y a de plus sacré parmi les hommes, le caractère du père de famille ; » Locré, *Législ. civ.*, VII, p. 234.

3. « Après la dissolution du mariage, arrivée par la mort natu
« relle ou civile de l'un des époux, la tutelle des enfants mineurs
« et non émancipés appartient de plein droit au survivant des
« père et mère. » Telle est la disposition de l'article 390 de notre Code civil.

4. Cette tutelle, appelée indistinctement légitime, légale ou naturelle, ne s'ouvre que par la mort naturelle du père ou de la mère (la mort civile ayant été abolie par la loi du 31 mars 1854). Tant que dure le mariage, le père ou la mère est administrateur des biens des enfants mineurs. — V. *Administrateur légal.*

5. A la différence du droit romain, qui soumettait les femmes pubères à une tutelle perpétuelle, mais leur refusait la tutelle de leurs enfants parce qu'elles n'étaient pas admises à l'exercice d'une fonction civile (L. 2, *De reg. jur.* Dig.), notre Code admet la mère à gérer la tutelle de ses enfants, tout aussi bien que le père, sans la maintenir en tutelle après sa majorité. A quelques exceptions près, « il a paru juste de traiter les mères comme les pères eux-mêmes, et, en effaçant de trop fortes inégalités entre les deux sexes, de resserrer par les droits civils les liens de la nature »; Locré, *Législ. civ.*, VII, p. 236.

6. Ainsi la tutelle des enfants mineurs nés du mariage est déférée par la loi au père ou à la mère qui survit ; elle lui appartient de plein droit, pourvu qu'il réunisse les conditions générales d'aptitude; V. *Tutelle en général*, n° 35. Elle lui appartient même quoique mineur, avec quelques légères restrictions au pouvoir d'administration ; Massé et Vergé, I, p. 409, § 207, note 21.

7. A la différence du père, qui ne peut refuser cette tutelle s'il

n'est dans un cas d'excuse légale, « la mère survivante n'est point « tenue de l'accepter; néanmoins et en cas qu'elle la refuse, elle « devra en remplir les devoirs jusqu'à ce qu'elle ait fait nommer « un tuteur » (art. 394) par le conseil de famille; Laurent, *Principes de droit civil*, IV, n° 405. V. n° 7 *bis, infra.*

7 *bis.* Mais le conseil de famille pourrait la nommer subrogée tutrice après renonciation à la tutelle légale. Vainement elle se prévaudrait de l'article 426, qui assimile le subrogé tuteur au tuteur principal pour les excuses; on lui répondrait fort justement que la disposition de l'article 394 ne rentre point dans les causes de dispenses spécifiées sous la section VI du chapitre II, qu'en lui permettant de ne pas accepter la *tutelle*, la loi a introduit une faveur exceptionnelle et limitée.

8. En réalité le père qui survit est tuteur légitime par la seule force de la loi, sans avoir besoin de faire acte d'acceptation; à la différence de la mère survivante, qui ne devient tutrice qu'en acceptant expressément ou tacitement l'offre de la loi, c'est-à-dire en prenant la qualité de tutrice ou en faisant un acte qui montre bien sa volonté d'accepter.

9. Il pourra donc s'écouler quelque temps sans que la mère fasse option; et alors, pour éviter que cette situation incertaine se prolonge au préjudice du mineur, il importera quelquefois de mettre la mère en demeure de s'expliquer; pour cela il suffira de convoquer le conseil de famille à l'effet de nommer, soit un subrogé tuteur pour le cas où elle acceptera, soit un tuteur et un subrogé tuteur pour le cas où elle refusera. On aura recours à la tutelle dative par la double raison que la tutelle testamentaire et la tutelle des ascendants ne s'ouvrent pas avant la mort du dernier vivant des père et mère (art. 394, 397, 402 C. civ.). — V. *Tutelle testamentaire,* n° 3 ; *Tutelle des ascendants,* n° 3.

10. Quand une fois la mère a accepté la tutelle, il ne lui est pas permis de s'en décharger, à moins d'être dans un cas d'excuse légale comme tout autre tuteur ; Massé et Vergé, I, p. 410, § 207, note 23 ; *contra,* Demolombe, VII, n° 112 ; Limoges, 17 mai 1808 ; Paris, 24 juin 1835. — Néanmoins, en souvenir des hésitations qui se manifestèrent lors de la discussion du Code pour reconnaître à la mère le droit de tutelle, j'estime que le conseil devra prêter une oreille indulgente à son offre de retraite, quand elle l'appuiera sur des raisons dignes d'être entendues, et que l'intérêt du mineur n'en souffrira pas. V. rej. 17 févr. 1835. — Mais si la

mère n'était mue que par un sentiment d'égoïsme, par le désir de se soustraire aux incommodités de la charge tutélaire, le conseil devrait refuser sa démission et la mettre dans l'alternative, soit de continuer la gestion, soit d'abandonner la tutelle en encourant une déchéance. — V. *Démission de tutelle.*

11. La mère survivante perd la tutelle légale non seulement quand elle la refuse, V. *supra*, n°ˢ 7, 9, mais encore lorsque, l'ayant acceptée ou non, elle se remarie sans avoir été maintenue dans la tutelle de ses enfants du premier lit; dans l'un et l'autre cas, le conseil de famille est appelé à organiser une tutelle dative ordinaire. — V. *Mère remariée*, n°ˢ 9-13.

12. L'exclusion et à plus forte raison la destitution, ayant pour cause l'incapacité ou l'indignité, reposent sur la méfiance et font perdre la tutelle légale (art. 443); par conséquent, le conseil de famille procède à une tutelle ordinaire en remplacement du survivant qui est exclu, conformément à l'article 405; Limoges, 14 juin 1832. Et, à moins de réhabilitation, le survivant exclu ou destitué *ne pourra pas* être appelé à la tutelle dative dans le cas où la première deviendrait vacante, excepté lorsque la destitution est la conséquence de la dégradation civique (art. 34, 4°, C. pén.). — V. *Destitution et exclusion de la tutelle*, n°ˢ 3 et 3 *bis*.

13. Que décider lorsque le survivant est interdit? L'article 442 répond que « les interdits ne peuvent être tuteurs ni mem-« bres des conseils de famille. ». Par conséquent, le survivant interdit judiciairement perd la tutelle légale, et le conseil de famille doit organiser une tutelle dative ordinaire, l'interdiction étant comprise dans les « exclusions » de l'article 405; Taulier, *Théorie raisonn. du C. civ.*, II, n° 24; Laurent, *Principes de droit civil*, n° 405. Puis, si cette tutelle dative devient vacante, le survivant ne reprendra pas la tutelle légale, mais il pourra être nommé tuteur datif en cas de mainlevée de l'interdiction.

14. Que décider en cas d'absence du survivant des père et mère? L'article 142 du Code civil répond : « Six mois après la dispari-« tion du père, si la mère était décédée lors de cette disparition, « ou si elle vient à décéder avant que l'absence du père ait été « déclarée, la surveillance des enfants sera déférée, par le conseil « de famille, aux ascendants les plus proches, et, à leur défaut, à « un tuteur provisoire. »

Ainsi, malgré sa disparition, le père survivant est nanti de plein droit et reste investi de la tutelle légitime. Néanmoins le conseil de famille doit être convoqué à l'effet de choisir un surveillant parmi les ascendants, sinon pour nommer un tuteur provisoire et aussi un subrogé tuteur. Puis, si le père revient avant que son absence ait été déclarée judiciairement, il prendra la gestion effective de la tutelle légale, et la tutelle dative provisoire cessera d'exister. J'estime que, dans ce cas, le conseil de famille devra être réuni à l'effet de constater le nouvel état de choses et d'adjoindre un subrogé tuteur au père s'il n'en a pas été choisi un dès l'origine.

Si la mort du père vient à être prouvée avant la majorité des enfants, que cette mort soit antérieure ou postérieure à la nomination du tuteur provisoire, celle-ci s'effacera pour faire place à la tutelle testamentaire, ou à la tutelle légitime des ascendants, ou bien à la tutelle dative ordinaire. Mais s'il n'y a ni retour, ni preuve de décès du père, le tuteur provisoire conservera ses fonctions jusqu'à la majorité ou l'émancipation du pupille; et, en cas de prédécès, d'excuse, de destitution ou de disparition, il devra être remplacé par un autre tuteur provisoire. — V. *Disparition des père et mère*, n° 2.

15. L'article 142 ne parle point du cas où, le père étant mort le premier, la mère appelée à la tutelle vient à disparaître; mais cette lacune est comblée par l'article 143, lequel dispose qu' « il « en sera de même dans le cas où « l'un des époux » qui aura dis- « paru laissera des enfants issus d'un mariage précédent ». Ce qui suppose : 1° qu'avant de se remarier la mère exerçait la tutelle légale ; 2° qu'à la veille de se remarier elle a convoqué le conseil de famille ; 3° qu'elle a été maintenue dans la tutelle pendant son second mariage ; alors le conseil de famille nomme un ascendant surveillant ou bien un tuteur provisoire en conformité de l'article 143 ; car si la mère avait à l'origine refusé la tutelle légale ou bien si elle l'a perdue en se remariant, il existe déjà un tuteur datif ordinaire nommé à sa place et qui doit être maintenu ; V. *Disparition des père et mère*, n°s 3 à 6 (je trouve encore dans l'article 143 un argument concluant en faveur de l'opinion que j'ai développée en soutenant que la mère remariée maintenue dans la tutelle reste *tutrice légale ;* V. le mot *Mère remariée,* n° 20).

16. D'après l'article 426, dans le cas où la tutelle « sera aban- « donnée par absence », le subrogé tuteur devra « provoquer la « nomination d'un nouveau tuteur ». Malgré la généralité de ses termes, cette disposition ne s'applique pas à la disparition du père

ou de la mère tuteur légal, qui est toujours suppléée par un surveillant ou un tuteur provisoire. V. *supra*, n°ˢ 14 et 15. — Mais si, absent ou présent, le survivant avait déclaré positivement abandonner la tutelle, ou bien si sa conduite ne laissait pas de doute à cet égard, le conseil de famille, souverain appréciateur, devrait être convoqué et remplacer la tutelle légale par une tutelle dative ordinaire. — V. *Absence du tuteur*, n° 2.

17. Pendant longtemps, j'ai trouvé de l'analogie entre la situation du survivant des père et mère qui a disparu et la situation du survivant excusé ou dispensé; et de là je déduisais la conséquence que celui qui fait admettre une excuse (magistrat supérieur de l'ordre judiciaire ou administratif, préfet, militaire en activité de service), devrait être remplacé par un tuteur datif provisoire, qui cesserait ses fonctions quand le tuteur excusé voudrait reprendre la gestion effective de la tutelle. Aujourd'hui, je suis revenu à une autre interprétation, qui est celle adoptée à l'unanimité. Il est vrai que la disparition du père ne lui fait pas perdre la tutelle légale, qu'il est remplacé par un tuteur provisoire; mais il n'a fallu rien moins qu'une disposition formelle pour établir cette exception au droit commun; et cette exception, unique, ne saurait être étendue par voie d'analogie, malgré tout l'intérêt qui s'attache ici au père. Je conclus donc qu'en faisant admettre sa dispense, le survivant perd la tutelle légale, et que le tuteur nommé à sa place sera définitif, conditionnel ou temporaire, au gré du conseil de famille, mais non provisoire. V. *Tutelle en général*, n° 26. Il ne peut rester aucun doute sur ce point devant l'article 405, qui dispose que, « dans le cas où le père tuteur sera « valablement excusé, il sera pourvu, par un conseil de famille, « à la nomination d'un tuteur ».

18. On voit, par ce qui précède, que le survivant perd la tutelle légale quand il la refuse, l'abandonne, s'excuse, est destitué, exclu, interdit. Est-ce à dire qu'il ne pourra pas la reprendre? Évidemment, il ne sera pas admis à la reprendre, car ces faits ont détruit la confiance. Il ne pourrait y avoir doute que pour la dispense ou l'excuse, et nous l'avons écarté en démontrant qu'on n'admet de tuteur provisoire que dans le cas unique de disparition du *survivant* des père et mère. Mais si, depuis la dispense prononcée, la tutelle dative qui a succédé devient vacante, le survivant peut à son tour être choisi pour tuteur datif. Spécialement, lorsqu'il a été déchargé de la tutelle légale à cause de fonctions

publiques à lui conférées postérieurement, si, à l'expiration de ces fonctions, le nouveau tuteur réclame sa décharge ou que le survivant réclame la tutelle, « elle pourra lui être rendue par le conseil de famille » (art. 431); c'est-à-dire que le conseil pourra la déférer au survivant, à lui seul, sans attendre que la seconde tutelle soit devenue vacante, et à titre de tutelle dative, puisque la première tutelle légale s'est éteinte par la dispense (*supra*, n° 17), que la tutelle dative, une fois ouverte, ne peut se fermer que par la majorité du pupille (son émancipation ou sa mort). — V. *Tutelle en général*, n° 34; et *Tutelle testamentaire*, n° 17.

19. Au résumé, le survivant des père et mère n'exerçant pas la tutelle ou la perdant avant sa mort, il faut toujours organiser une tutelle dative, provisoire en cas de disparition, ordinaire, c'est-à-dire définitive, temporaire ou conditionnelle dans tous les autres cas; cela est incontestable, attendu que la tutelle testamentaire et la tutelle des ascendants ne s'ouvrent jamais tant que le survivant existe. V. *Tutelle testamentaire*, n° 3, et *Tutelle des ascendants*, n° 3. Et, comme la tutelle légale ne peut renaître, en supposant que la tutelle dative ordinaire devienne vacante, le conseil de famille serait appelé à choisir un autre tuteur datif, il pourrait même nommer le survivant des père et mère s'il était capable. — V. *Conseil de tutelle à la mère survivante et tutrice*.

TUTELLE DÉFÉRÉE PAR LE PÈRE OU LA MÈRE (testamentaire).

Absent, 18-20.	Durée, 7.	Peine infamante, 14.
Acte d'élection, 4-6.	Enfants légitimes, 30.	Privation du droit d'élection, 13-22.
Ascendante, 28.	Enfants naturels, 30.	
Conditions, 5-7.	Etranger non parent, 29.	Refus de la tutelle, 15-17, 21.
Conseil de famille, 24-28.	Exclu de la tutelle, 13, 14.	
Déchu de la puissance paternelle, 14.	Excusé de la tutelle, 15-17.	Résumé, 23.
	Interdit judiciaire, 22.	Révocation d'émancipation, 17.
Dégradé civiquement, 14.	Interdit légal, 14.	
Dernier mourant, 1-3.	Mère, 8, 17, 21.	Second mari, 25, 28.
Destitué, 13.	Mère remariée, 9-12 *bis*,	Tuteur provisoire, 22.
Droit d'élection, 1-5, 30.	13, 17, 24-27.	

1. Confiant dans la tendresse des père et mère, le législateur a voulu laisser à celui qui meurt le dernier le choix de son remplaçant auprès de ses enfants. « Le droit individuel de choisir « un tuteur, parent ou même étranger, n'appartient qu'au dernier mourant des père et mère », dit l'article 392. — C'est là une tradition du droit romain et du droit coutumier de la France.

2. Ce droit d'élection n'appartient qu'au dernier mourant, il lui est donné par la loi; de sorte que le premier mourant ne

peut pas, en choisissant un tuteur, priver le survivant de la tutelle légale.

3. Ce droit appartient donc au dernier mourant, c'est-à-dire que son choix n'aura d'effet qu'après sa mort : —au dernier mourant des père et mère des enfants légitimes mineurs et non émancipés, Massé et Vergé, I, p. 410, § 208, note 3 ; — au dernier mourant mineur aussi bien qu'au majeur (*arg.* art. 432), *ibid.*, p. 412, note 12 ; — à la mère, lors même que le père prédécédé lui aurait adjoint un conseil de tutelle, et sans qu'elle ait ici besoin de son assistance (art. 391), *ibid.*, p. 410, note 4.

4. Le choix d'un tuteur ne peut être fait que par testament, ou bien par une déclaration devant le juge de paix ou devant notaires (art. 398) ; Locré, *Esprit du Code civil*, VI, p. 56. Il est toujours révocable. De là le nom de tutelle testamentaire.

5. A mon avis, cet acte d'élection à la tutelle peut se faire par anticipation, même avant la naissance de l'enfant, même du vivant des père et mère. Mais, comme nous venons de le dire aussi à l'avance, cet acte ne produira d'effet utile qu'après le décès de l'auteur mort le dernier.

6. En conférant au dernier mourant le pouvoir de choisir un tuteur, la loi n'y a pas attaché d'autre limite que la durée de la minorité ou de l'émancipation du pupille. Aussi est-il permis de faire un choix testamentaire sous une condition ou pour un certain temps, c'est-à-dire pour entrer en exercice à la mort du testateur jusqu'à l'événement prévu. Mais ne serait pas valable le choix fait pour prendre la tutelle à partir d'un autre moment que la mort du testateur, ainsi que nous l'avons expliqué au mot *Tutelle en général*, nᵒˢ 27 et 28.

7. Ayant posé en principe que, dans une même tutelle, il ne peut y avoir deux tuteurs, l'un pour administrer la personne du mineur, l'autre pour administrer ses biens, il faut décider ici que le dernier mourant des père et mère ne peut choisir qu'un seul tuteur testamentaire qui sera chargé en même temps de la personne et des biens. Mais il a aussi la faculté, comme pour la tutelle dative, de désigner, en nommant un tuteur testamentaire, un autre individu qui, sans avoir le caractère de tuteur, sera chargé de la garde et des soins à donner au pupille. — V. *Tutelle en général*, nᵒ 22.

8. La mère dernière mourante exerce ce droit d'élection sans être obligée de prendre l'avis du conseil de tutelle que son mari

lui aurait adjoint : ça n'est pas là un « acte relatif à la tutelle » dans le sens de l'article 391 ; Chardon, III, n° 41.

9. Mais le législateur qui a conféré ce droit d'élection au dernier mourant pouvait le lui retirer. Il l'a fait par un texte formel en disposant, dans l'article 399, que : « La mère remariée et non « maintenue dans la tutelle des enfants de son premier mariage, « ne peut leur choisir un tuteur ». La loi n'a plus confiance.

10. Les mots *non maintenue* semblent supposer que le conseil de famille a été convoqué avant le second mariage et n'a pas conservé la tutelle à la mère ; néanmoins je pense que cette interdiction s'applique même à la mère qui a perdu la tutelle légale faute d'avoir convoqué le conseil ; Demolombe, VII, n° 166.

11. La mère n'est pas moins privée du droit de choisir un tuteur, quand elle a été nommée à la tutelle dative ordinaire après avoir perdu la tutelle légale en se remariant, lors même qu'elle gère cette tutelle au moment de sa mort ; elle n'inspire plus confiance ; Marcadé, II, art. 396. V. n°s 15, 16, 17, *infra*.

12. Et la mère remariée qui redevient veuve n'est point par cela relevée de cet empêchement ; quant aux enfants de son premier lit, la confiance de la loi ne lui fait pas moins défaut ; Duranton, III, n° 436 ; Demolombe, VII, n° 170 ; *contra*, Taulier, I, p. 22.

12 *bis*. Bien plus, le Code ne conserve pas intact ce droit à la mère qui, à la veille de convoler à secondes noces, a été maintenue dans la tutelle ; alors qu'elle « aura fait choix d'un tuteur à « ses enfants d'un premier mariage, ce choix ne sera valable « qu'autant qu'il sera confirmé par le conseil de famille » (art. 400).

13. En dehors de l'interdiction textuellement imposée à la femme remariée non maintenue en tutelle légale, le droit de choisir un tuteur testamentaire appartient-il toujours au dernier mourant des père et mère ? — Toute tutelle repose sur la confiance et ne peut s'appuyer que sur elle. En déléguant au père et à la mère le droit de choisir un tuteur, la loi abandonne une de ses prérogatives ; elle le fait, confiante dans le titre et l'affection des parents ; et il est difficile de croire qu'elle n'a pas entendu retirer ce droit à celui qui a démérité. Nous venons d'en voir un exemple vis-à-vis de la mère. Bien qu'un second mariage n'implique pas l'affaiblissement de l'amour maternel, la loi, gardienne vigilante, suspecte la mère, elle lui retire le droit de choisir un tuteur aux

enfants de son premier lit; et, si elle consent à lui maintenir ce droit, c'est en le plaçant sous le contrôle du conseil de famille. Où trouver plus manifestement la preuve que le législateur a voulu en priver le survivant qui ne mérite plus sa confiance? Nous allons voir cette volonté empreinte dans plus d'un texte.

14. Suivant cette donnée psychologique et la combinant avec quelques textes, on s'accorde à reconnaître que la loi prive de ce droit d'élection : — 1° le père ou la mère qui a encouru la déchéance de la puissance paternelle pour avoir excité ou favorisé la corruption de ses enfants (art. 335 C. pén.) ; — 2° celui qui a subi une condamnation à une peine afflictive ou infamante (*arg.* art. 443 C. civ.) ; — 3° celui qui a été exclu ou destitué de la tutelle de ses enfants : il ne pourrait, d'après l'article 445, concourir, comme membre du conseil de famille, à la nomination d'un tuteur datif, à plus forte raison est-il incapable de le nommer à lui seul; Mourlon, I, sur l'article 397 ; Chardon, III, n° 36 ; Valette, sur Proudhon, II, p. 293 ; ou même de la tutelle des enfants d'autrui, Duranton, III, n° 436; Delvincourt, I, p. 105, note 1 ; *contra*, Chardon, III, n° 37 ; Aubry et Rau, I, p. 412, note 6.

15. On ne s'accorde plus quand il s'agit de l'excuse ou du refus. En fait, l'excuse est un bénéfice de la loi qui permet de se soustraire à la charge de la tutelle pour une cause digne de dispense, ou bien qui en écarte pour cause d'incapacité. Quant au refus de la tutelle légale, assurément il n'est pas un titre de recommandation, car, s'il ne prouve pas l'indifférence ou l'incapacité, il témoigne encore moins de dévouement, mais il ne comporte pas non plus l'idée d'indignité, pour preuve l'article 394, qui permet à la mère de refuser et appelle immédiatement un tuteur datif. V. Delvincourt, I, p. 105, note 2; Fréminville, I, n° 75. Néanmoins, de là est née la question de savoir si le survivant excusé ou refusant conserve le droit de choisir un tuteur testamentaire. — Trois systèmes sont en présence. L'un qui accorde dans tous les cas au dernier mourant, refusant ou excusé, le droit de choisir un tuteur, sans distinguer s'il a perdu ou non la tutelle légale et si la tutelle est ou non vacante à son décès, de sorte que le tuteur datif en exercice devrait se retirer devant le tuteur testamentaire; Duranton, III, n° 438. L'autre qui distingue entre le cas où, au décès du dernier mourant, l'enfant a un tuteur datif en remplacement de son tuteur légal refusant ou excusé

et le cas où l'enfant n'a pas de tuteur, et qui, dans le premier
cas, refuse au dernier' mourant le droit de choisir un tuteur, en
le lui accordant dans le second; Taulier, II, p. 20; Massé et
Vergé, I, p. 411, § 208, note 8. Le troisième système qui lui
dénie ce droit d'élection également dans tous les cas, n'importe
que la tutelle soit ou non vacante à son décès, de sorte que le
tuteur datif ne serait jamais déplacé par un tuteur testamentaire;
Fréminville, I, n° 75 ; Valette, sur Proudhon, II, p. 294; Zachariæ, Aubry et Rau, I, p. 412, 413, note 6; Mourlon, sur l'article 397; Demante, II, n° 146 *bis*, I. — Comparons ces trois systèmes.

16. Le premier système voit dans la tutelle testamentaire une
émanation de la puissance paternelle; ce qui est une erreur. Oui
sans doute, le droit de choisir un tuteur testamentaire a sa raison
d'être dans la puissance paternelle, dans l'affection du père et de
la mère pour leurs enfants; mais ce droit n'existe que par une concession de la loi (de même que le droit pour tous de faire son
testament), comme le montre la rédaction restrictive de l'article 397. Puis, appliqué au refus, ce système aurait le grave inconvénient de toujours écarter le tuteur en exercice; je dis toujours, puisque la mère survivante qui refuse la tutelle conserve
néanmoins la puissance paternelle et pourrait toujours choisir
un tuteur testamentaire, qui viendrait prendre la place du tuteur
datif. — Le deuxième système ne s'attache qu'au fait. Y a-t-il
en exercice un tuteur datif qui remplace le père ou la mère, ancien tuteur légal refusant ou excusé, il le maintient sans admettre de tuteur testamentaire; n'y a-t-il pas de tuteur datif,
il accepte le tuteur testamentaire. Cette opinion tend ainsi à l'observation correcte du principe du maintien du tuteur en exercice. — Dans le troisième système, « d'après la théorie du Code
civil, dit M. Demolombe, t. VII, n° 163, la tutelle testamentaire
est la suite de la tutelle légale du survivant des père et mère;
c'est le survivant qui exerce la tutelle, qu'elle autorise à transmettre lui-même cette tutelle à un successeur de son choix. Or,
le survivant excusé n'a plus la tutelle, donc il ne peut pas transmettre un pouvoir qui n'est plus dans ses mains ». Je vois encore
là une erreur de doctrine : la tutelle du survivant est limitée à
sa vie et par conséquent intransmissible. Néanmoins j'adopte la
conclusion de ce dernier système, je suis d'avis que le refus et
l'excuse privent pour toujours le survivant du droit de laisser un
tuteur testamentaire; j'admets cette solution, non parce que la

tutelle légale a cessé d'être transmissible, mais par le motif qu'en ouvrant la tutelle dative, le législateur a montré une fois pour toutes qu'il la préférait à la tutelle testamentaire. C'est là ce que je vais essayer de démontrer, *infra*, n° 17.

17. La loi a partagé la tutelle en quatre classes, en les appelant successivement à leur rang suivant l'ordre établi dans les quatre premières sections du chapitre *De la minorité*. Mais cet ordre régulier, établi en vue de la mort, peut être interverti en fait. Ainsi l'article 405 dispose que, dans le cas d'exclusion ou d'excuse du survivant des père et mère, « il sera pourvu par un conseil de famille à la nomination d'un tuteur », et cette disposition est confirmée par l'article 394, qui veut que, en cas de refus de la tutelle légale, la mère en remplisse les devoirs « jusqu'à ce qu'elle ait fait nommer un tuteur ». Pourquoi un tuteur datif? pourquoi pas un tuteur choisi par le survivant, eût-on dû lui donner une autre dénomination que celle de testamentaire? Pourquoi pas la tutelle des ascendants? Parce que ces deux classes de tutelle ne sont pas entrées dans les vues du législateur pendant la vie du survivant des père et mère (art. 397 et 402), et que, dans sa sagesse, il a mieux aimé appeler un tuteur datif. Or, que prouve cette combinaison? Que le législateur a préféré la tutelle dative dans les circonstances qui nous occupent; il a montré sa préférence une fois pour toutes contre la tutelle testamentaire et la tutelle des ascendants; s'il eût voulu rappeler la tutelle testamentaire, il n'avait qu'à le dire ou bien à l'admettre dès l'origine de l'excuse ou du refus. De là, je conclus que, dans tous les cas où le survivant perd la tutelle légale par exclusion, destitution, excuse, abandon, démission, déchéance ou bien interdiction, il ne peut plus laisser un tuteur testamentaire, n'importe qu'*en fait* à sa mort il y ait ou non un tuteur datif en exercice : s'il n'y en a pas, il devra en être nommé un par le conseil de famille, qui pourra d'ailleurs choisir l'individu élu tuteur testamentaire. Je dis plus, lors même qu'il y aurait un tuteur datif en exercice, il sera facultatif au conseil de le remplacer par cet individu, parce qu'il a le pouvoir discrétionnaire de changer le tuteur datif toutes les fois qu'il le juge utile aux intérêts du pupille. — Telle est la doctrine à laquelle je m'arrête ici, et je proposerai une contre-preuve. Un mineur émancipé pourrait, immédiatement après la révocation accidentelle de son émancipation, se trouver placé sous la tutelle testamentaire, cela dans le cas où le survivant de ses

père et mère serait mort pendant l'émancipation, par la raison
que, en principe, le premier mourant, lors même qu'il n'est point
tuteur légal, a le droit de choisir un tuteur par testament pourvu
que la tutelle dative ne soit pas ouverte de son vivant.—V. *Révocation de l'émancipation du mineur*, n° 13.

18. Que dire du survivant qui est absent ou éloigné? D'après
l'article 142, lorsque, au décès de la mère, le père a disparu ou
disparaît, le conseil de famille est appelé à nommer un surveillant ou un tuteur, qui n'est que provisoire. Alors la tutelle légale
sommeille sans être éteinte : si le père revient, il reprend ses
fonctions, en mettant fin au provisoire; et nul doute que, mort
dans cet état, il a pu choisir un tuteur testamentaire à ses enfants. Vient-il à mourir éloigné sans avoir repris la gestion, la
tutelle provisoire n'aura toujours eu que ce caractère, et le père
sera également mort dans la plénitude de son droit de choisir un
tuteur testamentaire, qui prendra immédiatement la gestion.

19. Cette dernière solution ne peut faire doute quand il y a
preuve légale de la mort du père qui a survécu. Mais que décider
si, avant cette preuve, le père survivant est déclaré absent par la
justice? Bien qu'il ait nommé un tuteur testamentaire, la surveillance de l'ascendant ou du tuteur provisoire continue sans
que le tuteur testamentaire puisse entrer en fonctions. — V. *Absence déclarée judiciairement*, n° 5; *Disparition des père et mère*.

20. Autre situation analogue. La mère ayant disparu, le père
vient à mourir après avoir choisi un tuteur testamentaire; pren-
dra-t-il possession de la tutelle? Non; alors le choix du père reste
en suspens jusqu'à ce qu'il soit prouvé que la mère est morte
avant lui; Massé et Vergé, I, p. 411, § 208, note 6; Marcadé, sur
l'article 397; en attendant, il appartient au conseil de famille de
nommer l'un des ascendants surveillant, ou, à son défaut, un tuteur provisoire selon l'article 142. — V. *Disparition des père et
mère*, n° 6.

21. La mère qui refuse la tutelle légale est excusable en usant
de la permission de la loi, et cependant elle perd le droit de choisir un tuteur testamentaire parce que la tutelle dative est ouverte
immédiatement. A plus forte raison en sera-t-il de même de la
mère qui abandonne la tutelle après l'avoir acceptée ; commettant
une défection, un acte blâmable, elle se trouve déchue et est
remplacée par un tuteur datif ordinaire, avec toutes les suites.

22. Que décider quand le survivant est interdit judiciairement?

Sans aucun doute, il n'a pas démérité, la loi ne lui inflige ni peine civile ni blâme ; elle vient à son secours en lui donnant un protecteur. Néanmoins elle lui ôte la tutelle légale et appelle la nomination d'un tuteur datif ordinaire conformément aux articles 405 et 442. — Il m'eût paru plus logique d'assimiler l'interdit au père ou à la mère qui a disparu ; V. *Disparition des père et mère*, nᵒˢ 2, 6 ; de le remplacer par un ascendant surveillant ou un tuteur *provisoire*, en prévision de la mainlevée de son interdiction, qui, en le ramenant à la vie civile, lui eût permis de reprendre la gestion de la tutelle de ses enfants. Mais la loi ne saurait tout prévoir ; prenons-la telle qu'elle est et sachons y suppléer. Le conseil de famille remplacera donc le tuteur interdit par un tuteur soit définitif, soit conditionnel, en prévision de la mainlevée de l'interdiction ; et si, en effet, la mainlevée a lieu, l'ex-interdit pourra être nommé tuteur datif en remplacement du premier ; mais il mourra toujours incapable de laisser un tuteur testamentaire, puisque la tutelle dative une fois ouverte ne peut rétroagir ni se fermer. — V. *supra*, nᵒ 17.

23. Au résumé, voulez-vous savoir si le moment est venu d'admettre le tuteur testamentaire, voyez si le survivant des père et mère est mort. Alors vous obtenez les résultats suivants : 1° tant que le survivant existe, il n'y a pas à songer à un tuteur testamentaire (*supra*, nᵒˢ 3, 18, 19, 20), le conseil de famille nomme un tuteur datif ordinaire, c'est-à-dire définitif, temporaire ou conditionnel, à son gré, en remplacement du survivant destitué, exclu, excusé ou déchu de la tutelle légale, absent, refusant ou interdit (nᵒˢ 14-17, 21, 22) ; 2° et seulement un tuteur provisoire quand le survivant a disparu sans avoir perdu la tutelle légale (nᵒˢ 18, 19, 20) ; 3° quand le survivant meurt ayant encouru l'exclusion, la perte ou la déchéance, le tuteur testamentaire est écarté pour toujours par un tuteur datif ordinaire (nᵒˢ 9-17) ; 4° on n'admet le tuteur testamentaire que dans le cas où il n'y a pas de tuteur datif à la mort du survivant des père et mère, c'est-à-dire quand ce survivant meurt en possession de la tutelle légale, non refusant, ni dispensé, ni exclu, ni déchu, ni interdit (*ibid.*, *ibid.*; V. *Révocation de l'émancipation du mineur*, nᵒ 12) ; ou bien, quand le père ayant émancipé l'enfant du vivant de la mère, l'émancipation vient à être révoquée *après* la mort du survivant décédé capable de laisser un tuteur testamentaire s'il eût été tuteur légal (V. *Révocation de l'émancipation du mineur*, nᵒ 11).

24. Je trouve une disposition exceptionnelle, qui me paraît venir à l'appui de cette doctrine, dans l'article 400 du Code civil, suivant lequel, « lorsque la mère remariée et maintenue dans la « tutelle aura fait choix d'un tuteur aux enfants de son premier « mariage, ce choix ne sera valable qu'autant qu'il sera confirmé « par le conseil de famille ». Alors la mère n'en est pas moins restée tutrice légitime ; elle mourra dans l'exercice de la tutelle *légale* et en possession du droit de choisir un tuteur testamentaire ; seulement, par défaveur, ce choix ne produira effet que s'il est confirmé par le conseil de famille. —V. *Mère remariée*, n° 20.

25. Par application de cet article 400, la mère maintenue dans la tutelle a le droit de choisir pour tuteur testamentaire son second mari, toujours à la condition que le conseil de famille ratifiera ; Locré, *Esprit du Code civil*, VI, sur l'article 397 ; Demolombe, VII, n° 168.

26. Quand même la mère maintenue en tutelle serait redevenue veuve par la mort de son second mari, le choix d'un tuteur testamentaire fait par elle aurait toujours besoin d'être confirmé par le conseil de famille, son deuxième veuvage ne lui rendant pas la confiance de la loi ; Duranton, III, n° 436 ; Demolombe, VII, n° 170 ; *contra*, Taulier, II, p. 22.

27. Si le conseil ne confirme pas le choix testamentaire, il devra procéder immédiatement à l'organisation d'une tutelle dative ordinaire, à moins qu'il n'y ait un ascendant mâle appelé à la tutelle légitime.

28. Toutes les fois que le dernier mourant a le droit d'élection, il choisit qui il veut, un parent, un ami, même une ascendante veuve remariée ou non ; et l'ascendante remariée peut exercer la tutelle avec le consentement de son second mari, en cas de refus avec l'autorisation de la justice ; Duranton, III, n° 442.

29. Mais, suivant l'article 401, le tuteur élu « n'est pas tenu « d'accepter la tutelle, s'il n'est d'ailleurs dans la classe des per- « sonnes qu'à défaut de cette élection spéciale le conseil de famille « eût pu en charger ». D'où la conséquence qu'en cas de non acceptation, le conseil de famille doit être convoqué à l'effet d'apprécier les motifs du refus ou l'excuse du tuteur testamentaire et de faire un autre choix au besoin ; Demolombe, VII, n° 109.

30. Enfin, le pouvoir de choisir un tuteur à leurs enfants est une concession de la loi, c'est une prérogative accordée aux parents unis par la légitimité du mariage ; cela ressort de la place occupée par la section II et du rapprochement des articles 397 à 401. On ne voit pas que le législateur ait voulu étendre cette faveur aux père et mère naturels. — V. *Enfants naturels reconnus*, n° 8.

TUTELLE DES ASCENDANTS (légitime, légale).

1. Cette tutelle, peu usitée dans les pays coutumiers, nous vient des pays de droit écrit, qui l'avaient empruntée au droit romain. Aujourd'hui le Code civil appelle les ascendants à la tutelle alors qu'il n'a pas été choisi au mineur un tuteur « par le dernier mourant de ses père et mère » (art. 402). — V. *Tutelle testamentaire.*

2. De cette disposition textuelle ressortent les conséquences suivantes : — 1° cette tutelle n'a pas lieu tant que, des père et mère, un est encore vivant; — 2° ni lorsque le dernier mourant des père et mère a laissé un tuteur testamentaire; — 3° elle n'est déférée par la loi aux ascendants qu'après la mort du survivant décédé sans laisser un tuteur testamentaire (ajoutons) et sans laisser un tuteur datif ordinaire. — Développons ces trois propositions.

3. *Première proposition :* la tutelle des ascendants ne s'ouvre pas tant que, des père et mère, un est encore vivant. — Pendant la vie des deux, il peut y avoir administration légale des biens des enfants mineurs, jamais tutelle; c'est la mort de l'un qui ouvre la tutelle, que la loi défère de plein droit au survivant. Tant que celui-ci gère, la porte reste fermée à toute autre tutelle. S'il vient à perdre la tutelle légale, le conseil de famille nomme à sa place un tuteur datif ordinaire, c'est-à-dire définitif, temporaire ou conditionnel au gré du conseil et des circonstances, quand il a été interdit, excusé, destitué ou écarté pour autre cause. — V. *Tutelle des père et mère*, n° 19.

4. La jurisprudence et les auteurs sont bien d'accord qu'en ef-

fet il n'y a pas lieu à la tutelle des ascendants avant la mort du père et de la mère. Ainsi admettent-ils qu'il faut recourir à la tutelle dative lorsque le survivant tuteur légal est destitué; Toulouse, 18 mai 1832; Duranton, III, n° 451; excusé ou refusant; Demolombe, VII, n° 178; lorsque la mère remariée perd la tutelle légale de ses enfants du premier lit; Paris, 24 juin 1856, S. V. 56, II, 527; Massé et Vergé, I, p. 413, § 209, note 1; Toullier, II, n° 1107; Magnin, I, n° 487. Dans tous ces cas les ascendants, écartés comme tuteurs légitimes, peuvent être nommés tuteurs datifs.

5. L'existence d'un tuteur provisoire écarte aussi la tutelle des ascendants; la *preuve* légale de la mort du survivant disparu ou sa déclaration d'absence par justice, en éteignant ce provisoire, pourrait seule les faire admettre, à moins qu'ils ne fussent devancés par un tuteur testamentaire.

6. *Deuxième proposition*. La tutelle légitime des ascendants n'a pas lieu lorsque le dernier mourant a laissé un tuteur testamentaire. — Cette proposition engendre une première question, à savoir si le tuteur testamentaire ayant *survécu* au testateur et venant ensuite à mourir, ou bien étant excusé ou exclu, les ascendants sont appelés par la loi. Il y a controverse : les uns écartent toujours les ascendants et admettent la tutelle dative; Laurent, *Principes de droit civil*, IV, n° 402; Massé et Vergé, I, p. 413, § 209, note 1; Toullier, II, n° 1107; d'autres, faisant une distinction, admettent les ascendants en cas de mort du tuteur testamentaire, et les écartent au cas d'excuse ou d'incapacité; Duranton, II, n° 441; Taulier, II, p. 24; Aubry et Rau, I, p. 413.

En vérité la question est épineuse. Le législateur a rangé la tutelle en quatre classes, en les appelant successivement à leur rang suivant l'ordre établi dans les quatre premières sections du chapitre *De la minorité :* il appelle le tuteur d'un ordre subséquent au cas où il n'en existerait pas dans la classe ou dans les classes précédentes; c'est là ce que montre l'article 405, qui admet la quatrième classe, « lorsqu'un enfant mineur et non émancipé restera « sans père ni mère, ni tuteur élu par ses père et mère, ni ascen- « dants mâles ». Le législateur a aussi prévu, dans l'article 405, le cas où un tuteur de l'une des trois premières classes vient à être excusé ou exclu, et alors il appelle la quatrième classe, la tutelle *dative ;* d'où j'induis que les ascendants sont toujours écartés quand un tuteur testamentaire a été excusé, exclu, destitué, déchu ou interdit, soit après avoir accepté la tutelle, soit avant; Laurent, IV, n° 402.

Mais ce que le législateur n'a pas prévu, ni dans l'article 405, ni dans un autre, c'est le cas où le tuteur de la deuxième ou de la troisième catégorie vient à mourir en exercice; d'où notre question de savoir si l'ascendant est appelé à la place du tuteur testamentaire après sa mort; de sorte qu'on en est réduit à raisonner par voie d'induction.

Les ascendants invoquent en leur faveur le silence de la loi, qui prête au doute et à l'incertitude; ils disent qu'on a voulu les écarter seulement dans le cas où le tuteur testamentaire remplirait toute la tutelle. Mais on leur répond, par l'article 402, qu'en fait il a été choisi au mineur un tuteur par le survivant de ses père et mère. Ils invoquent, en outre, les droits de la nature et de la famille, leur affection et la garantie qu'offre leur titre d'aïeul ou de bisaïeul. On leur répond encore, par l'article 405, que ces considérations n'ont pas empêché le législateur d'admettre la tutelle dative à l'exclusion des ascendants au cas d'excuse du tuteur testamentaire; qu'on ne comprendrait pas qu'il ait voulu les rappeler plus tard; qu'il a une fois pour toutes montré sa préférence pour la tutelle dative. Enfin on invoque la L. 6 *De legit. tut.* Dig., sans faire attention que cette disposition, qui d'ailleurs a été abolie, reposait sur la constitution particulière de la famille romaine.

Il est aisé de comprendre que les rédacteurs du Code, en organisant les tutelles, se trouvaient placés entre plusieurs systèmes; les travaux préparatoires ne nous donnent aucun éclaircissement sur ce point si délicat; mais on concevrait difficilement qu'après avoir adopté l'un de ces systèmes pour la plupart des cas, le législateur eût voulu en admettre un opposé pour un seul. De là je déduis la conséquence, pour répondre à notre question, que les ascendants sont toujours écartés avant et après la mort de l'élu survivant appelé régulièrement à la tutelle testamentaire, et que le conseil de famille devra nommer un tuteur datif ordinaire en remplacement de celui-ci. — Appliquons cette règle aux cas divers.

7. Le tuteur testamentaire, avant d'accepter, se fait dispenser de la tutelle pour une cause légale; nulle difficulté, les ascendants sont écartés une fois pour toutes, et un tuteur datif doit être immédiatement nommé par le conseil de famille à la place de cet élu testamentaire « valablement excusé ». *Ainsi le veut* la disposition

finale de l'article 405. *Conf.* Toullier, II, n° 1107; Duranton, III, n° 441 ; Proudhon, II, p. 295 ; Chardon, III, n° 45 ; Marcadé, art. 402 ; Massé et Vergé, I, p. 413, § 209, note 1; Aubry et Rau, I, p. 413, note 2 ; Demolombe, VII, n° 179 ; Laurent, IV, n° 401. *Contra*, Augier, V, p. 197 ; Magnin, I, n° 478 ; Dalloz, n° 149 ; Bruxelles, 11 mars 1819.

8. Il en est de même quand le tuteur choisi refuse spontanément d'accepter la tutelle, car ce refus ne pouvant être qu'un moyen de faire valoir une excuse, il ne sera légitimé et accepté par le conseil de famille qu'autant qu'il se justifiera par une cause de dispense légale ; alors l'élu testamentaire sera encore « valablement excusé ». C'est toujours l'application de l'article 405. Toullier, II, n° 1107; Duranton, III, n° 441 ; Aubry et Rau, I, p. 413, note 2 (V. *conf.* L. 11, § 1, *De test. tut.*, Dig.).

9. Il faut décider également, avec l'article 405, que les ascendants sont écartés de la tutelle légale par un tuteur datif, lorsque, malgré son désir d'accepter, un tuteur testamentaire se trouve placé « dans le cas des exclusions » prononcées par la loi, pour indignité, inconduite notoire, incapacité ou infidélité ; Massé et Vergé, *loc. cit.*; Aubry et Rau, *eod. loc.;* Demolombe, VII, n° 179 ; Duranton, III, n° 441. (V. *conf.* L. 11, § 2, *De test. tut.* Dig.). *Contra*, Augier, V, p. 197.

10. La minorité, l'interdiction, le sexe féminin étant rangés par l'article 442 sous la rubrique *De l'incapacité, des exclusions et destitutions de la tutelle*, je n'hésite pas à décider, avec l'article 405, que les ascendants doivent être définitivement écartés par un tuteur datif, quand ils se trouvent en face d'un tuteur testamentaire affecté de l'une de ces incapacités. Demolombe, n° 192 ; Taulier, II, p. 24 ; Aubry et Rau, I, p. 413, note 2.

11. A plus forte raison il n'y a pas lieu d'appeler les ascendants, mais d'organiser une tutelle dative ordinaire, lorsqu'un tuteur testamentaire vient à être excusé après avoir accepté ; Toullier, II, n° 1107, Aubry et Rau, *loc. cit.* A ce cas d'excuse postérieure s'applique incontestablement l'article 405 ; Chardon, III, n° 52 ; *contra*, Magnin, n° 478. Je dis incontestablement, pour aller au-devant d'une objection, que l'on a quelquefois faite en soutenant que l'article 405 dispose uniquement pour les excuses antérieures à l'acceptation de la tutelle ; cette limitation n'est ni dans le texte ni dans l'esprit de la loi.

12. Les ascendants ne sont pas non plus admissibles lorsque le

tuteur testamentaire vient à être destitué de la tutelle qu'il avait acceptée; Rouen, 18 déc. 1839; Massé et Vergé, I, p. 413, § 209, note 1; Dalloz, n° 150; Demolombe, VII, n° 179; Aubry et Rau, *loc. cit.*

13. *Quid* en cas d'absence du tuteur testamentaire choisi? Distinguons. Si, au décès du testateur, le tuteur élu est en état d'absence déclarée judiciairement, étant considéré comme mort, la tutelle légale s'ouvre pour les ascendants, sans que l'élu puisse revendiquer son titre quand il reviendra, par la raison que la tutelle des ascendants est toujours définitive. Se trouve-t-on, au contraire, dans la période de présomption d'absence, le tuteur testamentaire étant considéré comme vivant, la tutelle s'ouvre à sa charge, et les ascendants sont écartés. Puis, si l'absence vient à se prolonger, qu'il y ait présomption d'abandon de la tutelle, ou urgence à pourvoir aux intérêts du mineur, le conseil de famille doit organiser une tutelle dative, qui écartera pour toujours le tuteur testamentaire. V. *Abandon de tutelle. Contra*, Merlin, *Répertoire*, v° TUTELLE, sect. II, n° 3.

14. Nous venons de voir que les ascendants sont toujours écartés lorsque le tuteur testamentaire meurt ou est exclu après avoir *survécu* au survivant testateur; reste à examiner s'ils sont admis quand le tuteur choisi est mort *avant* le testateur. — Oui, disent MM. Chardon, III, n° 46; Laurent, IV, n° 402; Marcadé, II, sur l'art. 402; Massé et Vergé, I, p. 413, § 209, note 1. Non, répliquent MM. Demante, *Cours analytique*, II, n° 150 *bis*, I; Demolombe, VII, n° 179; Mourlon, sur les art. 402 et 403. — A première vue ce désaccord surprend, il choque le sentiment commun, le principe qui veut qu'une élection ne produise aucun effet quand l'élu n'est pas vivant au moment où on l'appelle; il tend à méconnaître la règle suivant laquelle une disposition de dernière volonté devient caduque par le prédécès du légataire. Ceux qui, malgré ce prédécès, écartent les ascendants, prennent au pied de la lettre le mot *choisi* de l'article 402, en donnant à ce mot un sens exclusif; ils supposent que le seul fait du choix a suffi pour éloigner à tout jamais les ascendants; ils pensent que telle a été l'intention du testateur, et sa volonté leur suffit. Mais où voit-on que le dernier mourant ait eu cette intention! Le choix par lui fait montre uniquement que dans sa confiance le *choisi* passait avant les ascendants; il ne prouve pas qu'il a voulu exclure absolument les aïeuls de ses enfants. Et lors même qu'il aurait eu

cette volonté, en avait-il le pouvoir? Non, assurément ; ne perdons pas de vue que le dernier mourant tient de la loi le droit de choisir un tuteur individuellement, mais pas le droit d'exhéréder en masse les ascendants, qui ont une vocation légale. De là je conclus que la tutelle est dévolue de droit aux ascendants dès l'origine. V. cependant *infra*, n° 16.

15. Les ascendants seront-ils appelés lorsque, le mineur ayant été émancipé, soit par le père durant le mariage, soit par le survivant des père et mère depuis la dissolution, l'émancipation vient à être révoquée après la mort de ce survivant? Ils doivent être appelés, par la raison que le germe de la tutelle renaît et que la loi ouvre les périodes dans l'ordre normal et régulier : ne trouvant pas la tutelle dative ouverte, elle défère la tutelle légitime aux ascendants. — V. *Révocation de l'émancipation du mineur*, n° 8 à 13.

16. Est-ce à dire que les ascendants viendront toujours lorsque le survivant des père et mère sera mort sans laisser un tuteur testamentaire? Non, il faut de plus qu'il n'ait *point perdu* la tutelle légale qui s'est ouverte à son profit, autrement on serait entré dans la période de la tutelle dative, qui exclut les catégories antérieures ; V. *Tutelle en général*, n° 34. Ainsi, en supposant qu'une mère, privée de la tutelle légitime par un second mariage et nommée ensuite tutrice dative, soit morte dans cet état, elle devra être remplacée par un autre tuteur datif, en conformité de l'article 405, qui domine toute la matière. — V. *Mère remariée*, n° 20.

16 *bis*. Les ascendants sont-ils appelés quand un tuteur testamentaire a été nommé à temps ou sous condition? Non, lorsqu'il a été choisi pour prendre la tutelle au décès du testateur. Mais, s'il a été choisi pour ne prendre la gestion qu'à partir d'une époque ou d'un événement futur, les ascendants seront admis tout de suite et le tuteur testamentaire écarté pour toujours ; ou bien, à défaut d'ascendants, le conseil de famille, selon la marche régulière de l'article 405, nommera un tuteur datif, qui exclura également le tuteur testamentaire, parce qu'il ne doit pas y avoir de lacune entre la mort du testateur et l'ouverture de la tutelle testamentaire. — V. *Tutelle en général*, n° 27, 28; *Tutelle testamentaire*, n° 6.

17. *Troisième proposition :* la tutelle n'est déférée par la loi aux ascendants qu'après la mort de la mère ou du père survivant que

ne laisse pas de tuteur testamentaire ; ce qui suppose que le dernier mourant n'a pas fait choix d'un tuteur, ou bien que son choix est nul, ou bien que le tuteur choisi n'a pas survécu au testateur ; — (ajoutons) et pourvu que la tutelle dative ordinaire ne soit pas ouverte au moment du décès du dernier mourant, ainsi que nous venons de le démontrer.

18. La tutelle des ascendants est légale au même titre que la tutelle du survivant des père et mère ; la vocation est un droit attaché à la qualité d'ascendants ; c'est la loi qui la leur donne, en leur préférant le tuteur testamentaire.

19. La tutelle légitime n'appartient qu'aux ascendants mâles, comme le montre l'article 405 en appelant la nomination d'un tuteur datif quand le mineur restera sans père ni mère, ni tuteur élu par ses père et mère, « ni ascendants mâles ». — Les ascendantes (femmes) non veuves ne sont jamais tutrices d'un mineur. Quand elles sont veuves, elles ne deviennent jamais tutrices de droit ; mais alors elles peuvent être nommées à la tutelle testamentaire de leurs petits-enfants ; Delvincourt, I, p. 108, note 9 ; ou à la tutelle dative ; Marchand, p. 126, n° 6 ; Magnin, I, n° 485. La mère veuve peut seule être tutrice légale ; Demolombe, VII, n°⁸ 183 et 471. V. Maleville, *Analyse du C. civ.*, I, p. 371.

20. La loi commence donc par donner la priorité à la génération par mâles ; vient ensuite la priorité du degré et de la ligne ; et en cas d'insuffisance de ces deux règles, la décision du conseil de famille. Ainsi, dit très exactement Marcadé, sur les articles 402, 403 et 404, « quand le pupille a un aïeul et un bisaïeul, c'est l'aïeul qui est tuteur par priorité de degré ; s'il a deux aïeuls, le père de son père et le père de sa mère, le premier l'emporte par la génération par mâles. Il en est de même s'il existe un seul des deux bisaïeuls paternels, puis (en même temps) un des deux ou les deux bisaïeuls maternels, le premier serait tuteur. Il en serait de même encore entre les deux bisaïeuls paternels, car deux bisaïeuls étant, l'un le père du père de mon père, et l'autre le père de sa mère, il y a entre moi et le premier une génération continue par mâles, qui n'existe pas pour le second et qui donne la préférence à celui-là (art. 403). »

21. S'il n'existe que des bisaïeuls maternels, et qu'il n'y ait plus lieu de s'occuper de la génération par mâles, « la nomina-« tion sera faite par le conseil de famille, qui ne pourra néan-« moins que choisir l'un de ces deux ascendants » (art. 404).

Alors encore la tutelle est légale ; le conseil n'a pas la liberté de choisir qui il veut, ce qui est le caractère de la tutelle dative ; Marcadé, *eod. loc.;* Dalloz, n° 148.

22. Les articles 402 à 404 donnent lieu à une question ; on suppose que l'aïeul paternel, appelé par sa ligne et son degré, est incapable, excusé ou exclu, ou bien qu'il meurt, et l'on demande si la tutelle passe à l'aïeul maternel le plus proche. En généralisant la question : la tutelle des ascendants est-elle transmise par dévolution d'un degré à un autre ? Les auteurs distinguent généralement entre la tutelle acceptée déjà par l'aïeul et la tutelle qui ne fait que s'ouvrir ; et, pour celle-ci, on paraît d'accord d'admettre l'aïeul qui est le plus proche après l'incapable, l'exclu ou le mort, en s'appuyant sur les articles 402 à 405 combinés ; Augier, *Encyclop. des juges de paix,* V, v° TUTELLE, p. 198 ; Demolombe, VII, n° 186. Quand, après avoir accepté, l'aïeul paternel vient à mourir, est interdit ou excusé, les uns admettent toujours l'aïeul qui suit ; Ducaurroy, Bonnier et Roustain, I, n° 602 ; Dalloz, n° 152 ; les autres ne l'admettent jamais, en disant que dans ce cas la dévolution légale s'est accomplie et définitivement épuisée ; Aubry et Rau, I, p. 414, note 3 ; Toullier, II, n° 1107 ; enfin d'autres l'admettent au cas de décès et l'écartent au cas d'excuse ou de destitution ; Demolombe, VII, n° 187 ; Demante, II, n° 150 *bis,* V ; Laurent, IV, n° 405. V. *infra,* n° 23.

23. Voici comment je comprends cette question. Je distingue toujours entre la mort de l'aïeul le plus proche devenu tuteur et son excuse ou son interdiction, tandis que je ne distingue jamais si ces événements sont arrivés avant l'acceptation de la tutelle ou après ; puis j'admets l'ascendant qui suit quand l'aïeul meurt dans l'exercice de la tutelle légale, mais je l'écarte quand cet aïeul meurt après avoir été excusé, exclu ou interdit. Telle est la théorie à laquelle je m'arrête après mûr examen, et que je vais essayer de justifier en faisant un raisonnement parallèle à celui que j'ai fait sous le numéro 6, *supra*.

L'article 405 prévoit textuellement le cas d'exclusion ou d'excuse du tuteur de chacune des trois premières catégories, en disposant que le tuteur excusé ou exclu sera remplacé par la quatrième classe, sans distinguer à quelle époque ce tuteur a été écarté ; or, dès que l'aïeul a été excusé avant ou après acceptation de la tutelle légitime, n'importe, la loi appelle la nomination d'un tuteur datif ; de là, je conclus que les aïeuls et bisaïeuls sont écartés pour toujours dès que le premier ascendant a été excusé, exclu, déchu ou interdit, avant ou après acceptation de la tutelle. *Conf.* Marcadé, II, sur l'article 402, n° 2 ; Demante, II, n° 150 *bis*, V ; Demolombe, VII, n° 187.

Mais le Code n'a pas prévu le cas où l'aïeul tuteur légitime vient à mourir en exercice ; l'article 405 et les autres sont muets sur ce point ; d'où notre question de savoir si le bisaïeul est admis à la place de l'aïeul décédé.

Le bisaïeul invoque en sa faveur ces mots de l'article 402 : « *à défaut* de l'aïeul paternel, la tutelle appartient de droit à son « aïeul maternel, et ainsi en remontant ». Mais on lui répond que cette expression s'applique uniquement à l'époque de l'ouverture de la tutelle légale, comme le démontre l'enchaînement de cet article avec les articles 403 et 404. Alors il se retourne et s'appuie sur le silence absolu de la loi, la proximité de sa parenté, son affection et les droits de la nature ; il montre que, dans la troisième classe, le législateur a préféré l'ascendant le plus proche à un tuteur datif, et il plaide que cette préférence est acquise à tous les ascendants. J'avoue que je ne vois pas ce qu'on peut lui objecter ; et j'accorde que le bisaïeul doit être admis en qualité de tuteur légitime au second degré et ainsi successivement ; je ne vois là rien de contraire au texte de la loi ni à son esprit. *Conf.* Marcadé, Demante et Demolombe, *loc. cit.*

24. Malgré l'analogie qui apparaît entre le titre de père et celui d'aïeul ou de bisaïeul, je ne peux aller jusqu'à étendre à ces derniers le bénéfice de l'article 142, qui prescrit la nomination d'un tuteur provisoire en réservant au père absent le droit de retour à la tutelle légale : on doit constituer une tutelle dative ordinaire lorsque le plus proche ascendant a disparu soit avant, soit depuis son acceptation, au lieu d'appeler à la tutelle légale l'ascendant qui suit ; mais ce dernier peut être élu par le conseil de famille. — V. *Disparition des père et mère*, n° 2.

25. Enfin, quand la série des ascendants est épuisée par décès, exclusion, incapacité, abandon ou autre cause, on recourt nécessairement à la nomination d'un tuteur datif par le conseil de famille (art. 405).

TUTELLE DÉFÉRÉE PAR LE CONSEIL DE FAMILLE
(dative).

1. Dans l'ancienne législation française, sous les coutumes de Normandie, de Paris et autres lieux, la tutelle dative était donnée par le juge du domicile du mineur, sur l'avis des parents assemblés devant lui. C'était le juge qui faisait la nomination, tandis qu'aujourd'hui, sous le Code, c'est le conseil de famille. En effet, suivant l'article 405 : « Lorsqu'un enfant mineur et non « émancipé restera sans père ni mère, ni tuteur élu par ses père « et mère, ni ascendants mâles, comme aussi lorsque le tuteur de « l'une des qualités ci-dessus exprimées se trouvera ou dans le « cas des exclusions dont il sera ci-après parlé, ou valablement « excusé, il sera pourvu, par un conseil de famille, à la nomina- « tion d'un tuteur ».

2. Voilà une disposition qui, à vrai dire, est commune à toutes les tutelles et vient remédier au laconisme des dispositions spéciales à chacune, à ce point qu'elle aurait pu être placée à la fin de chaque section. Plus d'une fois déjà nous avons eu besoin de nous y référer pour éclairer notre marche, de sorte qu'il suffira de rappeler ici sommairement les solutions que nous avons adoptées sur les cas exceptionnels de tutelle dative en traitant des trois autres tutelles.

3. M. Taulier, dans la *Théorie raisonnée du Code civil*, t. II, p. 24, interprète ainsi cette disposition : « La loi donne au conseil de famille la mission de choisir un tuteur, non seulement quand un mineur reste sans père ni mère, sans tuteur élu par ses père et mère, et sans ascendants mâles, mais encore lorsque celle de ces diverses personnes à qui la tutelle appartenait selon l'ordre déterminé par la loi en est éloignée par des excuses valables, par une exclusion, une destitution, ou même, je le crois, par une simple incapacité ». — Cette théorie est conforme à ce que nous avons décidé en examinant la *Tutelle des ascendants*, n° 6 à 13.

4. Le conseil a plein pouvoir de nommer un ou plusieurs tuteurs successifs au fur et à mesure de chaque vacance qui se produit par décès, refus, excuse, absence, exclusion où autrement, même des tuteurs à temps ou sous condition, pourvu qu'il n'y ait ni intervalle ni lacune dans la gestion tutélaire. — V. *Tutelle* en général, nᵒˢ 30, 31.

5. Pour plus de clarté nous allons ranger en six classes les divers cas dans lesquels le conseil de famille peut être appelé à organiser une tutelle dative : 1º lorsque le survivant des père et mère existe encore; 2º lorsqu'il est mort laissant un tuteur testamentaire; 3º après la mort, l'absence ou la retraite du tuteur testamentaire ; 4º lorsque le dernier mourant n'a pas laissé de tuteur testamentaire, mais des ascendants mâles; 5º après la mort, l'absence ou la retraite de l'ascendant appelé à la tutelle; 6º lorsque le dernier mourant ne laisse ni tuteur testamentaire ni ascendant mâle.

6. *Première hypothèse.* Lorsque le survivant des père et mère a disparu sans que sa mort soit prouvée, le conseil de famille nomme un ascendant surveillant, ou bien un tuteur provisoire, qui se retire en cas de décès ou d'absence déclarée du survivant; V. *Tutelle des père et mère,* nᵒˢ 14, 15, 16 ; il nomme un autre tuteur provisoire quand le premier meurt, est excusé, exclu ou devient incapable avant la majorité du pupille; *eod. vᵒ,* nᵒ 14. Le conseil nomme un tuteur ordinaire (c'est-à-dire définitif, temporaire ou conditionnel), quand le survivant abandonne la tutelle, s'excuse, est exclu ou interdit; *eod. vᵒ,* nᵒˢ 12, 13, 16; quand la mère refuse la tutelle ou l'abandonne, *eod. vᵒ,* nᵒˢ 7, 7 *bis,* 8, 9, 10; ou bien quand elle l'a perdue en se remariant; V. *Mère remariée,* nᵒˢ 11, 12, 13, 21.

7. En principe, le survivant exclu ou destitué, s'il n'a été réhabilité, ne peut être nommé tuteur datif de ses enfants. Il n'y a qu'une exception en faveur du père ou de la mère qui, ayant été condamné à la dégradation civique, a subi sa peine ; V. *Destitution,* nᵒˢ 3 et 5, et *Réhabilitation.* Dans ce cas exceptionnel, le conseil de famille peut user tout particulièrement de la faculté de remplacer sans délai le tuteur datif actuellement en exercice.

8. *Deuxième hypothèse.* Lorsque le survivant des père et mère meurt ayant choisi un tuteur testamentaire: 1º celui-ci est admis à la place d'un tuteur provisoire ; 2º ou bien à défaut de tuteur datif ordinaire ; 3º il est écarté quand il y a tutelle dative ordi-

naire ouverte antérieurement par une cause quelconque ; et alors le conseil de famille remplace le tuteur datif si en fait il n'existe plus, ou bien il en choisit un si en fait il n'y en a pas encore eu de nommé. — V. *Tutelle testamentaire,* n° 23.

9. *Troisième hypothèse.* 1° A la mort du tuteur testamentaire (qui a survécu au testateur) arrivée avant ou après acceptation de la tutelle, les ascendants ne sont pas appelés ; on nomme nécessairement un tuteur datif ; V. *Tutelle des ascendants,* n° 6 ; 2° on nomme également un tuteur datif ordinaire quand le tuteur testamentaire, avant ou après acceptation, est dispensé, refusant, abandonnant, exclu ou destitué ; *eod. v°,* n°ˢ 7, 8, 9, 11, 12 ; 3° de même en cas de minorité, d'interdiction ou d'absence présumée du tuteur testamentaire, *eod. v°,* n°ˢ 10, 13.

10. *Quatrième hypothèse.* Lorsque le survivant des père et mère meurt sans laisser de tuteur testamentaire, mais ayant ascendants mâles : 1° ils sont admis et écartent un tuteur datif provisoire ; V. *Tutelle des ascendants,* n° 5 ; 2° ils ne sont pas admis en présence d'un tuteur datif ordinaire en exercice, *id.,* n° 16 ; 3° ils ne le sont pas non plus si en fait la tutelle dative est vacante et non exercée au décès du dernier mourant ; alors le conseil de famille est appelé à nommer un tuteur, *eod. v°,* n° 16.

11. *Cinquième hypothèse.* A la mort de l'ascendant admis à la tutelle légale : 1° s'il l'exerce, la loi appelle à sa place l'ascendant qui suit ; V. *Tutelle des ascendants,* n° 23 ; 2° à défaut d'autre ascendant, le conseil de famille nomme un tuteur datif ordinaire, *ibid.* ; 3° si l'ascendant meurt après avoir perdu la tutelle, les autres ascendants sont écartés pour toujours, et la tutelle dative suit son cours sans interruption ; *ibid.*

12. *Sixième hypothèse.* Lorsque le survivant des père et mère meurt ne laissant ni tuteur testamentaire ni ascendant mâle : 1° le tuteur datif ordinaire est maintenu s'il en existe un ; 2° ou bien le conseil de famille en nomme un s'il n'en existe pas, en conformité de l'article 405 ; 3° s'il y a un tuteur provisoire, le conseil de famille est appelé à le remplacer par un tuteur ordinaire ; V. *Tutelle des père et mère,* n°ˢ 14, 15.

13. Au résumé, le conseil de famille doit toujours nommer un tuteur ordinaire lorsqu'avant le décès du survivant des père et mère on était entré dans la période de la tutelle dative et qu'il n'y a pas de tuteur ordinaire en exercice, ou bien quand il n'y a ni tuteur testamentaire ni ascendant.

14. Le conseil de famille n'est jamais obligé de prendre le tuteur datif dans son sein ; Toullier, II, n° 1122 ; Dalloz, v° Minorité, n° 157. Il a pleine liberté pour le choisir, pourvu qu'il réunisse les conditions d'aptitude légale et qu'il n'appartienne pas à la même ligne de parenté ou d'alliance que le subrogé tuteur. Il peut même nommer une ascendante du mineur devenue veuve, laquelle, en cas de convol, administrera la tutelle avec l'autorisation du second mari ou de la justice ; Duranton, III, n° 442. — V. *Subrogé tuteur* principal, n°ˢ 15-23 ; et *infra*, n° 16.

15. L'aïeule nommée tutrice dative pourrait-elle refuser d'accepter, en invoquant par analogie l'article 394 du Code civil ? — La loi n'a pas créé en faveur des ascendantes d'autres dispenses que celles communes à tous les tuteurs et subrogés tuteurs ; aussi, en droit strict, l'aïeule ne pourra pas refuser la tutelle en invoquant son sexe ; Ducaurroy, Bonnier et Roustain, I, n° 602 ; Dalloz, n° 338 ; *contra*, Demolombe, VII, n° 443. Mais rassurons-nous, le conseil ne la nommera pas sans son adhésion, d'autant moins qu'elle prendra nécessairement part à la délibération. — V. *Tutelle des père et mère*, n°ˢ 7, 9.

16. Le conseil de famille peut même nommer tutrice l'épouse de l'interdit (art. 507).

17. Le plus souvent le tuteur datif, étant membre du conseil de famille, accepte sur-le-champ la charge qui lui est conférée, sinon il peut accepter, soit expressément par un acte à la suite de la délibération, soit tacitement en faisant acte d'exercice de la tutelle, par exemple en procédant à un inventaire (art. 418, 451 C. civ.).

18. Lorsque la nomination d'un tuteur aura été faite sans sa présence, elle devra lui être notifiée dans les trois jours de la délibération, outre un jour par trois myriamètres de distance entre son domicile et le lieu où s'est tenue l'assemblée. Le conseil aura soin de désigner celui de ses six membres à la diligence duquel se fera cette notification (art. 882 C. pr.). — Mais l'inobservation de ce délai n'emporte aucune déchéance ; Massé et Vergé, t. I, p. 423, § 216, note 7.

19. Nous ne parlons pas ici du *protuteur* ni du *tuteur* ad hoc qui sont aussi nommés par le conseil de famille. — V. ces deux mots.

20. Enfin nous croyons fermement qu'il appartient au conseil de famille de choisir à sa volonté un autre tuteur à la place du tuteur datif en exercice, en vertu de son plein pouvoir, qui lui permet toujours d'écarter le tuteur qu'il a nommé, sans même qu'il existe cause d'excuse ou d'exclusion. — V. *Conseil de famille* en général, n°ˢ 12-15.

TUTEUR ORDINAIRE OU DÉFINITIF. — V. *Tutelle* en général, n° 24.

TUTEUR TEMPORAIRE. — V. *Id.*, n°ˢ 26-32.

TUTEUR CONDITIONNEL. — V. *Id.*, n°ˢ 26-32.

TUTEUR PROVISOIRE. — V. *Tutelle des père et mère*, n° 14.

TUTEUR *ad hoc*. — V. *Subrogé tuteur* ad hoc.

TUTEUR A LA SUBSTITUTION. 1. On appelle ainsi le tuteur dont la mission unique est de faire exécuter une donation entre-vifs ou un legs qui a été fait avec charge de conserver et de rendre aux appelés lors du décès du grevé (art. 1048-1074 C. civ.).

2. Lorsque le disposant n'aura pas nommé ce tuteur, « il en « sera nommé un à la diligence du grevé, ou de son tuteur s'il « est mineur, dans le délai d'un mois à compter du jour du dé- « cès du donateur ou testateur, ou du jour que, depuis cette « mort, l'acte contenant la disposition aura été connu » (arti- cle 1056). C'est alors au conseil de famille qu'il appartient de faire cette nomination, comme aussi de choisir un subrogé tuteur.

3. Dans ce cas, le conseil sera composé de parents, alliés et amis pris dans la famille des *appelés*, et convoqués à la diligence des mêmes personnes que pour les mineurs si le grevé néglige de remplir cette formalité.

4. Le conseil de famille chargé de nommer un tuteur à une substitution doit être convoqué « au lieu de l'ouverture de la suc- cession », et non au lieu du domicile des appelés, « attendu qu'il pourrait y avoir plusieurs appelés ayant des domiciles diffé- rents », selon « l'esprit de l'article 1057 du Code civil »; An- gers, 12 août 1852, S. V. 52, II, 538; *J. du Pal.*, 53, I, 37; *conf.* Demolombe, V, n° 470; — par conséquent, au lieu du do- micile du donateur quand il s'agira d'une donation entre-vifs. — Il en est de même pour la nomination du subrogé tuteur à la substitution.

TUTEUR OFFICIEUX. Lorsqu'un individu proposera de de- venir « tuteur officieux » d'un mineur âgé de moins de quinze ans, il pourra le faire « en obtenant le consentement des père et mère « de l'enfant, ou du survivant d'entre eux, ou, à leur défaut, d'un « conseil de famille, ou enfin, si l'enfant n'a point de parents

« connus, en obtenant le consentement des administrateurs de
« l'hospice où il aura été recueilli ou de la municipalité du lieu
« de sa résidence » (art. 361 et 364). — *A leur défaut,* c'est-à-dire
que le conseil de famille ne peut intervenir qu'après la mort du
père et de la mère ou leur déclaration d'absence par justice; —
ajoutons, lors même que l'enfant aurait encore des aïeuls ou
aïeules; Massé et Vergé, I, p. 357, § 182, note 3.

U.

USUFRUIT. — V. *Vente des immeubles,* n⁰ˢ 3, 4, 5.

V.

VACANCE DE LA TUTELLE. 1. Une tutelle devient vacante
lorsque le tuteur en exercice se laisse mourir avant la majorité,
l'émancipation ou la mort du pupille, ou bien quand il est excusé,
refusant, abandonnant, exclu ou destitué ; alors l'incapable passe
sous un autre tuteur, qui lui est donné, tantôt par le dernier mourant des père et mère, tantôt par le conseil de famille, suivant le
droit commun. — V. *Fin de la tutelle,* n° 3.

2. En aucun cas le subrogé tuteur ne remplacera de plein droit
le tuteur; mais, en cas de vacance, il devra, « sous peine des dom-
« mages-intérêts qui pourraient en résulter pour le mineur, pro-
« voquer la nomination d'un nouveau tuteur » (art. 424), ou bien
veiller à ce que le tuteur testamentaire ou légitime prenne effectivement possession de la tutelle.

VENTE DES IMMEUBLES.

Aliénation volontaire, 11.	Echange, 2.	Mère, 1.
Aliénation involontaire, 11.	Emancipé, 13.	Mineur, 12.
Conditions, 6, 10.	Emploi du prix, 10.	Père, 1.
Dation en payement, 2.	Expropriation pour utilité	Saisie judiciaire, 11.
Délibération, 3, 8.	publique, 11.	Servitude foncière, 3, 5, 9.
Donation, 2.	Formalités spéciales, 9.	Tuteur, 1, 12.
Droit d'habitation, 3, 5.	Habitation, 3, 5.	Usage, 3, 5.
Droit d'usage, 3, 5.	Homologation, 3, 7, 11.	Usufruit, 3-5.
Droit d'usufruit, 3-5.	Interdit, 12.	Vente, 2.

1. « Le tuteur, même le père ou la mère, ne peut emprunter
« pour le mineur, ni aliéner ou hypothéquer ses biens im-
« meubles sans être autorisé par le conseil de famille... » (art. 457),
avec homologation (art. 458).

2. Il s'ensuit que ces formalités sont indispensables pour vendre, donner, concéder, échanger, donner en payement à titre gratuit quelque immeuble ou droit immobilier rentrant dans l'une des dix catégories qui sont énumérées sous la rubrique *Immeubles et meubles;* Cass. 25 mars 1861, S. V. 61, I, 676; Grenoble, 11 janv. 1864, S. V. 64, II, 249; Demolombe, VII, n° 735.

3. Ainsi le tuteur a besoin d'une autorisation homologuée, non seulement pour vendre une maison, un terrain, une propriété, mais encore pour constituer sur un immeuble du mineur une servitude réelle, un droit d'usufruit, un droit d'usage ou d'habitation (*argum.* L. 23 mars 1855, art. 2); Le Senne, *Comm.* de cette loi, n°ˢ 42-44. — V. *infra,* n° 9.

4. De même, pour transporter à autrui un droit d'usufruit appartenant au mineur sur un immeuble qui est à un autre propriétaire.

5. Le tuteur ne pourrait non plus, sans une autorisation homologuée, renoncer à un droit d'usufruit, d'usage ou d'habitation, ni à une servitude réelle, un tel abandon à titre onéreux ou gratuit opérant toujours mutation, c'est-à-dire translation rétroactive d'un droit immobilier (*argum.* L. 1855, art. 1 et 2); Le Senne, *id.,* n° 45. —V. *Antichrèse; Emphytéose; Baux et Renouvellements.*

6. En tous cas, quelle que soit la nature de l'immeuble, l'« autorisation » d'aliéner (c'est-à-dire de vendre, céder, échanger, donner en payement ou à titre de libéralité) « ne devra être accordée que pour cause d'une nécessité absolue ou d'un avantage évident ». Et cette nécessité doit être justifiée, aux yeux du conseil de famille, « par un compte sommaire » constatant « que les deniers, effets mobiliers et revenus du pupille sont insuffisants » pour les besoins actuels (art. 457, C. civ.); Caen, 23 déc. 1848; à moins que l'aliénation ne doive procurer au mineur un avantage évident, tel que le payement de ses dettes et un revenu plus élevé grâce à l'emploi du reliquat. — « Le conseil de famille « indiquera, dans tous les cas, les immeubles qui devront être « vendus de préférence et toutes les conditions qu'il jugera utiles » (art. 457), « la nature des biens et leur valeur approximative » (art. 953 C. proc.).

7. « Les délibérations du conseil de famille relatives à cet objet « ne seront exécutées qu'après que le tuteur en aura demandé et « obtenu l'homologation devant le tribunal de première instance,

« qui y statuera en la chambre du conseil et après avoir entendu
« le procureur de la République » (art. 458). — Cette homologation doit être demandée au tribunal d'où ressortit le juge de
paix qui a présidé le conseil de famille.

8. Il a été jugé à bon droit « que la délibération du conseil de
famille, dans les attributions qui lui sont données par la loi, ne
peut être ni modifiée, ni changée par le tribunal à l'homologation duquel elle est présentée, sans que ce tribunal commette un
excès de pouvoir, et qu'en pareil cas le conseil de famille a qualité pour former opposition au jugement qui préjudicie à ses
droits » ; Colmar, 11 avril 1822. Le tribunal qui refuse d'homologuer purement et simplement, doit renvoyer devant le même
conseil en indiquant les causes de ce refus. — V. *Homologation*,
nᵒˢ 2 et 3.

9. Ajoutons que, pour la vente d'immeubles, l'article 459 du
Code civil exige l'accomplissement de certaines formalités judiciaires qui ont été spécialement réglées par le Code de procédure,
dont la loi du 2 juin 1841 a depuis simplifié beaucoup les dispositions. — Mais on ne pourrait exiger ces formalités pour la créa-
tion d'une servitude réelle ; il suffirait d'une autorisation homologuée ; Fréminville, II, nᵒ 730 ; Massé et Vergé, I, p. 437, note 21 ;
Demolombe, VII, nᵒˢ 736, 737 ; Pardessus, *Traité des servitudes*,
nᵒ 246.

10. La dernière disposition de l'article 459 est digne de remarque : le conseil de famille indiquera « toutes les conditions
« qu'il jugera utiles ». C'est donc que le conseil a le droit de modifier les pouvoirs ordinaires conférés au tuteur par la loi, comme
nous l'avons soutenu au mot *Pouvoirs du conseil de famille et du
tuteur touchant la personne du mineur non émancipé*, nᵒ 7, par
exemple de déterminer un mode d'emploi du prix de la vente, ce
qui est un point essentiel. Et, en même temps qu'elle a consacré
ce droit, la Cour de cassation, dans un arrêt du 20 juin 1843, a
reconnu que le même pouvoir appartient aux tribunaux dans le
cas de vente par licitation prévu par l'article 460 : — attendu
qu'« il est du devoir des tribunaux et des conseils de famille de
prescrire les mesures les plus propres à assurer la conservation
des capitaux » ; Demolombe, VII, nᵒ 672. — V. *Licitation*.

11. L'autorisation du conseil et l'homologation judiciaire ne
sont prescrites que pour les aliénations *volontaires*, c'est-à-dire
celles que le tuteur fait lui-même directement. V. Pothier, *Des*

personnes, part. I, tit. VI, art. 3, § 2. Elles ne sont pas exigées pour les aliénations *nécessaires*. Ainsi, en cas d'expropriation pour cause d'utilité publique, le tuteur peut, après autorisation du tribunal donnée sur simple requête en chambre du conseil, consentir amiablement l'aliénation des immeubles avec accomplissement de certaines formes spéciales, conformément à la loi du 3 mai 1841. De même quand un créancier du mineur poursuit l'expropriation de ses immeubles par voie de saisie judiciaire (art. 673 et suiv. C. pr.); mais, si au cours de la procédure on voulait convertir les poursuites de vente sur saisie en vente volontaire, il faudrait encore recourir à l'autorisation du conseil de famille (art. 744 C. pr.), dont l'homologation résultera tacitement du jugement de conversion; Persil fils, *Commentaire*, L. 2 juin 1841, et doctrine uniforme.

12. Ces diverses règles sont communes au mineur, à l'interdit et aux deux tuteurs (art. 509, C. civ.).

13. Elles s'appliquent également au mineur émancipé, si ce n'est qu'il agit lui-même avec l'assistance de son curateur (art. 484).

VENTE DE BOIS DE HAUT JET. 1. Le tuteur du mineur ou de l'interdit a le droit de vendre les bois de haut jet ou haute futaie mis en coupes réglées et d'en toucher le prix sans l'intervention du conseil de famille; ce sont des fruits. Cependant, pour couvrir sa responsabilité, il pourrait vendre aux enchères avec publicité; Salviat, *De l'usufruit*, I, p. 262; Dalloz, n° 802; Demolombe, 7, n° 645.

2. Les bois de haute futaie non mis en coupes réglées font partie intégrante du sol (art. 592 et 1403) : le tuteur ne peut les vendre sans une autorisation de la famille, homologuée, et avec l'observation des autres formalités prescrites par l'article 457; Caen, 18 nov. 1863, S. V. 64, II, 201; Chardon, III, n°⁸ 407, 409; Demolombe, n° 646.

3. La même distinction est à faire pour l'émancipé, qui n'a besoin de l'assistance de son curateur que pour vendre les bois non mis en coupes rangées; Salviat, *De l'usufruit*, I, p. 262; Demolombe, VIII, n° 277; Massé et Vergé, I, p. 277, note 6; , Dalloz, v° Minorité, n° 802.

VENTE DE TAILLIS, ÉTANGS, RÉCOLTES. 1. Le tuteur a plein pouvoir de vendre les récoltes, denrées, la pêche des étangs, les taillis et autres produits périodiques, en tant que ce sont des revenus, et lui seul en recevra le prix; cela sans avoir besoin d'autorisation du conseil de famille; V. Massé et Vergé, I, p. 477, note 6. Néanmoins, sans y être obligé, il agira prudemment en vendant aux enchères avec publicité, pour couvrir mieux sa responsabilité.

2. De même pour l'interdit. V. les auteurs cités.

3. De même encore pour le mineur émancipé. V. mêmes auteurs.

VENTE DES MEUBLES CORPORELS. 1. « Dans le mois qui « suivra la clôture de l'inventaire, le tuteur du mineur fera ven- « dre, en présence du subrogé tuteur, aux enchères reçues par un « officier public et après des affiches ou publications dont le pro- « cès-verbal de vente fera mention, « tous les meubles », autres que « ceux que le conseil l'aurait autorisé à conserver en nature » (art. 452 C. civ.). V. Coin-Delisle, *Revue critique de législation*, 1859, XIV, p. 303.

2. Ainsi, règle générale, en vue de convertir en un capital productif les objets stériles, dispendieux à conserver ou sujets à dépréciation, la loi oblige le tuteur à vendre tous les meubles, c'est-à-dire tous les meubles corporels qui ne sont point accessoires d'un immeuble, appartenant au pupille lors de l'ouverture de la tutelle. — Et incontestablement cette obligation s'applique aussi aux meubles échus depuis; Demolombe, VII, n° 585.— Cette vente doit être faite en présence du subrogé tuteur, suivant les formalités déterminées par l'article 452 du Code civil, et non par les articles 945 et suivants du Code de procédure; Toullier, II, n° 1200; Carré et Chauveau, quest. 3155; Laurent, *Principes de droit civil*, t. V, n° 19. *Contra*, Demolombe, t. VII, n° 581. — Mais cette obligation de tout vendre admet quelques exceptions.

3. Première exception. Le conseil de famille a la faculté d'autoriser le tuteur à conserver en nature certains meubles, notamment ceux nécessaires à l'usage personnel du mineur, à son entretien, à son éducation, à son apprentissage; il pourrait même l'autoriser à conserver tous les meubles, eu égard à sa fortune, à sa position sociale, à ses aptitudes et aux circonstances; Demolombe, t. VII, n° 574.

4. C'est la loi qui oblige le tuteur à vendre tous les meubles du mineur; elle lui en fait un devoir; mais, de même que le conseil de famille peut le relever de cette obligation, il peut également

lui enjoindre de conserver ces meubles en totalité ou en partie;
Demolombe, n° 572.

5. Deuxième exception. « Les père et mère, tant qu'ils ont la
« jouissance propre et légale des biens du mineur, sont dispensés
« de vendre les meubles, s'ils préfèrent les garder pour les remettre
« en nature » (art. 453). — C'est-à-dire les garder tous ou une
partie, Magnin, I, n° 648. — « Dans ce cas, ils en feront faire à
« leurs frais une estimation à juste valeur par un expert, qui sera
« nommé par le subrogé tuteur et prêtera serment devant le juge
« de paix. Ils rendront la valeur estimative des meubles qu'ils ne
« pourraient représenter en nature » (art. 453). — Donc le survivant des père et mère qui n'a pas ou n'a plus la jouissance légale
est lui-même astreint à faire vendre les meubles; pour les conserver en nature, il aurait besoin de l'autorisation du conseil de
famille; Dalloz, n° 429; Demolombe, n° 576.

6. Troisième exception. L'obligation de vendre tous les meubles embrasse ceux qui proviennent non seulement de successions, mais encore de libéralités; Zachariæ, Massé et Vergé, I,
p. 429, texte. Mais un donateur ou un testateur peut-il attacher
à sa libéralité la condition de conserver les objets donnés sans les
vendre ? — Des auteurs pensent que cette clause n'est pas obligatoire, sauf au tuteur à demander l'autorisation de les conserver
en nature, en s'adressant au conseil de famille, qui devra tenir
compte du vœu du disposant; Fréminville, I, n° 234; Aubry et
Rau, I, p. 439, note 26; Dalloz, n° 425. — D'autres admettent
que cette clause est valable et obligatoire pour le tuteur; Meslé,
Des minorités, part. I, chap. VIII, n° 25; Arrêtés de Lamoignon,
tit. *De la tutelle*, art. 70; Zachariæ, Massé et Vergé, I, p. 429,
texte et note 23; Laurent, *Principes de droit civil*, V, n° 18. —
J'adopte cette dernière opinion lorsque la défense de vendre est
limitée à un certain délai, comme elle le serait si cette défense
était faite en vue de conserver les meubles donnés pour les faire
passer réellement en nature dans les mains du mineur à sa majorité; alors il n'y aurait que suspension du droit d'aliéner; tandis
que, au contraire, la transmissibilité des biens étant d'ordre public, la prohibition à perpétuité serait nulle.

VENTE DES MEUBLES INCORPORELS.

1. L'article 452 s'applique-t-il aux meubles incorporels, tels
que rentes, obligations, actions, fonds de commerce; en d'autres
termes, le tuteur est-il obligé de vendre les meubles incorporels
qui appartiennent au mineur ou à l'interdit? — La raison de douter vient du texte de l'article 452, qui commande de vendre « tous
« les meubles » sans distinguer entre les meubles corporels et les
meubles incorporels; sous l'empire du Code civil, il n'y avait guère
que cette raison unique. La raison de décider, au contraire, était
complexe. C'est d'abord l'article 452 même qui parle de meubles
« en nature », dont le conseil de famille pourra autoriser la conservation, ce qui semble bien viser des meubles corporels. Il y a
ensuite le mobile, les motifs qui justifient la vente forcée, c'est-
à-dire l'utilité, l'avantage de convertir en une valeur productive
des valeurs improductives, périssables ou dépréciables, toutes
considérations qui font généralement défaut pour les rentes, les
créances, les valeurs industrielles. En troisième lieu, l'article 452
veut « que tous les meubles » soient vendus; cela se comprend
d'une collection, d'un ensemble de meubles corporels; mais com-
prendrait-on que les rédacteurs du Code eussent voulu la vente
de toutes les rentes, de toutes les créances du mineur? A quoi
bon? Il suffisait que le législateur laissât au tuteur la faculté de
vendre une à une les valeurs incorporelles improductives ou même
productives; c'est ce qu'il a fait; Demolombe, I, nᵒˢ 572, 597;
Dalloz, nᵒ 454; Aubry et Rau, I, p. 438, note 23; Demante, II,
nᵒ 210 bis; Laurent, V, nᵒ 16. — Du reste, la loi du 17-28 février 1880 est venue lever le doute, en interdisant au tuteur l'a-
liénation des « meubles incorporels quelconques » sans une autorisation préalable du conseil de famille, avec homologation en
certains cas. D'où ressort la conséquence que la loi de 1880,

en conservant au tuteur le pouvoir d'aliéner les meubles incorporels du pupille, a réglementé sa capacité, l'a restreinte sans lui faire
une obligation de vendre, à moins que le conseil de famille ne le
lui ordonne dans une délibération. — Mais voyons à interpréter
cette loi.

2. « Le tuteur ne pourra aliéner, sans y être autorisé préala-
« blement par le conseil de famille, les rentes, actions, parts d'in-
« térêts, obligations et autres meubles incorporels quelconques
« appartenant au mineur ou à l'interdit » (art. 1er, §1, L. 17-28 février 1880). — V. *Meubles incorporels.*

3. Cette prohibition est générale : elle comprend tous « meu-
« bles incorporels quelconques », sans en excepter aucun, tous
les titres au porteur ou nominatifs, sans distinguer si leur valeur
est importante ou modique, avec cette seule différence que l'autorisation aura besoin d'être homologuée pour une valeur supérieure à quinze cents francs et non au-dessous. — V. *infra,*
n°s 9, 10.

4. Cette disposition n'est pas moins générale en ce sens qu'elle
atteint tout tuteur, légitime, testamentaire ou datif. « Elle s'applique à tous ceux, sans exception, qui ont la tutelle de mineurs
ou d'interdits, et, par conséquent, au père ou à la mère survivant », disait le premier rapport au Sénat sur le projet de sa commission, projet qui n'a subi aucun changement.

5. Mais, par déférence pour l'autorité paternelle et surtout à
raison de l'existence de la mère, le père, administrateur légal des
biens de leurs enfants tant que dure le mariage, est dispensé de
recourir à l'autorisation du conseil de famille, en présence du
texte de l'article 1er de la loi de 1880, de ses autres dispositions,
de la discussion devant les deux Chambres législatives et des
travaux préparatoires (premier rapport au Sénat).

6. Dans sa généralité l'article 1er de la loi de 1880 embrasse
non seulement les tuteurs entrés en fonctions depuis sa promulgation, mais encore ceux qui étaient en exercice auparavant, de
sorte que l'autorisation du conseil est indispensable aux uns
comme aux autres. S'il y avait quelque doute devant la rédaction
de l'article 1er, il disparaîtrait complètement devant l'article 9,
qui dispose que les tuteurs entrés en fonctions « antérieurement
à la présente loi seront tenus de s'y conformer ».

7. « Le conseil de famille, en autorisant l'aliénation, prescrira
« les mesures qu'il jugera utiles », ajoute l'article 1er, § 2 ; quelle

est la portée de cette disposition? Le premier rapport au Sénat répond : « Sur ce point, la rédaction du projet du gouvernement est large ; nous aurions voulu la circonscrire, mais l'embarras pour le faire était assez grand. En effet, les mesures à prescrire peuvent être de diverse nature et varier beaucoup selon l'importance de la succession, la nature des valeurs à employer, la condition sociale des enfants, le programme de leur éducation et de leur avenir. Il a donc paru qu'il était difficile de tout prévoir, et, par conséquent, d'adopter une rédaction limitative ». — Puis le rapporteur continue : « Cependant une certaine préoccupation s'est fait jour, et il nous a semblé indispensable de nous en expliquer dans le présent rapport. Si, par exemple, les conseils de famille prescrivaient des emplois ou réemplois particuliers, et cela dans de certains termes qui engageraient la responsabilité des tiers, à l'instant même on verrait naître en toutes circonstances la préoccupation de ceux qui, ayant à se libérer, craindraient de se compromettre ; on verrait les tiers faire des offres réelles et des dépôts soit de capitaux par eux dus, soit de valeurs jusque-là contentieuses dont ils pourraient avoir à se dessaisir, le tout à raison de l'obligation qui pourrait leur incomber de suivre et de surveiller des emplois et des réemplois ». — Et le rapport conclut en disant : « Il nous a donc paru qu'il était sage de dégager d'une façon générale les tiers, afin de n'apporter aucune entrave à la marche des affaires ; ils n'auront pas à suivre l'emploi des sommes qu'ils payeront au tuteur : la loi ne leur en impose pas l'obligation ».

8. « La commission pense — ajoute le rapport au Sénat — que les conseils de famille, avertis par les parties intéressées ou par le juge de paix, quand ils auront à prescrire un emploi, auront le soin de libeller leurs délibérations de façon à éviter toute difficulté. Les tiers débiteurs ou détenteurs n'auront ni à suivre ni à surveiller l'emploi ; le conseil de famille, en cas d'emplois prescrits par lui, pourra commettre une personne, laquelle serait, en général, soit un des membres du conseil, soit un officier ministériel. Cette personne serait chargée, comme cela se fait souvent, de suivre et de surveiller l'emploi. »

9. « Lorsque la valeur des meubles incorporels à aliéner dépas-
« sera, d'après l'appréciation du conseil de famille, quinze cents
« francs en capital, la délibération sera soumise à l'homologation
« du tribunal, qui statuera en la chambre du conseil, le ministère

« public entendu ; le tout sans dérogation à l'article 883 du Code
« de procédure. — Dans tous les cas le jugement rendu sera en
« dernier ressort » (art. 2). — Bien entendu que le procès-verbal
de la délibération devra indiquer le chiffre de l'appréciation du
conseil. — De même qu'on devra y mentionner l'avis de chacun
des membres quand les votes ne seront pas unanimes.

10. Quel est le sens de cette disposition : « dans tous les cas,
« le jugement rendu sera en dernier ressort »? Il s'agit uniquement du jugement de la chambre du conseil statuant sur la question d'homologation ; c'est la consécration ou l'application du principe que les décisions de cette nature ne sont pas sujettes à appel ; Cass. 10 juin 1874, D. P. 75, I, 309. — Est-ce à dire que la délibération homologuée sera à l'abri de tout recours? Non, elle pourra encore être attaquée devant le tribunal par action directe et la voie ordinaire, comme le prouve le texte précis de notre article 2, qui réserve ici l'application de l'article 883 du Code de procédure, ainsi conçu : « Le tuteur, subrogé tuteur ou curateur, « même les membres de l'assemblée, pourront se pourvoir contre « la délibération ; ils formeront leur demande contre les membres « qui auront été d'avis de la délibération, sans qu'il soit besoin « d'appeler en conciliation. » V. *Homologation*, nᵒˢ 3-5. Et le jugement rendu sur le recours sera sujet à appel. V. *Recours contre les délibérations du conseil de famille*, nᵒˢ 34-40.

11. « L'aliénation sera opérée par le ministère d'un agent de « change toutes les fois que les valeurs seront négociables à la « Bourse, au cours moyen du jour » (art. 3, L. 1880). — Cette disposition, sans obliger le conseil de famille à choisir l'agent de change, lui en laisse la faculté. Mais elle veut que le transfert soit fait « au cours moyen du jour » — et non « à un cours officiellement déterminé », comme le demandaient les deux projets du gouvernement et de la commission du Sénat. — Elle s'applique non seulement aux valeurs françaises, mais encore aux valeurs étrangères cotées à la Bourse sur les places et marchés en France.

12. « Le mineur émancipé au cours de la tutelle, même assisté « de son curateur, devra observer, pour l'aliénation de ses meu- « bles incorporels, les formes ci-dessus prescrites à l'égard du « mineur non émancipé. — Cette disposition ne s'applique pas au « mineur émancipé par mariage » (art. 4).

13. D'après cet article, le mineur émancipé par son mariage,

contracté au cours de la tutelle, aura pleine capacité, avec la seule assistance du curateur, de transférer et vendre ses meubles incorporels nominatifs ou au porteur, quelle qu'en soit la valeur, et d'en recevoir le prix, dont l'emploi devra être surveillé par le curateur (art. 482 C. civ.), sans immixtion ni responsabilité de l'agent de change qui aura opéré le transfert des valeurs négociables en Bourse. Cela à plus forte raison pour le mineur marié avant d'être en tutelle. —V. *Transfert des rentes sur l'État*, n° 13; *Transfert des actions de la Banque de France*, n° 4; *Transfert des actions des canaux d'Orléans et du Loing*, n° 2.

14. Au contraire, le mineur émancipé expressément au cours de la tutelle, c'est-à-dire devant un juge de paix, aura toujours besoin de l'autorisation du conseil de famille (avec homologation au-dessus de quinze cents francs de capital) pour transférer et vendre un meuble incorporel nominatif ou au porteur, rente, créance, action, obligation, fonds de commerce ou autre quelconque, de valeur importante ou minime. Il en touchera le prix, qui devra être employé sous la surveillance du curateur, en dehors de toute immixtion et responsabilité des acheteurs. L'emploi s'effectuera aussi sans immixtion de la part de l'agent de change, à moins que la délibération n'en décide autrement, ainsi que peut le faire le conseil. — V. *infra*, n°s 15 à 17, 21, *Transfert des rentes sur l'Etat*, n° 14; *des actions de la Banque de France*, n° 4; *des actions d'Orléans et du Loing*, n° 2.

15. Mais l'article 4 ne parlant que du mineur émancipé « au « cours de la tutelle », quelle sera la situation du mineur émancipé avant toute tutelle par le père du vivant de la mère? Assurément celui-là ne tombe pas sous la lettre de l'article 4; il est régi par le droit commun, qui lui permet de vendre et transférer librement ses meubles incorporels, rentes, créances, actions, obligations et autres titres nominatifs ou au porteur, d'une valeur quelconque; pour faire ces ventes et pour en recevoir le prix, il lui suffira d'être assisté de son curateur, qui surveillera l'emploi. Cette solution ressort nettement de la discussion de la loi nouvelle, des explications données par le rapporteur au Sénat, et du remaniement des deux premiers projets, qui astreignaient les mineurs émancipés sans distinction et sans exception à la nécessité de recourir à l'autorisation du conseil de famille.

15 *bis*. L'article 4 ne distinguant pas non plus si le mineur a été émancipé avant ou depuis la promulgation de la loi nouvelle,

on pourrait croire que l'*émancipé avant* n'a pas besoin de recourir au conseil de famille. Mais on se tromperait en présence de l'article 9, qui dispose que « les tuteurs entrés en fonctions et les « mineurs émancipés « antérieurement à la présente loi » seront tenus de s'y conformer ».

16. L'article 4 ne parle pas du mineur émancipé devenu commerçant; il ne distingue pas, comme il le fait pour l'émancipé par mariage ; que faut-il en conclure ? A ne consulter que le texte, cette disposition atteint l'émancipé durant la tutelle, quoique devenu commerçant, en l'obligeant à recourir au conseil de famille ; et vraisemblablement les agents de la Bourse l'interpréteront en ce sens. Pour ma part, je suis d'avis que le mineur commerçant a besoin de l'autorisation (et quelquefois de l'homologation), en considérant, d'une part, que, pour « aliéner » ses immeubles, les mêmes formalités lui sont imposées par l'article 6 du Code de commerce, d'autre part, que, selon le texte et l'esprit de la loi de 1880, le législateur a voulu entourer les meubles incorporels de garanties non moins efficaces que celles qui protègent les immeubles d'après le Code. Du reste, on ne saurait garder de doute sur ce point en présence des travaux préparatoires de la loi. En effet, dans le projet de la commission de la Chambre des députés, le paragraphe 2 de l'article 4 était ainsi conçu : « Cette disposition ne s'applique pas au mineur émancipé par le mariage ni au tuteur autorisé à faire le commerce ; l'un et l'autre pourra aliéner ses meubles incorporels avec la seule assistance de son curateur. » Puis, sur renvoi par la Chambre à la commission, celle-ci fit complètement disparaître le membre de phrase qui concernait le mineur autorisé à faire le commerce, en maintenant la disposition qui concerne le mineur émancipé par mariage.

17. Cette solution, non douteuse en ce qui touche l'individu devenu commerçant depuis la loi nouvelle, pourrait laisser de l'incertitude touchant celui qui l'était déjà auparavant; néanmoins, je crois qu'il doit également recourir au conseil de famille, devant les termes généraux des articles 4 et 9.

18. « Les dispositions de la présente loi sont applicables aux « valeurs mobilières appartenant aux mineurs et aliénés placés « sous la tutelle, soit de l'administration de l'Assistance publique, « soit des administrations hospitalières. — Le conseil de surveil- « lance de l'Assistance publique et les commissions administra- « tives rempliront à cet effet les fonctions attribuées au conseil de

« famille. — Les dispositions de la présente loi sont. également
« applicables aux administrateurs provisoires des biens des alié-
« nés, nommés en exécution de la loi du 30 juin 1838 » (art. 8,
L. 17-28 févr. 1880). — C'est-à-dire que la loi nouvelle reconnaît
à ces administrateurs le pouvoir de vendre et transférer les
créances, rentes, actions, obligations et autres meubles incorporels appartenant à cette catégorie d'incapables, moyennant une
autorisation du conseil, avec homologation pour une valeur de
plus de quinze cents francs (V. L. 15 pluv. an XIII, art. 1er, et
10 janv. 1849, art. 10).

19. Un point à noter. En principe, le tuteur a plein pouvoir
de toucher et d'encaisser ; néanmoins, pour éviter toute équivoque, toute difficulté, il est prudent que la délibération du conseil de famille dise clairement si le tuteur est autorisé à recevoir
le prix et à en donner quittance, si l'agent de change est chargé
ou bien dispensé de faire le remploi. Le conseil pourra aussi indiquer l'agent de son choix. — La même précaution pourra être
prise à l'égard du mineur émancipé, surtout lorsque le conseil
prescrira des mesures pour l'emploi du prix, ainsi qu'il a le pouvoir de le faire par application des articles 1, 4 et 9, qui ont modifié sur ce point l'article 482 du Code civil.

20. Déjà nous avons fait l'application des règles qui précèdent
au *Transfert des rentes sur l'Etat*, au *Transfert des actions de la
Banque de France,* au *Transfert des actions des canaux d'Orléans et du Loing,* et au *Transfert des obligations et actions commerciales, financières ou industrielles ;* V. ces quatre mots. Nous
n'avons plus qu'à nous occuper de la cession ou transport des
rentes sur particuliers, des créances, des baux ou locations, des
fonds de commerce ou d'industrie, des brevets d'invention, des
droits d'auteur, des parts d'intérêts dans les sociétés, des offices
ministériels ; c'est ce que nous allons faire immédiatement pour
compléter cette matière, qui jusqu'alors était hérissée de controverses, dont la loi nouvelle a fait table rase en ramenant tout à
l'uniformité.

21. *Transport des rentes sur particuliers.* D'après la loi de 1880,
pour vendre cette sorte de valeurs, l'autorisation du conseil de famille, avec homologation au-dessus de quinze cents francs, est indispensable : 1° à tous tuteurs ; 2° aux administrateurs de mineurs
placés dans les maisons hospitalières ; 3° aux administrateurs
provisoires d'aliénés ; 4° à tous mineurs émancipés assistés du

curateur, excepté l'émancipé par mariage et celui qui l'a été pendant le mariage de ses père et mère. Ce transport peut se faire à l'amiable si le conseil de famille ne prescrit pas les enchères publiques.

22. *Transport de créances sur particuliers.* Il est assujetti aux mêmes formalités que les rentes.

23. *Cession de bail ou de location.* Elle exige l'accomplissement des formalités qui précèdent, quelle que soit la valeur, forte ou faible. Et tout particulièrement, pour savoir si la délibération devra être homologuée, le conseil de famille appréciera le chiffre de la plus-value profitable pendant toute la durée de la location.

24. *Vente de fonds ou d'établissement commercial, industriel, agricole ou financier.* Elle est aussi assujettie aux formalités de la loi de 1880, dès qu'il y a une clientèle appréciable, c'est-à-dire un meuble incorporel, lors même qu'il n'y aurait ni bail ni location. Il appartient au conseil de famille d'apprécier si, en effet, il y a fonds, établissement, clientèle, ou seulement un matériel. Dans ce dernier cas encore, il entre dans sa mission de décider du mode et de la forme de la vente du matériel. — Si nos prévisions ·sont exactes, c'est principalement autour de cet acte que s'agiteront les tentatives des hommes d'affaires en vue de tourner la loi et d'en paralyser l'action bienfaisante. Il est du devoir du juge de paix et de tout le conseil de famille d'empêcher cette fraude, de prévenir cette manœuvre.

25. *Vente d'un brevet d'invention ou d'une découverte.* Il faut nécessairement recourir aux mêmes formalités. V. Nouguier, *Brevets d'invention;* Le Senne, *Code des brevets d'invention,* n°s 79 et suiv.

26. *Vente de parts d'intérêts.* Elle se fait de même.

27. *Vente de droits d'auteurs littéraires, dramatiques, artistiques, scientifiques ou autres.* Les formalités sont aussi les mêmes. V. Le Senne, *Droits d'auteurs et d'inventeurs.*

28. *Cession d'office ministériel.* En appliquant la loi nouvelle à la cession d'une charge de notaire, d'avoué, d'huissier, commissaire-priseur, agent de change, greffier ou autres, les tuteurs auront besoin de l'autorisation du conseil de famille; et l'autorisation sera également nécessaire au mineur émancipé. Il est même vraisemblable qu'elle sera exigée de tous émancipés par mariage ou devant le juge de paix, commerçants ou non, selon l'usage traditionnel suivi jusqu'alors, en conformité des instructions émanant de la Chancellerie. Voici comment on procède. En fait, le projet de cession est soumis officieusement à la chambre syndicale de l'officier ministériel. Puis, il est présenté au conseil de famille du mineur, appelé à y donner son agrément et son autorisation. L'homologation est toujours exigée. Après que la délibération a été homologuée en chambre du conseil, le tuteur, ou bien l'émancipé assisté du curateur, signe le traité, qui est ensuite soumis à l'approbation du gouvernement.

29. *Vente ou transfert d'actions, obligations et autres valeurs sur pays étrangers.* Ces valeurs étant des «meubles incorporels», leur aliénation est également soumise aux formalités de la loi de 1880.

VOEUX RELIGIEUX. — V. *Engagement religieux.*

VOIX PRÉPONDÉRANTE EN CAS DE PARTAGE. —V. le mot *Vote.*

VOTE.

Ajournement, 3.	11, 15-16.	Résumé, 16-19.
Chronologie, 7, 8.	Mode de votation, 1, 2.	Systèmes divers, 5, 10-15.
Majorité absolue, 6, 7, 10-12, 14-16.	Partage, 5.	
	Prépondérance, 4.	Votation, 1, 2.
Majorité relative, 6, 7, 10,	Prorogation, 3.	

1. L'article 416 dispose que: «Le conseil de famille sera présidé « par le juge de paix, qui y aura voix délibérative, et prépondé- « rante en cas de partage.» Il est donc essentiel que le juge de paix prenne part à la délibération ; il ne doit pas seulement présider l'assemblée ; Bordeaux, 21 juill. 1808, S. V. 1808, II, 268. Mais, pour laisser toute liberté d'opinion aux membres délibérants, il est convenable qu'il les fasse voter avant lui, un par un ; puis, après avoir émis son vote personnel, il recueillera les voix, les comptera et proclamera le résultat de la délibération. J'estime que chaque membre a le droit de changer et d'émettre un autre avis tant que le résultat n'est pas prononcé.

2. C'est son opinion, c'est son vote sur le sujet proposé que la loi demande au président du conseil, de même qu'elle le demande à chaque membre délibérant. Je n'admets pas que le juge de paix ait satisfait à cette obligation lorsqu'il se contente de déclarer que les renseignements fournis ne lui paraissent pas suffisants ; *contra*, Grenoble, 18 déc. 1845, S. V. 46, II, 430 ; à mes yeux, une délibération prise dans ces conditions ne serait pas valable, lors même que la voix du juge de paix ajoutée au vote le plus faible n'eût pu changer le résultat de la résolution adoptée,

par exemple si cinq membres sur sept ont été du même avis, par le motif que l'influence du vote du président aurait pu produire un changement dans le vote des autres membres ; *contra*, Jay, *Tr. des cons. de famille*, n° 51.

3. Que peut donc faire le juge de paix qui ne se trouve pas suffisamment éclairé? Il doit ajourner ou proroger l'assemblée, à l'effet d'obtenir de plus amples renseignements; de même qu'il devrait le faire si quelque membre demandait sérieusement une remise pour s'éclairer; Jay, *id.*, n° 53.

4. La voix du juge de paix est « prépondérante en cas de par- « tage » ; qu'il vote donc ! — Voix *prépondérante ;* non pas que sa voix compte pour deux ; mais lorsque la balance est égale, trois voix contre trois, quatre voix contre quatre, la sienne pèse plus fort et fait pencher le plateau du côté où elle se place ; Chardon, *Des trois puissances*, III, n° 291 ; Rolland de Villargues, *Dictionn. du notariat*, v° CONSEIL DE FAMILLE, n° 16 ; Marcadé, *Code civil*, sur l'article 416 ; Demolombe, *Traité de la minorité*, VII, n° 313 ; Massé et Vergé, sur Zachariæ, I, p. 398, § 202, note 22 (édit. 1854).

5. Quand y a-t-il *partage* dans le sens de l'article 416 ?

Tous les jurisconsultes qui ont abordé cette question ont compris que sa solution est liée à une autre question : de savoir si les délibérations du conseil de famille peuvent se prendre à la majorité relative ou bien si elles doivent être prises à la majorité absolue.

Dans un premier système, une délibération de famille peut être prise à la majorité relative, c'est-à-dire qu'il suffit d'un nombre de voix supérieur au nombre obtenu par celui des autres concurrents qui en a le plus ; et alors il y a partage toutes les fois que le conseil s'est divisé en deux ou plusieurs opinions, dont deux, au moins égales entre elles et supérieures aux autres, ne réunissent pas plus de la moitié des voix. — Supposant, sur sept membres y compris le juge de paix, trois opinions avec trois voix pour la première, deux pour la seconde et deux pour la troisième, c'est la première qui l'emporte ; car, relativement à chacune des deux autres considérées isolément, elle est la plus forte, sans qu'il soit besoin de s'occuper de la prépondérance du juge de paix, puisqu'il n'y a point partage. — Supposant, au contraire, trois voix, dont celle du juge de paix, pour la première opinion, trois voix pour la deuxième, une voix pour la troisième, il y a partage ; c'est encore la première qui l'emportera, ayant pour elle la voix du président qui est prépondérante. Locré, *Esprit du Code civil*, sur l'article 415 ; Toullier, *Droit civil français*, II, n° 1121, et Duvergier, note 6 ; Proudhon, *Des personnes*, II, p. 323 ; Taulier, *Théorie du Code civil*, II, p. 32 ; Chardon, III, n° 291 ; Carré, *Des justices de paix*, III, p. 89 ; Biret, *Des nullités*, I, p. 185 ; Jay, n°ˢ 46 et 47 ; Marchand, *De la minorité*, n° 45.

Suivant un deuxième système, une délibération de famille doit être prise à la majorité absolue, c'est-à-dire qu'il faut la moitié des voix plus une, et il n'y a partage que dans le cas unique où le conseil s'est divisé en deux opinions ayant chacune un nombre égal de voix. Là, pour qu'une opinion fasse loi, il faut qu'elle soit à elle seule plus forte que toutes les autres réunies. Soit, dans un conseil composé de sept membres, une première opinion avec quatre voix, une autre avec deux, une troisième avec une voix. C'est la première qui l'emporte, réunissant à elle seule plus de la moitié des suffrages. — Soit, maintenant, dans une assemblée où il n'y a que six membres délibérants, deux opinions égales de trois voix, c'est-à-dire partage ; celle qui a pour elle le juge de paix l'emporte sur l'autre à cause de la prépondérance. Metz, 16 fév. 1812 ; Aix, 10 mars 1840 ; S. V. 1812, II, 389, et 1840, II, 346 ; Delvincourt, I, p. 112, notes 5 et 6 ; Favard de Langlade, *Répertoire*, v° TUTELLE, § 4, n° 6 ; Duranton, III, n° 466 ; Marcadé, sur l'article 416 ; Fréminville, *De la minorité*, I, n° 107 ; Dalloz, *Répertoire*, v° MINORITÉ, n° 228 ; Zachariæ, Massé et Vergé, I, p. 397, § 202, texte, et note 21 ; Demolombe, *De la minorité*, VII, n° 313 ; Laurent, *Principes de droit civil*, IV, n° 461 ; Valette, sur Proudhon, II, p. 323, note *a ;* Aubry et Rau, sur Zachariæ, I, p. 384, § 94, n° 14.

6. De quel côté se trouve la vérité? On est généralement porté à croire que la loi suprême des majorités, dans les assemblées délibérantes, est la pluralité absolue des suffrages. J'avais toujours partagé cette croyance, et je ne me suis pris à douter qu'en voyant la controverse qui, depuis un siècle, divise les écrivains les plus accrédités sur l'interprétation de l'article 416 du Code civil. Alors je me suis demandé si, en prenant un terme moyen, il ne fallait pas décider qu'en l'absence de majorité absolue au premier vote, la majorité relative suffirait au second vote pour la validité d'une délibération de famille. J'avais adopté volontiers cette opinion, lorsque je me suis dit qu'il ne s'agit pas ici de refaire la loi, mais bien de l'interpréter ; et me retrouvant

en face de la controverse plus perplexe que jamais, j'ai pensé que cette question pourrait être éclairée par le rappel des dispositions analogues qui sont répandues dans le corps de nos lois. C'est là, je le comprends, une étude qui paraîtra monotone à d'aucuns, mais que l'intérêt du sujet pourra leur faire accepter ; et je ne recule pas devant l'aridité de la tâche.

7. En consultant la Constitution (non écrite) de la France avant 1789, nous voyons que les affaires mises en délibération devant les chambres des députés des Etats généraux étaient « décidées à la pluralité des voix des gouvernements » (*Collect. des constit.*, par Dufau, Duvergier et Guadet) ; — Ordonnances de 1498, 1535 et 1549 : dans les Parlements et Cours souveraines, les avis ne passaient qu'à la majorité de deux voix au moins, autrement il y avait partage.

Constitution (écrite) du 3 septembre 1791 : on nommait « à la pluralité des suffrages » non seulement les représentants à l'Assemblée législative, mais aussi des délégués pour élire le régent du royaume; puis aucun décret du Corps législatif ne pouvait être formé que par « la pluralité absolue des suffrages ».

Acte constitutionnel du 24 juin 1793 : les députés étaient élus « à la majorité absolue au premier tour de scrutin » ; sinon, second appel et vote entre les deux citoyens ayant obtenu le plus de voix; à égalité de voix, « la préférence au plus âgé » ; en cas d'égalité d'âge, « le sort » décidait; puis l'Assemblée nationale délibérait « à la majorité des présents » (cette constitution ne fut pas mise à exécution).

Silencé complet sur le vote des assemblées électorales et représentatives dans les Constitutions du 5 fructidor an III et du 22 frimaire an VIII, les sénatus-consultes du 16 thermidor an X et du 28 floréal an XII, et l'acte additionnel du 22 avril 1815. Mais l'acte réglémentaire, du même jour 22 avril, statuait que les députés seraient nommés « au scrutin et à la majorité ».

Charte constitutionnelle de 1814 : toute loi devait être votée « par la majorité de chacune des deux chambres » ; — Loi du 5 février 1820, qui établit « trois tours de scrutin » pour l'élection des députés, en exigeant « la moitié plus un des suffrages exprimés » aux deux premiers tours, « la pluralité des voix » au troisième tour; « la préférence à l'âge », en cas de concours par égalité; — Loi du 29 juin 1820 : nul n'était élu député aux deux premiers tours de scrutin, s'il ne réunissait « au moins le tiers

plus une des voix de la totalité des membres » composant le collège, « et la moitié plus un des suffrages exprimés ».

Avec la Charte révisée en 1830, une loi organique de l'élection
des députés, du 9 avril 1831, voulait, aux deux premiers tours de
scrutin, « plus du tiers des voix de la totalité des membres »
composant le collège, et « plus de la moitié des suffrages exprimés » ; au troisième tour, « la pluralité des suffrages exprimés » ;
à égalité de suffrages, « la préférence » était au plus âgé ; — Loi
du 18 juillet 1837, les délibérations des conseils municipaux se
prenaient *à la majorité des voix; en cas de partage, la voix du
président était* prépondérante.

Sous la Constitution de 1848, le président de la République
était nommé « à la majorité absolue des votants » ; — Loi du
15 mars 1849, les députés étaient élus « à la majorité relative »,
sous la condition de réunir au premier tour de scrutin « un hui-
tième des voix des électeurs de tout le département, sinon à la
majorité relative, quel que soit le nombre des suffrages exprimés » au deuxième tour de scrutin ; puis, la loi du 31 mai
1850 éleva « au quart » des électeurs de tout le département la
majorité relative, quel que fût le nombre des suffrages exprimés.

Sous la Constitution de 1852, un décret du 2 février demandait
pour la nomination des députés, au premier tour de scrutin, « la
majorité absolue des suffrages exprimés », avec « un nombre de
voix égal au quart des électeurs inscrits » ; au second tour, « la
majorité relative », quel que fût le nombre des votants, le plus
âgé étant préféré en cas d'égalité ; — Loi du 7 juillet 1852 sur
le renouvellement des conseils généraux, des conseils d'arrondissement, des conseils municipaux, des maires et adjoints : il
fallait, au premier tour de scrutin, « la majorité des suffrages exprimés », et un « nombre égal au quart de celui des électeurs
inscrits » ; au second tour, « la majorité relative » suffisait ; l'é-
lection « acquise au plus âgé » en cas d'égalité de suffrages. —
Loi du 5 mai 1855, confirmative de celle du 7 juillet 1852 pour
l'organisation des conseils municipaux.

Constitution du 25 février 1875 : « Le président de la République est élu à la pluralité absolue des suffrages par le Sénat et
la Chambre des députés réunis en assemblée nationale (art. 2) ».
— « Les Chambres auront le droit, par délibérations séparées
prises dans chacune à la majorité absolue des voix, soit spontanément, soit sur la demande du président de la République, de

déclarer qu'il y a lieu de réviser les lois constitutionnelles (art. 8); » — Loi du 24 février 1875 : les sénateurs sont élus « à la majorité absolue » (art. 4 et 5); puis loi du 2 août 1875, qui exige pour la nomination des sénateurs des départements, aux deux premiers tours de scrutin : « 1º la majorité absolue des suffrages exprimés; 2º un nombre de voix égal au quart des électeurs inscrits; au troisième tour de scrutin, la majorité relative suffit; et en cas d'égalité de suffrages, le plus âgé est élu » (art. 15); — Loi du 30 novembre 1875 : « Nul n'est élu (député) au premier tour de scrutin s'il n'a réuni : 1º la majorité absolue des suffrages exprimés; 2º un nombre de suffrages égal au quart des électeurs inscrits. Au deuxième tour, la majorité relative suffit. En cas d'égalité de suffrages, le plus âgé est élu » (art. 18); — Loi du 14 avril 1871 : « Le conseil municipal élira le maire et les adjoints parmi ses membres, au scrutin secret et à la majorité absolue »; après deux scrutins sans majorité, ballottage entre les deux candidats ayant le plus de voix; « le plus âgé » nommé en cas d'égalité (art. 9); — Loi du 10 août 1871, confirmative de la loi du 7 juillet 1852 pour le mode d'élection dés conseils généraux (art. 14).

8. Qu'on juge par ce tableau, — et nous en passons, — qu'on juge de la mobilité de la législation sur la majorité des suffrages dans les assemblées délibérantes ! Qu'y découvre-t-on, qu'y voit-on percer ? Une tendance à n'admettre que la majorité absolue, mais une tendance timide et entravée dans son essor. Dirait-on que les sciences mathématiques se sont enrichies d'une branche importante; croirait-on qu'à la fin du dix-huitième siècle, des savants ayant inventé le *Calcul des probabilités,* on s'est livré à de profondes études pour en faire l'application aux chances d'erreurs dans les décisions de la justice humaine ? Jusqu'ici ces études, ces calculs ne semblent pas avoir poussé de racines durables, et l'on pourrait désespérer de leur efficacité si l'on ne savait que les articles constitutionnels sont toujours l'expression des idées politiques de l'époque. Il faut chercher à découvrir ailleurs la vérité, en constatant que nous n'avons pas rencontré un texte de loi qui admît au premier tour de scrutin la majorité relative proprement dite.

9. Quand on interprète un texte de loi ambigu, il importe avant tout de rechercher quelle a été l'intention du législateur. Sans aucun doute, cette intention n'apparaît pas dans l'article 416

du Code civil : le législateur ne parle ni de majorité absolue ni de majorité relative, il prévoit seulement le *partage* des voix, en montrant qu'il veut une pluralité, sans dire laquelle, laissant ainsi l'interprète livré à ses propres forces. Que résoudre dans cette situation ? Je ne vois pas de moyen plus sûr que d'adopter celui des deux systèmes controversés qui offrira le plus de garanties et le moins d'inconvénients. Examinons l'un et l'autre.

10. Suivant le système qui n'admet qu'un seul tour de scrutin et qui exige la majorité absolue pour la validité d'une délibération, — c'est-à-dire au moins quatre voix contre trois quand il y a sept membres, ou cinq voix contre quatre quand ils sont neuf, —il ne peut pas exister de partage si l'on n'obtient pas cette majorité, et la voix du juge de paix n'y sera jamais prépondérante ; par conséquent, la tentative de délibération n'aboutira pas, elle restera sans issue ; de même toutes les fois que le nombre des délibérants sera impair. — Supposons, au contraire, le conseil de famille composé de membres en nombre pair, y compris le président : sur six voix, quatre contre deux donneront la majorité absolue *de plano ;* trois contre trois donneront aussi, avec partage, la majorité absolue par la prépondérance du juge de paix inclinant d'un côté ; trois voix contre deux et une produiront également la majorité absolue par prépondérance lorsqu'elles compteront pour elles le juge de paix ; sinon pas de partage et pas d'issue quand ce magistrat sera des deux ou bien l'unité. Et l'on obtient un résultat analogue en délibérant avec dix ou douze membres.

11. Voyons maintenant le système qui se contente de la majorité relative au premier scrutin. — En supposant le conseil de famille composé de sept membres délibérants, y compris le président, quatre voix contre trois donneront la majorité absolue *de plano ;* trois contre trois et une produiront la majorité relative par prépondérance, si le juge de paix compte dans l'un des nombres trois, sinon pas de délibération, pas d'issue ; deux contre deux, deux et une, donneront les mêmes résultats ; quand les voix se partageront en sept opinions distinctes, celle du juge de paix suffira pour faire loi à elle seule, et l'on arriverait à des solutions analogues en délibérant avec neuf membres ou tout autre nombre impair. — Supposons le conseil composé d'un nombre pair : sur six voix, trois contre trois, il y a partage et majorité absolue par la prépondérance du juge de paix ; de même deux, deux et deux ; de même deux, un et un, si le juge de paix fait partie d'un deux,

sinon pas d'issue malgré le partage ; enfin partage et majorité relative par prépondérance s'il y a six opinions différentes ; et les solutions seraient analogues avec un conseil de huit ou dix membres, toujours y compris le juge de paix.

12. Ce deuxième tableau montre que l'un et l'autre système ont l'inconvénient de ne pas toujours aboutir à une délibération et d'exposer les intérêts du mineur à rester en souffrance. Mais, hâtons-nous de le dire, le système de la majorité absolue a sur l'autre un avantage qui me paraît décisif : c'est, en exprimant l'opinion du plus grand nombre, d'offrir plus de garanties ; et la raison, une raison intuitive, nous dit que l'opinion du plus grand nombre doit prévaloir comme étant le signe de la vérité. Cette vérité a été quelquefois bien comprise ; elle est la base de quelques assemblées électorales, notamment de la plupart des collèges d'avocats, qui n'admettent de nomination au conseil de l'ordre qu'à la majorité absolue des voix émises soit au premier, au second, au troisième scrutin, soit à l'infini. De là je conclus qu'en thèse générale la pluralité absolue est la loi primordiale et fondamentale des majorités dans les assemblées délibérantes ; et spécialement que, pour la validité d'une délibération de famille, il faut la moitié des voix plus une, ou bien la moitié des voix comptant celle du juge de paix. C'est ainsi que je comprends le mot *partage* de l'article 416, et je crois pouvoir appuyer cette interprétation sur la disposition analogue de la loi du 18 juillet 1837, citée plus haut.

13. Ainsi que nous venons de le constater, le système de la majorité absolue au premier scrutin n'aboutit à aucune résolution quand il se forme dans le conseil plus de deux opinions dont aucune n'a cette majorité. Alors se présente la question de savoir comment remédier à cet inconvénient ; et l'on a coutume de répondre, en argumentant de l'article 117 du Code de procédure civile, que les membres du conseil les moins nombreux doivent se réunir à l'une des deux opinions émises par le plus grand nombre ; Duranton, III, nº 466 ; Valette, sur Proudhon, II, p. 323, note *a ;* Demolombe, VII, nº 314 ; *contra*, Massé et Vergé, I, p. 397, § 202, note 21.

14. Mais il peut arriver que l'opinion la plus faible ne veuille pas adhérer à l'une des opinions les plus fortes, ou bien que toutes les opinions comptent un nombre égal de voix, ou même que, l'une seulement étant plus forte que les autres, celles-ci

soient égales entre elles ; comment sortir de cette impasse ? On a proposé divers moyens : soit d'appeler un ou plusieurs membres nouveaux dans le conseil pour le départager (*argum.* art. 118); Duranton, III, n° 466 ; soit de se contenter de la majorité relative ; Marcadé, II, sur l'article 426 ; soit d'en référer au tribunal civil, qui prendrait les mesures nécessaires pour arriver à une solution, car, dit-on, « après tout il faut bien en finir, il faut bien que la tutelle fonctionne » ; Demolombe, VII, n° 317 ; *conf.* Ducaurroy, Bonnier et Roustain, *Comment. du Code civil*, I, n° 614 ; Massé et Vergé, *eod. loc.* ; Dalloz, *Répertoire*, v° MINORITÉ, n° 229 ; Aix, 10 mars 1840.

15. Oui, sans doute, il faut que la tutelle fonctionne ! Mais il faut qu'elle fonctionne bien, c'est-à-dire légalement. Or, ces moyens, ces procédés, pour sortir d'embarras, ne sont à mes yeux que des expédients inadmissibles. En effet, que l'article 117 oblige les juges plus faibles en nombre à se réunir à l'une des deux opinions émises par le plus grand nombre, que l'article 118 appelle un juge supplémentaire en cas de partage, cela s'explique par la multiplicité des procès et la nécessité de juger promptement à peine de déni de justice ; mais le législateur s'est bien gardé de disposer de même pour les délibérations de famille, parce qu'il n'y avait pas les mêmes raisons, et que, s'il l'eût fait, sa disposition aurait souvent échoué devant la conviction ou la volonté des membres dissidents. Est-il besoin d'ajouter que, en 1804, date de la promulgation du titre *De la minorité,* qui comprend l'article 416 du Code civil, le cas de partage entre juges du tribunal n'était pas régi par les articles 117 et 118 du Code de procédure, promulgué en 1806, mais par la loi du 14 prairial an VI, qui d'ailleurs ne s'appliquait pas davantage à l'article 416? Quant à la majorité relative au premier tour de scrutin, nous avons démontré qu'elle n'est pas admissible en l'absence d'un texte formel. Enfin, on commet une erreur quand on propose d'en référer au tribunal civil pour arriver à vaincre l'obstination des membres dissidents, car il est de principe que les tribunaux ne peuvent connaître, en cette matière, que des difficultés soulevées sur une délibération déjà prise ; il appartient au juge de paix seul, et c'est pour lui un devoir, de composer le conseil de famille ; il peut même le modifier, en s'inspirant des règles tracées par le Code et des intérêts du mineur ; l'appréciation d'une protestation faite avant la délibération sur la convocation et la com-

position de l'assemblée rentre exclusivement dans ses attributions gracieuses ; en un mot, le pouvoir de ce magistrat est absolu, sauf le contrôle ultérieur du tribunal de première instance. V. Caen, 31 juill. 1856 ; trib. Seine, 24 févr. 1865 ; Bordeaux, 13 juin 1877 ; Demolombe, n° 276 ; Laurent, IV, n° 446 ; Zachariæ, Aubry et Rau, I, § 94, p. 384 et 385, notes 14 et 16.

16. Au résumé, guidé par ces principes, j'estime qu'il y a lieu de passer à un deuxième, troisième, quatrième vote, et ainsi de suite jusqu'à l'obtention d'une majorité absolue, avec ou sans la prépondérance du juge de paix ; et voici comment ce magistrat doit procéder. — Au premier vote, s'il y a majorité absolue, le juge de paix proclame la résolution adoptée, rédige le procès-verbal de la délibération et le fait signer. Si, au contraire, le premier vote ne donne pas la majorité absolue, on dresse un procès-verbal en y indiquant distinctement les diverses opinions qui n'ont pas abouti ; puis le président proroge ou ajourne l'assemblée, en ayant soin de laisser l'intervalle exigé par l'article 411 pour que tous les membres soient convoqués officiellement, c'est-à-dire par citation à la diligence soit d'un membre, soit du juge de paix, en vertu de cédule de ce magistrat. — A la seconde réunion, le conseil, composé des mêmes membres que dans la première, prendra une délibération à la majorité absolue, en ayant égard à la prépondérance du juge de paix en cas de partage, et cette majorité fera loi ; sinon le deuxième procès-verbal spécifiera l'avis de chaque membre et indiquera un nouvel ajournement.

17. Dès cette deuxième réunion, le juge de paix avait la faculté de changer la composition du conseil de famille, en y appelant quelques membres nouveaux à la place d'anciens membres ; à plus forte raison pourra-t-il le faire à la troisième ou quatrième convocation, sans dépasser le nombre ordinaire de sept, lui compris, à moins qu'il n'y ait des membres légalement nécessaires, des frères germains, des maris de sœurs germaines, le père, la mère, des ascendants ou des ascendantes veuves. Je vais plus loin, j'estime que, malgré cette qualification de *nécessaires* dans une première réunion, ces membres pourront être écartés des réunions subséquentes pour cause d'hostilité ou de suspicion, toutes les fois que le juge de paix le trouvera utile aux intérêts du mineur, en motivant ce changement sur le procès-verbal, sauf aux membres écartés à attaquer la délibération devant le tribunal d'arrondissement s'ils le trouvent convenable.

18. Mais qu'adviendrait-il si, à la deuxième ou à la troisième convocation, l'assemblée ne réunissait pas les trois quarts au moins des membres convoqués ? le conseil pourrait-il délibérer ? — Non. L'article 415 ne distingue pas ; il exige « la présence des trois quarts au moins ». Alors, après avoir appliqué l'amende édictée par l'article 413 contre les membres non excusés et rédigé procès-verbal de ce deuxième essai infructueux, le juge de paix fera faire une nouvelle convocation officielle aux membres non excusés, en appelant, pour compléter le conseil, d'autres parents, alliés ou amis qui lui paraîtront rentrer le mieux dans l'ordre établi par la loi. Et si, par extraordinaire, ce troisième essai n'aboutit pas, le juge de paix devra réitérer les convocations en appelant quelques autres parents ou amis. On finira par obtenir ainsi le nombre de votants indispensable et une majorité absolue donnant une délibération régulière. Il ne serait point légal d'en référer au tribunal civil avant d'avoir pris cette délibération.

19. Du reste, nous pouvons dire en toute confiance que l'impartialité, la prudence et la prépondérance du juge de paix, jointes au désintéressement, à l'affection et à l'équité des membres du conseil, réussiront presque toujours à éviter ces luttes et ces conflits nuisibles aux intérêts du mineur. Il suffit, pour en être convaincu, d'avoir été membre d'une assemblée de famille.

FIN.

Paris. — Typographie A. HENNUYER, rue d'Arcet, 7.

ANNALES
DES JUSTICES DE PAIX

Recueil mensuel de législation, de doctrine et de jurisprudence

PAR

MM. Ch. MILLION et Alex. BEAUME

ET UNE SOCIÉTÉ DE MAGISTRATS, D'AVOCATS ET DE JURISCONSULTES

Un cahier par mois de deux à trois feuilles grand in-8°
Prix : **10** francs par an, *franco*.

BULLETIN SPÉCIAL
DES DÉCISIONS DES JUSTICES DE PAIX

ET DES TRIBUNAUX DE SIMPLE POLICE

Par MM. Ch. MILLION et Alex. BEAUME

Un cahier par mois de deux feuilles grand in-8°
Prix : **8** francs par an, *franco*.

Ces deux journaux sont rédigés avec le plus grand soin par des hommes pratiques et spéciaux.

Le comité de rédaction est composé de notabilités considérables dans la science du droit et dans la pratique des affaires des justices de paix. Il suffit d'indiquer les noms des personnes qui ont bien voulu s'associer à ce comité pour faire apprécier la valeur de ces recueils.

Font partie du comité de rédaction des *Annales des Justices de paix* et du *Bulletin spécial des Décisions des Justices de paix* MM. ALP. FRANÇOIS, O. ✻, et HÉROLD, sénateur, préfet de la Seine ; P. PONT ✻, conseiller à la Cour de cassation ; FRANÇOIS SAINT-MAUR, ✻, président de chambre à la Cour de Pau ; H. BERTAULT ✻, sénateur, procureur général près la Cour de cassation ; H. GODART, substitut du procureur général près la Cour de Pau ; ROSTAING, juge au tribunal de Vienne ; GIRARDOT, juge de paix à Melun ; CARRÉ, juge de paix du Iᵉʳ arrondissement de Paris ; BOULÉ, juge de paix à Saint-Germain-en-Laye, etc., etc. ; des magistrats de la Cour de cassation et de la Cour d'appel et un grand nombre d'avocats du barreau de Paris et de professeurs des Facultés de droit.

TABLE DÉCENNALE
DU BULLETIN DES DÉCISIONS DES JUGES DE PAIX

De 1859 jusques et y compris 1868

Par MM. Ch. MILLION et Alex. BEAUME

Prix : **8** francs.

Paris. — Typographie A. HENNUYER, rue d'Arcet, 7.

9 782019 287108